SÍMBOLOS
e seus
SIGNIFICADOS

Mark O'Connell
Raje Airey

SÍMBOLOS
e seus
SIGNIFICADOS

Tradução
Débora Ginza

Lafonte

Título original: *The Complete Encyclopedia of Signs & Simbols*
Copyright © Annes Publishing Ltda., 2005, 2009
Copyright © Editora Escala Ltda., 2016

Todos os direitos reservados.
Nenhuma parte deste livro pode ser reproduzida sob quaisquer
meios existentes sem autorização por escrito dos editores.

Direção Editorial Sandro Aloísio
Tradução Débora Ginza
Revisão Suely Furukawa
Diagramação Amanda Matsuda
Revisão técnica Maria do Socorro
Capa Marcos Sousa
Imagem capa Shutterstock

Dados Internacionais de Catalogação na Publicação (CIP)
(eDOC BRASIL, Belo Horizonte/MG)

O18s   O'Connell, Mark.
       Símbolos e seus significados / Mark O'Connell, Raje Airey;
       tradução Débora Ginza. – São Paulo, SP: Lafonte, 2024.
       272 p. ; 15,5 x 23 cm

       Título original: The Complete Encyclopedia of Signs & Simbols
       ISBN 978-65-5870-560-4 Capa Bordô
       ISBN 978-65-5870-561-1 Capa Azul

       1. Simbolismo. 2. Numerologia. 3. Mitologia. I. Airey, Raje. II.
       Ginza, Débora. III. Título.
                                                    CDD 302.223

Elaborado por Maurício Amormino Júnior – CRB6/2422

Editora Lafonte

Av. Profª Ida Kolb, 551, Casa Verde, CEP 02518-000, São Paulo-SP, Brasil – Tel.: (+55) 11 3855-2100
Atendimento ao leitor (+55) 11 3855-2216 / 11 3855-2213 – atendimento@editoralafonte.com.br
Venda de livros avulsos (+55) 11 3855-2216 – vendas@editoralafonte.com.br
Venda de livros no atacado (+55) 11 3855-2275 – atacado@escala.com.br

INTRODUÇÃO

ACIMA ankh ou cruz ansata, era na escrita hieroglífica egípcia o símbolo da vida.

A palavra "símbolo" é derivada do grego antigo symballein, que significa agregar. Seu uso figurado originou-se no costume de quebras um bloco de argila para marcar o término de um contrato ou acordo: cada parte do acordo ficaria com um dos pedaços e, assim, quando juntassem os pedaços novamente, eles poderiam se encaixar como um quebra-cabeça. Os pedaços, cada um identificando uma das pessoas envolvidas, eram conhecidos como symbola. Portanto, um símbolo não representa somente algo, mas também sugere "algo" que está faltando, uma parte invisível que é necessária para alcançar a conclusão ou a totalidade. Consciente ou inconscientemente, o símbolo carrega o sentido de unir as coisas para criar algo maior do que a soma das partes, como nuanças de significado que resultam em uma ideia complexa.

Por outro lado, um signo pode ser entendido como algo que representa ou indica alguma coisa de modo mais literal. Um signo existe para transmitir informações sobre um objeto ou ideia específica, enquanto um símbolo geralmente ativa uma série de percepções, crenças e respostas emocionais. Por exemplo, como um signo, a palavra "árvore" significa um tipo particular de planta que desenvolve uma estrutura de madeira permanente com tronco e galhos, raízes e folhas. Como símbolo, a árvore pode ter muitos significados: pode representar fertilidade e generosidade da natureza, resistência e longevidade ou o entrelaçamento das relações familiares. Como símbolo cristão, pode se referir à cruz e, em muitas tradições, representa a "árvore da vida", que conecta o mundo cotidiano com o mundo espiritual.

Nem signos nem símbolos possuem significados intrínsecos. A mesma árvore pode ser descrita com muitas palavras diferentes em diversos idiomas, porém, os seus significados, como símbolo, são formados através da interação humana com ela. Tanto os signos quanto os símbolos tornaram-se parte da identidade social e cultural do ser humano, modificando-se e evoluindo do mesmo modo que nós. São veículos para informação e significado, operando em muitos níveis diferentes - o universal e o particular, o intelectual e o emocional, o espacial e o temporal, o espiritual e o material. Servem para dar sentido à experiência. Se não pudéssemos classificar o mundo utilizando os códigos e as estruturas simbólicas, seríamos dominados por dados sensoriais. Precisamos de uma maneira para descrever o que acontece conosco a fim de entender o processo.

Além de serem uma parte essencial da sociedade humana, os signos e símbolos aparecem na natureza e podem se referir às informações pré-conscientes, como no caso de fumaça, que significa fogo por perto ou pegadas, simbolizando a presença de um animal em particular. Primeiramente, este livro preocupa-se com os signos que possuem um significado consciente ou inconsciente para os humanos, mas uma vez que estamos enraizados na natureza, observaremos que pode haver conexões mais profundas entre os fenômenos naturais e os símbolos que são significativos para nós.

Enquanto os signos e símbolos podem funcionar como mapas e indicadores no dia a dia, ou como consenso e realidade, os símbolos do mundo dos sonhos ou do mundo espiritual podem nos auxiliar a percorrer as áreas psico-espirituais de realidade sem consenso. Entende-se que as figuras sobrenaturais e de sonhos nos guiam ou compensam alguma parte da nossa totalidade que ainda não está ativa. O significado de tais símbolos e signos depende fundamentalmente de nossa liberdade em ser suscetível a eles.

A habilidade de dar significado aos signos e símbolos conduziu à possibilidade de comunicação e reflexão e possibilitou que os seres humanos repassassem suas histórias, mitologias e pontos de vista através de contos, da arte e da palavra escrita. Os signos e símbolos têm um papel importantíssimo na promoção do nosso entendimento científico e têm nos ajudado a desenvolver, cada vez mais, tecnologias complexas, avançando da invenção de ferramentas primitivas para computadores e naves espaciais. As tradições religiosas e espirituais utilizaram o simbolismo para auxiliar na jornada do entendimento e experiência do divino em direção à "vida correta". Na psicologia, as abordagens desenvolvidas utilizam o simbolismo para trabalhar em direção ao alinhamento da mente, do corpo e da natureza.

SOBRE ESTE LIVRO
Este livro explora o uso e o poder dos símbolos, não importando o fato de serem explorados para o bem-estar individual ou social, ou para fins divisores

ou manipuladores. Está dividido em três seções. A Primeira Parte proporciona uma visão geral dos usos, significados e desenvolvimento de signos e símbolos analisados de várias perspectivas: histórica, cultural, sociológica e psicológica. A Segunda Parte apresenta as aplicações dos símbolos em diversas áreas da vida e inclui os capítulos sobre cultura e comunicação, símbolos abstratos, mitos e cosmos, plantas e animais, o ciclo de vida humana e a Terra. Finalmente, a Terceira Parte, o diretório de referência, contém mais de mil signos e símbolos, cada um com seu ideograma e uma breve explicação sobre seu significado e utilização.

Esperamos que as informações contidas neste livro estimulem o interesse dos leitores sobre este assunto profundo e complexo, motivando-os a observar além do significado superficial dos objetos e ideias do dia a dia até atingirem um entendimento maior sobre as maneiras pelas quais grande parte da vida diária e do modo como nos comunicamos uns com os outros são informadas pela riqueza dos signos e símbolos.

ABAIXO As pirâmides do Egito Antigo simbolizavam, para seus arquitetos, o poder criativo do sol e a imortalidade dos faraós que eram enterrados dentro delas.

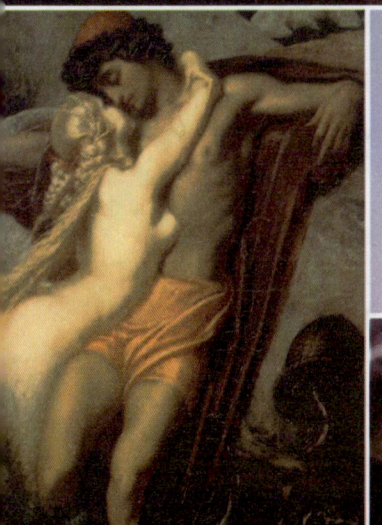

A ESQUERDA A sereia é o símbolo do aspecto sedutor da fêmea, que possui uma poderosa influência sobre o macho.

A DIREITA O Universo, sistema planetário do qual a Terra faz parte, sempre teve um grande significado simbólico através dos séculos. Ele está sujeito a mudanças a partir do momento em que a ciência descubra mais sobre sua existência.

A ESQUERDA A estrela de seis pontas tem um grande significado simbólico em muitas culturas, mas talvez seja mais conhecida como a Estrela de Davi, um símbolo importante na fé judaica.

1ª PARTE
Signos da Vida

Os símbolos são o coração da identidade cultural, passando informações sobre todos os aspectos da vida. São retirados de todas as fontes – animadas e inanimadas – para inspiração e aparecem em todas as formas concebíveis, tais como figuras, metáforas, sons e gestos, como personificações em mitos e lendas ou representados através de rituais e costumes.

Desde o início dos tempos, o conceito do simbolismo apareceu em todas as culturas humanas, estruturas sociais e sistemas religiosos, contribuindo para a visão de mundo e proporcionando informações sobre o cosmos e nosso lugar nele. A grande força dos símbolos tem sido reconhecida há muito tempo. O antigo sábio chinês Confúcio afirmou que: "Os signos e símbolos governam o mundo, não as palavras e as leis."

A DIREITA As estátuas monolíticas localizadas na Ilha de Páscoa possuem uma presença viva que simboliza a firmeza do espírito humano.

Símbolos Antigos

A FORÇA E O SIGNIFICADO DE ALGUNS DOS SÍMBOLOS MAIS ANTIGOS DO MUNDO AINDA ESTÃO DISPONÍVEIS PARA NÓS ATUALMENTE. PODEM SER ENCONTRADOS NA ARTE E NOS ARTEFATOS REMANESCENTES DAS PRIMEIRAS CIVILIZAÇÕES DO MUNDO E FALAM CLARAMENTE DAS PREOCUPAÇÕES FÍSICAS, SOCIAIS E ESPIRITUAIS DE NOSSOS ANCESTRAIS, ALÉM DE REPRESENTAR AS IDEIAS QUE PERMANECEM FUNDAMENTALMENTE IMPORTANTES PARA A HUMANIDADE MODERNA.

Os Primórdios

ACIMA Esta pintura Paleolítica na caverna em Lascaux, França, provavelmente foi feita para criar uma ligação simbólica entre o caçador e o bisão, conectando-o com o espírito do animal.

ABAIXO O povo indígena Sun Bushmen, do deserto de Kalahari, ainda cria pinturas em rochas como visualizações simbólicas de caçadas bem-sucedidas.

Entre a era do Australopitecos, o "Macaco do Sul" (aproximadamente 3,6 milhões de anos a.C.), e a do Homo Sapiens Sapiens (25.000-10.000 a.C), os humanos começaram a fazer ferramentas, aprenderam a usar o fogo, construíram casas com lareiras e começaram a usar a linguagem, os rituais e os símbolos.

O que sabemos de nossos ancestrais vem de evidências arqueológicas, como pinturas em cavernas, artefatos e traços de possíveis práticas rituais, e de comparações com os povos primitivos de eras posteriores. A evidência do desenvolvimento de símbolos e rituais vem dos povos Paleolíticos que surgiram há aproximadamente 2 milhões de anos. Eles eram caçadores e a maior parte de suas atividades envolvia o trabalho com pedras cortadas em lascas. Durante esta era, a imaginação mítica foi atiçada e a arte começou a ser criada.

A origem da mitologia e do simbolismo significava que as pessoas estavam começando a se relacionar com os conceitos de modo mais profundo do que somente a existência diária. É fácil imaginar que seu relacionamento com a natureza, com as estações do ano e com o clima, os animais que caçavam, o nascimento de seus filhos e a inevitabilidade da morte os levava a refletir sobre o significado dos acontecimentos em suas vidas. Os símbolos primitivos das cavernas, do fogo, do machado de mão e a representação de animais, servem como metáforas de base para complexas mitologias humanas que evoluíram posteriormente. Os símbolos e rituais dos primeiros humanos alinhou essas pessoas com os ritmos de seus corpos e com a natureza e serviu para honrar as forças que os influenciavam.

O FOGO

A habilidade de fazer fogo e aproveitar sua energia foi um desenvolvimento significativo, alcançado pelo Homo Erectus (por volta de 1,6 milhão-330.000 a.C) e proporcionou qualidades simbólicas importantes ao fogo. O ato de fazer fogo representa a centelha da imaginação e da criatividade. A própria energia do fogo é um símbolo de poder, aproveitando a natureza e utilizando-a para controlar outros aspectos do mundo natural, protegendo contra o frio e amedrontando animais que eram uma ameaça. O fogo permitia que as pessoas ficassem acordadas depois do pôr do sol, criando um tempo para que todos se reunissem em volta da fogueira e compartilhassem mitos e histórias. Tornou-se símbolo de transformação através do processo da preparação de alimentos.

AS CAVERNAS E A ARTE NAS CAVERNAS

Para os humanos primitivos, as cavernas eram lugares sagrados. As pessoas geralmente moravam em volta ou somente na entrada da caverna. Aventurar-se a penetrar na parte interna era apenas para propósitos religiosos ou mágicos.

As pinturas de animais nas paredes podem ter sido um meio de conectar-se com suas qualidades espirituais. Os meninos eram levados para seu interior a fim de ser iniciados como caçadores, um rito que envolvia uma morte e um renascimento simbólicos, uma experiência poderosa, dentro de um lugar obscuro como um útero cercado de imagens de animais.

> **MACHADO DE MÃO**
>
> O machado de mão da Idade da Pedra aparece em todos os lugares onde os humanos existiram (exceto no extremo oriente da Ásia) e tem sido a forma de ferramenta mais popular dos últimos dois milhões de anos. É uma ferramenta com múltiplos propósitos, utilizada para raspar as peles de animais, cortar carne, cavar buracos, cortar madeira e possivelmente como uma arma para autodefesa contra animais ou outros seres humanos. Para fabricar essas ferramentas, faziam-se lascas em uma pedra que era considerada a pedra "núcleo", significando renovação espiritual e psicológica da essência principal. Os primeiros machados de duas faces também foram considerados como a representação da resolução de conflitos interpessoais.

Para os primeiros humanos, uma caverna pode ter simbolizado a saída da realidade diária ao penetrarem em seu interior para encontrar com o que sua natureza mais profunda estava conectada e honrar os espíritos de outros animais, um local de transformação onde eles ritualmente morriam e renasciam com uma nova forma.

Muitas das primeiras pinturas em cavernas, como as da caverna Trois Frères, no sul da França, retratam seres que possuem uma parte animal e outra humana em sua forma. Uma figura masculina com barba, orelhas de touro, chifres e rabo de cavalo pode ter representado uma divindade ou um mágico.

É difícil diferenciar entre as imagens de mágicos humanos e figuras divinas na arte Paleolítica, pois ambos parecem compartilhar a mistura de características animais e humanas. O mágico era um membro importante da comunidade e considerado um deus em forma humana, com influência sobre os deuses e espíritos de animais.

MÁGICA PARA CAÇAR

No período Paleolítico, os humanos utilizaram a mágica para ajudar na caça. A principal forma de mágica era o mimetismo. Eles imitavam o animal a ser caçado para se conectar com seu espírito e garantir o sucesso. Porém, eles também utilizavam a mágica invisível ou homeopática, acreditando que um ato sobre um objeto que representasse o animal teria efeito sobre o próprio animal. Imagens de argila e desenhos de animais foram encontrados recortados e golpeados, presumidamente, para ajudar a obter sucesso na caça.

O fornecimento de animais para caça era crucial e a mágica da fertilidade era realizada para assegurar tal fornecimento. Isso envolvia o retrato de um casal de animais se acasalando ou fêmeas com sua prole. Modelos de argila de bisões em pares e um touro seguindo uma vaca foram encontrados na França. Em La Madeleine, um desenho mostra uma gama com um corço.

OFERENDAS

A primeira evidência de oferendas às forças sobrenaturais foi encontrada em Drachenloch, no Vale Tamina, na Suíça. Os ossos do urso tinham sido colocados lá com carne ainda presa ao esqueleto, o cérebro intacto e ossos da perna, como se ainda tivessem de ser comidos. Foram considerados como ofertas para agradar os espíritos de animais e agradecer pela caçada bem-sucedida, além de obter proteção para futuras expedições de caça.

SEPULTAMENTOS

As descobertas Paleolíticas incluem a primeira evidência de sepultamento com objetivos sagrados. Acreditava-se que os mortos recebiam poderes sobrenaturais e tinham de ser respeitados e consultados. Ocre vermelho era espalhado por todo o corpo. Isso representava o sangue e simbolizava vida e força na jornada para o outro mundo.

Em Lês Hoteaux, em Ain, na França, o último esqueleto Paleolítico foi encontrado dentro de uma pequena vala, coberto com ocre vermelho. Havia uma pedra enorme por trás de sua cabeça, ferramentas de pedra e um bastão do chefe da tribo, feito de chifre com entalhe de um veado. Corpos foram encontrados em tumbas e túmulos rasos, junto com joias, ferramentas e objetos utilizados em rituais (os mortos recebiam comida e ferramentas para utilizá-las em sua existência no outro mundo), outros estavam amarrados em uma posição dobrada, provavelmente para evitar que voltassem e atormentassem seus descendentes vivos. Na China, restos de seres humanos em uma fase evolucionária entre os humanos do período Pitecantropo e Neandertal foram encontrados separados de seus crânios e ossos maxilares. Os outros ossos dos corpos tinham sido colocados de modo a representar os animais que eles tinham comido. Será que este antigo ritual significava o clássico "você é o que come"?

ACIMA Retratos do sol e da lua estão centralizados na figura humana nesta gravura venezuelana.

ACIMA Os primeiros seres humanos faziam rituais com o ocre vermelho, utilizado para tingir esta pedra encontrada em Bevoc, Boêmia, datada de 250 mil anos atrás.

ABAIXO Como símbolo, o fogo é associado à criatividade, destruição e imaginação.

O Berço da Civilização

ACIMA Podemos somente imaginar como eram as primeiras cidades da antiga Mesopotâmia. Esta pintura mostra um zigurato (1) bem alto da cidade à esquerda do retrato.

ABAIXO O código de lei de Hammurabi, século XVIII a.C, é um exemplo de manuscrito cuneiforme, os primeiros sinais escritos que substituíram as representações pictóricas.

A partir do momento em que as primeiras sociedades caçadoras e agrícolas encontraram modos de trabalhar a terra, povoados mais permanentes começaram a surgir, particularmente em áreas onde as plantações prosperavam. Uma dessas áreas ficava na Mesopotâmia, era chamada de "Crescente Fértil" e localizava-se entre os rios Tigres e Eufrates, onde atualmente está a parte sul do Iraque. A partir de 5.000 a.C, pequenos vilarejos agrícolas da região foram se transformando em cidades e metrópoles, dando origem a algumas das primeiras civilizações – a palavra "civilização" vem do latim civis, que significa "cidadão de uma metrópole". As pessoas começaram a inventar linguagens, construir templos, palácios, moradias e a criar sociedades complexas nas quais os signos e símbolos se misturavam com a estrutura da vida diária.

PRESERVAÇÃO DE REGISTROS

A civilização antiga de Sumer prosperava na agricultura, no comércio e na indústria e foi uma das primeiras civilizações a desenvolver um sistema de escrita. No início eram utilizados pictogramas ou ícones, com um dos primeiros dicionários contendo cerca de 2 mil símbolos gráficos, cada um deles pretendia assemelhar-se ao que representava. Contudo, com o desenvolvimento da sociedade e o aumento da necessidade de registrar assuntos complexos, as limitações da representação pictórica tornaram-se aparentes. Aos poucos, as pessoas perceberam que os signos escritos poderiam ser utilizados para representar sons em vez de coisas e, portanto, as figuras foram substituídas pela escrita cuneiforme, um código escrito baseado em uma série de caracteres em forma de cunha, quase sempre registrados em uma superfície macia como a argila.

VIDA RELIGIOSA

A inundação do Tigre e do Eufrates era violenta e imprevisível: de um dia para o outro, a chuva revigorante poderia transformar-se em agente de devastação. Acreditava-se que os deuses controlavam essas forças poderosas, com os seres humanos considerados pouco mais do que escravos sujeitos aos caprichos do destino. Tal fato colocou a religião firmemente no centro da vida diária, com um templo dedicado a um dos principais deuses no centro de cada cidade ou metrópole. No começo, eram construções absolutamente simples, feitas de tijolos de barro, decoradas com mosaicos geométricos em forma de cone e afrescos com figuras humanas e animais. Um santuário retangular, conhecido como "adega", possuía um altar de tijolos ou uma mesa de oferendas em frente à estátua da divindade do templo. Rituais públicos, sacrifícios de alimentos e libações aconteciam todos os dias, assim como festas mensais e celebrações anuais do Ano-Novo.

ZIGURATOS

Estes primeiros templos gradualmente evoluíram para ziguratos, estruturas muito altas em forma de pirâmide, algumas chegando a 90 metros. Um dos primeiros exemplos da região é o Templo Branco de Uruk (Erech no Velho Testamento), dedicado ao deus Sumeriano An, senhor dos céus, datado de 3.000 a.C.

Os ziguratos mesopotâmicos eram construídos em uma série de três, cinco ou sete terraços que se tornavam mais estreitos em ordem crescente, com degraus para passar para o próximo nível. Dizem que os sete terraços correspondem aos sete Céus planetários. De acordo com a tradição Sumeriana, o nível inferior estava ligado a Saturno e era pintado de preto; o segundo nível era branco e correspondia a Júpiter; o terceiro era vermelho da cor dos tijolos e simbolizava Mercúrio, enquanto o quarto nível, de cor azul, estava associado à Vênus. O sexto nível, Marte, era amarelo e o sétimo era cinza ou prata para representar a lua, sobre a qual brilhava a luz dourada do sol. Os sacrifícios eram em geral feitos no nível superior. O simbolismo do zigurato também tem sido comparado com a montanha cósmica localizada, pelo que se supõe no centro do mundo, assim como os templos construídos em forma de montanha. Simbolicamente, os ziguratos são semelhantes a escadas, unindo o céu e a terra e criando uma passagem para que os mortais possam subir e os deuses possam descer. Os ziguratos foram alegadamente a ins-

(1) N.T.: Zigurato: templo na Babilônia.

À DIREITA Um touro com asas e cabeça humana, uma das criaturas mitológicas híbridas conhecidas como lamassu e que foram entalhadas em importantes edifícios públicos nas cidades da Assíria.

piração para a Torre da Babilônia, que no Velho Testamento foi interpretada como símbolo de orgulho, construída por seres humanos que tentavam igualar-se à magnificência de Deus.

A DEUSA ISHTAR

Sem dúvida, a divindade mais importante da Mesopotâmia antiga era a deusa da lua, Ishtar, também conhecida como Inanna, Astarte ou Ashtar (e, depois, como Ísis no Egito antigo). Ishtar personifica as forças da natureza que podem conceder ou destruir a vida e, assim como a lua, sua forma está sempre mudando. Algumas vezes, ela era representada como a deusa da fertilidade, com seios fartos e um ventre enorme. Ela é a deusa do amor sexual e nos lares da antiga Babilônia havia pequenos santuários contendo sua imagem, emoldurada em um quadro, mostrando-a nua e sentada – a pose típica da prostituta. Ishtar também é a deusa da guerra e, nesse aspecto, poderia ser retratada como um leão (simbolizando a ferocidade) com as garras e as asas de uma coruja. Também era exibida usando uma coroa de estrelas em três fileiras, com pedras lápis-lazúli e um colar em forma de arco-íris, simbolizando sua conexão com o céu. Sendo a rainha dos céus, todas as noites ela anda pelo céu em uma carruagem guiada por leões ou bodes. As constelações do zodíaco eram conhecidas pelos antigos árabes como as Casas da Lua e o diagrama do zodíaco era conhecido como "espartilho de Ishtar", um termo que se referia ao calendário lunar dos antigos.

BABILÔNIA

Na antiga Babilônia, o leão era um símbolo popular do poder real, enquanto o dragão estava associado com o deus supremo, Marduk. As leis e os costumes da terra foram unificados sob Hammurabi (r.1792-1750 a.C) e a cidade da Babilônia tornou-se um renomado centro de aprendizado, especialmente em ciências, matemática e astronomia. Os estudiosos babilônicos desenvolveram um sistema de numeração, baseado em grupos de 60, o que nos levou à hora de 60 minutos e ao círculo de 360 graus. O antigo historiador grego Heródoto declarou que a Babilônia "é tão esplêndida que nenhuma cidade na Terra pode ser comparada a ela". Seus muros e famosos jardins suspensos estavam entre as sete maravilhas do mundo antigo e a Babilônia tornou-se sinônimo de excelência e talento. Na tradição judaico-cristã, contudo, tornou-se a antítese do paraíso e da sagrada Jerusalém, simbolizando o profano.

LAMASSU

Símbolos de poder e proteção, estas esfinges maciças com asas, ou lamassu, se originaram nas tradições mágicas babilônicas, embora sejam muitas vezes associadas à cultura assíria (c.1000-600 a.C.). Com o corpo de um touro ou leão, algumas vezes com cinco pernas, asas e com cabeças humanas e barba, essas esculturas foram incorporadas a importantes estruturas cívicas, tais como o palácio real ou os portões de entrada da cidade. Algumas chegavam a medir 5 metros de altura e pesavam 30 toneladas. O leão e o touro simbolizavam o poder masculino, a virilidade e a soberania, embora ambos estivessem associados à deusa da lua: o espetacular portão de Ishtar que conduzia à cidade da Babilônia era decorado com leões, enquanto os chifres de touro no penteado de Ishtar denotavam a lua crescente. A cabeça do lamassu simbolizava o poder do soberano para proteger seu povo, as asas significavam a habilidade de voar e as pernas representavam a vigilância contra inimigos humanos e sobrenaturais que poderiam atacar de qualquer direção.

ACIMA Este retrato da Babilônia mostra o esporte popular da caça aos leões. O leão era um símbolo de autoridade real e poder para os babilônicos.

ABAIXO O retrato de uma das torres do Portão de Ishtar na cidade da Babilônia, que foi elaborado com decorações de leões dourados.

O Antigo Egito

ACIMA As pirâmides do Egito contêm uma riqueza de simbolismo.

ACIMA, CENTRO A Coroa Dupla do antigo Egito tinha muitas associações simbólicas, unindo os dois reinos do Alto Egito e do Baixo Egito.

ACIMA O Nilo simbolizava a força vital do Egito, uma vez que a fertilidade da terra dependia, e ainda depende, de suas inundações sazonais.

No seu apogeu, a civilização do antigo Egito foi sem dúvida a mais espetacular da Terra. Surgiu cerca de 5 mil anos atrás e continuou a prosperar por três milênios, nos proporcionando um conjunto fascinante de símbolos, muitos dos quais se originaram no solo e na natureza. O Antigo Egito existiu em um cenário de extremos, citado em termos simbólicos como o Vermelho e o Preto. A Terra Vermelha (Deshret) era o lado Saharan do país, transformada em terra seca e improdutiva pelo feroz calor do sol, a Terra Negra (Kemet) era a área fértil no vale do Nilo, escurecida pelas inundações sazonais do rio e protegida por sua vegetação. Desse modo, a terra do Egito simbolizava o casamento dos opostos, uma síntese. Esse panorama formou os sistemas de crenças dos egípcios e permaneceu no âmago de sua cultura.

ORDEM E CAOS

A relação entre ordem (maat) e caos (isfet) era o ponto crucial do pensamento do antigo Egito. O deus Hórus era associado com tudo que estava certo e em ordem e Set era associado ao caos, como também à infertilidade e aridez. Similarmente, Kemet era um local de ordem – na mesma época, todos os anos, o Nilo, força vital do Egito, inundava a terra, assegurando colheitas abundantes – enquanto Deshret era associada à infertilidade e desordem. A harmonia era alcançada quando essas duas forças eram mantidas em equilíbrio, nenhuma delas ganhando controle às custas da outra, e era personificada pela deusa Maat, filha de Re, o deus criador e deidade solar preeminente.

Maat era retratada usando um traje de plumas de avestruz, símbolo da verdade e um ideograma do seu nome em cima de sua cabeça. Ela mantinha a ordem na terra e no céu, governando as estações, o dia e a noite e o movimento das estrelas. Ela também decidia o destino dos mortos no submundo, pesando o coração do falecido de acordo com as plumas da verdade em sua balança da justiça. Quando os lados da balança ficavam equilibrados, o paraíso era a recompensa, quando um dos lados tombava, o morto era devorado por um monstro, parte leão, parte hipopótamo, parte crocodilo. Maat também supervisionava os decretos, atos legais e as relações sociais, além de presidir os rituais religiosos.

DIVISÃO E UNIFICAÇÃO

Politicamente, o reino era dividido em duas partes: Alto Egito e Baixo Egito, considerando que o Alto Egito era a parte sul e o Baixo Egito era a parte norte na região do Delta do Nilo – uma divisão representada pelas coroas branca e vermelha. A coroa vermelha do Baixo Egito tinha a parte traseira alta e fina e uma espiral estreita na parte da frente, enquanto a coroa branca do Alto Egito tinha a forma de um cone alto com a ponta bulbiforme. Algumas vezes, era adornada com duas plumas e formava uma coroa atef que era associada com Osíris, senhor do submundo. Algumas vezes, as duas coroas eram combinadas para formar a Coroa Dupla.

Acreditava-se que as origens do estado do Egito poderiam ser delineadas com um ato de unificação do Alto Egito e do Baixo Egito por um governador chamado Menes (para quem não há nenhuma evidência arqueológica), por volta de 3.100 a.C. O sinal hieroglífico utilizado para expressar essa noção de unificação era uma

---

PIRÂMIDES

A pirâmide é símbolo de ascensão. Alinhada com o sol e as estrelas, cria uma passagem entre a terra e no céu para que o faraó morto possa atravessar para o outro lado após a vida. Na tradição ocidental hermética, combina o simbolismo do quadrado com o triângulo. O simbolismo também está ligado à colina (e montanha cósmica), considerada semelhante ao morro que emergiu das águas primitivas quando a terra foi criada, portanto, um símbolo de poder da vida sobre a morte.

> **O ESCARAVELHO**
>
> O estercorário ou escaravelho simbolizava vida nova e ressurreição. Era chamado de estercorário por seu hábito de fazer uma bola de esterco onde colocava seus ovos. Isso era considerado símbolo da jornada do sol em seu caminho para o céu. Os escaravelhos que saíam da lama eram associados com a vida surgindo das colinas primitivas e simbolizavam a criação espontânea.

> **O ANKH (CRUZ ANSATA)**
>
> Formado por uma alça oval sobre uma cruz, o ankh era o hieróglifo do antigo Egito para a vida e imortalidade e utilizado na iconografia dos opostos. A alça, uma forma de círculo, significa o universo (o macrocosmo), e a cruz em forma de T pode significar o homem (o microcosmo). Ele combina os símbolos feminino e masculino do deus Osíris (a cruz) e da deusa mãe Ísis (o oval), irmã e esposa de Osíris, e simboliza a união do céu e da terra. Nas pinturas dos muros egípcios, os deuses (particularmente Ísis) e os reis eram pintados segurando um ankh para simbolizar seus poderes sobre a vida e a morte. O ankh é associado à morte e os rituais funerários: carregado pelo morto, ele simboliza uma passagem segura deste mundo para o outro, enquanto for mantido de cabeça para baixo. É a chave que destrava os portões da morte para a eternidade. Às vezes, é colocado na testa, entre os olhos, conectando-o com a clarividência.

versão estilizada de um par de pulmões com uma traqueia-artéria envolvendo os dois. Nas representações artísticas, este emblema poderia ser franqueado por duas deidades, algumas vezes Hórus e Set ou, em outras ocasiões, por dois deuses do Nilo, um dos deuses com a planta do papiro (o emblema heráldico do Delta) sobre sua cabeça e o outro com a flor de lótus (ou vitória régia) (o emblema do Vale do Nilo). As figuras de cada lado são frequentemente pintadas amarrando o papiro e os talos das flores de lótus com um nó em volta do hieróglifo. Era tarefa do rei, ou faraó, unir essas duas terras, com seus títulos de "Senhor das Duas Terras" e "Rei do Alto Egito e do Baixo Egito".

O FARAÓ

O termo faraó (peraa) significa literalmente a "grande casa". No período do Novo Reinado (c.1550-c.1069 a.C.) foi utilizado para descrever o rei, mas, antes dessa época, o termo referia-se ao palácio do rei ou à corte real. No Antigo Egito, acreditava-se que o rei ou o faraó era uma manifestação viva de divindade, associada tanto a Hórus, o deus dos céus com cabeça de falcão, quanto a Re, algumas vezes representado por um disco de sol com asas. Essa estátua em forma de deus concedia poder absoluto ao faraó, que controlava o exército e todos os compromissos civis, além de exercer o sacerdócio. Em todos os lugares aonde iam, as pessoas comuns encontravam a estátua do faraó, simbolizada por estátuas de pedra maciça do rei com aparência de Re, assim como as majestosas pirâmides – monumentos funerários dos reis e rainhas do antigo Egito.

VIDA APÓS A MORTE

A morte e o sepultamento possuíam muitas associações simbólicas no antigo Egito, onde a existência após a morte era o centro da crença religiosa. A prática da mumificação revela a crença fortemente mantida de que o corpo deveria estar intacto para a vida após a morte, enquanto os textos funerários mostram que acreditava-se que os mortos subiam para os céus, o império do sol e o lugar da vida após a morte. Havia vários métodos para ascender aos céus, incluindo: cavalgar nas costas de um falcão, ganso ou outro pássaro; ser perfumado com incensos; ou viajar em uma barca feita de junco conduzida por velas, remos ou que era rebocada. A viagem era arriscada e os feitiços e recitações eram murmurados para ajudar os mortos em seu caminho, enquanto os amuletos funerários eram posicionados em seus corpos.

Dois dos amuletos mais utilizados eram o Olho protetor de Hórus (conhecido como olho de udjat ou wadjat), que em uma versão do mito de Osíris é usado pelo filho dele, Hórus, para trazer seu pai de volta à vida, e o escaravelho, que era colocado sobre o coração e associado com Khepri (uma expressão da deidade solar, Re) e era, portanto, um símbolo de vida nova e ressurreição. Às vezes, os escaravelhos eram retratados com asas de falcão, símbolo de transcendência e proteção.

ACIMA A prática e os elementos ritualísticos da mumificação eram cheios de significado simbólico.

ABAIXO O Olho de Hórus (wadjat) dá proteção à barca funerária em seu caminho para o outro lado após a morte.

O Período Clássico

ACIMA A Acrópolis simboliza a glória do mundo clássico.

ACIMA Na antiguidade, uma coroa de louros era símbolo de vitória e também um sinal de status usado pelas classes governantes.

VIDA RELIGIOSA

Tanto a civilização grega clássica quanto o poderoso Império Romano tiveram um enorme impacto na sociedade ocidental, influenciando suas leis e costumes, sua arte e ciência, sua filosofia e seu modo de vida. Os sistemas de crenças desses povos mediterrâneos podem ser visto em suas mitologias, que eram caracterizadas por uma vitalidade brilhante e dramática que conservava os princípios morais, as leis naturais e os maiores contrastes e transformações que determinam tanto a vida cósmica quanto a vida humana. Os deuses e deusas do panteão greco-romano representavam temas típicos, tais como nascimento, morte e renovação, guerra e paz, amor e casamento, e controlavam todos os aspectos da vida diária.

A montanha mais alta da paisagem da Grécia antiga era o Monte Olimpo, lar dos deuses. Era o local de onde presidiam o mundo e ajudavam ou impediam os humanos de acordo com suas extravagâncias. Todos os deuses eram considerados descendentes de Gaia (a Terra) e de Urano (o céu), e acreditava-se que suas vidas eram como as dos seres humanos – eles se apaixonavam, tinham filhos, tocavam músicas, brigavam e tinham obrigações. Cada um dos deuses tinha sua esfera de influência – Afrodite (Vênus para os romanos) governava o amor e Ares (Marte) governava a guerra, por exemplo; todas as deidades principais tinham templos e santuários dedicados a elas.

O CENTRO DO MUNDO

Um dos principais santuários era o de Apolo em Delfos, nas encostas do Monte Parnassus. Apolo, que em um de seus aspectos era associado ao sol, tinha o poder da profecia e da adivinhação e em Delfos ele respondia às perguntas sobre o futuro através de sua sacerdotisa. Delfos era considerado o centro do mundo, o ponto onde dois pássaros, voando de extremidades opostas da terra, se encontrariam. Uma enorme pedra, conhecida como omphalos ou pedra-umbigo, ficava ali para simbolizar este ponto.

TEMPLOS

Os lares terrenos dos deuses eram seus templos e não se economizava nada em suas construções. As primeiras

O DEUS SUPREMO

O deus mais poderoso era Zeus (Júpiter para os romanos), o governador supremo dos Céus e da Terra e que dominava os outros deuses olímpicos. Era casado com sua irmã Era, mas tinha muitas concubinas, sendo o pai de uma descendência de deuses e de mulheres mortais. Tipicamente disfarçado, ele adotava as formas de um cisne, de um touro, um cavalo ou de uma árvore chamada chuva-de-ouro. Seus símbolos eram o trovão e a águia, embora também fosse retratado em forma humana usando uma coroa de louros, sentado em um trono e segurando um cetro.

estruturas de pedra deram lugar à pedra, especialmente o mármore, e foram decorados com frisos pintados com cores brilhantes, mostrando a bravura dos deuses, deusas e heróis. A maioria dos templos era dedicada a uma deidade em particular, cujo culto era centralizado no local.

Um dos templos mais famosos da Grécia antiga, o Partenon, foi construído em Acrópolis ("a cidade alta") em Atenas, entre 447 e 432 a.C. Foi dedicado à deidade patrona da cidade, Atena, deusa da sabedoria e da arte da guerra, e abrigava sua imensa estátua de ouro e marfim. A coruja, simbolizando a sabedoria, era o emblema da deusa e pode ser encontrada em moedas de prata que circulavam em Atenas depois que os gregos obtiveram vitórias decisivas sobre os persas em 479 a.C.

O costume romano de idolatrar os imperadores mortos significava que muitos templos foram construídos para adorá-los, incluindo o templo de Augusto e sua esposa Lívia, que ainda está de pé em Viena, França. Esses templos eram símbolos tanto do poder divino quanto do poder terreno, evidências das realizações culturais e políticas dos romanos.

ESTAÇÕES E CICLOS

A vida na Grécia era dominada pela religião e tal fato estava intimamente ligado aos ciclos da natureza. A morte e o renascimento anual da vegetação da Terra tinham uma forma simbólica no mito de Perséfone (a quem os romanos chamavam de Proserpina), a filha virgem de Zeus (Júpiter) e Deméter (Ceres), a deusa da Terra. De acordo com o mito de Perséfone, Hades (Plutão, senhor do mundo subterrâneo) espiava a linda donzela colhendo papoulas e a raptou para ser sua rainha no reino dos mortos. Consumida pela tristeza, Deméter abandonou a terra enquanto procurava a filha. A terra ficou estéril enquanto as colheitas definhavam e morriam e o resultado foi o inverno permanente.

Para ajudar a humanidade, Zeus interveio e enviou Hermes (Mercúrio), o deus mensageiro, para trazer Perséfone de volta. Enquanto isso, contudo, ela havia ingerido a comida dos mortos (na forma de seis sementes de romã) e, assim, ficou ligada a Hades; ela poderia voltar para Deméter somente parte do ano. Sua chegada anual é marcada pelo reaparecimento da primavera, mas, no final do verão, ela deve retornar para Hades e a terra mais uma vez se torna improdutiva.

JOGOS

Não simplesmente para diversão, o esporte sempre foi um modo de treinamento para a guerra e para honrar os deuses. Os festivais nacionais atraíam os atletas de todo o mundo grego, sendo os Jogos Olímpicos o festival mais importante, realizados a cada quatro anos em honra a Zeus.

Os jogos eram tão importantes que as guerras eram suspensas para que as pessoas pudessem viajar em segurança até Olímpia e também voltar. Os primeiros jogos olímpicos foram realizados em 776 a.C. e continuaram na era romana, chegando ao fim em 395 d.C. Eles foram restabelecidos na era moderna em 1896. Um dos símbolos associados aos Jogos Olímpicos é o corredor levando uma tocha, referindo-se ao tempo em que as corridas de revezamento aconteciam depois do escurecer e os participantes tinham de levar uma tocha para iluminar o caminho. A equipe vencedora usava as tochas para acender fogueiras em altares dedicados a Zeus ou Atena. Os vencedores ganhavam coroas de louro consagradas a Apolo e eram o símbolo da vitória.

> **OS MISTÉRIOS DE ELÊUSIS**
> No âmago da religião grega estavam os Mistérios de Elêusis, rituais anuais secretos. Acreditava-se que eles mantinham a raça humana unida. Os principiantes guardavam seus segredos de modo tão seguro que não sabemos exatamente o que experimentavam, porém, tudo indica que tinham uma revelação triplicada: uma visão beatífica da donzela Perséfone, que havia dado à luz Aeon, uma criança divina; e a aparição de uma espiga de trigo, com promessa de vida nova e fertilidade. Os Mistérios foram observados por 2 mil anos, chegando ao fim com a devastação de Elêusis pelos bárbaros em 396 d.C..

ACIMA Os cinco anéis que formam o símbolo dos Jogos Olímpicos modernos e representam os cinco continentes do mundo.

ABAIXO Triptoleme, um príncipe de Elêusis, sendo iniciado nos Mistérios Eleusianos por Deméter e Perséfone.

À DIREITA A imensa escala do Coliseu pretendia impressionar tanto as nações dominadas quanto os cidadãos romanos com grande poder do Império

ABAIXO O caduceu, uma haste ou bastão entrelaçado por duas serpentes, é um símbolo do deus Hermes. É utilizado como emblema da medicina homeopática.

MEDICINA E CURA

Para os gregos antigos, a doença era vista como uma punição enviada pelos deuses, para os quais eles também pediam a cura. Os santuários dedicados a Asclépio (um médico grego deificado como deus da medicina) foram construídos por todo o reino grego e o mais famoso está localizado em Epidauro. Os doentes faziam peregrinações para esses templos, onde praticavam um processo de cura conhecido como incubação. Eles dormiam nos templos e usavam seus sonhos como um canal para comunicação com Asclépio, na esperança de que ele pudesse mostrar-lhes como ser curado. O sacerdote realizaria, então, o tratamento recomendado. Era costume deixar algum tipo de representação simbólica da parte afetada do corpo, tanto ao pedir a cura quanto ao deixar uma oferenda de agradecimento mais tarde.

O emblema de Asclépio era seu bastão, um ramo bruto entrelaçado com uma serpente, cuja mudança de pele simboliza a renovação da juventude. O bastão ainda é um símbolo familiar de cura e é utilizado por instituições médicas como a Organização Mundial de Saúde.

Os romanos acreditavam que as doenças poderiam ser causadas pelos deuses, por feitiços e maldições. Eles deixavam oferendas para os deuses em forma de partes do corpo. Atualmente, esta prática continua em igrejas em alguns países do Mediterrâneo, onde símbolos de metais com trabalhos em relevo são utilizados.

LOURO
Através de sua associação com Apolo, as folhas aromáticas do louro eram o emblema de coroação do mundo greco-romano tanto para guerreiros quanto para poetas. Era um símbolo de trégua, vitória, paz, adivinhação e purificação.

A FUNDAÇÃO DE ROMA

De acordo com a lenda, Roma foi fundada em 753 a.C pelos irmãos gêmeos, Rômulo e Remo, filhos do deus romano da guerra, Marte. Quando bebês, foram atirados no rio Tibre e abandonados para morrer, mas foram levados para a margem e cuidados por uma loba. Quando cresceram, decidiram construir uma cidade no Tibre. Para definir onde construir a cidade, cada irmão escalou um monte (Remo escalou o Aventine e Rômulo escalou o Palatino) à procura de um presságio dos deuses. Na tradição greco-romana, o urubu era sagrado para Apolo e um pássaro de presságio. Rômulo viu 12 urubus, Remo 6. O monte Palatino foi escolhido e Rômulo abriu uma ranhura na terra para demarcar os limites da cidade. Quando Remo tentou tomar a iniciativa de seu irmão, Rômulo o matou. Quando Roma foi estabelecida, Marte levou Rômulo em sua carruagem para que este se tornasse um deus.

Com seu valor e natureza predatória, o lobo continuou a ser sagrado para Marte e tornou-se um símbolo totem de Roma, um dos maiores superpoderes do mundo. O Império Romano foi construído com a força de seu exército.

PODER E VITÓRIA

Com base em uma disciplina rigorosa, força de vontade inabalável e coragem, o exército romano tornou-se sinônimo do poder de Roma. O exército não somente aumentava as fronteiras do império, mas também era responsável por sua proteção, construindo fortalezas impenetráveis nos cumes dos morros para defender as conquistas romanas.

A deusa Nike, uma derivação de Atena com asas, tornou-se o símbolo da vitória militar. Ela era frequentemente exibida com um

ABAIXO Uma loba alimentando os gêmeos, Rômulo e Remo, é o símbolo para a cidade antiga de Roma.

globo e uma coroa de vencedor. Sacrifícios eram feitos para ela antes e depois das batalhas a fim de garantir a vitória e agradecer pelo sucesso alcançado.

A águia foi adotada como emblema romano. Conhecida com aquila, tornou-se o símbolo do poder imperial. As asas da águia protegiam a paz do império, enquanto a capacidade do pássaro de pegar sua vítima com um só golpe era um lembrete das virtudes dos guerreiros de Roma.

Os escravos foram umas das presas da guerra e alguns (incluindo mulheres) treinavam como gladiadores, que lutavam uns contra os outros, geralmente até a morte, em anfiteatros erguidos por todo o império. A arquitetura pública desse tipo, um símbolo poderoso do domínio romano, culminou na construção do espetacular Coliseu em Roma. Inaugurado em 80 d.C., comportava cerca de 50 mil pessoas e estima-se que 500 mil combatentes morreram lá. As lutas entre gladiadores tinham origem religiosa e eram realizadas em funerais para honrar o morto; porém, no tempo dos imperadores, era um esporte de derramamento de sangue. Os vitoriosos poderiam ganhar sua liberdade. Gladiadores eram celebridades. Uma inscrição em grafite na cidade de Pompeia descreve um gladiador chamado Celadus como "o homem por quem suspiram as mulheres". Quando um gladiador era ferido, podia implorar por compaixão. Se a multidão (e o imperador) o favorecessem, o sinal de polegares para cima salvaria sua vida, enquanto o sinal de polegares para baixo significaria uma morte brutal.

O CULTO DE MITRA

O deus persa do sol, Mitra alcançou a posição de ser cultuado com o exército romano, que divulgou sua adoração por toda sociedade e império romano. Como criador e controlador do cosmos, Mitra era retratado matando um touro, simbolizando a vitória do homem sobre sua natureza animal, da mesma forma que acontecia com o poder político de Roma sobre seus inimigos. Mitra era adorado em templos subterrâneos onde acontecia o *taurobolium* (sacrifício ritual de um touro) e os iniciantes do culto eram batizados com seu sangue.

Às vezes Mitra era retratado envolvido pelo círculo do zodíaco, possivelmente aludindo ao fim da era de Touro e o início da era de Áries pertinente à época.

ACIMA Vitória com Asas – ou Nike, um aspecto de Atena para os gregos – segura dois dos símbolos romanos mais importantes de poder e vitória: um bastão com uma águia no topo e uma coroa feita de folhas de louro.

ACIMA, À ESQUERDA O emblema da legião romana era o principal símbolo de seu orgulho e honra militar.

À DIREITA No império da antiga Roma, o culto de Mitra era aberto somente aos homens. Esta escultura descreve o deus matando um touro, simbolizando a força do sexo masculino e o poder em sua forma mais pura.

A Europa Pagã

Quando Roma e seu império ocidental foram vencidos pelos invasores bárbaros em 476 depois de Cristo, o norte da Europa entrou em um período de instabilidade. A influência da civilização romana desapareceu, embora o aprendizado clássico tenha sido preservado nos mosteiros cristãos e a antiga cultura céltica misturou-se com as tradições de forças sucessoras germânicas e escandinavas.

No século VI, os anglo-saxões chegaram à Bretanha vindos da Escandinávia e da Germânia, substituindo a cultura romana, celta e cristã pelo que se tornou então, a "terra dos Anglos" ou Inglaterra. Mais tarde, entre 800 e 900, os Vikings invadiram a Europa e a Bretanha. Por volta do século XI, contudo, as novas culturas tinham sido assimiladas e a Europa ergueu-se reformada do Período Escuro para a Idade Média, com o aparecimento do Cristianismo romano como fé dominante, mesclado com elementos das culturas mais antigas pré-cristãs.

OS CELTAS

Os mitos e símbolos celtas foram repassados pelos trovadores que combinavam as tarefas de sacerdote, professor e artista para manter a cultura viva. Os celtas tinham uma profunda afinidade com a natureza e os padrões naturais estão intensamente presentes na arte celta.

No Condado de Galway, na Irlanda, existe uma antiga pedra, conhecida como pedra de Turoe. Ela está esculpida com modelos estilizados e sugestivos de plantas e animais e é o símbolo da regeneração. Foi o local onde os reis idosos eram sacrificados para a renovação cultural.

O caldeirão celta era um símbolo importante de abundância, renascimento e sacrifício: uma fonte inesgotável de alimento ou conhecimento, geralmente associado com o deus supremo celta, chamado Dagda. Acreditava-se que os mortos atirados no caldeirão renasciam no dia seguinte. O caldeirão celta pode ter sido um precursor do Santo Graal das lendas de Arthur. Um magnífico caldeirão de cobre, dourado e prateado, dos séculos I e II a.C., chamado de caldeirão de Gundestrup, retrata Kernunnos, o "Deus Cornífero", uma deidade animal masculina, em um casamento sagrado com a Mãe Terra, ou natureza. Ele tem os chifres de um veado, simbolizando a renovação (quando os veados perdem seus chifres, nascem outros no lugar). Ele também aparece como um javali, animal que os celtas admiravam por sua velocidade e disposição de lutar. Eles acreditavam que o javali tinha qualidades mágicas e ligações diretas com o mundo subterrâneo. Kernunnos sempre está segurando uma serpente com cabeça de carneiro, símbolo de sexualidade e regeneração.

Existem muitos exemplos na arte celta da deusa tríplice, que aparece em seus três aspectos: donzela, mãe e mulher idosa. Brigid era a deusa tríplice comumente associada com o festival celta da primavera de Imbolc (Dia de Brigid), celebrado na época da purificação. Ela inspirou os trovadores e era uma deidade de cura que também protegia as mulheres na hora do parto.

Outra deusa tríplice foi Morrigan que era associada ao corvo. Consorte de Dagda, ela era deusa da batalha, da disputa e da fertilidade. Tinha o poder de deixar os homens completamente impotentes, em particular quando eles não reconheciam suas próprias qualidades femininas. O nome de Dagda significa "o deus todo-poderoso". Ele era uma figura paterna protetora, geralmente retratado segurando um taco ou um pênis ereto, simbolizando a virilidade e a criação da vida.

Os celtas adoravam seus deuses em bosques sagrados. Eles começaram a construir templos somente quando foram influenciados pelos romanos. A árvore do carvalho simbolizava força e proteção e os bosques de carvalhos eram lugares sagrados.

OS ANGLO-SAXÕES

Por volta de 450 d.C., os anglo-saxões iniciaram sua migração para a Bretanha vindos da Dinamarca e do norte da Germânia. Eles eram uma sociedade de guerreiros imponentes, com crenças politeístas e idolatravam animais como o javali, o cavalo e o veado.

ACIMA Costumava-se dizer que a harpa celta, um instrumento da alma, inspirava três reações: riso de felicidade, lágrimas de tristeza e serenidade ou sono.

A ESPADA CELTA

Para os celtas, a espada simbolizava o poder, a proteção, a coragem, a autoridade, a verdade e a justiça. Ela também é um símbolo fálico. Acreditava-se que algumas espadas possuíam qualidades mágicas. A imagem de Arthur retirando a espada da pedra, depois que outros haviam falhado em fazê-lo, foi um sinal de sua realeza.

ACIMA O caldeirão de Gundestrup exibe um artefato magnífico do simbolismo da natureza celta, incluindo o deus Kernunnos, ou deus cornífero, uma deidade animal.

Os anglo-saxões acreditavam em um destino predeterminado, conhecido como wyrd. O conceito era personificado nas três irmãs Wyrd, ou Nornas, que teciam a teia do destino (assim como acreditava-se que as Parcas Gregas podiam fiar, medir e cortar o fio de cada vida humana).

Os cavalos eram sagrados para os anglo-saxões e representavam grande prosperidade e dignidade. As lendas contam sobre Hengist ("garanhão") e Horsa ("cavalo"), os deuses gêmeos que haviam comandado a invasão da Bretanha. Enormes cavalos de giz entalhados nos declives dos morros no sul da Inglaterra, como aqueles em Uffington e Westbury em Wiltshire, são considerados de origem anglo-saxônica.

O javali era um símbolo anglo-saxão de proteção e realeza. Era associado com Frô, um deus da monarquia e da fertilidade. Os guerreiros carregavam sua imagem em seus capacetes, acreditando que isso traria a força do javali para quem estivesse usando o capacete. Em Yuletide, para marcar o dia mais curto do ano, votos solenes eram feitos sobre o Javali de Yule, que era, então, sacrificado: acreditava-se que ele iria direto para os deuses, levando os votos consigo, enquanto sua carcaça era assada e servida com uma maçã na boca, simbolizando o renascimento da deusa do sol.

O veado era um símbolo nobre para o rei anglo-saxão e sua liderança. Uma vara montada com a cabeça de um veado olhando para o sol era costumeiramente erguida para maldizer ou insultar o inimigo.

O festival da deusa da fertilidade, Eostre, era celebrado na primavera e ela deu o nome à comemoração cristã da Páscoa. Seu animal era a lebre ou o coelho – a origem do Coelho da Páscoa moderna: de acordo com a lenda ela transformava um pássaro congelado no inverno em um coelho que, por gratidão, continuava a colocar ovos toda primavera.

OS VIKINGS

O povo nórdico da Escandinávia idolatrava um panteão de deuses e deusas comandados por Odin. Os vikings navegavam com guerreiros e comerciantes nórdicos que prosperaram do século VIII ao século XI, invadindo a Europa pelo mar em seus imensos e poderosos navios, tomando primeiro os pertences e depois o território dos saxões nativos.

Odin ou Wotan, a principal deidade nórdica, era o deus do pensamento e da memória, duas faculdades mentais estimadas pelos povos nórdicos. Thor era o deus dos raios e trovões e, portanto, da força, manuseando um poderoso martelo para proteger os humanos e os deuses dos gigantes. Freya era a deusa do amor e da beleza, mas também era a deusa guerreira; o irmão gêmeo de Freya era Freyr, deus cornífero da fertilidade, deus do sucesso e também deus guerreiro, lutando com um chifre ou um alce.

ACIMA Os anglo-saxões associavam o javali com a realeza, a fartura e a proteção na batalha.

ABAIXO Os longos navios vikings eram símbolos de terror e ferocidade para os desafortunados que sofriam as invasões dos homens nórdicos.

NAVIOS VIKING

Os vikings eram excelentes construtores de navios e viam suas embarcações marítimas ("cavalo das ondas") como símbolos de poder e velocidade. Esses navios também eram símbolos potentes da passagem segura para a outra vida depois da morte, sendo utilizados em sepultamentos, seguramente ancorados, protegendo o corpo do defunto.

O Oriente Médio

FARAVAHAR
O deus supremo dos persas, Ahura Mazda, foi personificado por faravahar, uma imagem majestosa que surge de um disco com asas e representa a aspiração humana em unir-se ao deus. A figura simboliza a vontade própria: sua mão apontando algo representa as aspirações da alma humana enquanto a outra mão segura um anel, simbolizando a realeza e o ciclo de nascimento, morte e renascimento.

Algumas vezes mencionado como o cruzamento da história – o ponto de encontro do Leste e do Oeste – o Oriente Médio presenciou os primórdios da civilização e foi o berço do Judaísmo, do Islamismo e do Cristianismo. Sua complexidade cultural reflete sua longa história de migração, conquista e comércio da humanidade.

O IMPÉRIO PERSA
A partir do fim do século VI d.C., o maior e mais bem organizado império que o mundo antigo havia visto até aquele momento, dominou o Oriente Médio, incluindo terras a partir da costa do Mediterrâneo até as fronteiras da Índia. Os persas unificaram, pela primeira vez, o platô iraniano, que se tornou o novo centro de poder da região – uma área que tinha sido dominada cultural e politicamente pela Mesopotâmia e pelo Egito durante a maior parte dos 2.500 anos anteriores.

Com uma área imensa, o império persa abrangia muitos povos diferentes que com frequência se rebelavam contra o controle persa. Para manter a ordem, os persas tinham um exército muito eficiente de 10 mil homens especialmente treinados, guarda-costas para o rei e mantenedores da lei e ordem que eram temidos em todos os lugares por onde passavam e se movimentavam rapidamente para conter as rebeliões. Os membros dessa força de elite de guerreiros eram conhecidos como os "imortais" porque, quando um soldado morria, ele era imediatamente substituído. Os mosaicos dos imortais carregando lanças decoravam o palácio real em Susa, a capital.

ZOROASTRIANISMO
No ano 247 d.C., a dinastia Sassanid estabeleceu o Zoroastrianismo como religião oficial do Império Persa e ela ainda é praticada no Irã e em outras partes do mundo. Está fundamentada nos ensinamentos do profeta Zaratustra (chamado Zoroastro pelos gregos). Tais ensinamentos dizem que as forças opostas do bem e do mal são simbolizadas por Ahura Mazda, a deidade suprema responsável pela verdade e pela luz, e por Ahriman. Os dois representam a dualidade do cosmos: diferente de Satã, Ahriman não é a criação do deus supremo, mas sim um ser igual.

O conflito universal entre os bons espíritos (ahuras) e os maus espíritos (daevas) resultará finalmente na vitória de Ahura Mazda e os fiéis são encorajados a seguir Ahura Mazda através de "bons pensamentos, boas palavras e bons atos". Esses três ideais são representados pelas três asas de plumas de faravahar, o principal símbolo zoroastriano. Os zoroastrianos acreditam que o primeiro animal a ser criado foi um touro branco, o progenitor de todos os outros animais e plantas, enquanto o ponto focal da religião é o fogo, visto como a manifestação mais pura de Ahura Mazda. Fogueiras permanentes foram estabelecidas por toda a Pérsia, algumas ao ar livre, outras dentro de templos do fogo e supervisionadas por sacerdotes conhecidos como magos (dessa palavra origina-se a palavra "mágica"). Retratos de altares de fogo são encontrados em moedas antigas.

Como os zoroastrianos consideram o fogo sagrado, a cremação não é permitida porque poderia contaminar o fogo; em vez disso, os corpos são expostos na parte superior de "torres de silêncio" para que seus ossos sejam limpos por animais que se alimentam de carniça.

OS BEDUÍNOS
Nômades que habitam os desertos do Oriente Médio, muitos dos quais preservam seu estilo de vida tradicional até os dias de hoje. O nome vem da palavra árabe que significa "habitante do deserto". Eles usam roupas longas para ficar com a temperatura do corpo normal, mas o aspecto mais importante do vestuário de um homem beduíno é a sua proteção para a cabeça, formada por um pano mantido na posição correta por um agal (corda), que indica a habilidade de seu usuário em manter sua honra e cumprir as obrigações e responsabilidades de sua masculinidade. As mulheres indicam seu status pela proteção da cabeça – por exemplo, as mulheres casadas usam um pano preto, conhecido como asaba, sobre suas testas.

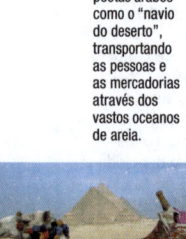

ABAIXO O camelo é fundamental para a sobrevivência do beduíno. Ele é proclamado pelos poetas árabes como o "navio do deserto", transportando as pessoas e as mercadorias através dos vastos oceanos de areia.

À DIREITA O artifício com asas é o faravahar, um símbolo do desejo humano de alcançar a união com Ahura Mazda, a suprema deidade da fé zoroastriana.

> **TAPETES**
>
> Em todo o Oriente Médio, os tapetes são mais do que objetos funcionais, sendo utilizados para simbolizar importantes elementos da vida tribal, familiar e pessoal. Seus modelos são ricos em significado simbólico. Por exemplo, os camelos, riqueza dos beduínos, significam felicidade e prosperidade para o tecelão e para o dono do tapete, enquanto o rabo circular do pavão é o símbolo do sol e do ciclo cósmico. É habitual o fato de um tapete apresentar uma imperfeição, uma vez que somente Deus pode criar a perfeição.

Os beduínos se dividem em tribos, cada uma comandada por um xeque. Mudando de um lugar para o outro, de acordo com as estações, e morando em tendas, eles se agrupam com camelos, ovelhas e bodes, andando em cavalos belíssimos, famosos por sua graça e velocidade.

Em um ambiente tão severo, qualquer violação de direitos territoriais é considerada com séria desaprovação. Pequenas estacas de pedras são utilizadas para marcar os limites da propriedade. No silêncio e na solidão do deserto, encontrar uma outra pessoa pode ser um evento incomum e notável. Isso fez com que a cultura dos beduínos valorizasse a hospitalidade e a etiqueta social. Os visitantes são saudados com música, poesia e dança. Atirar bolinhas de olíbano no fogo é uma saudação tradicional.

INCENSO PRECIOSO

Um dos segredos mais bem guardados da antiguidade era a localização das árvores que produziam mirra e olíbano, também conhecido como franquincenso, mais valiosos do que o ouro. Histórias fantásticas envolviam seu paradeiro. O historiador grego Heródoto escreveu que eram protegidos por serpentes com asas e que matariam quem tentasse retirar suas resinas. Diziam que a riqueza da legendária Rainha de Sabá foi construída em cima dessas substâncias. Nas terras desertas da Arábia, o olíbano e a mirra eram ricos em associações simbólicas. Junto com o ouro, sempre foram associados com a realeza e a divindade. O incenso possui uma longa tradição de uso nas cerimônias sagradas. Suas espirais de fumaça aromática eram consideradas uma viagem para os oradores e comunhão com os deuses. O olíbano está associado à masculinidade e o espírito dos céus. A mirra ao feminino e ligada à terra.

ACIMA O pano preto usado na cabeça pelas mulheres beduínas é um sinal de sua condição de mulher casada.

PARTE SUPERIOR Muitos dos ornamentos diários dos beduínos possuem um significado simbólico, incluindo a tenda e as roupas deste homem.

ABAIXO As resinas de incenso são substâncias preciosas com muitas propriedades simbólicas diferentes. O olíbano é usado para purificação.

> **TENDAS TRADICIONAIS**
>
> A tenda é a residência do nômade do deserto e tem muitas associações simbólicas. No Velho Testamento, as tribos errantes de Israel separavam uma tenda (ou tabernáculo) para Deus, o que se tornou o protótipo para o templo. Assim como o templo, a tenda é o local onde a divindade é convocada a se manifestar. Em muitas tradições, o mastro da tenda está ligado ao simbolismo do pilar e da coluna (assim como a árvore), representando a conexão entre o céu e a terra. As tendas usadas pelos beduínos simbolizam a dualidade do masculino e do feminino. Geralmente, elas são divididas em duas partes, uma para os homens e uma para as mulheres, por uma cortina conhecida como ma'nad. A área para os homens é chamada de mag'ad (local para sentar) e é utilizada para receber a maioria dos hóspedes. O maharama (lugar das mulheres) é onde as mulheres cozinham e recebem as visitantes femininas.

A África Tribal

ACIMA Um Tongan shaman da Zâmbia, sentado em sua cabana de capim com várias cuias, chifres de animais e outros itens simbólicos espalhados diante dele.

TALISMÃS
Símbolo da energia divina encapsulada em um objeto. Acredita-se que os talismãs naturais, como pedaços de madeira, conchas, cristais de rocha e penas, possuam propriedades mágicas para as forças espirituais que habitam dentro deles. Esculturas ou estatuetas também podem ficar impregnadas desse poder quando ativadas através de rituais e encantamentos do nganga.

Formada por desertos, savanas, cadeias de montanhas altas e densas, florestas tropicais equatoriais, a África é um continente vasto e diverso. É o lar de muitos sistemas sociais diferentes, onde são faladas mais de mil línguas e os mitos e cosmologias estão interligados com os códigos morais e modos de ver o mundo.

Embora seja impossível ter uma visão homogênea da cultura africana, é justo dizer que, por milhares de anos, o modo de vida de muitos africanos mudou bem menos do que em partes mais industrializadas do mundo e que, tradicionalmente, as pessoas vivem do pastoreio, da caça ou do cultivo da terra. Os símbolos na religião, arte e cultura africanas refletem esta continuidade social e histórica e, na maioria das sociedades africanas, os mundos espiritual e natural refletem-se na vida diária.

CRENÇAS ESPIRITUAIS

Em muitas sociedades africanas tradicionais, o mundo espiritual e o mundo material são a mesma coisa, com todos os aspectos da vida envolvidos por um poder ou força vital muito forte. Algumas sociedades acreditam que isso emana de um espírito criador supremo – por exemplo: os masai, do Quênia, o chamam de Ngai, enquanto os Nupe, da Nigéria, dizem que seu deus Soko está no céu. Frequentemente, há uma hierarquia de espíritos, a partir dos espíritos naturais dos rios, pedras, árvores e animais, através dos espíritos ancestrais dos mortos, até as divindades cujo poder deriva do espírito criador. Os lugbaros de Uganda, têm um culto focalizado nos espíritos dos mortos. Eles acreditam que os vivos pertencem ao mundo "exterior" e os mortos pertencem à "terra". Se os ancestrais são negligenciados, os mortos punem seus descendentes com infortúnios e doenças.

Acredita-se firmemente que o poder espiritual possa ser manipulado para o bem ou para o mal. O poder místico positivo é produtivo, pode curar doenças, além de ser protetor. Por outro lado, o poder negativo consome a saúde e a alma de suas vítimas e causa os infortúnios. Uma variedade de especialistas, tais como feiticeiros, curandeiros e benzedeiras (conhecidos como nganga na maioria das línguas Bantu), adivinhadores e pajés que fazem a dança da chuva possuem conhecimento desse poder e o utilizam para fazer "remédios". Os remédios podem ser usados para pedir chuva ou evitar que ela caia, para ajudar na caça, para proteger contra os espíritos malignos, para obter sucesso nos assuntos amorosos ou para encontrar algo roubado. Eles também podem ser usados para tratar de doenças. Os remédios podem ser feitos de quase todos os tipos de material; porém, os materiais naturais como árvores, plantas e peles de animais, são comuns e colocados em amuletos e talismãs com simbolismo que varia de acordo com os materiais utilizados e o propósito para o qual foi criado.

MÁSCARAS

Entre as tradicionais sociedades africanas, as máscaras são utilizadas em muitos eventos sociais diferentes, particularmente aqueles que envolvem cerimônias de iniciação e rituais de passagem. Combinadas com uma fantasia para esconder a identidade de seu usuário, a máscara tem muitas funções, tanto espirituais quanto temporais. Elas são utilizadas para informar ou educar, disciplinar ou conceder autoridade, proporcionando poderes especiais ao usuário ou apenas diversão. A tarefa da máscara é comunicada através do movimento e da dança – baile de máscaras – em que a fantasia completa se torna uma força poderosa e energética que representa tanto o mundo humano quanto o espiritual. O baile geralmente é realizado por homens que são membros de sociedades secretas: entre os dogon, de Mali, por exemplo, a sociedade secreta de homens, ou Awa, organiza todos os funerais, com dançarinos mascarados em procissões funerárias. As máscaras possuem um forte significado simbólico e os dançarinos representam figuras de poderes femininos e masculinos e figuras do mundo animal e da vida após a morte.

Na tradicional sociedade yoruba, as mulheres possuem dois lados distintos de sua natureza: o poder de criar e dar a vida, conectado com o potencial de grande destruição. Entre os yoruba, o baile de máscara de Gelede, dançado por pares masculinos ou femininos, deve garantir que o poder da mulher seja canalizado para o benefício da comunidade. As máscaras de Gelede têm muitos estilos diferentes e geralmente são usadas no topo da cabeça, aumentando bastante a altura de seu usuário.

Qualquer que seja seu propósito, todas as fantasias e máscaras são criações altamente estilizadas; a variação de seu simbolismo depende do contexto. Entre os ogoni, da Nigéria, muitas máscaras são confeccionadas para que se pareçam com animais, com o usuário assumindo o espírito ou caráter da máscara e executando exibições atléticas do animal que ele representa. Muitas máscaras são construções elaboradas: a sociedade Sande de iniciação feminina de Mendes, em Serra Leoa, utiliza uma máscara de madeira decorada com esculturas, representando os ancestrais que presidiam as iniciadas.

ABAIXO As máscaras dos Dogon formam uma linha, simbolizando a conexão entre o sol e a Terra através do canal do corpo do dançarino.

> **CABAÇA UNIVERSAL**
> Uma cabaça é uma cuia com uma casca dura, tornando-a um recipiente útil, pois a polpa tenha sido removida. Pode ser utilizada como pote de água ou ser preenchida com sementes, como um chocalho. Quando cortada horizontalmente pela metade, uma cabaça arredondada é utilizada para ofertar objetos simbólicos em templos e é decorada com esculturas ou pinturas de modelos geométricos, ou com figuras de seres humanos e animais. Em Abomey, Benin, o universo está ligado a uma cabaça redonda, a linha do horizonte é o local onde as duas metades de uma cabaça dividida se encontram. Acredita-se que o sol, a lua e as estrelas se movem na parte superior da cabaça, enquanto a Terra é plana, flutuando dentro da esfera, do mesmo modo que uma cabaça pequena pode flutuar dentro de uma grande.

SÍMBOLOS DE ADINKRA

A arte adinkra – símbolos pintados à mão em tecidos – é caracterizada por motivos simbólicos, graficamente reproduzidos em formas geométricas estilizadas. Os símbolos estão relacionados com a história, filosofia e crenças religiosas do povo ashanti, de Ghana e da Costa do Marfim, e estão agrupados em várias categorias, incluindo criaturas, vida vegetal, corpos celestiais, o corpo humano e formas sem nenhuma representação. No início, utilizados para funerais, estes panos são agora usados em muitas outras ocasiões, contanto que os símbolos sejam adequados, levando-se em conta que o próprio pano é considerado símbolo da cultura de Ghana.

ACIMA À ESQUERDA Akoben, o símbolo adinkra para vigilância e prudência.

ACIMA, À DIREITA O Nome de Gye que significa "exceto para Deus", é o símbolo adinkra mais popular de Ghana.

ABAIXO Um tecido adinkra era originalmente feito só para funerais. A tradução de seu nome é "dizer adeus um ao outro".

O Sul e o Sudeste da Ásia

ACIMA O imperador chinês, com vestimenta amarelo simbólico, sentado à frente de uma tela com motivos de dragão.

ACIMA A bandeira japonesa, exibindo o sol vermelho "genuíno" em um pano de fundo branco "puro".

CARPA KOI
Encontradas em muitos lagos de jardins japoneses, são símbolo da paciência, coragem e força necessárias para atingir grandes objetivos nos negócios e na vida.

A história cultural, política e espiritual da Ásia Oriental é rica e dramática, além de ser uma enorme reserva de simbolismo, tornando-se cada vez mais forte desde as antigas tradições até os tempos modernos. Grandes civilizações haviam sido estabelecidas na Índia por volta de 2.500 a.C. e na China por volta de 200 a.C. O Japão se considerava como o "terceiro reino", igual à China e à Índia. Por tradição, foi fundado no século VII a.C. pelo imperador Jimmu, cuja dinastia imperial continua ininterrupta até os dias de hoje.

IMPERADORES

Há muito tempo os imperadores do Extremo Oriente se associam eles mesmos com as fontes naturais e místicas de poder. Nippon, nome japonês para o Japão, significa "a terra do sol nascente", e a família imperial enfatizava seu papel central no país – e sua autoridade – através do uso do simbolismo solar. Os imperadores japoneses, através de seu legendário ancestral Jimmu, levaram seus antepassados de volta em uma linha direta ao grande deus do sol, Amaterasu, a deidade principal do panteão xintoísta. O selo imperial era o crisântemo, um símbolo do sol e a flor nacional do Japão. No Japão moderno, o imperador continua a ocupar o trono de crisântemo: a longa dinastia ininterrupta simboliza a continuidade com o passado e o imperador é constitucionalmente definido como símbolo do estado.

Os imperadores na China eram os governantes do Reino Intermediário (o mundo de todos os dias) e das Quatro Direções, mantendo a harmonia entre o céu e a terra. Eles tinham nove insígnias: o dragão, as montanhas, o faisão, grãos de arroz, o machado, a chama, a espiga d'água, o vaso sacrificial e os padrões que simbolizavam a justiça.

O dragão é o símbolo do poder imperial e da tarefa dos imperadores de fazer a mediação entre o céu e a terra. Ele apareceu na bandeira nacional chinesa durante a dinastia Qing e foi bordado nos mantos da corte. Os chineses acreditavam ser os descendentes diretos do imperador Amarelo, que tinha a cabeça de um homem e o corpo de dragão. O amarelo, símbolo da Terra e, portanto, do cultivo, permaneceu a cor imperial. Da dinastia Han (206 - 220 a.C.) em diante, os dragões também foram retratados em outras cores, cada uma com um simbolismo diferente: o dragão turquesa se tornou o símbolo do imperador, ligado ao Oriente e ao sol nascente.

Em 1950, o governo indiano adotou, como símbolo nacional, uma escultura do reino do imperador Ashoka (272 – 232 a.C). Esse pilar de pedra esculpida retrata quatro leões, um elefante, um cavalo, um touro e um outro leão, todos separados por uma flor de lótus na base com a seguinte inscrição: "somente a verdade triunfa". A escultura é baseada na roda da lei ou dharmachakra, que simboliza os ensinamentos de Buda.

ARQUITETURA

A Grande Muralha da China é um símbolo universal do país. Ela se estende por toda a fronteira norte do país e foi concluída pelo imperador Qin Shi Hang como meio de defesa contra as tribos dos bárbaros do norte. Milhares de escravos morreram durante a construção da muralha, motivo pelo qual é considerada um símbolo de opressão tirana.

Durante a dinastia Ming (1.368 a.C. – 1.644 a.C.), a muralha foi reforçada com o grande estilo visto até hoje e é considerada uma das sete maravilhas do mundo. De várias perspectivas, pode ser vista como símbolo de poder, divisão, atitudes rigorosas e opressão.

Na Índia, perto da cidade de Agra, o Taj Mahal é um símbolo duradouro e profundo do amor. Concluído em 1652, essa tumba magnífica foi construída pelo imperador mongol Shah Jahan, em memória de Mumtaz Mahal, sua esposa favorita, que havia morrido no parto. Centralmente localizado entre canais e jardins tranquilos, a tumba foi construída de mármore branco vislumbrante, decorado com pedras semi-preciosas. Os quatro canais nos jardins simbolizam os quatro rios do Paraíso descritos no

DIREITA O fabuloso Taj Mahal, um símbolo da paixão de um imperador indiano por seu eterno amor, a princesa Mumtaz Mahal.

Alcorão, enquanto os jardins representam o lugar final de descanso para as almas dos mortos.

O Taj Mahal foi edificado como símbolo do amor, mas talvez também como demonstração da grandeza de Shah Jahan. Dizem que ele planejou um segundo mausoléu para si mesmo, construído com mármore preto do lado oposto do rio Jamuna e ligado ao primeiro por uma ponte prateada; porém, ele morreu antes que seu plano pudesse ser realizado e foi enterrado no Taj Mahal.

ARROZ E CHÁ

Em toda a Ásia, o arroz é o alimento principal, geralmente associado com a abundância, a prosperidade e a fertilidade, um símbolo de vida. Os balineses, que comem arroz em todas as refeições, o chamam de nasi, que significa "narina": em outras palavras, comer arroz é considerado tão importante quanto respirar. Na China, as garotas sem apetite são avisadas de que cada grão de arroz que elas não comem irá se transformar em uma marca de varíola no rosto de seu marido.

No Japão, o arroz é considerado sagrado e comê-lo é um ritual sagrado. As oferendas são feitas para a deidade xintoísta Inari, responsável pelo arroz. Os japoneses acreditam que molhar o arroz antes de cozinhá-lo libera a energia da vida, que pode trazer paz para a alma. Algumas vezes, os grãos de arroz são mencionados como "pequenos Budas" para encorajar as crianças a comê-los.

Na Índia, o arroz é considerado um alimento auspicioso. A nova colheita é celebrada como parte do festival de Pongal, quando o arroz é cozido em potes até que esses transbordem. As pessoas decoram o chão na frente de suas casas com farinha de arroz colorida e fazem oferendas aos deuses. Acredita-se que os grãos de arroz devem ser como dois irmãos, próximos, mas não grudados. Nas cerimônias de casamento hindu, o casal segura arroz, aveia e folhas, simbolizando saúde, riqueza e felicidade.

Na China, o chá é servido para um visitante como símbolo de respeito e benevolência e recusar uma xícara de chá é considerado um ato grosseiro. A xícara é preenchida somente com sete décimos de chá, os outros três décimos são de amizade e afeição. De acordo com a lenda, o ato de beber chá começou quando o imperador Shen Nung descansava um dia à sombra de uma planta para chá e várias folhas caíram em sua xícara de água quente. Depois de beber o líquido dourado, uma maravilhosa sensação de bem-estar veio sobre ele.

O chá verde foi levado da China para o Japão pelos monges budistas de Zen, que bebiam o chá para se manter acordados enquanto meditavam. Os japoneses transformaram o ato de beber chá em arte, na forma de uma cerimônia japonesa de chá, ou Chanoyu, que envolve elementos da filosofia Zen. A cerimônia de chá Chaji consiste de até cinco horas de rituais.

FLOR DE LÓTUS

Embora ela cresça na lama, a flor de lótus mantém sua beleza. Como flor nacional da Índia, é o símbolo do espírito puro enraizado na realidade mundana. O mantra budista "om mane padme" se refere ao iluminismo, a "joia da flor de lótus".

ESQUERDA A Grande Muralha da China é um exemplo de como algo pode ter diversos significados simbólicos, dependendo da perspectiva cultural ou política da pessoa. A muralha é diferentemente considerada como um símbolo de proteção, poder e realização ou de opressão, isolamento e divisão.

Tradições da Oceania

ACIMA Uma máscara do arquipélago da Malásia (Nova Guiné) utilizando elementos que conectam o mundo humano com o mundo natural.

TOPO Canoas da Polinésia são intrincadamente esculpidas, simbolizando o poder e prestígio espirituais.

As milhares de ilhas na parte central e sul do Oceano Pacífico, incluindo a Austrália, o Havaí Polinésio e o arquipélago da Malásia, formam a Oceania. Existem três agrupamentos culturais principais: Polinésia, Melanésia e Micronésia. Os povos indígenas da Austrália formam outro tipo de agrupamento cultural importante dessa área.

INDÍGENAS AUSTRALIANOS

"Aborígine" é um termo ocidental utilizado para descrever povos indígenas que foram conquistados ou colonizados pelos europeus. O povo indígena da Austrália ocupa o país há mais de 60 mil anos, provavelmente originário da península da Malásia. Sua espiritualidade está intimamente ligada ao seu relacionamento com a terra através do "Período do Sonho" (2).

O Período do Sonho é o conceito vital de criação. Refere-se à criação da Terra, dos seres humanos e dos animais, mas ao mesmo tempo está eternamente presente no nível místico. Eles acreditam que todo tipo de vida foi inspirado no Período do Sonho. As histórias do período do sonho retratam os ancestrais mudando de um lugar para outro na terra, modelando o solo e dando vida a plantas e animais. Através do Período do Sonho, o povo aborígine e a terra fazem parte um do outro. O indivíduo tenta viver sua vida de acordo com a lei estabelecida pelos ancestrais.

Como os espíritos ancestrais vagavam pela terra, eles criaram trilhas de sonho, geralmente chamadas de "versos cantados", uma vez que eles cantavam para que o solo tivesse vida. Os povos aborígines acreditam que cantando canções específicas, em pontos-chave do solo, eles se conectam diretamente com o Período do Sonho.

Animais totem exercem um papel importante na sociedade aborígine. Os clãs têm um relacionamento totêmico com um animal específico. Eles consideram um tabu comer tal animal, como seria comer um parente próximo. As características e qualidades do animal totem tornam-se acessíveis ao clã. Alguns aborígines australianos ainda aderem rigorosamente ao Período do Sonho de seu totem. Um homem cujo totem foi um cavalo tinha permissão para viajar pelo mundo porque a natureza do cavalo era ultrapassar fronteiras.

POLINÉSIA

Abrangendo a maior parte da área ocidental do Pacífico Sul, com as principais ilhas do Havaí e da Nova Zelândia, a Polinésia foi uma das últimas áreas do mundo a ter sido habitada, em grande, parte por ondas de migração.

Embora as ilhas sejam bem separadas, as sociedades polinésias possuem uma unidade entre seus sistemas de crenças e estruturas sociais. Elas são sociedades aristocráticas, conduzidas por chefes. Acreditam que os nobres tenham poder espiritual, conhecido como "mana", que é demonstrado através de rituais e da arte.

O escultor polinésio exibe o mana em sua arte revelando a beleza e as qualidades essenciais na madeira ou na pedra. As esculturas ornamentais podem ser observadas nas lanças, canoas, joias, nas vigas das casas e em muitos outros tipos de objetos domésticos e espirituais. Tiki Man é a figura masculina encontrada em toda a Polinésia, em esculturas de madeira, esculpido em pedras, em tatuagens e roupas. Os polinésios acreditam que ele é o primeiro de seus ancestrais ou o humano original e simboliza o falo ou o poder procriador.

As esculturas feitas pela tribo maori, da Nova Zelândia, em osso, concha, jade e madeira, retratam importantes temas da mitologia e padrões da natureza. O koru representa o feto, um símbolo de nova vida e pureza chegando ao mundo. O cordel é uma forma vertical na qual duas espirais se entrelaçam. Isso representa a eternidade e o relacionamento eterno de casais ou culturas. Hei-matau é um anzol estilizado, representando a prosperidade e a abundância além do profundo respeito pelo oceano. É um símbolo de poder e autoridade e dizem que protege aquele que estiver usando-o e viajando em alto-mar.

As enormes estátuas da Ilha de Páscoa são esculpidas em pedra e provavelmente representam os deuses guardiões, ficando de frente para os povos da ilha. A cabeça de tamanho grande nas esculturas polinésias serve para destacar seus atributos sagrados.

TATUAGENS POLINÉSIAS

Existem dois tipos de tatuagens polinésias. Enata são os símbolos naturais que se referem à vida do indivíduo, sua origem e classificação social. Eles também protegem aqueles que os estão usando: um pescador teria desenhos que o protegeriam contra os tubarões, enquanto as tatuagens de um guerreiro o defenderiam de ataques. Etua são símbolos místicos que se referem aos ancestrais – uma linhagem de xamãs, chefes e divindades. Esses símbolos mostravam o mana, que era passado pelas linhagens.

(2) N.T.: Os aborígines australianos acreditam que o mundo teve início no Período do Sonho, em que os espíritos ancestrais deixaram o céu com destino à terra.

MELANÉSIA E MICRONÉSIA

Existem muitas culturas e mais de mil línguas na Melanésia e Micronésia. Os Papuas foram os primeiros habitantes da Melanésia, tendo chegado lá pelo menos 40 mil anos atrás. A sociedade tradicional é baseada na agricultura, na domesticação de porcos, caça e comércio.

A arte religiosa dos melanésios geralmente exibe cores brilhantes e é feita de uma ampla variedade de materiais. Muitos trabalhos de arte religiosa honram e conciliam as poderosas influências de espíritos de animais e da natureza, assim como mostram o respeito pelos ancestrais. Frequentemente, tais trabalhos consistem de uma rede de imagens humanas, animais e naturais. Efígies do animal totem de um clã, como um peixe, uma cobra ou um crocodilo, algumas vezes mostram o animal devorando o fundador do clã. Embora isso pareça sinistro, provavelmente indica a identificação espiritual do povo com seus animais totem. Para o povo Lamutul, da Nova Guiné, o crocodilo-de-água-salgada é o criador de todas as coisas. Eles acreditam que o crocodilo, que foi o primeiro ser humano, acasalou com uma fenda no solo (a primeira mulher) para gerar vida. A mandíbula inferior do crocodilo se tornou a terra e a mandíbula superior se tornou o céu. As pessoas acreditam que, durante a iniciação, os meninos são engolidos pelo crocodilo e regurgitados como homens.

O respeito pelos ancestrais é importante para os melanésios, uma vez que acreditam que os ancestrais influenciam os parentes vivos. Muita arte simbólica tem o objetivo de manter um bom relacionamento entre os reinos terrenos e espirituais. O uso de máscaras é um modo importante de honrar e retratar os ancestrais. As máscaras do norte central da Nova Guiné retratam espíritos sobrenaturais e ancestrais. Feitas a partir de um adorno de conchas, pele de animal, sementes, flores, madeira e penas, essas máscaras são como a moradia do espírito e também grande fonte de vigor para os negócios e para as guerras.

Na sociedade tradicional do Vanuatu, o relacionamento homem-porco, é de extrema importância. Quando um porco é sacrificado, ele é cultuado e acariciado antes e durante sua morte. Acredita-se que os porcos tenham almas e podem ser considerados membros da família. O número de porcos está diretamente relacionado ao status de liderança do proprietário, assim como o tamanho de suas presas. Quando os porcos se alimentam naturalmente, as presas se desgastam. Para evitar que isso aconteça, os proprietários os alimentam com as mãos. São também símbolo sexual, personificando o relacionamento entre homens e mulheres.

ACIMA As estátuas de Ilha de Páscoa são símbolos do poder religioso e político e são consideradas repositórios para os espíritos sagrados.

ACIMA O koru, uma espiral em forma de feto, usada pelo povo Maori, representa o desdobramento de uma nova vida.

ABAIXO O crocodilo é um animal totem venerado em muitas culturas da Oceania.

ABAIXO A Serpente Arco-Íris aparece nas pinturas aborígines de até 6 mil anos.

A SERPENTE ARCO-ÍRIS

A Serpente Arco-Íris é primordial para as crenças dos povos da Terra de Arnhem, mas pode ser encontrada na arte aborígine em toda a Austrália. É uma criatura enorme parecida com uma cobra e está associada às águas da Austrália. Ela representa a fonte de vida e protege as pessoas e a terra, mas, se não for respeitada, pode ser tornar destrutiva.

América Central e América do Sul

ITZAMNÁ

O deus mais reverenciado do panteão maia foi Itzamná, um deus do sol benevolente, senhor do leste e oeste, do dia e da noite, e fundador de Mayapan, a capital maia. Ele trouxe conhecimento, cultura e a escrita para este povo e, nas cerimônias em sua honra, os sacerdotes ofereciam poemas para sua efígie. Itzamná foi responsável por trazer o milho e o cacau para a humanidade, estabelecendo as cerimônias religiosas e dividindo a terra. Em geral, era representado como um velho amável com bochechas fundas, mandíbulas sem dentes e um nariz enorme, sempre exaltado como rei, sacerdote ou escriba. Os sacrifícios humanos eram regularmente feitos para uma estátua gigante de crocodilo, que era considerada sua representação, em Chichén Itzá, na península de Yucatán.

Na época da conquista espanhola, em 1519, existiam grandes civilizações urbanas na Mesoamérica, controlada pelos maias e astecas, e na região central dos Andes – sob o governo Inca. Os fundamentos dessas civilizações eram baseados em culturas anteriores como Olmeca, Chavín, Nazca e Tolteca e compartilhavam muitas características: arquitetura monumental, centros cerimoniais com pirâmides e complexos de centros comerciais, complexos cálculos de calendários e – para os maias – a escrita hieroglífica. A arte e a cultura dessas civilizações eram ricas em simbolismo, especialmente ligado ao mundo natural.

O JAGUAR

Antes conhecidos como o povo do jaguar, os Olmecas adoravam deuses que eram metade humanos, metade animais. O jaguar era sua deidade favorita e a mais temida. Admirado por sua força, ferocidade e habilidade de caça, o jaguar era um dos símbolos mais poderosos tanto na Mesoamérica quanto na América do Sul; sua forma estilizada aparece nos artefatos em toda a região. Os deuses eram frequentemente retratados usando a pele de jaguar como vestimenta sagrada e o gato era venerado como protetor divino para a realeza, tanto para os governantes maias quanto para os astecas. O deus supremo asteca e deidade protetora da realeza, Tezcatlipoca (Senhor do Espelho Fumegante), possuía um segundo "eu" animal na forma de um jaguar, que habitava os cumes das montanhas e as entradas das cavernas. De acordo com a mitologia maia, a resina de copal, uma das substâncias mais importantes e sagradas para a queima de incensos das antigas culturas americanas, era um presente de três jaguares diferentes, o branco, o dourado e o preto, correspondendo a três cores diferentes da resina.

ACIMA O jaguar é o tema principal por toda a América Central e do Sul, frequentemente associado às deidades.

ABAIXO As marcações na enorme e antiga Pedra do Sol são símbolos ligados à cosmologia asteca.

CALENDÁRIOS

Um calendário é uma representação simbólica de tempo. É um modo de destacar a recorrência regular de fenômenos naturais – como o nascer e o pôr do sol – quando eventos humanos podem ser estabelecidos. Os maias utilizavam dois calendários com diferentes extensões, um sagrado e outro secular; as datas eram calculadas em dois planos de existência simultaneamente. Os dois calendários eram tão complexos que a mesma justaposição não poderia ocorrer por 374.440 anos.

A grande pedra do calendário asteca (também conhecida como Pedra do Sol) é a maior escultura asteca que já foi encontrada. Medindo 4 metros de diâmetro, suas marcações foram mais simbólicas do que práticas e referem-se à cosmologia asteca. Os astecas acreditavam que o mundo tinha passado por quatro criações, que haviam sido destruídas por jaguares, fogo, vento e água. O sol, a lua e os seres humanos foram criados no início da quinta e atual criação, que está prevista para ser destruída por terremotos. A pedra do calendário era utilizada para calcular tais períodos de perigo. Em sua parte central está localizada a face do Monstro Terra, rodeado pelas criações anteriores. Vinte hieróglifos, que representam os nomes de cada dia no mês asteca, ocupam a faixa circular interna. Todos os dias, o deus sol tinha de ser alimentado com corações e sangue humanos para que tivesse forças para sobreviver à noite e nascer novamente.

SACRIFÍCIO HUMANO

Os rituais religiosos envolvendo sacrifício humano faziam parte das tradições dos incas, astecas e maias. O sacrifício humano era símbolo

ACIMA Esta escultura asteca sobre o ritual de seu jogo de bola mostra um jogador decapitado (à direita): o sangue escorrendo de seu pescoço é mostrado em forma de cobras, que simbolizam a fertilidade.

NOMES ASTECAS PARA OS DIAS
Este código asteca de dias apresenta os 20 nomes para os dias no calendário dos agricultores. Os símbolos foram combinados com um número de 1 a 13 para fornecer a data, como, por exemplo, Três Abutre.

crocodilo — vento — casa — lagarto — serpente
cabeça do morto — veado — coelho — água — cachorro
macaco — grama — bambu — jaguar — águia
abutre — moinho — faca de pedra — chuva — flor

da comunhão com os deuses, particularmente com as deidades do sol, da chuva e da terra. Para os astecas e incas, estes atos sangrentos aconteciam em templos ou nas montanhas, enquanto os maias, às vezes, sacrificavam suas vítimas em poços. Os astecas sacrificavam seus inimigos capturados e, dizem, em um período de quatro dias de grande celebração, aproximadamente 20 mil vítimas eram mortas. Homens, mulheres e crianças poderiam ser escolhidos. Os astecas prefereriam esticar suas vítimas sobre uma pedra sacrificial e arrancar o coração ainda batendo. Ele simbolizava o órgão mais precioso que poderia ser oferecido aos deuses e, algumas vezes, réplicas eram feitas de jade.

Considerada mais preciosa do que o ouro, a jade era símbolo da vida e da agricultura. Os recipientes dos rituais, utilizados para o sangue e para os corações das vítimas sacrificadas, eram decorados com caveiras, símbolo de fama e glória, mas também de derrota, dependendo da situação. Às vezes, as caveiras humanas eram transformadas em máscaras e usadas na realização dos rituais.

JOGO DE BOLA
Para os maias e astecas todos os aspectos da vida, incluindo os esportes, giravam em torno da religião. Em particular, o jogo de bola mesoamericano, ulama, tinha um simbolismo sagrado. Somente os nobres podiam jogar. Havia dois times de dois ou três jogadores que tinham o objetivo de lançar uma bola de borracha pequena e sólida através de anéis, a fim de marcar pontos. Os anéis geralmente eram decorados, algumas vezes com cobras ou macacos. A quadra representava o mundo e a bola o sol e a lua. O jogo era bastante competitivo, uma vez que o time perdedor era quase sempre sacrificado; representava a batalha entre a escuridão e a luz, ou a morte e o renascimento do sol. Acreditava-se também que quanto mais vezes o jogo era realizado, melhor seria a colheita.

LINHAS NAZCA
Mais de mil anos atrás figuras de gigantes retratadas com perfeição, incluindo animais como um beija-flor, uma baleia, um macaco e uma aranha, foram esculpidas no solo do deserto da parte costeira perto de Nazca, no sul do Peru. Algumas são tão grandes que podem ser apreciadas somente de cima. Provavelmente, elas tinham algum tipo de significado sagrado, talvez como oferendas aos deuses das montanhas e do céu.

HUACAS
Os locais sagrados dos incas eram conhecidos como huacas. Em geral, eram pontos naturais na paisagem, como cavernas, nascentes e seixos. O termo huaca também era usado para objetos portáteis, como amuletos e estatuetas. Esses objetos simbólicos eram considerados sagrados e serviam de proteção.

ACIMA Os números Maya, de cima pra baixo, da esquerda para a direita: 0, 1, 4, 5, 11 e 18. O sistema de números Maya usam 3 signos: um ponto para 1, uma barra para 5 e a concha para 0. Outros números surgem a partir de combinações desses signos.

Norte-Americanos Nativos

ACIMA A sálvia branca é uma erva sagrada que simboliza a purificação, frequentemente utilizada nos rituais norte-americanos.

MEIO A águia representa o poder e a visão.

PARTE SUPERIOR O círculo quadrilátero da Roda Medicinal, símbolo da terra.

À DIREITA Muitos povos nativos norte-americanos reverenciavam o bisão como símbolo de poder e prosperidade.

ABAIXO O urso representa o poder e a cura para os nativos americanos.

Os povos indígenas da América do Norte provavelmente vieram da Ásia 12 mil a 15 mil anos atrás através do Estreito de Bering. Ondas de migração do Alasca para o leste e sul formaram um grande número de diferentes tribos ou famílias linguísticas que povoaram sete áreas culturais principais: o ártico, a costa noroeste, as planícies, o platô, as florestas do leste, o norte e o sudoeste. Foi desenvolvida uma linguagem de signos comumente entendida por esses povos que estavam frequentemente se mudando ou lutando. A chegada dos europeus, a partir do século XV, causou grande diminuição da população a partir das doenças importadas contra as quais os povos indígenas não possuíam imunidade. Muitas guerras também aconteceram entre os americanos nativos e a comunidade branca em expansão.

Os americanos nativos eram sociedades xamânicas que viviam em íntima relação espiritual com a terra. Seu estilo de vida era adaptado a vários ecossistemas, algumas vezes sedentários e outras vezes nômades, com ênfase na caça, no agrupamento, na pesca e na agricultura. Sua história e relacionamento com a natureza são demonstrados nas mitologias e sistemas de símbolos que aparecem na arte, na música e nos rituais desses povos.

A RODA MEDICINAL

Algumas vezes conhecida como Aro Sagrado, é uma representação importante da espiritualidade norte-americana, mas também é considerada uma entidade viva na qual os humanos e a natureza estão entrelaçados. A Roda Medicinal é um modelo circular em que o indivíduo ou a cultura se orienta com todos os aspectos da natureza na jornada da vida. Os americanos nativos acreditam que o Grande Espírito criou a natureza em círculos. O sol e a lua são redondos, girando em torno de nós e criando um tempo circular. O céu é um círculo e o horizonte é a extremidade da Mãe Terra, de onde sopram os quatro ventos. Cada ano é um círculo dividido em estações, e a vida e a morte de um indivíduo também são consideradas como círculos.

A roda é um círculo quadrilátero, com as quatro direções e as quatro cores sagradas marcadas. Cada direção representa poderes naturais e animais em particular e as qualidades que os acompanham. A águia está voando para o leste e é o símbolo da visão, perseverança e força. O rato e a simplicidade podem ser encontrados rumo ao sul, o urso e a introspecção para o oeste e o búfalo e a sabedoria para o norte. Além dessas quatro direções, existem outras três: Pai Céu (acima), que proporciona a chuva e o calor para que haja crescimento, a Mãe Terra (abaixo), que é a fonte de sustentação das plantas e animais, e o fogo sagrado no centro, onde as pessoas são ligadas ao Grande Espírito.

Para os americanos nativos, "medicina" significa poder, uma força de energia vital em todas as formas da natureza. O indivíduo é colocado na roda assim que nasce, com certas percepções e poderes medicinais. Durante seu caminho pela roda, ele adquire poder medicinal e sabedoria a partir das percepções e dos aspectos da natureza.

MEDICINA ANIMAL

A medicina do bisão era frequentemente vista como uma representação do princípio feminino de alimentação e força revigorante da terra. O bisão era considerado como chefe de todos os animais existentes na terra. A medicina do urso possui aspectos masculinos de força e poder, assim como mais aspectos femininos associados com o conhecimento de cura que utiliza raízes e ervas e as qualidades de introspecção relacionadas com a hibernação.

A águia é o senhor de todos os pássaros e possui o maior poder. Acredita-se que as águias e os pássaros em geral, tenham um espírito muito semelhante ao dos seres humanos, uma vez que elas voam em círculos, fazem ninhos circulares, e não estão ligadas à terra como os animais de quatro patas. A águia possui uma excelente visão e pode avistar o panorama geral. Ela também tem um poder tremendo de superar todos os inimigos e obter êxito com um plano impecável. A pena de uma águia é usada como lembrete de que o Grande Espírito está presente: a águia é associada ao sol e suas penas são associadas aos raios solares.

À DIREITA As penas da águia nos adornos de cabeça dos chefes americanos nativos simbolizam os raios do sol.

MASTRO-TOTEM
A palavra algonquina totem significa o guardião pessoal de alguém, quase sempre um animal ou planta que o americano nativo adota através do ritual de passagem na adolescência.

O mastro-totem é esculpido, frequentemente na madeira, e considerado tanto um emblema familiar ou do clã quanto um lembrete de seus ancestrais. É um símbolo de dignidade e realização, a classificação histórica e espiritual do povo. Muitos dos significados simbólicos e histórias estão associados às imagens e são conhecidos somente pelo povo do clã. Por exemplo, as histórias das tribos da costa noroeste do Pacífico contam sobre a transformação de animais em seres humanos e vice-versa. Dizem que as pessoas que se transformaram em salmão ou baleia vivem em grande felicidade nas cidades abaixo das ondas. Também dizem que os thunderbirds (pássaros mitológicos) descem rapidamente dos céus para agarrar enormes baleias para o jantar. Lobos, que estão cansados de caçar na terra, tornam-se baleias assassinas e caçam no mar.

A DEUSA DO MILHO
O milho originou-se a partir de uma grama selvagem chamada teosinte, que crescia no sul do México, 7 mil anos atrás. Os americanos nativos cultivavam o milho seletivamente e, com a chegada dos europeus, o cultivo do milho se expandiu rapidamente para o resto do mundo. Como alimento básico, o milho inspirou muitos mitos importantes. Acredita-se que ele faça parte das três irmãs: Deusa do Milho, Deusa das Frutas e Deusa do Feijão, consideradas as deusas da fertilidade.

A deusa do milho, Iroquois (Onatah), é filha da Mãe Terra (Eithinoba). Onatah é capturada pelos espíritos do submundo e deve ser resgatada pelo sol para que as colheitas possam crescer. Histórias semelhantes relatando as estações podem ser encontradas em muitas sociedades agrícolas.

A BUSCA DE VISÃO
Um guia de busca individual ou respostas para perguntas podem iniciar uma busca pela visão, uma prática ritual através da qual sinais úteis podem ser dados e interpretados como orientação vinda dos espíritos. As buscas de visões ocorrem quando um adolescente faz a transição do caminho para a maioridade. Aquele que procura as respostas pede ajuda ao xamã. Um local remoto na natureza é encontrado e marcado com um retângulo ou círculo, onde a pessoa fica à espera da visão. Oferendas sagradas como tabaco (que santifica a terra) são colocadas dentro desta área para o Grande Espírito. Algumas vezes, a sálvia, erva de purificação, é colocada no solo como cama para a pessoa que busca a visão. A pessoa fica nessa área sagrada, por uma ou várias noites, orando e esperando signos do mundo em volta. O Grande Espírito pode falar através de qualquer experiência, até mesmo encontros insignificantes com animais e pássaros e outras forças da natureza. Eventualmente, graças são dadas ao Grande Espírito pelo que foi concedido e o iniciante compartilha a experiência com o xamã para obter entendimento.

DOAÇÃO
Potlatch é a palavra do dialeto chinuque para a cerimônia de "doação" na qual pessoas proeminentes fazem uma festa e doam suas posses, redistribuindo-as entre a tribo. Algumas vezes, no fim da cerimônia, eles queimam suas casas e ficam pobres, até construírem sua riqueza novamente. O ato de doar é importante para os americanos nativos, que consideram uma grande honra da parte daquele que doa e uma grande honra de quem recebe. A pessoa deve compartilhar sua riqueza e nunca manter mais do que o necessário. O peru é considerado a ave da doação ou da terra. O peru é um pássaro de espírito livre para sacrifício e que abre a passagem para outros.

ACIMA O mastro-totem é esculpido com figuras e rostos colocados uns sobre outros. Eles representam os ancestrais e seres sobrenaturais encontrados pelos membros do clã ou que lhes deram dádivas especiais.

Tradições das Regiões Árticas

ACIMA O Ártico é conhecido como terra do sol da meia-noite.

ACIMA Para os inuítes, o iglu é um símbolo de lar e vida familiar. No Canadá, é uma marca registrada para os inuítes.

ABAIXO Algumas das ferramentas simbólicas dos inuítes: a tampa da caixa, machado kepun e o cavik, uma faca esculpida.

Dentro do Círculo Ártico, um enorme oceano é rodeado de terra, com a tundra (planície das regiões árticas) na margem e vida animal, humana e vegetal em toda a área. O Ártico inclui a Sibéria e partes do norte da Rússia, o Alasca, nos Estados Unidos, o norte do Canadá, a Groelândia, a Lapônia, na Finlândia, o norte da Noruega e a Suécia. É povoado principalmente pelos Inuítes do Alasca, Canadá e Groelândia, assim como pelos Fino-úgricos do norte da Escandinávia e da Sibéria, que incluem os Saami.

A ecologia, o clima e a geologia do Ártico influenciam os signos e símbolos de seus povos. O Ártico é conhecido pelos povos que vivem lá como a "terra do sol da meia-noite": no verão, o sol nunca se põe e no inverno o sol nunca nasce. A taiga (floresta de coníferas subártica) e a tundra são paisagens sem traços característicos com amplos horizontes, uma excelente moradia para renas ou caribus e, portanto, para culturas nômades que dependem das renas para alimentação. A caça da foca, a pesca da baleia e dos peixes de água salgada também são importantes para a sobrevivência humana.

ESPÍRITOS INUÍTES

O nome "inuíte" significa "o verdadeiro povo": os Algonquinos os chamavam de "Esquimós" que significa "comedores de carne crua". A espiritualidade dos inuítes preocupa-se com a conciliação dos deuses com os espíritos da natureza para auxiliar os seres humanos a sobreviverem em condições severas. As forças invisíveis da natureza são chamadas de inrua e podem ser encontradas no ar, na água, nas pedras e nos animais. Essas forças podem se tornar guardiões de homens, conhecidos como torngak.

Os espíritos das pedras e dos ursos são particularmente considerados poderosos. Quando o espírito de um urso se torna o torngak de um homem, este é comido de forma simbólica pelo urso e renasce como feiticeiro ou angakok.

Acredita-se que o inrua dos animais seja muito sensível à habilidade das armas pelas quais são mortos. Se eles fossem mortos por uma simples ferramenta de madeira, relatariam tal fato ao mundo dos espíritos e o espírito animal poderia não retornar à terra no corpo de outro animal. Para evitar que isso aconteça, os inuítes têm muito orgulho de sua habilidade.

O IGLU

A palavra iglu significa "residência" e o igluvigaq é a residência de gelo utilizada pelos inuítes centrais no inverno. Construídas com blocos de gelo de forma espiral ascendente, as paredes do iglu são curvadas para o lado de dentro, criando uma abóbada de gelo com um orifício para ventilação no topo.

O iglu é uma extensão simbólica daqueles que o construíram e seus relacionamentos com a comunidade. O iglu é construído de dentro para fora e uma vez que a "pedra fundamental" tenha sido colocada no topo, o iglu e seu construtor se tornam um. Ele também possibilita que os inuítes sobrevivam em condições severas e é construído a partir de vários elementos daquele ambiente extremo.

Na mitologia inuíte, Aningan é o deus da lua e um caçador hábil que possui um iglu onde possa descansar no céu, quando não estiver sendo caçado no céu pelo seu irmão sol. Ele divide o iglu com Irdlirvirissong, seu primo demônio, que algumas vezes sai para dançar no céu fazendo as pessoas rirem. O iglu simboliza um local de descanso e o lar físico de diferentes facetas da natureza humana. Em 1958, o governo canadense registrou a imagem do iglu como marca para proteger o trabalho dos artistas e escultores inuítes.

FERRAMENTAS SIMBÓLICAS

Dois itens importantes na cultura inuíte são o inuksuk e o ulu. Um símbolo comum no norte do Canadá, o inuksuk significa "a aparência de uma pessoa" no alfabeto Inuktitut. É uma indicação guiando o inuíte através da tundra sem traços característicos. Feito de rocha, o inuksuk apresenta formas humanas com pernas esticadas e, frequentemente, serve para guiar os caribus para lugares onde poderão ser facilmente capturados. O braço mais comprido de um inuksuk aponta a direção apropriada para o caçador. Se um inuksuk apontar em direção a um lago, é uma indicação de que é possível encontrar peixe no lago na mesma distância que o inuksuk está da margem do lago.

O ulu é uma faca feminina com uma lâmina afiada em forma de meia-lua, utilizada para cortar tecidos, preparar peles e cozinhar. O ulu é um símbolo de feminilidade e do papel da mulher na sociedade inuíte.

A TENDA CÓSMICA DOS SAAMI

Antes conhecidos como lapônicos, os saami fazem parte da raça fino-úgricos, um grande grupo de tribos que fala muitos dialetos diferentes a partir de uma única língua. Os saami eram tradicionalmente caçadores e pescadores, que também criavam renas domesticadas; com a extinção das renas, eles se tornaram nômades.

Como cultura essencialmente xamânica, os saami acreditam em um mundo com diferentes níveis de realidade: o mundo inferior, o mundo intermediário e o mundo superior. Imaginam que o mundo foi construído como um tipo de tenda cósmica, com a estaca central da Árvore Cósmica vindo com suas raízes desde o mundo inferior, passando pelo mundo intermediário da vida diária, até o mundo superior com a constelação do Grande Urso no topo. A estaca central também é descrita como pilar do mundo com quatro lados.

Acreditam que o céu foi fixado no lugar pelo "prego do norte", a Estrela Polar, e as orações asseguram que fique no lugar para que o céu não caia. A preocupação do povo saami é que um dia a Estrela Polar possa se mover, levando à destruição da Terra. A residência tradicional do povo saami é uma tenda cônica ou kata, uma antecessora da yurt, capaz de aguentar ventos fortes e neve. É um mapa simbólico do cosmos, com o coração no centro, a pele da tenda representando o céu, mantida por suportes de madeira equivalentes ao pilar do mundo. Dentro da kata há uma área sagrada onde o tambor sagrado é guardado. Os saami também acreditam que, quando um membro da família morre, o corpo deve ser retirado da tenda através do lado boasso (ou cozinha), caso contrário, alguém mais poderá morrer.

RENAS

As renas são muito importantes na cultura saami e criá-las é um símbolo de identidade pessoal, de grupo e cultural. As crianças recebem uma rena como "primeiro dente", outra quando "recebem um nome" e mais renas quando se casam, para que a nova família tenha um pequeno rebanho de renas com o qual um casal possa iniciar sua nova vida. A rena também é associada com o simbolismo da lua e com o ritual funerário e a passagem para a outra vida.

> **KALEVALA**
> Elias Lönnrot, um erudito finlandês, coletou as canções míticas e mágicas passadas oralmente por gerações de camponeses e publicou o Kalevala, o épico nacional finlandês, em 1835. Seus poemas e sagas proporcionam considerações importantes sobre as crenças e tradições do povo saami.

ACIMA A rena é um símbolo saami com várias facetas da vida e da morte. Acredita-se que ela conduza a alma de uma pessoa morta para o mundo superior.

> **TAMBOR SAGRADO**
> O tambor sagrado é importante para os saami. Construído com madeira de bétula e pele de rena, o tambor geralmente é pintado com suco de amieiro ou sangue com figuras de pessoas, espíritos da natureza e as quatro direções em torno de um símbolo central do sol. Uma série de pequenos anéis se move quando o tambor é tocado e as predições e adivinhações xamânicas são feitas a partir do lugar onde esses anéis param. Os saami utilizam seus tambores como orientação para a vida diária, para encontrar coisas que perderam e alcançar seus objetivos.

Símbolos da Espiritualidade

TANTO OS SIGNOS QUANTO OS SÍMBOLOS EXERCEM UMA INFLUÊNCIA VITAL SOBRE AS RELIGIÕES DO MUNDO TODO COMO OBJETOS NOS QUAIS OS PENSAMENTOS E ORAÇÕES PODEM SER FOCALIZADOS.

Xamanismo

ACIMA Sementes são muito utilizadas para fazer os chocalhos xamânicos.

A antiga tradição do Xamanismo é a entrada do indivíduo em estados alterados de consciência para visitar outros níveis de realidade, a partir dos quais ele possa extrair ensinamentos, curas e visões para sua comunidade. Com suas origens no período Paleolítico, o Xamanismo é encontrado nas raízes de muitas das principais religiões do mundo e em facções de muitas outras.

A palavra *saman* vem do povo Tungus, da Sibéria, e significa "aquele que sabe". Os xamanistas são adeptos do transe, um estado alterado e de êxtase no qual acreditam deixar seus corpos, subindo ao céu em um "voo mágico" ou descendo ao submundo, para se encontrar com os ancestrais e comungar com os espíritos da natureza. Muitos dos símbolos do Xamanismo representam a sublimidade ou renunciam um modo de ser por outro.

Atualmente, o Xamanismo tradicional é pouco praticado, mas uma onda de interesse está surgindo no Ocidente, inspirada na ligação de Jung com suas ideias sobre o "inconsciente coletivo" e por uma crescente identificação da importância de viajar entre diferentes mundos ou estados.

ABAIXO Um xamã norte-americano, segurando um tambor e uma lança, "assume a forma" de um lobo.

O CHAMADO DE UM XAMÃ

Os xamãs podem herdar suas tarefas, mas experimentam com mais frequência uma vocação espontânea para a qual são chamados ou escolhidos pela natureza. O chamado xamânico em si é uma ocorrência simbólica. Geralmente, um iniciante é chamado por uma experiência próxima da morte, como ser atingido por um raio ou sobreviver a uma doença que pode ser fatal. Alguns têm uma experiência de desmembramento, lúcida como um sonho, onde, metaforicamente morrem e depois renascem.

Outros xamãs podem ser "chamados" através do encontro com um ser divino ou semidivino em um sonho. Em geral, essas imagens dos sonhos são os ancestrais do xamã o informando que ele foi o escolhido. Alguns xamãs possuem esposas celestiais, por quem são chamados para seu caminho.

Enfrentar sua própria morte ou fazer uma jornada para a morte é um símbolo poderoso da habilidade xamânica em transcender o "eu" cotidiano e viver de modo impecável diante dos ataques e desafios da vida. Dizem que alguns guerreiros xamânicos se tornaram tão concentrados que podem andar uma extensão de fogo sem nenhum dano. Psicologicamente, o caminho da morte é a habilidade de suprimir a história e identidade pessoais, portanto, não há nada a ser atacado.

VOO XAMÂNICO

Dizem que o xamã é capaz de fazer um voo mágico em forma de animal ou como um espírito desligado do corpo. Dessa forma, podem voar sobre o universo fazendo uma ponte entre a Terra e os céus; muitos símbolos refletem tal fato.

As pinturas paleolíticas em cavernas em Lascaux, França, mostram o xamã com uma máscara de pássaro e os sacerdotes xamânicos siberianos ainda usam fantasias de pássaros. Na arte em rochas de San (Bushmen) do sul da África, o ales, ou "macho em transe", é uma criatura parecida com um antílope voando com as pernas erguidas. Ele provavelmente simboliza a habilidade xamânica de entrar em contato com os ancestrais, uma vez que na mitologia San os mortos são transformados em cefos. Animais voadores semelhantes aparecem na mitologia xamânica siberiana (o que pode ser a origem das renas voadoras do Papai Noel).

MUNDOS PARALELOS
A cosmologia básica xamânica consiste de três níveis ou mundos – o mundo superior, a terra intermediária e o submundo – porém, algumas tradições descrevem sete ou nove mundos diferentes.

A tarefa do xamã é fazer as ligações ou viajar entre esses mundos e muitos símbolos se referem à ligação entre eles. Nas tradições dos nativos americanos, a fumaça que sai do orifício de um tipi se refere à passagem do espírito entre a terra e o céu. A árvore cósmica é um símbolo xamânico que aparece em muitas cosmologias – o deus escandinavo Odin, que se pendura na árvore cósmica, Yggdrasil, alcança o conhecimento através do estado alterado que resulta de seu sofrimento. A escada é um símbolo semelhante, vista nas árvores de bétula com sete camadas do Xamanismo Siberiano, mas também em outras tradições, como o Livro Egípcio dos Mortos e o Velho Testamento.

Para muitos xamãs, existe uma relação direta entre eles e o mundo natural. Um xamã cigano fala da terra como se fosse sua mãe e das plantas, dos animais, do sol, da lua e das estrelas como se fossem seus parentes, com os quais se comunica para obter orientação. Tudo na natureza se torna, então, uma forma de simbolismo vivo. Alguns psicólogos observam uma conexão direta entre as realidades paralelas do xamã e a relação entre o sonho e a realidade diária. A partir desta perspectiva, os signos e símbolos do inconsciente, ou ao natural, são passagens que nos chamam para um outro nível de realidade. Um sonho com uma águia, por exemplo, pode ser um convite para uma visão imparcial, com atenção redobrada.

O TAMBOR
Utilizado para induzir um transe xamânico, o tambor possui um significado simbólico particular como um instrumento para entrar em estados alterados ou em outros mundos. O ritmo repetitivo tocado no tambor e, algumas vezes, em chocalhos ou outros instrumentos, bloqueia outras informações sensoriais, possibilitando que o xamã entre em um estado diferente de consciência. A batida do tambor se relaciona ao som primitivo algumas vezes considerado como os batimentos do coração da terra.

Para os xamãs de Altai, na Ásia Central, a pele do tambor representa a divisão entre o mundo superior e o mundo inferior. Em todas as culturas xamânicas, o tambor é o símbolo do relacionamento entre o mundo superior, frequentemente associado com o masculino, e o submundo ou ventre, associado com o feminino.

O GUIA DO XAMÃ
Um xamã possui um guia ou professor na forma de um ancestral, um xamã falecido, ou um animal ou espírito da natureza, que o auxilia a atingir os estados alterados e sua natureza mais profunda. É através desse relacionamento que o xamã eventualmente encontra seu "eu" duplo ou individualizado. O xamã pode imitar as atitudes e a voz de um guia animal como modo de compartilhar de suas percepções, dádivas e inteligência. Dizem que os xamãs de Saami se transformam em lobos, ursos, renas ou peixes. Os xamãs Tungus da Sibéria têm uma cobra como espírito de ajuda e durante o transe xamânico imitam seus movimentos de réptil.

VIAGENS XAMÂNICAS
O mundo simbólico do xamã pode ser significativo para as pessoas que passam por colapsos ou experiências próximas da morte. O xamã pode deixar a realidade presente a fim de encontrar sabedoria ou conhecimento em realidades alternativas. Os espíritos animais e ancestrais que prestam auxílio podem ser vistos como aspectos do inconsciente de uma pessoa, encontrados na viagem da vida.

ACIMA Um xamã Tungus da Sibéria usando pele e chifres do seu guia espiritual, a rena, para aprofundar seu relacionamento com o animal.

ABAIXO Um tambor xamânico com uma imagem estilizada de um cavalo correndo pintada em sua superfície.

Taoísmo

O Taoísmo é um sistema religioso e filosófico fundado na China pelo sábio Lao-Tzu (ou "velho mestre") no século VI a.C. O Taoísmo tinha influência na China e no Japão; porém, nos tempos modernos, o Ocidente também tem se interessado por ele.

De acordo com a tradição, Lao-Tzu foi o autor de Tao te Ching, ou "Livro do Caminho e de sua Virtude", uma coleção de aforismos preocupados com a natureza do mundo e o alinhamento da humanidade com essa natureza. Seu princípio central é a "não-ação" – não passividade, mas uma receptividade ativa para com a natureza da vida, uma apreciação da vida como ela é, em vez de lutar para realizar uma sucessão de desejos.

Tanto o Taoísmo quanto o Confucionismo foram de grande influência na cultura e história chinesa. O Confucionismo é uma abordagem ética da vida e do governo com base em princípios fixos, enraizados na crença de que a civilização pode construir uma sociedade melhor, enquanto o Taoísmo está mais preocupado com o modo de vida de acordo com a natureza das coisas como elas são.

O TAO

Tanto um princípio pessoal quanto cosmológico, o Tao (ou o "caminho") descreve as origens do universo e a criação. Refere-se à fonte dos padrões da natureza e ao declínio e fluxo das forças naturais. Ao mesmo tempo, o Tao é um caminho místico que pode ser seguido vivendo-se em um estado de simplicidade, de acordo com os ritmos da natureza.

Em qualquer lugar do Ocidente, o coração é considerado uma fonte de coragem ou de amor. Para os chineses, é a fonte das sensações, o lugar dos cinco sentidos. A descoberta do Tao implica "retirar" do coração as ilusões dos sentidos, que estão em constante mudança, para que este se torne verdadeiro e eterno. Lao-Tzu é frequentemente citado por armar que "o Tao do qual se pode falar não é o Tao eterno". Isso significa que o Tao se refere ao que precede todas as coisas manifestas ("ou coisas incontáveis") na natureza.

Enquanto muitos sistemas religiosos visualizam o céu como um estado fora da existência humana na terra, o Taoísmo, assim como muitas filosofias chinesas, está mais preocupado com a unidade, na qual a pessoa vive e se identifica com o Tao. Portanto, viver de acordo com o Tao significa ser orientado pelo caminho mais profundo na natureza, que fica entre a existência terrena e a existência celestial.

YIN E YANG

Para Lao-Tzu não existia uma definição determinada de bem ou mal, tanto que, assim que um estado de "benevolência" é descrito, ele imediata e inevitavelmente invoca um estado de equilíbrio de "falta de benevolência" como força oposta. O símbolo do yin/yang é a indicação de uma lei natural de equilíbrio ou ciclo de mudança, que abrange todos os movimentos ou, às vezes, que se torna o oposto: a força leva à fraqueza, a vida leva à morte, o masculino leva ao feminino.

Yin, o princípio feminino, está associado ao frio, à escuridão e à terra; yang, o princípio masculino, está associado à luz, ao calor e ao céu. O símbolo mostra que a vida deve ser considerada como um todo e não pode verdadeiramente existir em partes isoladas. As partes escura e clara do símbolo são opostas, ainda que estejam interligadas e sejam mutuamente dependentes. Os dois pequenos pontos formam um círculo perfeito, simbolizando a totalidade da natureza.

Um exemplo contemporâneo desse princípio é evidente no relacionamento dos seres humanos com a ecologia do planeta. Nossa habilidade em aproveitar a energia, os recursos e as informações tem crescido bastante, mas, se não reconhecermos nossa dependência do todo – os animais e as forças da natureza à nossa volta –, nossas forças irão eventualmente nos levar ao fim. O símbolo yin/yang mostra como cada força, na sua potência máxima, provoca seu oposto.

ACIMA O selo "todo poderoso" de Lao-Tzu, um diagrama mágico taoísta que protege o chi cósmico.

ABAIXO De acordo com a lenda, Lao-Tzu, entristecido pela incapacidade das pessoas de aceitar o "modo" por ele proposto, partiu da civilização e andou pelo deserto em um búfalo da Índia. No último portão do reino, ele foi persuadido a deixar um registro de seus ensinamentos e escreveu o Tao Te Ching.

À ESQUERDA É possível chegar ao Templo de Bixia, em Tai Shan, a montanha sagrada do Oriente, subindo-se uma "Escadaria para o Céu" de 7 mil degraus.

Jade, também conhecido como Senhor dos Céus, é considerado o supremo governante dos céus e do submundo. Para os chineses, a pedra jade simboliza nobreza, perfeição e imortalidade e é considerada a "pedra dos céus". O Imperador Jade é o administrador da justiça moral e o protetor da humanidade. Na tradição chinesa, a administração celestial era considerada uma réplica do governo do imperador na terra e o imperador Jade estava em comunicação direta com o imperador da China.

P'NA-KU E AS CINCO MONTANHAS SAGRADAS

Outra importante figura taoísta é o mítico P'an-ku, considerado o primeiro ser criado. Na criação do universo, no qual o Caos foi dividido em forças de yin e yang, a interação desses princípios opostos levou à criação de P'an-ku, que logo depois pegou uma talhadeira e um bastão e começou a esculpir o restante da criação em especial no espaço que fica entre o Céu e a Terra. P'an-ku viveu 18 mil anos, crescendo dia a dia, e quando completou sua tarefa, se deitou e morreu. Seu corpo se tornou o mundo, cuja extensão foi marcada pelas cinco montanhas sagradas da China. Simbolicamente ligado aos cinco elementos, essas montanhas ficam nos quatro pontos cardinais e no centro do império; acredita-se que sirvam de apoio para os céus.

Lao-Tzu aconselhava seus seguidores a "serem tranquilos como uma montanha e fluírem como um grande rio". Muitos deles procuravam o Tao retirando-se para viverem sozinhos nas montanhas. Na crença taoísta, as montanhas são um meio de comunicação com os imortais e com a natureza. Assim como a imagem da árvore do mundo, elas conectam os mundos de cima e de baixo. As montanhas sagradas são lugares de peregrinação. Elas têm sido adoradas como deidades, os monastérios são construídos em suas encostas e o próprio imperador subia anualmente até o topo do pico mais sagrado, Tai Shan, a montanha do Oriente, para oferecer um sacrifício.

ACIMA O imperador Jade era reverenciado como líder divino da hierarquia do céu e do inferno.

TOPO O símbolo yin/yang representa a interação sem fim das qualidades opostas da natureza.

FIGURAS DIVINAS

Originalmente, o Taoísmo não tinha nenhuma doutrina religiosa fixa, nem estava envolvido com a adoração a deidades, mas, com o passar do tempo, tornou-se popular e se misturou com as crenças chinesas mais antigas, como a teoria dos cinco elementos e a veneração dos ancestrais. Tornou-se algo semelhante à religião folclórica e o panteão inteiro de divindades foi adorado, incluindo o mítico imperador Jade. O próprio Lao-Tzu foi deificado e se tornou um dos deuses mais importantes do Taoísmo.

O panteão taoísta é o espelho da hierarquia imperial no Céu e no Inferno e os sacerdotes taoístas estão relacionados a essas divindades através da meditação e da visualização. Algumas vezes, para o público em geral, rituais metafísicos ou simbólicos são planejados para retratar o significado e o funcionamento da hierarquia divina. Muitos taoístas rezam para essas divindades ou fazem ofertas em santuários dedicados a elas.

Dizem que Lao-Tzu é uma das reencarnações do supremo e venerável mestre T'ai-shang Lao-chun. Ele é o símbolo daquele que se tornou Um com o Tao; portanto, obteve sucesso na criação de um corpo imortal que se separa do corpo físico na morte. Yu-huang, o imperador

> **O TAO E A LUA**
> Alguns textos colocam os primeiros taoístas como xamãs que voaram para a lua e aprenderam os segredos das mudanças. A visão taoísta do sol era de algo constante. Os primeiros taoístas estavam mais interessados em aprender com a lua e suas fases.

HINDUÍSMO

ABAIXO As quatro cabeças de Brahma representam as quatro direções.

TOPO Ganesh, o deus com cabeça de elefante, simboliza a sagrada sabedoria e a abundância.

Sem um único fundador histórico, nenhum conjunto de credos e dogmas e nenhuma fonte de autoridade, o Hinduísmo abrange uma enorme variedade de credos e rituais, intrincadamente elaborados na terra e cultura da Índia. Sendo uma das principais religiões do mundo, o Hinduísmo possui o terceiro maior número de seguidores (a maioria dos quais vive na Índia e no Nepal). Contudo, muitos hindus não reconhecem o termo Hinduísmo como descrição de sua religião, chamando-a de sanatana dharma, ou a religião ou lei eterna. A palavra dharma, do complexo sânscrito, refere-se às leis naturais imutáveis que sustentam o universo e o mantêm equilibrado, um conceito semelhante ao do Tao. Pode ser traduzida para a vida diária como uma obrigação de seguir certas leis e cumprir responsabilidades sociais e éticas, pois, para muitos hindus, não existe divisão entre a vida secular e a religiosa.

BRAHMA

No conceito hindu, existe um Ser Supremo perfeito, o Brahma, que é infinito e eterno. Brahma é a fonte da vida, a alma do mundo, e está presente em todas as coisas como o atman, a própria verdade ou a essência imutável do ser vivo individual.

Assim como todos os seres vivos representam pequenas partes do universo, Brahma assume diferentes formas, representando certos aspectos divinos. Consequentemente, há muitos deuses e deusas no panteão hindu, incluindo Ganesh, o deus com cabeça de elefante, deus da prosperidade e da sabedoria; Hanuman, o deus macaco, representa a lealdade, a coragem e a devoção; e Lakshimi, a deusa da prosperidade com quatro braços.

O TRIMURTI

A palavra trimurti significa "ter três formas" em sânscrito e é o termo utilizado para descrever a suprema trindade do hinduísmo: Brahma (o Criador), Vishnu (o Preservador) e Shiva (o Destruidor). Brahma, o Criador (algumas vezes descrito com quatro cabeças que olham para as quatro direções), é a força de equilíbrio que une Vishnu, o agente da luz, e Shiva, senhor das trevas. Embora Brahma seja importante, existem somente dois templos conhecidos dedicados só à sua adoração, enquanto Shiva e Vishnu são adorados extensivamente como as divindades principais.

VISHNU

Também chamado de o Preservador, Vishnu mantém a harmonia do universo e é a manifestação do sol, pois passa pelos céus todos os dias com três grandes passos, na madrugada, ao meio-dia e ao pôr do sol. Como preservador do mundo, dizem que assumiu três encarnações chamadas de "avatar" (literalmente "aquele que desce"). Elas incluem Rama, Krishna e Buda. Como Senhor do Universo, Vishnu flutua nas águas primitivas, dormindo na serpente Ananta. Seus quatro símbolos principais são o shanka (ou concha), utilizada para afastar os demônios, o gaddha (ou bastão) para representar o poder, o chakra (ou disco) utilizado contra as forças do mal e o padma (ou flor de lótus) simbolizando a reencarnação. O Tulasi (manjericão doce) é sagrado para o Vishnu e mantido nos templos dedicados a ele; suas folhas são utilizadas nas cerimônias sagradas.

SHIVA

Uma deidade de características contrastantes e contraditórias, Shiva representa, além da destruição, a regeneração, a ordem surge do caos e a nova vida que emerge após a morte. Como Nataraja, ele é o senhor da dança universal da criação e da destruição, através da qual mantém o equilíbrio do cosmos. O Shiva da dança geralmente é retratado com quatro mãos, rodeado por um círculo de chamas, que é o disco do sol e a criação e continuação do cosmos. Shiva é o deus supremo da virilidade masculina, simbolizado

À ESQUERDA Vishnu e seu consorte, Lakshimi, voam em Garuda, a águia que simboliza a sabedoria obtida através de uma mente aberta.

À DIREITA O Diwali (festival das luzes) envolve a oferenda simbólica de luz para representar o triunfo do bem sobre o mal.

pela linga em forma de falo (a outra parte do yoni feminino) e também pelo iogue devoto, coberto de cinzas e peles de animal. Seu terceiro olho (o chakra no meio da testa) pode destruir com fogo todos aqueles que olham para ele, mas também concede sabedoria transcendente. Por vezes, Shiva é retratado cavalgando um búfalo branco, Nandi, símbolo de poder e virilidade, que aparece com frequência nos santuários para os deuses.

SHAKTI
O conceito de Shakti é um outro aspecto divino importante. Shakti é o princípio feminino, a energia dinâmica revigorante do universo que ativa a criatividade; sem Shakti, os outros deuses permanecem passivos e sem motivação. Shakti sempre aparece abraçando Shiva e tem dois lados de sua natureza: de um lado ela é gentil e serena e, do outro, é violenta e terrível. A deusa Kali, geralmente mostrada com uma língua branca, olhos grandes, dentes pontudos e uma grinalda de caveiras, é a personificação da última, enquanto Parvati, consorte de Shiva, representa a primeira.

O SOM DE OM
Na caligrafia sânscrita, a sílaba mística om é a representação simbólica de Brahma. Está descrito nos Upanishads (um dos textos sagrados do Hinduísmo) como som que cria e sustenta o cosmos e acredita-se que quando o mesmo é pronunciado o universo inteiro (passado, presente e futuro) fica encapsulado. O som contém os três sons de A, U e M, representando os três deuses (Brahma, Vishnu e Shiva) que controlam a vida. Eles também simbolizam os três estados humanos de sonho, sono e despertar e as três capacidades de desejo, conhecimento e ação. O Om é utilizado como um mantra na meditação e também em cerimônias sagradas.

ADORAÇÃO DIÁRIA
O Puja, ou adoração diária, quase sempre é realizado em casa e é a principal forma de adoração hindu, embora a adoração conduzida por um sacerdote também ocorra duas vezes ao dia no mandir (templo). Em casa, a adoração é realizada em um santuário, onde as deidades escolhidas pela família estão representadas na forma de gravuras ou estátuas, conhecidas como murtis. No mandir, acontece uma cerimônia cheia de ritos conhecida como arti. O sacerdote deve acender cinco divas e girar as lâmpadas em frente à deidade central, enquanto os adoradores cantam um verso das escrituras sagradas para devoção. No fim da cerimônia, uma oferta simbólica de alimentos (como frutas, nozes ou doces) é apresentada à deidade para pedir sua bênção e será, em seguida, compartilhada com a congregação.

FESTIVAIS
O ano hindu possui muitos festivais para marcar os eventos na vida das deidades ou para celebrar a mudança das estações. São celebrações animadas e coloridas, com muita música, dança e representação, além de proporcionar uma oportunidade de reunião das famílias e dos amigos. Realizado em honra da deusa Lakshmi, o Diwali, festival das luzes, é o mais celebrado na Índia, simbolizando o triunfo do bem sobre o mal. Em algumas regiões, o Diwali (em outubro ou novembro) marca o Ano-Novo. É presságio de um início revigorante, época em que os débitos são quitados, os lares são limpos, repintados e enfeitados com lâmpadas. O festival de Holi, em março, celebra a colheita de grãos e é muito animado, com fogueiras, mágicas (despejar tintas coloridas nas pessoas) e dança.

O GANGES
Em uma terra de calor e poeira, os grandes rios da Índia são considerados fonte importante de vida e energia e previsivelmente são reverenciados como sagrados. O mais importante deles é o Ganges, adorado como a deusa Ganga, que atravessa a Índia desde sua nascente no Himalaia, também considerado sagrado. Peregrinações são realizadas para Varanasi (associado com Shiva) nas margens do Ganges para lavar-se nas águas sagradas do rio. Acredita-se que Ganga ofereça a libertação do samsara, o ciclo do renascimento, e Varanasi é considerado um local auspicioso para cremação e para se espalhar as cinzas do morto. Peregrinações também são feitas para locais sagrados no Himalaia, em especial para o Monte Kailas, onde se acredita que Shiva deve se sentar para meditação.

ACIMA O símbolo do Om representa o som secreto da criação.

ABAIXO Shiva, dançando em um círculo de chamas, é um símbolo cósmico da vida, da morte e do renascimento.

A VACA
No Hinduísmo, a vaca é considerada sagrada e matar uma delas é crime terrível. Símbolo de fertilidade e abundância, é o centro da agricultura indiana; seu leite é utilizado. Os touros são utilizados para puxar o arado, permitindo a plantação de grãos.

BUDISMO

ACIMA Quando Buda cortou seus cabelos estava usando o ato como símbolo de sua decisão de renunciar ao mundo.

ABAIXO Uma pegada de Buda decorada com símbolos budistas, incluindo a suástica em sentido contrário, um símbolo antigo que predata o nazismo alemão.

Aproximadamente há 2.500 anos, Siddhartha Gautama, o fundador do Budismo, nasceu na fronteira entre o Nepal e o norte da Índia. Buda, ou o Iluminado, é o título que ele recebeu depois de ter atingido a autorrealização espiritual ou "iluminação", tornando-se a personificação da sabedoria perfeita e da compaixão. Buda não é baseado na crença em Deus, nem possui uma doutrina estabelecida, uma autoridade central ou uma escritura sagrada aceita universalmente. Nunca exigindo submissão total de seus seguidores, o Budismo coexiste com tradições religiosas locais e tem nos proporcionado uma rica tradição, com grande diversidade de símbolos e pensamentos míticos.

A VIDA DE BUDA

A história da vida de Siddhartha Gautama é fundamental para o Budismo, simbolizando muitos de seus ensinamentos básicos, incluindo a necessidade de grandes esforços, desligamento completo e compaixão sem limites. Criado como um príncipe, Gautama abriu mão de suas riquezas e abandonou sua família em busca da causa dos sofrimentos da vida. Após muitos anos de beato andarilho, concluiu que nem a indulgência nem a austeridade extrema seria a resposta e sentou para meditar sobre o problema embaixo de uma árvore de bodhi, no vilarejo de Bodhgaya, na Índia. Foi lá que ele se tornou iluminado e experimentou o nirvana – um estado bem-aventurado de perfeita paz, conhecimento e verdade. Embora não estivesse mais ligado ao mundo físico, Buda decidiu, por compaixão, passar o resto de sua vida ensinando. Ele fez seu primeiro sermão para um pequeno grupo de discípulos em Sarnath, onde ensinou as Quatro Verdades Nobres e o Óctuplo Caminho, ensinamentos que explicam a natureza do sofrimento e como dar um fim a este sofrimento. O caminho envolve disciplina de pensamento e ação e defende um modo de vida que procura não machucar ninguém. A sangha monástica (comunidade) foi inaugurada pelo Buda para preservar e difundir seus ensinamentos.

OS BODHISATTVAS

Enquanto algumas formas de Budismo estão focadas na salvação pessoal, também existe um modo de Budismo chamado de "o caminho do bodhisattva". Um bodhisattva é um discípulo (homem ou mulher) capaz de atingir o nirvana – e, portanto, a libertação do sam-sara (ciclo de renascimento) – mas, escolhe permanecer no corpo físico a fim de ajudar as outras pessoas. Em Pali (um idioma derivado do sânscrito), a palavra bodhisattva significa "aquele que é a essência da verdade e da sabedoria". Os bodhisattvas são diferenciados do Buda por sua postura relaxada, quase sempre retratados sentados ou deitados para mostrar sua relacionamento contínuo com a humanidade. Entre os bodhisattvas mais importantes estão Maitreya (Mili na China), uma figura benevolente do futuro, um messias esperado do Budismo, geralmente mostrado sentado no estilo ocidental, e Ava-lokiteshvara (Guan-Yin na China), a personificação da compaixão e graça.

COSMOLOGIA BUDISTA

Ao contrário do ponto de vista ocidental de um cosmos que tem começo e fim, a cosmologia budista é cíclica. Isso não se aplica somente à vida humana (o nascimento contínuo, morte, ciclo de renascimento), mas também aos sistemas terrestres. Estes virão, passarão e serão sucedidos por uma nova ordem. Alguns budistas também acreditam que existem inúmeros sistemas terrestres simultâneos, cada um com seu próprio Buda; alguns possuem nomes e é possível interagir com eles. Portanto, os ícones de Buda nem sempre representam o Buda histórico Gautama (também chamado de Shakyamuni Buda), mas podem retratar budas em diferentes encarnações. Uma delas é Amitabha, o Buda da Luz Infinita e o guardião do Ocidente, que

> **A RODA DAS ORAÇÕES**
>
> Um tambor giratório contendo orações é a roda das orações. Uma revolução em sentido horário da roda é o equivalente de uma oração falada. Rodas maiores foram encontradas fora dos santuários budistas e foram giradas por peregrinos enquanto estavam perto do santuário.

é frequentemente mostrado segurando uma flor de lótus e acompanhado por um pavão.

O STUPA

Um dos símbolos mais importantes e facilmente reconhecidos do Budismo é o stupa. Nos textos antigos, a palavra stupa significava "ponto mais alto" e, originalmente, stupas eram monumentos funerários que continham as relíquias sagradas do Buda ou algo de seus principais discípulos (alguns dos quais também tinham alcançado a iluminação). Além de ser um símbolo do Buda e sua libertação final do samsara, o stupa também é um símbolo cósmico. Embora existam muitas variações arquitetônicas, ele consiste tipicamente de uma abóbada (anda), simbolizando tanto o "mundo em forma de ovo" (um símbolo típico da criação) quanto o ventre, enquanto as relíquias que guarda representam as sementes da vida. Geralmente, a abóbada fica sobre um pedestal quadrado, que é tipicamente alinhado com os quatro pontos cardinais, representando a abóbada do céu apoiada sobre a terra. Mais tarde, os stupas se transformaram em locais de adoração e, algumas vezes, foram construídos para comemorar eventos importantes.

AS PEGADAS DE BUDA

No Budismo (e também no Hinduísmo), as pegadas podem representar a presença de uma pessoa ou deidade sagrada, abrangendo todas as suas qualidades e atributos. Muitos templos budistas guardam esculturas das cópias da pegada de Buda, geralmente com símbolos budistas auspiciosos, como a roda dos oito raios, que simboliza a lei de Buda. As pegadas de Buda também são decoradas com símbolos como o peixe, a suástica, o bastão de diamante, a concha, o vaso de flores e a coroa. Seus devotos acreditam que se seguirem as pegadas de Buda também alcançarão a iluminação ou o estado de Buda.

BUDISMO TIBETANO

O Budismo tem a tendência de se adaptar a diferentes países e culturas para onde foi levado. Algumas vezes mencionado como Vajrayana (Veículo do Diamante ou da pedra-de-raio), o Budismo Tibetano é caracterizado por um panteão de budas e bodhisattvas e muitos rituais, artefatos e trabalhos de arte coloridos. A importância dos professores vivos é enfatizada. Alguns (conhecidos como lamas) são considerados encarnações dos primeiros professores consagrados, que vivem na terra como bodhisattvas. As práticas rituais envolvem a criação de mandalas (projetos abstratos em forma de roda), o canto de mantras e a representação de mudras (gestos manuais simbólicos). As estátuas e as mandalas são utilizadas para focar a mente na meditação.

BUDISMO ZEN

Espaço e simplicidade caracterizam o Budismo Zen. Desenvolvido na China, Coreia e no Japão, a tradição Zen influenciou as formas de arte sino-japonesas, como a caligrafia, a pintura e a poesia, assim como o arranjo de flores e jardins, a cerimônia do chá e até mesmo as artes marciais, todas elas compartilhando a ordem, a simplicidade e os procedimentos estabelecidos.

ACIMA Um dharma-chakra dourado, uma roda de 8 raios que simboliza os ensinamentos de Buda, localizada entre duas estátuas de veados, que representam o primeiro sermão de Buda no Parque dos Veados, Sarnath, Templo de Jokhang, Lhasa, Tibet.

ACIMA O símbolo do stupa com várias camadas.

> **O ELEFANTE E O BUDA**
>
> A história do nascimento de Buda é rodeada de presságios de sua grandeza. Enquanto estava grávida, sua mãe sonhava que estava dando à luz um elefante macho branco com seis presas. A chegada de um escolhido havia sido prevista há muito tempo e os intérpretes consideraram este sonho como um anúncio de sua chegada iminente. Na cultura indiana, o elefante branco é o monte de Indra, rei dos deuses, e os elefantes são chamados de "removedores de obstáculos", um atributo dado ao deus hindu com cabeça de elefante, Ganesh. Algumas vezes, no Budismo, o elefante é utilizado como símbolo de Buda, representando sua serenidade e força.

Judaísmo

ACIMA O muro das lamentações em cada sinagoga contém os pergaminhos da Torá, que são lidos de uma plataforma elevada para indicar respeito. Uma lâmpada fica acesa todo o tempo como símbolo da aliança do povo judeu com Deus

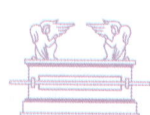

ACIMA A Arca da Aliança é o símbolo do Êxodo.

O Judaísmo, a religião monoteísta mais antiga do mundo, tem uma continuidade de tradição que abrange aproximadamente 4 mil anos. O nome "Judaísmo" é derivado da tribo de Judá, uma das doze tribos de Israel, porém, a vida de Abraão – conhecido como pai do povo judeu – e seu relacionamento com Deus é que são fundamentais para o Judaísmo. As escrituras judaicas contam como Deus fez uma aliança, ou acordo, com Abraão: que seus descendentes seriam o povo escolhido de Deus e em troca o povo deveria seguir suas leis. Essas leis foram dadas a Moisés no Monte Sinai quando ele conduzia o povo judeu para fora do cativeiro no Egito (o Êxodo) em direção à Canaã (Israel), a terra que Deus havia prometido para Abraão.

A TERRA PROMETIDA

A história do Judaísmo tem suas raízes em Israel, a terra prometida. Mais do que um simples local, é um dos símbolos mais importantes do Judaísmo, parte da identidade étnica do povo judeu. Jerusalém, a cidade de Davi, o maior rei de Israel, é particularmente importante. Foi ali que o filho de Davi, Salomão, construiu um templo, um símbolo da comunhão entre o homem e Deus. O templo foi reconstruído muitas vezes, até sua destruição final pelo imperador romano Titus em 70 a.C. O Muro das Lamentações é o último vestígio do templo e é um local de peregrinação e oração para os judeus do mundo todo.

A TORÁ

O estudo das escrituras sagradas é dos aspectos mais importantes da fé judaica. Os primeiros cinco livros da Bíblia hebraica são conhecidos como o Pentateuco ou Torá e contêm todos os ensinamentos de Deus revelados a Moisés no Monte Sinai.

Mais do que um repositório de leis e histórias, a Torá é considerada uma dimensão íntima ou espiritual do próprio mundo, o meio pelo qual o indivíduo pode obter acesso ao reino superior. Todas as sinagogas possuem um conjunto de pergaminhos (a Torá Sefer) escritos à mão em hebraico por um escriba especializado; pode levar um ano para completar o conjunto. Cada pergaminho tem uma tira para mantê-lo enrolado, um apoio para leitura e uma coroa, junto com um ponteiro de prata utilizado durante a leitura para evitar o contato com o pergaminho. Sendo um dos símbolos mais sagrados do Judaísmo, os pergaminhos da Torá são guardados em um armário especial ou recâmara (conhecido como a Arca Sagrada depois da Arca da Aliança) no muro que fica de frente para Jerusalém.

ABAIXO O shofar é uma trombeta de chifre de carneiro usada nos rituais judaicos. Ela lembra a história de Abraão e Isaque e é um símbolo da graça de Deus.

MISTICISMO JUDAICO

A Torá abrange quatro níveis de significado: o literal, o alegórico, o homilético (ensinamento ou sermão) e o secreto ou místico. As interpretações místicas compreendem a Torá como um meio de entendimento da natureza de Deus. A cabala, a corrente mais influente do misticismo judaico, considera os atributos de Deus como uma série de dez esferas (ou sephiroth), pelas quais o indivíduo deve passar a fim de alcançar a fonte divina. Todos os aspectos da vida humana são expressões fundamentais do sephiroth, que constitui a mais profunda realidade, nosso contato com Deus. O texto central da Kabbalah é o Zohar (Livro do Esplendor), que circulou pela primeira vez na Espanha no século XIII. Os símbolos associados com a cabala incluem a Estrela de Davi e o Tetragrammaton.

À DIREITA Durante a Pessach (Páscoa dos judeus), a refeição simbólica inclui ervas amargas e pão sem fermento para lembrar o tempo de escravidão no Egito.

A SINAGOGA

Depois da destruição do templo, os judeus se espalharam pelo império romano e a sinagoga se tornou o centro da vida da comunidade judaica. A sinagoga tem três funções diferentes: é uma casa de reunião onde a comunidade judaica pode se encontrar com qualquer propósito; é uma casa de estudo, onde as escrituras são estudadas e as crianças aprendem a língua hebraica e estudam a Torá e é uma casa de oração, onde os serviços são realizados no Sabbath (Shabbat). Homens e mulheres ocupam áreas separadas e, em obediência ao Segundo Mandamento, não há nenhuma imagem de pessoas ou animais. Cada sinagoga tem uma lâmpada que fica permanentemente acesa em frente à Arca – um símbolo da eterna luz de Deus, iluminando a escuridão da ignorância.

O TETRAGRAMMATON

O nome de Deus foi relevado a Moisés, mas era tão sagrado que nunca poderia ser pronunciado em voz alta. O tetragrammaton abrange as quatro letras, Y, H, W, H, que formam o verdadeiro nome de Deus em hebraico, chamadas de "o nome" (ha shem) ou Adonai ("Meu Senhor"). Quando as vogais são adicionadas, as letras formam o nome Yahweh, que alguns cristãos traduzem como Jeová.

O tetragrammaton foi esculpido na vara de Arão e no anel de Salomão, ambos símbolos de autoridade. Também acreditava-se que a vara possuía propriedades miraculosas (assim como a varinha de condão, comum em muitas tradições) e que o anel de Salomão lhe concedia poderes de adivinhação. Na Cabala, acredita-se que o tetragrammaton significa vida e que possui poderes mágicos e de cura. Ele é usado com frequência em amuletos e placas exibidas na sinagoga, assim como nos lares judaicos, um lembrete constante da onipresença de Deus.

LEIS E COSTUMES

A lei foi dada a Moisés no Monte Sinai em duas pedras, conhecidas como Tábuas do Decálogo (os Dez Mandamentos), gravadas pelo dedo de Deus. No centro da crença judaica está o Shema, o primeiro mandamento – amor de Deus. As palavras do Shema estão escritas em pergaminhos finos colocados em pequenas caixas (telfillin), com cordões ou fitas amarrados nelas. Durante as orações da semana, os homens judeus ortodoxos usam o tefillin preso a suas testas, braço e perna esquerda. Os pergaminhos do shema também são colocados em pequenas caixas chamadas "mezuzah", que são pregadas nas portas de entrada das casas (geralmente do lado de fora de cada cômodo, exceto no banheiro), referindo-se ao tempo em que as palavras do Shema eram esculpidas nos batentes das portas. Os homens judeus ortodoxos usam um pequeno gorro (yarmulke) para mostrar sua submissão a Deus. O tallit é uma peça do vestuário com franjas – um manto ou um xale – usado pelos homens judeus. Refere-se à passagem do livro de Números (15: 38-39), que diz que borlas com fios azuis devem ser colocadas nas roupas íntimas como lembrete dos mandamentos de Deus. As judias ortodoxas são obrigadas a cobrir o cabelo na presença de outro homem que não seja seu marido, como sinal de que somente o marido pode desfrutar da sexualidade delas; muitas fazem isso usando uma peruca em público.

FESTIVAIS

A história dos judeus e seus ensinamentos estão incorporados em suas comemorações, nas quais as tradições são passadas adiante por meio de histórias, representações, alimento simbólico e canto. Há cinco festivais principais, ou Dias de Reverência, registrados na Torá: Rosh Hashaná (Ano-Novo Judeu), Yom Kipur (Dia do Perdão), Pessach (Páscoa dos Judeus), Shavuot (Pentecostes) e Sucot (Festa dos Tabernáculos), como símbolos ligados a cada um. As leis que governam o consumo de alimentos são a parte central da fé judaica. Durante a Pessach, eles comem somente pão sem fermento (matzah), com lembrete do Êxodo, quando os israelitas tiveram de deixar o Egito com pressa, sem tempo de cozer o pão comum. Ervas amargas simbolizam a escravidão no Egito e um osso de cordeiro simboliza as oferendas da Páscoa que teriam sido trazidas para o templo em Jerusalém. O shofar, trombeta com chifre de carneiro, é tocado durante o Rosh Hashaná; um chamado para o povo se arrepender e começar o ano novo mais uma vez. Esse chifre é um lembrete da graça de Deus quando permitiu que Abraão sacrificasse um carneiro em vez de Isaque. Existem três sons principais tocados no shofar, e durante o Rosh Hashaná, eles são repetidos 100 vezes.

ABAIXO
O Tetragrammaton é a escrita do nome verdadeiro de Deus em hebraico, sendo que ele nunca é pronunciado em voz alta.

יהוה

ESTRELA DE DAVI

É um dos signos mais reconhecidos do Judaísmo, um símbolo do Estado de Israel, aparecendo a partir de 1948 em sua bandeira nacional. Uma estrela de seis pontas, formada a partir de dois triângulos entrelaçados, deriva do escudo em forma de hexagrama que Davi usou contra Golias. O branco do triângulo superior e o preto do triângulo inferior simbolizam a união dos opostos.

CRISTIANISMO

TRIQUETA
Esta forma geométrica é utilizada para expressar a Trindade. São três arcos entrelaçados e o símbolo inteiro significa a eternidade, enquanto a forma de triângulo no centro representa a Trindade e sua intangibilidade.

Junto com o Islamismo, o Cristianismo é a religião mais divulgada no mundo. Surgiu do Judaísmo e possui muitas tradições diferentes, mas sua doutrina principal é que Jesus, nascido judeu, Jesus de Nazaré, é o Filho de Deus, o tão esperado Messias cuja vinda foi prevista pelos profetas do Velho Testamento. A vida de Jesus, desde seu humilde nascimento com a Virgem Maria até sua crucificação, morte e ressurreição, é a base da teologia cristã contada nos Evangelhos (que significa "boas notícias") do Novo Testamento.

SÍMBOLOS DE CRISTO

O Cristianismo recebeu seu nome da tradução grega do hebraico "Messiah" (O Ungido). Cristo é o título que Jesus recebeu de seus seguidores e é simbolizado de várias maneiras.

O peixe é um dos primeiros símbolos cristãos, encontrado nos túmulos das catacumbas romanas – um antigo local secreto de reunião quando os cristãos eram perseguidos pelos romanos por causa de sua fé. É baseado em um acróstico: as letras iniciais das palavras gregas para Jesus Cristo, o Filho de Deus e Salvador, formam a palavra grega "ichthus" que significa peixe. Cristo também se referia aos seus apóstolos como "pescadores de homens", enquanto os primeiros sacerdotes cristãos eram chamados de pisculi (peixe) fiel.

ABAIXO Jesus, o Bom Pastor, carrega ovelha nas costas, um símbolo de Cristo como Salvador.

ACIMA O lábaro, ou cruz Chi-Rho.

ACIMA Jesus crucificado na cruz é um tema central do Cristianismo.

ACIMA Um dos símbolos secretos mais antigos de Cristo.

ACIMA A coroa de espinhos é o símbolo cristão da crucificação.

Outro símbolo de Cristo, que também foi um dos primeiros, é o lábaro, um monograma composto das primeiras letras gregas do nome de Cristo, X (chi) e P (rho). Também conhecida como a cruz de Chi-Rho, as letras geralmente são escritas uma sobre a outra, algumas vezes fechadas dentro de um círculo, tornando-se um símbolo cósmico e solar. A história conta que o imperador Romano Constantino I teve uma visão da cruz de Chi-Rho prometendo vitória a seu exército, depois que ele se converteu ao Cristianismo: Bizâncio, a capital do Império Romano Oriental, foi renomeada Constantinopla (Istambul) e se tornou o centro da Igreja Cristã Ortodoxa Oriental.

Outros símbolos associados a Cristo são objetos ligados à Paixão de Cristo (ou crucificação). Eles incluem a cruz na qual ele morreu, uma coroa de espinhos, um chicote, o martelo e os pregos usados para prendê-lo à cruz, uma lança que os soldados romanos usaram para perfurar seu lado e a escada pela qual ele foi retirado da cruz. A partir do século XIV, esses objetos se tornaram o foco de intensa devoção entre alguns cristãos, determinados a estimular uma resposta ao sofrimento de Jesus.

O REBANHO E O PASTOR

Jesus extraiu grande parte dos símbolos que ele usava em seus ensinamentos de sua terra e cultura nativas. Por exemplo, muitas pessoas na região criavam ovelhas e a comparação entre Jesus como pastor de ovelhas e seus seguidores como rebanho era a principal metáfora.

No evangelho de João, Jesus é mencionado como Bom Pastor que guiará aqueles que se desviaram para que tenham um bom relacionamento com Deus. Ele também é mencionado como "cordeiro de Deus", simbolizando o sacrifício que fez ao morrer para que os pecados da humanidade fossem perdoados. Na iconografia cristã, Jesus é muitas vezes retratado com uma ovelha sobre seus ombros, simbolizando sua habilidade em

A POMBA

Nas culturas judaica e cristã, a pomba segurando um ramo de oliveira simboliza a graça de Deus. Como punição pela maldade da humanidade, Deus enviou um grande dilúvio, símbolo de destruição e também de purificação e limpeza. O virtuoso Noé foi avisado e construiu uma arca na qual colocou sua família e um par de cada animal. Depois que a chuva parou, Noé enviou uma pomba para procurar terra seca. Ela voltou carregando um ramo de oliveira do Monte das Oliveiras, símbolo do perdão de Deus. Na iconografia cristã, a pomba é utilizada para representar o Espírito Santo, com sete pombas que significam os sete dons do Espírito Santo.

À ESQUERDA Uma imagem da Virgem Maria, mostrando-a com uma auréola com 12 estrelas. Essa pintura retrata a concepção imaculada e Maria representa uma lua crescente, um símbolo de castidade. Ela também usa um manto azul que a conecta com os céus.

salvar almas perdidas. Ele também carrega um cajado de pastor ou bastão episcopal, que foi adotado pelos bispos da Igreja e se tornou símbolo de sua autoridade pastoral sobre a congregação, além de ser um lembrete de Jesus.

A TRINDADE

Embora o Cristianismo seja monoteísta, os cristãos acreditam que o próprio Deus apresenta-se de três formas diferentes e distintas – como Pai, Filho e Espírito Santo. Essa natureza tripla de Deus é conhecida como a Trindade. Embora cada parte da Trindade seja independente, todas são parte de Deus e de uma única Divindade. No século V, São Patrício usava um trevo, uma planta com um caule e três folhas para tentar explicar o conceito: assim como cada folha é independente, ela também faz parte da planta toda. De acordo com João Batista, a Trindade foi uma dádiva no batismo de Jesus: o Filho na água, o Pai falando palavras de aprovação vindas dos céus e o Espírito Santo descendo na Terra em forma de pomba.

A VIRGEM MARIA

Também conhecida como a Madona (nome italiano para "minha senhora"), a Virgem Maria é honrada como a mãe escolhida para o filho santo de Deus, particularmente pela Igreja Católica Romana. Maria é representada por uma grande variedade de símbolos, incluindo o lírio e a rosa branca, que representam sua pureza, a rosa vermelha (a Paixão de Cristo), assim como o sol, a lua e a auréola de 12 estrelas, que parece estar associada à visão apocalíptica descrita em Apocalipse (12:1) de uma mulher "vestida com o sol, abaixo de seus pés a lua e sobre sua cabeça uma coroa de doze estrelas". Outros símbolos de sua santidade e virgindade incluem um jardim cercado, um portão fechado e um espelho. Geralmente, ela é retratada com uma auréola (um símbolo na iconografia cristã para a divindade e majestade) usando um manto azul que significa proteção e cuja cor está associada aos céus e ao reino celestial, assim como às águas do batismo. A Virgem também se tornou um símbolo, adorada como Mãe Divina.

A IGREJA

Embora utilizemos a palavra "igreja" para descrever um prédio onde acontece a adoração cristã, estritamente falando significa "grupo de crentes" ou aqueles que se juntam em nome de Jesus. Por tradição, as igrejas são construídas em forma de cruz, o símbolo universal do Cristianismo, uma lembrança da morte de Jesus.

A EUCARISTIA

A maioria das igrejas realiza um serviço conhecido como Eucaristia, ou Missa ou ainda Santa Comunhão para celebrar a Última Ceia. Essa foi a refeição que Jesus compartilhou com seus doze discípulos na noite antes de sua captura. Assim como a Última Ceia, a Eucaristia é feita com pão e vinho, representações da carne e do sangue de Cristo, para simbolizar a aceitação do corpo de Cristo ou de sua essência.

OS QUATRO EVANGELISTAS

Os escritores dos quatro primeiros livros do Novo Testamento – Mateus, Marcos, Lucas e João – são conhecidos coletivamente como os quatro Evangelistas. As visões apocalípticas no Livro de Apocalipse, assim como aquelas dos profetas do Antigo Testamento, Daniel e Ezequiel, associam Mateus a um anjo, Marcos a um leão, Lucas a um touro e João a uma águia. Na tradição Hermética Ocidental, eles estão respectivamente ligados aos signos do Zodíaco: Aquário, Leão, Touro e Escorpião, os quatro pontos cardeais, as quatro direções e os quatro elementos, além de também estar associados aos Arcanjos Rafael, Miguel, Gabriel e Uriel.

Islamismo

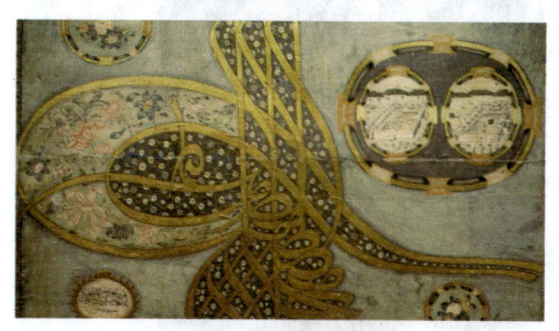

ACIMA Uma particularidade do Alcorão, as próprias palavras significam a presença divina.

ACIMA A lua crescente e a estrela formam o emblema do mundo islâmico.

O nome Islamismo deriva da palavra árabe que significa "submeter-se", com um Mulçumano sendo "aquele que se submete" – ou seja, aquele que vive do modo desejado por Alá (Deus). Como Alá é Um, não há divisão entre o sagrado e o secular, sendo todos os aspectos da vida governados pelos princípios morais islâmicos. A doutrina central é que o Islamismo é a religião original, a fé revelada a todos os profetas, incluindo Adão, Abraão, Moisés e Jesus, mas culminando em Mohammed, o último e mais importante dos mensageiros divinos de Alá. Mohammed (ou "o Profeta") nasceu em Makkah, Arábia (agora Arábia Saudita), no século VI d.C. Acredita-se que ele restaurou a pureza dos ensinamentos de Alá, trazendo assim a mensagem de Alá a fim de levar o mundo à conclusão e perfeição.

OS CINCO PILARES DO ISLAMISMO

O Islamismo é baseado em cinco crenças principais: a crença em Alá, no Alcorão, nos anjos, em Mohammed e nos profetas que foram antes dele e no Dia Final. Os mulçumanos também acreditam que a fé sozinha não tem significado, mas deve ser suportada pelas atitudes na vida diária. Estas atitudes são conhecidas como "os cinco pilares do islamismo" (um pilar simboliza suporte) e são: a fé, a oração, o jejum, a peregrinação e a caridade.

O ALCORÃO

O texto sagrado do Islamismo é conhecido como Alcorão (derivado da palavra árabe "recitar"). Os mulçumanos acreditam que é a palavra do próprio Alá, não simplesmente a palavra de qualquer ser humano, uma vez que foi diretamente transmitida para Mohammed durante um período de 23 anos através do Anjo Jibril (Gabriel) em uma série de visões. À medida que Mohammed recebia cada parte do texto, ele a decorava e Alá o ensinava como contar.

As palavras reais do Alcorão são consideradas como significado da presença divina de Alá e, portanto, devem ser escritas clara e cuidadosamente em Árabe original; as traduções nunca são utilizadas na adoração. A caligrafia do Alcorão desenvolveu-se como uma arte consagrada, com passagens do Alcorão sendo utilizadas para decorar edifícios e artefatos – representações figurativas não são encorajadas no Islamismo, uma vez que são consideradas equivalentes á idolatria. As cópias do Alcorão são sempre manuseadas com muito cuidado e mantidas em prateleiras altas, embrulhadas em pano limpo. Um suporte é usado para segurar o livro aberto enquanto o mesmo é lido e, antes de manuseá-lo, os mulçumanos sempre se certificam de estar com as mãos limpas.

A MESQUITA

Os mulçumanos cultuam Alá na mesquita ou masjid (local de prostração), virados para Meca – cuja direção é indicada por mihrab ou nicho na parede. Como a arte sagrada islâmica não é figurativa, as mesquitas são decoradas com padrões arabescos e geométricos, além da caligrafia do Alcorão. Os padrões refletem a harmonia fundamental do universo e do mundo natural, derivada da crença islâmica de que Alá é Um. Embora os estilos da arquitetura e decoração das mesquitas variem de acordo com o costume local e período, muitas mesquitas têm um teto abobadado, representando o céu divino, o universo e a criação, geralmente coroado por um minarete. Outras características incluem um pátio cercado, passagens e fontes (ou chuveiros) para as purificações religiosas exigidas pelo Islamismo. Não se deve usar sapatos

---

O MINARETE (TORRE DE MESQUITA)

A palavra "minarete" vem do árabe manara, "emitir luz", uma alusão à sua função simbólica como farol para iluminar a comunidade aos arredores. Um minarete é uma torre fina com uma sacada de onde o muezim (chamador) convoca os fiéis para a oração, uma lembrança constante da presença de Alá. Sugere a mediação entre as pessoas reunidas na mesquita abaixo e os céus acima para onde aponta. Algumas vezes, a lua crescente, um dos símbolos do Islamismo, é posicionada no topo do minarete.

> **MÃO DE FÁTIMA**
>
> Fátima era a filha de Mohammed e sua adorada esposa Aisha. Embora ela não seja mencionada no Alcorão, a tradição muçulmana xiita lhe confere atributos como os da Virgem Maria, referindo-se a ela como "Soberana das Mulheres de Todos os Mundos", a "Virgem" e a "Pura e Sagrada", e diz que ela foi criada a partir da luz da grandeza de Alá ou do alimento do paraíso. Na religião popular, os fiéis confiam em Fátima, que defende os oprimidos na luta contra a injustiça iniciada por seu pai. As mulheres xiitas viajam até os santuários dedicados à Fátima, onde oram para obter ajuda. Amuletos, conhecidos como a "mão de Fátima", são sagrados e usados para proteção. Os cinco dedos da mão simbolizam os cinco pilares do Islamismo.

> **ANJOS**
>
> No Islamismo, os anjos são criaturas de luz que glorificam Alá e levam suas instruções. Jibril, chefe dos anjos, foi responsável por trazer as orientações de Alá para todos os profetas, incluindo Mohammed. Os anjos oram pelos seres humanos, especialmente os crentes, e apoiam os fiéis. Os muçulmanos acreditam que cada pessoa tem dois anjos com a tarefa de registrar seus atos para o Dia Final.

na mesquita, uma vez que são considerados impuros. Como Alá está em todos os lugares, o Islamismo ensina que o mundo todo é uma mesquita, portanto, a própria mesquita pode ser considerada um símbolo do mundo. A mesquita também é considerada centro de educação e algumas das maiores mesquitas da história possuem escolas e bibliotecas.

RITUAIS E COSTUMES

Mohammed decretou que a "limpeza faz parte da fé", portanto, antes da salah (oração), os adoradores devem se lavar. Essa limpeza ritual, ou wadu, é um ato simbólico; a água não lava somente o corpo físico, mas também lava a alma dos pecados. Se não houver água, a ablução utilizando-se pó ou areia também é permitida.

Na adoração em público, os muçulmanos ficam lado a lado, simbolizando a igualdade de todos perante os olhos de Alá. Homens e mulheres são separados, contudo, o Iman, que conduz as orações, fica à frente de todos. Partes do Alcorão são recitadas, seguidas de uma série de atitudes formais, que incluem curvar-se e prostrar-se (signos de submissão a Alá). Esteiras especiais são utilizadas para as orações e elas são sempre enroladas, nunca dobradas após o uso.

O jejum tem um papel importante no Islamismo, abrangendo a abstinência de alimento, bebida e sexo durante o dia. Os muçulmanos acreditam que o jejum aumenta sua consciência sobre o fato de que eles estão sempre na presença de Alá e muitos muçulmanos jejuam regularmente em determinados dias durante o ano todo. Contudo, é essencial para o mês inteiro de Ramadan, o nono mês do calendário muçulmano (lunar), que celebra a época em que as primeiras palavras do Alcorão foram reveladas a Mohammed. O fim da Ramadan é marcado pela lua nova, quando os muçulmanos quebram o jejum com uma festa familiar.

PEREGRINAÇÃO

Todos os anos, milhões de muçulmanos fazem suas peregrinações (hajj) até Meca, a cidade sagrada do Islamismo, um local tão sagrado que a entrada só é permitida aos muçulmanos.

Os peregrinos ficam em um acampamento enorme e, antes de entrar na cidade, deixam de lado suas roupas normais e colocam uma simples veste branca, um sinal de igualdade com os outros e humildade perante Alá.

Quando estão em Meca, eles prestam homenagem à estrutura islâmica mais sagrada, a Caaba (um cubo), o principal foco da adoração muçulmana em todo o mundo. Localizado no pátio da Grande Mesquita, em Makkah, a Caaba é uma construção de pedra em forma de cubo que, de acordo com a tradição, é a primeira casa construída para adoração de Alá, reconstruída por Abraão e seu filho Ismael. A Caaba simboliza a presença de Alá e fica coberta por um pano de veludo preto chamado kiswah, que é trocado todos os anos. O pano é um símbolo de humildade e respeito, porque olhar direto para a Caaba seria semelhante a olhar para Alá, o que é proibido. É bordado com ouro com textos do Alcorão, especialmente na parte em cima da porta – que leva ao interior sagrado. Recitando orações, os peregrinos dão sete voltas em torno da Caaba (um número místico). Andando no sentido anti-horário, eles começam no canto onde a sagrada Pedra Preta é contornada por uma estrutura prateada. Acredita-se que a pedra seja um meteorito, um símbolo da graça divina e do poder vindo dos céus.

ABAIXO A Caaba no pátio da Grande Mesquita, em Meca, é um dos símbolos mais sagrados e profundos do Islamismo.

Os Símbolos e a Mente

AS MODERNAS TEORIAS OCIDENTAIS SOBRE O SIGNIFICADO E O USO DOS SÍMBOLOS FORAM BASTANTE INFLUENCIADAS PELA PSICOLOGIA, O ESTUDO CIENTÍFICO DA MENTE HUMANA. O SIMBOLISMO NOS SONHOS TEM SIDO UM ASSUNTO FASCINANTE DESDE OS TEMPOS ANTIGOS, MAS, NO SÉCULO XIX, OS PRIMEIROS PSICÓLOGOS COMEÇARAM A EXPLORAR SEU USO COMO FERRAMENTA PSICANALÍTICA.

FREUD E JUNG

Sigmund Freud (1856-1939), que é considerado "pai da psicanálise", diferenciava a mente consciente e a inconsciente. Sua obra original, A Interpretação dos Sonhos (1900), estipula que os símbolos são produtos do inconsciente, tipicamente produzidos enquanto se está no estado de sonho como modo de se comunicar com o "eu" consciente ou ego. Um antigo aluno de Freud, Carl Gustav Jung (1875-1961) divergiu de seu mentor desenvolvendo sua teoria do "inconsciente coletivo", um nível mítico de inconsciente cujo simbolismo é arquétipo e não pessoal.

ACIMA Sigmund Freud acreditava que os símbolos são produtos da mente inconsciente e podem conter informações significativas.

EROS E TÂNATOS
Freud identificou duas direções instintivas coincidentes e conflitantes: eros e tânatos. Eros, ou sexualidade, é a direção da vida, do amor e da criatividade; tânatos, ou morte, é a direção da agressão ou destruição. A luta entre eles é primordial para a vida humana, com a ocorrência de neuroses quando os impulsos instintivos são negados (porque são dolorosos ou antissociais) e reprimidos na mente inconsciente. Como produtos do inconsciente, os símbolos são uma maneira de descobrir mais sobre essas repressões.

SIMBOLISMO SEXUAL
Colocando-se de modo simplificado, qualquer coisa que for ereta ou possa penetrar, ou que se assemelhe ao pênis de qualquer modo, é um símbolo da sexualidade masculina. Freud observa: "Todos os objetos alongados, como varetas, troncos de árvores e guarda-chuvas (a abertura deste último comparada a uma ereção), podem representar o órgão masculino." Outros exemplos incluem montanhas, edifícios altos, trens, canetas ou bananas. Reciprocamente, qualquer coisa que possa ser penetrada, que esteja oculta ou se assemelhe à vulva e/ou vagina, de qualquer modo, é um símbolo da sexualidade feminina: por exemplo, vales, cavernas, entrada da porta, caixas, gavetas, armários, frutas como o figo, ou flores como as rosas. Os seios femininos são sugeridos por formas curvas ou arredondadas como, por exemplo, edifícios abobadados, colinas arredondadas ou qualquer fruta redonda como cabaço ou melão. Contudo, o próprio Freud reconheceu que tais coisas não são de modo inevitável símbolos sexuais e é renomado por ter dito: "Algumas vezes, um charuto é simplesmente um charuto."

ANIMA E ANIMUS
Para Jung, a sexualidade masculina e feminina eram expressões de forças criativas mais profundas chamadas por ele de "anima" e "animus". O animus representa o lado masculino, ou racional, da psique e o anima representa o lado feminino, intuitivo; o modo como são representados varia. Se um ou outro for reprimido, pode se tornar destrutivo: um "animus negativo" pode levar a uma personalidade rígida, controlada ou controladora. Poderia ser experimentado simbolicamente em sonhos como uma figura masculina ameaçadora ou quando se está acordado poderia ser representado como medo da figura da autoridade masculina.

COMPENSAÇÃO
Jung via a psique como autoajuste: tentando compensar pelas áreas que estão fora de equilíbrio para que pudessem se reconciliar

À ESQUERDA De acordo com Jung, masculino e feminino também são estados psicológicos, conhecidos como animus e anima.

ESTRUTURAS SIMBÓLICAS

Freud achava que a mente possuía três tendências internas conflitantes: o id é o inconsciente, local de instinto e desejo, o ego é o próprio consciente e o superego é um autocrítico internalizado. Para evitar a censura do superego, o id utiliza imagens simbólicas para comunicar-se com o ego. Para Jung, a mente também possui três partes principais: a mente consciente, o inconsciente pessoal, um armazenamento das "memórias" individuais, e o inconsciente coletivo.

À ESQUERDA Da perspectiva freudiana, os contornos ondulados e suaves de uma paisagem com morros pode simbolizar as curvas da forma feminina.

transforma em uma planta, é algo que acontece involuntariamente, de acordo com um padrão predeterminado. Jung também acreditava que havia uma inteligência organizadora no sistema psíquico de cada pessoa, o inventor e a fonte dos símbolos. Ele considerava tal inteligência como o "Eu" e a achava tanto o núcleo quanto a totalidade da psique. Outras culturas também estavam cientes de um centro interno: por exemplo, os gregos chamavam essa inteligência de daimon.

SIGNOS E SÍMBOLOS

Jung diferenciava signos de símbolos, dizendo que um signo estava sempre ligado ao pensamento consciente por trás dele e, por conclusão, significava menos do que o conceito que ele representava. Os símbolos, por outro lado, sempre representavam mais do que seu significado óbvio e imediato, buscando algo ainda não conhecido. Ele achava que ambos eram produzidos espontaneamente no inconsciente e não algo que pudesse ser criado com intenção consciente. Acreditava que os símbolos ocorriam não somente em sonhos, mas em todos os tipos de manifestações psíquicas, dizendo que pensamentos e sentimentos, atitudes e situações podem todos ser simbólicos. Ele chegou a dizer que até mesmo os objetos inanimados podem parecer "cooperar" com o inconsciente na disposição dos padrões simbólicos, citando exemplos de histórias comprovadas de relógios que paravam, quadros que caiam ou espelhos que se despedaçavam no momento da morte de seu dono.

ACIMA Carl Jung desenvolveu a teoria do inconsciente coletivo, uma camada da mente que usa símbolos para expressar os temas universais humanos.

com suas partes opostas. Quando tais áreas estão reconciliadas, estamos psicologicamente equilibrados e atingimos um estado de totalidade. Ele acreditava que os símbolos poderiam ser utilizados para explorar as fronteiras entre as oposições e, em seu trabalho clínico, analisava os símbolos dos sonhos de seus pacientes, considerando-os como pista para seu estado de mente e indicadores de sua taxa de progresso.

O PROCESSO DA VIDA

O crescimento orgânico é fundamental para o pensamento de Jung, com o organismo humano designado a se desenvolver para atingir a maturidade psicológica e também física. Jung se referia a isso como "o processo da individualização", com os símbolos surgindo do inconsciente e fornecendo pistas para o estágio atual do indivíduo no desenvolvimento mental e emocional. Esse processo não é algo que possa ser despertado pela força de vontade consciente, mas, assim como uma semente cresce e se

ABAIXO Para Freud, uma explosão atômica simboliza o conceito de tânatos ou o desejo da morte.

> **UMA CASA COM VÁRIOS ANDARES**
>
> Jung usava os símbolos gerados por seus próprios sonhos para ampliar seu entendimento sobre a psique. Ele mencionava seu sonho de explorar uma casa com vários andares para descrever as camadas da mente. O sonho começou no primeiro andar (segundo andar nos Estados Unidos), uma sala de estar do século XVIII, ambientea confortável e familiar. No térreo (primeiro andar nos Estados Unidos), os quartos ficavam escuros e a mobília mais antiga, provavelmente do século XVI. Como ficou curioso, chegou até uma porta bem pesada. Ao abrir, desceu até o porão e se viu em uma sala arqueada muito antiga. Sentindo-se agitado, viu uma argola de ferro em uma placa de pedra e a puxou. Embaixo da pedra havia um lance de escadas que conduzia até uma caverna, que parecia algo como uma tumba pré-histórica, com esqueletos, ossos e fragmentos de cerâmica. Jung achou que o primeiro andar estava relacionado com seu "eu" consciente, o andar térreo com o inconsciente pessoal, o porão com o inconsciente coletivo e a caverna com a camada mais primitiva do inconsciente, fazendo fronteira com a "alma animal".

Símbolos Típicos

A crença de que existem padrões ou tendências que organizam a experiência da natureza e humana tem sido mantida por toda a história da humanidade e culturas do mundo. A noção pagã de wyrd como uma trama predeterminada do destino, o Sonho Aborígine, qualquer outro sistema mitológico, o panteão de deuses ou a simples deidade pressupõe a ideia de uma influência invisível na vida diária. Carl Jung adotou esse princípio e desenvolveu uma teoria psicológica de profundos padrões de organização, ou arquétipos, esclarecendo a fonte compartilhada de simbolismo no mundo todo.

ACIMA O heroísmo de Batman surge de sua habilidade em integrar seu "morcego" ou natureza das Sombras com sua natureza humana.

O INCONSCIENTE COLETIVO

Ao contrário de Freud, Jung acreditava que os símbolos produzidos pelo inconsciente não estavam relacionados somente ao material pessoal. Ele observou uma recorrência de certas imagens simbólicas e uma similaridade entre muitas das imagens que encontrou e os símbolos que aparecem em mitos, religiões, arte e tradições esotéricas com a alquimia. Jung argumenta que o simbolismo tem um papel importante nos processos psíquicos que influenciam a vida humana, contendo informações sobre as emoções humanas e expressando profundas verdades espirituais.

ABAIXO Sir Galahad, da lenda arturiana, representa a habilidade de ser verdadeiro com nossa natureza interior, realizando, portanto, a busca do Santo Graal.

OS ARQUÉTIPOS DE JUNG

Um arquétipo é um padrão fundamental básico que proporciona um significado simbólico a um evento. Os arquétipos não são exatamente temas ou símbolos, mas sim as tendências enraizadas que influenciam a formação do símbolo. Jung entendia que as imagens típicas eram baseadas na biologia do corpo e de seus órgãos, nos conectando com nossa história evolutiva e com nossas naturezas animais. Ele nomeou tais imagens como Anima, Animus, Eu, Eros, Mãe e Sombra.

Jung achava que os arquétipos, operando no nível do inconsciente coletivo, eram comuns para toda a humanidade, acima das diversidades de raças, local ou história, embora o simbolismo que surge dos padrões típicos possa variar: anima e animus, por exemplo, podem aparecer como fadas e duendes ou deuses e deusas que são específicos para cada tradição ou mitologia.

Os arquétipos nos ajudam a entender as experiências humanas comuns, como nascimento, morte, mudança ou transformação, totalidade, crescimento e desenvolvimento, realização e falha, sabedoria e amor.

O "EU"

Jung definiu a totalidade para a qual os humanos se empenham como o "Eu", que, em geral, é simbolizado pelo círculo ou quadrado. O Eu é o objetivo do processo de individualização, através do qual nos tornamos verdadeiramente nós mesmos.

A busca pelo Santo Graal, na lenda do rei Arthur, pode ser considerada como representação do Eu: Sir Galahad encontra o Graal e sobe aos céus, a realização de sua natureza verdadeira. O símbolo do carro ou da carruagem geralmente representa a jornada para o Eu, demonstrando onde a pessoa está no caminho da vida em relação à sua totalidade. Uma casa pode representar a estrutura do Eu e outros símbolos do Eu incluem o herói e a montanha.

A SOMBRA

Os aspectos da natureza de uma pessoa que são inconscientes ou que não estão integrados, considerados ruins ou inferiores, são representados pelo arquétipo descrito por Jung como Sombra. Eles incluem desejos inaceitáveis, sentimentos ou ideias não desenvolvidos e instintos animais. Vivida inconscientemente, a Sombra aparece como figuras do mal e do pecado em sonhos ou mitos. Em um sonho, a Sombra pode aparecer como um ladrão do mesmo sexo que o sonhador.

DIREITA Deméter, a deusa grega da terra, retratada com penteado que é feito com seus símbolos de milho e frutas da colheita.

EXTREMA DIREITA O papel do bobo da corte é atuar como um espelho em que as autoridades podem olhar para sua própria tolice.

Em culturas com códigos sociais restritos, a Sombra é compensada se tornando mais proeminente. Os vampiros são imagens da Sombra. Com uma aparência humana, eles vivem na escuridão, com desejos escondidos, se alimentando de sangue dos vivos e tirando forças do que eles chamam de "normalidade".

A MÃE
A criação e a proteção estão incorporadas no arquétipo da Mãe. Ela dá a energia da vida para seus filhos, amigos e comunidade e também está associada à reprodução e ao crescimento abundante na natureza. A mãe negativa é dominadora, perturbadora, ciumenta e pode tirar ou destruir a vida. Alguns seguidores de Jung argumentam que uma mulher que está fortemente conectada com o arquétipo de Mãe deve aprender a cuidar de si mesma e de sua própria força de vida criativa, a fim de evitar tornar-se destrutiva.

O arquétipo de Mãe pode ser encontrado em deusas da terra e do céu e outras Grandes figuras de Mães. A deusa egípcia do céu, Nut, é a figura da proteção maternal dominadora. A deusa grega da terra Deméter (Ceres para os romanos) está associada tanto com a maternidade quanto com a colheita e seus principais símbolos são a cevada e o milho, colheitas essenciais para a vida. O aspecto maternal de Maria é encontrado em sua manifestação como Rainha da Terra.

O aspecto destrutivo do arquétipo de Mãe é mais óbvio na deusa hindu Kali, que é uma destruidora, mas também deusa mãe da criação e da proteção. As bruxas em sonhos e nos contos de fada também podem representar o aspecto negativo do arquétipo de Mãe. Uma bruxa pode personificar uma atitude ciumenta que resiste ao fato da outra pessoa mudar ou se desenvolver para melhor. Ela joga feitiços em pessoas para hipnotizá-las, fazer com que durmam ou trancá-las em determinado local, mantendo, deste modo, o controle. Podemos sonhar com bruxas em uma época de transição, quando é difícil abandonar determinado modo de vida ou sistema de crença.

O TRICKSTER (O MALANDRO) (3)
A sabedoria dentro da insensatez é representada pelo arquétipo do Malandro. Ele não se sujeita às leis do mundo diário e desafia a autoridade. As figuras de palhaço são comuns na maioria das culturas no mundo todo. No drama shakespeariano, o tolo, ou o bobo da corte é sempre um personagem recorrente, cujas charadas e humor servem para contrabalançar com a autoridade rigorosa do governante, indiretamente lhe oferecendo sabedoria.

Na mitologia nigeriana, Edshu (Exu) era um deus malandro que tinha grande prazer em provocar discussões entre membros de uma comunidade. Ele usava um chapéu que era vermelho de um lado e azul do outro; desse modo, as pessoas discutiam sobre a cor do chapéu. Contudo, embora parecesse causar um efeito destrutivo, através de sua travessura ele ajudava as pessoas a observarem que existe mais de um modo de olhar para as coisas.

ESPÍRITO DA ÉPOCA
O terapeuta contemporâneo, dr. Arnold Mindell, usa a palavra "espírito da época" para descrever o conceito das funções e relacionamentos típicos que não são estáticos, mas evolutivos. Tal conceito pressupõe que vivemos em um tipo de campo, como um campo magnético, que tanto forma nossa experiência quanto é influenciado por nossas ações.

Mindell imagina uma corrente típica ou mítica fluindo através do mundo, e esse fluxo e direção mudam conforme o tempo passa. Surgem funções em particular que são relevantes para a cultura, região e história, se tornam conhecidas na vida diária e, então, desaparecem. Estamos imersos nessa corrente e, uma vez ou outra, somos levados por funções ou personalidades, que nos tocam pessoalmente, mas também fazem parte da corrente maior.

O conceito formalizado em tais teorias, de padrões em forma de sonhos ou padrões míticos subordinados à experiência do dia a dia, sugere que os processos simbólicos estão nos convocando para que sejam vividos conscientemente e com atenção. Um modo de entender isso é que, por trás de cada conflito humano, existem histórias míticas tentando se desenrolar.

> **MAIS VELHO REPRESENTANDO O ESPÍRITO DA ÉPOCA**
>
> Considerados pessoas sábias, os mais velhos incorporam o princípio de apreciar e valorizar todos os pontos de vista e perspectivas. O espírito da época do mais velho aparece quando as pessoas precisam de ajuda, mas os mais velhos não são infalíveis e podem se sentir impedidos de prosseguir ou se tornar rigorosos, focalizando-se no uso do poder, das regras e da moralidade. As Nações Unidas representam um "círculo de mais velhos" que tem o objetivo de ajudar as áreas em conflito.

(3) N.T.: Na mitologia e no estudo do folclore e religião, um trickster é um deus, deusa, espírito, homem, mulher ou animal antropomórfico que prega peças ou desobedece a regras normais e normas de comportamento.

Psicologia Orientada por Processos

À ESQUERDA A ocorrência de uma explosão à margem da consciência em um sonho ou em sintomas físicos "explosivos" pode significar a necessidade de ser mais expressivo emocionalmente.

DIREITA, ABAIXO As fronteiras ocorrem na natureza onde dois ambientes se encontram. "Fronteiras" psicológicas acontecem quando encontramos o limite do que sabemos ou acreditamos que podemos entender.

ABAIXO Um sonho de névoa ou neblina representa a obscuridade de nossas percepções usuais, nos forçando, portanto, a utilizar diferentes sentidos para experimentar o mundo.

Na década de 60, o teorista e terapeuta Arnold Mindell criou o trabalho na área dos sonhos, mais tarde renomeado de Psicologia Orientada por Processos ou Trabalho de Processos. Mindell encontrou a base comum na teoria e na sabedoria da Física Quântica, na Psicologia Junquiana, no Xamanismo e no Taoísmo, junto com outras abordagens sociológicas e psicológicas. O trabalho de processos é uma abordagem fenomenológica, que busca aumentar a atenção das pessoas em relação ao padrão, natureza e fluxo que elas experimentam.

O trabalho de processos contribui para o estudo de signos e símbolos porque aborda até mesmo os eventos mais extremos ou caóticos com base no fato de que eles estão enraizados nos padrões típicos. Sintomas corporais, estados mentais de dificuldade, transições da vida e conflitos de relacionamento e global podem ser todos entendidos como manifestações típicas e simbólicas, tentando ser desdobradas e conscientemente vividas através de nós em nossas experiências diárias.

PROCESSO X ESTADOS

Mindell destaca que temos uma tendência a visualizar a vida em termos de estados – símbolos fixos, significados fixos, identidades fixas, estados de mente – considerando que realmente vivemos em um mundo de processos – recebendo um constante fluxo de sinais e informações. Ele faz a analogia do processo da vida como sendo um trilho ao longo do qual se move um trem, com estações que representam os estados temporários. No trabalho de processos, não se considera que os símbolos tenham somente significados fixos, mas sim que fazem parte de um desenvolvimento de fluído contínuo que exige constante atenção.

Jung argumentava que alguns símbolos possuem um significado fixo, sendo arquétipos que ultrapassam as diferenças culturais e temporais. No trabalho de processos, o terapeuta é guiado pela retroinformação da pessoa até uma interpretação e não somente pela interpretação por si só.

RETROINFORMAÇÃO E INTERPRETAÇÃO DOS SÍMBOLOS

Um conceito fundamental no trabalho de processos, que também é inerente ao Taoísmo e a muitas outras tradições direcionadas à natureza, é que pode ser conduzido através de retroinformações (feedback). Enquanto um símbolo pode ser interpretado por um perito ou profissional, as melhores interpretações são espelhadas e confirmadas por sinais e respostas do pesquisador.

As informações positivas são aquelas que apontam ou orientam a direção a ser tomada em um processo de uma pessoa. Quando um símbolo de sonho é interpretado pelo terapeuta, as retroinformações positivas podem ou não ser a resposta verbal à interpretação, mas também podem ser encontradas em outros sinais e respostas, como os movimentos inconscientes, sentimentos ou sensações, experiências visuais ou sons involuntários.

PROCESSO PRIMÁRIO E PROCESSO SECUNDÁRIO

Do ponto de vista de um processo, podemos pensar em símbolos como fotos instantâneas em tempo e local determinados. Os símbolos primários são coisas familiares com as quais nos identificamos. Por exemplo, os distintivos e uniformes usados pelos oficiais de polícia, pelos bombeiros ou médicos simbolizam sua identidade com seu papel e área profissional e são símbolos primários para eles. As bandeiras e hinos nacionais dos atletas nos Jogos Olímpicos também são símbolos primários. Quando as pessoas estão dormindo, seu primeiro processo ou identidade vai aparecer nos sonhos como figuras simbólicas que lhes são familiares ou conhecidas, ou aspectos de seu passado. A pessoa que sonha falará sobre o reconhecimento ou conhecimento dessas figuras com facilidade. Durante o dia, o processo primário pode ser encontrado nas tarefas desempenhadas, na linguagem corporal, nos modos de comportamento e em outros sinais próximos da identidade de uma pessoa.

O simbolismo secundário pode nos inspirar ou perturbar: ele representa aspectos de nós mesmos com os quais não nos identificamos tão facilmente, mas aponta nosso processo e evolução mais profunda. Um processo secundário incomoda a identidade pessoal de alguém e é experimentado como algo de "outro". Por exemplo, quando um grupo de pessoas ridiculariza um outro grupo, as qualidades que eles estão ridicularizando podem ser projetadas como qualidades secundárias deles mesmos. Os símbolos secundários em sonhos são aqueles símbolos com os quais não estamos familiarizados: os ursos, gurus, líderes, flores misteriosas, figuras fantasmagóricas, inimigos, agressores e amantes em nosso mundo dos sonhos. Sonhar com um urso enjaulado, por exemplo, pode representar um aspecto de urso da identidade de uma pessoa – possivelmente fúria, força ou uma conexão com a terra – que ficou bloqueada. A informação secundária desse tipo pode aparecer durante o dia como estado de depressão ou tensão no corpo. O simbolismo secundário geralmente é projetado no "inimigo" ou, de modo oposto, em pessoas que admiramos.

A FRONTEIRA

Mindell define a fronteira entre nossa identidade primária e os processos secundários como a "fronteira". Essa fronteira define os limites de quem pensamos que somos. É definida pelas opiniões conscientes e inconscientes que temos sobre nós mesmos, e fixa ou dá cor ao nosso ponto de vista e perspectiva.

A fronteira é a nossa divisa de crescimento e "pele" sobrenatural. Quando somos confrontados pelo desconhecido, ou por algo que incomoda nossa visão do mundo, então, estamos em uma fronteira. Os símbolos de fronteira são comuns na mitologia, no folclore e nos sonhos.

A fronteira da floresta é a linha entre a segurança e o terror, o consciente e o inconsciente e os reinos humanos e a natureza. É onde deixamos o conhecido pelo desconhecido. Como a floresta, a fronteira entre o dia e a noite representa aquela entre a luz do consciente e a escuridão do inconsciente, embora seja uma fronteira cíclica que recorre ritmicamente. Muitas culturas consideram as horas do crepúsculo ou anoitecer como um tempo limiar (ou transacional) no qual estamos mais próximos dos espíritos dos mortos ou como um horário em que as fadas saem para brincar. Por outro lado, o amanhecer simboliza alegria e despertar, uma perspectiva nova das coisas.

A fronteira do despenhadeiro tem conotações de medo e condenação, mas é simultaneamente um símbolo de abandono e liberdade. Vistos do mar, os despenhadeiros podem ser um símbolo de esperança para os viajantes que estão retornando e força contra os inimigos, mas também são locais de suicídio. A fronteira mais significante de todas é aquela entre a vida e a morte, quase sempre representada pela sepultura. Como uma metáfora, a morte pode simbolizar um fim mortal ou a perda de alegria ou esperança, mas também pode significar uma transformação ou transição para um novo nível da vida.

COMO AS IMAGENS DOS SONHOS SE COMUNICAM

Quando consideramos nossos corpos como entidades sonhadoras, parece razoável que as imagens com as quais sonhamos à noite também se expressem em nossos corpos durante o dia. Por exemplo, um homem foi identificado com flexibilidade e uma atitude calma e ele se concentrava muito para relaxar seu corpo. Contudo, ele descobriu, para sua surpresa, que as pessoas relacionavam tal fato com algo intenso e inacessível em sua personalidade, comunicado através de sua postura corporal. Ele ficou perturbado com as tensões e uma sensação de rigidez em sua postura e desenvolveu dores de cabeça que pareciam um capacete cobrindo sua cabeça. Com uma pequena mudança de ênfase nesses sintomas, e levemente ampliando as tensões, ele descobriu que ficava em pé e andava como um cavaleiro de armadura preta. Ele havia descoberto que era muito flexível e precisava representar seus padrões internos.

O trabalho de processos nos convida a revisar nossa abordagem fixa da vida e do significado simbólico, desenvolvendo uma consciência de que somos parte do fluxo em um universo simbólico.

ACIMA Imagens como "o cavaleiro negro" aparecem simbolicamente em sonhos e suas características podem ser refletidas em nossos sintomas físicos quando estamos acordados.

> **SINTOMAS**
>
> O interesse original de Mindell no relacionamento entre o simbolismo dos sonhos e as informações mantidas ou canalizadas pelo corpo o levou a trabalhar com um homem que tinha um grande tumor no estômago. Ampliando a experiência em seu tumor, o homem sentiu que iria explodir. Ele recebeu apoio para seguir em frente e ao "explodir" encontrou-se expressando sentimentos que ele tinha guardado há anos. Mais tarde, ele se lembrou que tinha sonhado recentemente com uma bomba explodindo no centro da cidade onde vivia.

O Caminho Simbólico da Vida

ACIMA Ulisses foi protegido e trancado por sete anos em uma caverna que parecia um ventre, mantido prisioneiro pela ninfa Calipso.

O "EU" ECOLÓGICO
O filósofo Arne Naess (1912-2009) introduziu a ideia do "eu" ecológico, nela as pessoas percebem sua identificação com a natureza. É conhecido em muitas culturas que mantêm uma conexão íntima com o mundo natural. Um canto dos Navajo diz: "As montanhas, eu me torno parte delas .... As ervas, a árvore do fogo, eu me torno parte delas ..." O povo aborígine experimenta uma identificação fundamental com a terra, entendendo isso não como simbólico e sim como uma realidade básica.

Como encontramos nosso caminho na vida? O que torna o caminho da vida significativo ou realizador? O mitólogo comparativo Joseph Campbell (1904-1987) costumava dizer a seus alunos: "sigam sua felicidade", acreditando que esse fosse o melhor modo de descobrir o verdadeiro caminho de um indivíduo. A mitologia e o simbolismo de muitas culturas apresentam a vida como uma jornada heroica, representando um caminho de autorrealização através do desenvolvimento da nossa própria consciência e conexão conosco e com o mundo à nossa volta.

A JORNADA DO HERÓI
Dentro da jornada típica do herói, o simbolismo se preocupa com a luta humana em encontrar a identidade e um senso do significado e propósito. O ciclo heroico pode ser descrito em três fases distintas: o chamado para a aventura, a iniciação e o retorno.

No início da busca, um chamado convida o herói a cruzar um limite físico ou psicológico e entrar no desconhecido ou no reino do inconsciente. Na antiga epopeia sumeriana, o incansável rei Gilgamesh foi chamado para se aventurar em um encontro com seu auxiliar Enkidu, eventualmente viajando pelo Irã para a floresta a fim de lutar com o demônio Humbaba. Na Odisseia, de Homero, Ulisses foi mantido preso na ilha de Ogyia, resistindo perpetuamente à ninfa Calipso, que tentava ganhar seu coração. O deus Hermes, mensageiro de Zeus, finalmente disse a Calipso para deixá-lo livre e, então, iniciou-se sua busca. O rei Arthur, com a ajuda de Merlin, começou sua jornada por causa de sua habilidade única de retirar uma espada de uma pedra.

OS GUARDIÕES
As imagens de auxiliares ou guardiões incorporam as qualidades necessárias para realizar uma jornada heroica. Geralmente, o herói é fraco ou sem experiência no início, mas ganha o apoio de um guardião, que pode ser uma figura mais velha e mais sábia, um animal ou uma deidade auxiliadora.

Em termos psicológicos, as figuras dos guardiões simbolizam a psique inteira do indivíduo. Os mentores e guardiões incorporam qualidades como o amor, a confiança, a proteção, a fé, a coragem, o poder e a mágica. O espírito da guardiã Navajo, uma mulher aranha, protegia os Guerreiros Gêmeos durante sua jornada para o sol, a casa do pai deles. Ela os protegia com um aro com penas de águia para manter os inimigos cercados. O jovem herói maori, Hatupatu, que tinha sido tratado muito mal por seus irmãos que depois o assassinaram, foi trazido de volta à vida por um atua, ou ser sobrenatural, na forma de uma varejeira, enviado por seus pais.

OS LIMITES
A jornada heroica sempre envolve ultrapassar um limite entre a civilização, ou o mundo conhecido, e o ermo, ou desconhecido. No filme 2001: Uma Odisséia para o Espaço, de Stanley Kubrick, o limite é ultrapassado quando se entra no espaço, enquanto, para a Odisséia de Homero, esse limite era a viagem pelo mar. Nas sagas antigas e contos heroicos, o mar foi retratado como um vasto desconhecido, cheio de mistérios. Nos tempos modernos, o espaço se tornou o novo símbolo do território desconhecido, inexplorado. Nas aventuras de Jornada nas Estrelas, o registro do capitão se referia ao espaço como a "fronteira final", no qual a nave Enterprise deveria procurar novas civilizações, viajando "onde nenhum homem havia ido antes".

INICIAÇÃO E TESTES
Ultrapassar limites implica ser confrontado por novos desafios que vão além da existência diária. Este é o propósito da iniciação em muitas culturas, através da qual os indivíduos ou grupos devem expandir suas identidades. Uma vez que o herói tenha embarcado em sua jornada, uma variedade de adversários poderosos ou testes de iniciação serão enfrentados, envolvendo todas as formas de desafios, batalhas e seduções, despertando o herói para seus poderes e fraquezas. Cada vitória heroica é verdadeiramente uma vitória sobre as próprias falhas do herói.

Em termos junguianos, a Sombra, que incorpora qualidades pessoais repudiadas, como o egoísmo, a preguiça, o orgulho, a covardia, a possessão, o ciúme e a ambição, deve ser confrontada e superada ou aceita e integrada. Isso pode significar a luta com uma figura inimiga ou ser apresentado a alguns desafios. Um dos trabalhos dados a Hércules foi limpar, em um dia, décadas de esterco depositado por centenas de bovinos nos estábulos de Augean, transformando, desse modo, um lugar imundo (ou uma parte indesejável de si mesmo) em algo aceitável.

As batalhas heroicas geralmente contam histórias do herói oferecendo sua vida por uma outra pessoa ou ideal. Acreditava-se que as almas dos heróis astecas eram designadas para vários céus, dependendo do tipo de heroísmo que ele tinha demonstrado. Isso poderia ser aplicado da mesma forma aos guerreiros que morrem em batalha e para as mulheres que morrem durante o parto. Muitos heróis possuem dragões para salvar as donzelas necessitadas, simbolicamente libertando ou protegendo sua anima, ou aspecto feminino, das devastações de ciúmes ou poder.

Na última história medieval de Dom Quixote, o cavaleiro cavalgou para lutar com gigantes, mas em vez disso, encontrou moinhos de vento, símbolos contemporâneos do novo ponto de vista do mundo mecanizado que havia substituído os monstros do velho mundo. Cada vez mais, os heróis modernos precisam lutar contra adversários tecnologicamente avançados, símbolos de nossa natureza mecanizada.

Muitas vezes, o herói é ameaçado com sedução ou ofertas de poder ou é mantido sob um feitiço ou transe. Na história do rei Arthur, em Gawain and the Green Knight (Gawain e o Cavaleiro Verde), Sir Gawain deve resistir às investidas da esposa do Cavaleiro Verde, Bercilak, para provar que ele é um cavaleiro verdadeiro. O fato de Gawain sair para caçar um veado inocente, um urso selvagem e uma raposa esperta – cada um representando uma das qualidades utilizadas por Bercilak em suas tentativas de seduzi-lo – representa sua recusa em sucumbir às instigações dela.

Os heróis quase sempre são enfeitiçados por bruxas, fadas e amantes do demônio que tentam superar sua força de vontade ou colocá-los para dormir. Ulisses fez com que todos os seus amigos enchessem os ouvidos com cera para que fossem salvos do canto sedutor das atraentes sereias. Ele próprio não podia deixar de sentir o prazer em ouvi-las, mas ordenou a seus marinheiros que o amarrassem no mastro para evitar que ele pulasse nas rochas.

Algumas vezes, o herói também deve fazer uma viagem além da vida para os reinos da morte. Na lenda sumeriana de Inanna, a deusa do céu, ela desce ao submundo, experimentando a morte, a fim de trazer seu amor de volta à vida. Jonas, no Velho Testamento, é engolido por uma baleia e fica em seu ventre e renasce, mais tarde, com novos poderes. Muitas culturas totêmicas descrevem um líder tribal sendo comido por um animal totem tornando-se, portanto, um só ser com este animal.

Qualquer que seja o teste, as verdadeiras qualidades do herói são reveladas através desses encontros durante a jornada heroica. Cada adversário que se apresenta é um lado simbólico da totalidade do herói esperando transformação e integração.

O RETORNO

Uma vez que o herói já tenha alcançado os objetivos da busca, ele ou ela pode retornar com uma bênção ou poder para o benefício da comunidade. Esse pode ser um grande tesouro escondido em uma caverna e guardado por um dragão adormecido. Pode ser um objeto sem preço, como o fogo que Prometeu roubou dos deuses para ajudar a vida humana. Os tesouros do inconsciente raramente são liberados até que a pessoa desenvolva a habilidade de enfrentar seus medos profundos.

Alguns heróis devem se reconciliar com seus pais, marcando o momento que eles podem assumir seu papel na sociedade. Alguns deles, integrando todas as experiências da busca, atingem a apoteose – tornando-se um deus. Agora, o herói pertence aos mundos da realidade diária e dos deuses. Gilgamesh fica iludido com o segredo da imortalidade, mas volta para casa com a sabedoria de sua própria mortalidade e a habilidade de viver e apreciar a vida.

ACIMA O heroico Prometeu trazendo seu presente, o fogo, para a humanidade.

ABAIXO Dom Quixote tinha uma personalidade impulsiva e estava determinado a viver seus dias por inteiro como se fosse morrer no dia seguinte.

Simbolismo dos Sonhos

ACIMA A ampliação dos símbolos em seus sonhos poderia causar um impacto sobre sua vida real

ABAIXO A imagem típica da bruxa pode simbolizar o poder feminino para o bem ou para o mal.

De acordo com Jung, a totalidade dos sonhos de uma pessoa representa seu potencial para individualização. Quando respondemos ao nosso mundo pessoal de simbolismo, viajamos por uma estrada que nos leva à autorrealização, ou ao "Eu", o arquétipo de Jung para a totalidade.

O MITO DA VIDA

O "Eu" possui paralelos no demônio interior dos gregos, no gênio dos romanos e no antigo Ka dos egípcios (o espírito, ou força de vida, que foi criado com um indivíduo e que se reúne com ele após a morte); em culturas mais primitivas, a ideia de um espírito guia pode ser observada nos animais totêmicos e nas plantas que protegem os membros de um clã. Os índios Naskapi, da península do Labrador, acreditam que sua alma é um companheiro interno chamado Mista'peo (ou "Grande Homem"), que reside em seus corações e após a morte reencarna em outro ser. Eles encontram seu caminho na vida seguindo as orientações que lhes são dadas em sonhos.

Dizem que os sonhos da infância contêm padrões que são simbólicos de nosso mito ou caminho de vida. Geralmente, eles retratam a personalidade do dia a dia sendo ameaçada e oprimida por uma imagem mítica poderosa como uma bruxa, um abominável homem da neves ou uma onda, representando aspectos de nossa totalidade que serão atingidos durante o curso de nossas vidas. Por exemplo, uma garota pode ter sonhos amedrontantes nos quais ela é perseguida por uma bruxa, mas encorajá-la a brincar de ser a bruxa pode ajudá-la a superar seus medos, descobrindo novos poderes femininos nela mesma.

O mito da vida é o padrão fundamental, ou potencial mítico, que informa e organiza a trajetória da vida de uma pessoa. Arnold Mindell refere-se a esse potencial mítico como o "Grande Eu", que sustenta as mudanças repentinas e reviravoltas de nossa vida. Todas as dificuldades na vida, como rompimento de relacionamentos, sintomas físicas crônicos, vícios ou perda de uma função ou identidade, estariam, portanto, conectadas ao mito da vida. O desafio para o "eu" do dia a dia, ou "Pequeno Eu" é aceitar o desafio heroico e enfrentar o "Grande Eu" até que esse se torne um aliado e revele seus segredos.

TÉCNICAS DE AMPLIAÇÃO

Um grande foco tem sido dado à interpretação de signos e símbolos de acordo com nosso entendimento racional e conhecimento de seus significados. Porém, com uma abordagem mais holística, torna-se evidente que um entendimento mais profundo dos signos e símbolos da psique envolverá não somente nossas mentes, mas também a sabedoria de nossos corpos e a natureza. A ampliação refere-se ao foco no conteúdo simbólico, sejam em sonhos, na imaginação, em nossos corpos ou na natureza, fortalecendo a experiência para que ela possa se desenvolver, permitindo que sua sabedoria floresça.

A IMAGINAÇÃO ATIVA DE JUNG

A imaginação ativa é uma ferramenta psicológica que pode ajudar a alcançar a totalidade ou individualização. Ela envolve o contato direto ou confronto com o inconsciente, sem a necessidade de testes e interpretações.

Quando um paciente está em análise, o primeiro estágio envolve certo nível de "transferência de símbolo", no qual o paciente inconscientemente transfere o conteúdo simbólico para o terapeuta, que mantém essas projeções até que o paciente esteja pronto para integrar-se a elas. Por exemplo, o terapeuta pode representar a figura negativa ou positiva de uma mãe, de um pai ou de uma autoridade para o paciente; através do relacionamento terapêutico, o paciente pode aprender a integrar as qualidades que foram projetadas.

Jung disse uma vez que penetrar nos sonhos e utilizar a imaginação ativa é uma segunda parte essencial da análise e que sem a imaginação ativa alguém nunca poderia se tornar verdadeiramente independente de um psicoterapeuta.

A abordagem básica da imaginação ativa é sentar-se sozinho, com o máximo silêncio possível, concentrando-se em tudo que surge do inconsciente. Em geral, uma imagem ou som vai aparecer nessa situação e não se deve permitir que a mesma volte ao inconsciente: isto pode ser feito através de sua representação em desenho ou pintura, escrita ou expressando-a em movimentos ou dança. Uma abordagem mais indireta para a imaginação ativa é escrever histórias sobre uma outra pessoa. Esse processo inevitavelmente traz à tona o inconsciente daquele que conta a história. Jung também falava em ter diálogos com voz personificadas do inconsciente, como um estágio posterior da imaginação ativa. Em uma época em que ele estava em um ponto em particular baixo de sua vida, sentindo-se deprimido, Jung disse que tinha longas e profundas conversas com uma figura interna sábia chamada Philemon, de quem ele sentia que recebera importantes discernimentos.

Jung visualizava a imaginação ativa em muitos aspectos, como o da substituição da importância de sonhar, com o qual tinha contato direto, e como a ampliação e expressão dos arquétipos. Em seus últimos anos, Jung passou grande parte do tempo envolvido com a imaginação ativa, brincando na areia e esculpindo esculturas de pedra em sua casa em Böllingen, na Suíça.

AMPLIAÇÃO DE PROCESSOS

Inspirado pelas abordagens de Jung sobre a ampliação, o dr. Arnold Mindell desenvolveu uma abordagem mais explícita para ampliar as informações em forma de sonho, uma vez que ocorrem em diferentes canais de percepção. Como indivíduos, temos canais de percepções (ou sentidos) preferidos ou "ocupados" e canais menos preferidos ou "desocupados". Algumas pessoas pensam e percebem sensações físicas primeiramente em imagens, enquanto outras interpretam o mundo em palavras. Se uma pessoa tende a perceber o mundo através de visualizações ou através de sons e palavras, então ela ocupou canais visuais ou auditivos. Costuma-se dizer que uma pessoa que de forma natural favorece o "sentimento" ou o movimento ocupa canais proprioceptivos ou sinestésicos de percepção. Em cada caso, outros canais estarão relativamente desocupados. As informações que realmente ocupam esses canais nos perturbam e, contudo, ao mesmo tempo, podem ter um conteúdo simbólico significativo, apontando para aspectos menos conhecidos de nós mesmos.

O POVO SENOI TEMIARS

Para algumas culturas, a ampliação dos símbolos dos sonhos é a segunda natureza. O povo Senoi Temiars, do norte da Malásia, valoriza muitíssimo os sonhos e sua exploração e expressão é utilizada para promover a vida social e os projetos da comunidade. Eles utilizam uma forma divertida de dança de transe e canto da comunidade a fim de se conectar e ampliar o material dos sonhos. Os Senoi Temiars também encorajam o ato de contar sonhos no café da manhã. Se uma criança sentir medo de um sonho, por exemplo, um sonho no qual ela está caindo, os pais a ajudam a aprender a sonhar claramente, para que ela possa controlar o curso do sonho – ela pode, então, controlar a caída sem controle em um voo controlado.

ACIMA Acredita-se que os sonhos de jovens e crianças, tanto malignos quanto benignos, contêm padrões que simbolizam nosso curso da vida.

A DOENÇA QUE SE TRANSFORMA EM JOIA

Rose-Emily Rothenberg usava a imaginação ativa para lidar com uma séria doença de pele que tinha desde a infância. Ela descrevia como se transformava através do jogo criativo. Inicialmente, ela via as cicatrizes em seu corpo como uma parte inferior que ela desejava retirar. Contudo, com o passar do tempo, ela começou a relacionar as cicatrizes com "estrelas" ou joias, sinais em partes de seu corpo que ela sentia que estavam fora de controle ou doloridas.

Os Símbolos em Sincronicidade

EXTREMA DIREITA
Um relógio que para na hora da morte de seu proprietário é um bom exemplo de sincronicidade. A teoria da sincronicidade utiliza símbolos para relacionar o significado de dois eventos completamente diferentes, mas que criam uma "coincidência significativa".

Jung criou o termo "sincronicidade" para descrever coincidências de dois ou mais eventos que ele sentia que não poderiam ter ocorrido acidentalmente. Em seu livro de 1952, *Sincronicidade: Um Princípio de Conexões Acasuais*, ele explicou sua teoria de que este tipo de "coincidência significativa de uma experiência interna e externa" não era governada pelo princípio da casualidade, mas era um caso de estado de psique interna influenciando eventos externos. O conceito tem sido usado para explicar incontáveis fenômenos diferentes como a telepatia, a astrologia e a interpretação do Tarô.

Em casos de sincronicidade, coisas aparentemente não relacionadas uma a outra apresentam uma conexão porque, no ponto de vista de Jung, elas compartilham a base comum de unus mundus, ou um "único mundo", a dimensão mítica por trás da vida. Tais eventos carregam símbolos significativos que ultrapassam o limite entre o inconsciente e o consciente.

COINCIDÊNCIAS NA MESMA HORA E LOCAL

Jung notavelmente recontou uma de suas próprias experiências de sincronicidade, na qual uma paciente estava lhe contando que em seu sonho ela recebia um escaravelho dourado. Jung, que estava de costas para a janela, ouviu naquele mesmo momento uma pancada na janela e, para surpresa dele, virou-se e viu um besouro (o escaravelho rosado comum), um parente do escaravelho, batendo na janela. O escaravelho é um símbolo egípcio do ciclo solar e do renascimento (ou transformação), e a perspectiva apenas racional da paciente sobre sua situação foi transformada pelo episódio.

Um dos outros exemplos de Jung era sobre o relógio de pêndulo que havia parado no momento em que Frederick, o Grande da Prússia, morreu em 1786. A parada de relógios no momento da morte de seus proprietários é considerado um fenômeno comum e pode simbolizar o fim de um tempo e a interrupção dos batimentos cardíacos. De forma semelhante, existem muitas histórias de espelhos ou quadros caindo no chão e quebrando quando há morte, símbolo do rompimento da imagem terrena.

ABAIXO E ABAIXO À DIREITA
Lampejos de luz e reflexos na água são exemplos do modo como movimento e luz podem nos atrair e "capturar" nossa atenção.

COINCIDÊNCIAS NA MESMA HORA EM DIFERENTES LOCAIS

Transições súbitas de descobertas algumas vezes ocorrem simultaneamente em lugares diferentes; de acordo com biólogo Rupert Sheldrake, isso se deve ao fato de que os padrões típicos influenciam o desenvolvimento estrutural. O fenômeno foi descrito por Ken Keyes Jr. em seu livro "O Centésimo Macaco" (The Hundredth Monkey), de 1981. Os cientistas japoneses estavam estudando o macaco *Macaca fuscata* por mais de 30 anos, quando em 1952 eles observaram que uma macaca desenvolveu um novo comportamento: ela começou a lavar as batatas doces antes de comê-las. Essa nova habilidade foi aprendida pelas mães e macacos jovens, embora não tivesse sido aprendida pelos macacos mais velhos. Mas, em 1958, houve uma expansão repentina da atividade em toda a população de macacos na ilha. Mais surpreendente ainda era que havia passado simultaneamente para colônias de macacos em outras ilhas e para os macacos na ilha principal. Sheldrake sugeriu que esse fenômeno estava conectado com uma mudança no padrão arquétipo quando uma quantidade crítica foi atingida.

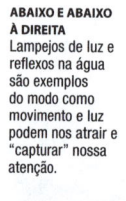

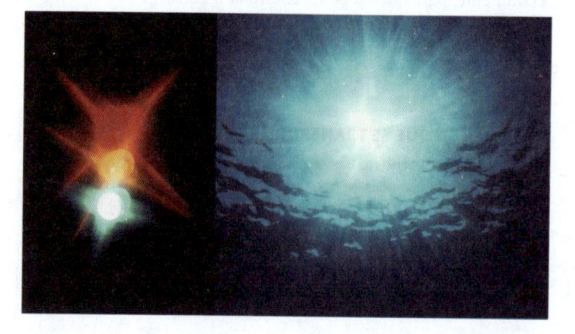

Depois de ter passado vinte anos formulando sua teoria da origem das espécies, em 1958 Charles Darwin recebeu uma carta do naturalista Alfred Russel Wallace, contendo um resumo, mas uma explicação muito semelhante, do modo que as espécies evoluíram através da seleção natural. Wallace estava trabalhando no Arquipélago da Malásia e havia chegado a suas conclusões independentemente do trabalho de Darwin.

COINCIDÊNCIA EM DIFERENTES ÉPOCAS

Como um exemplo persuasivo da previsão dos sonhos, Jung relata o sonho de um aluno que era seu amigo, cujo pai havia lhe oferecido uma viagem para a Espanha, caso passasse nos exames. Ele ficou tão alegre que sonhava com a Espanha, vendo a si próprio andando em uma rua que o conduzia até uma praça onde ele via uma catedral gótica. Depois de virar a esquina, ele via uma elegante carruagem puxada por cavalos. Quando acordou, contou o sonho aos seus amigos e, depois de ter passado nos exames, foi para a Espanha e ficou estarrecido ao descobrir a praça, a catedral e a carruagem de seus sonhos.

Os primeiros ossos do fóssil de Neandertal foram encontrados em 1856 por trabalhadores de uma pedreira no Vale de Neander, na Alemanha, e os primeiros humanos receberam o nome do vale. Por coincidência, a área havia sido nomeada no século XVII com o nome de um pastor local, Joachim Neumann, que adotou o pseudônimo grego Neander, que significa "novo homem".

A ATRAÇÃO

Arnold Mindell usa a palavra "atração" para descrever a troca e a reflexão dos sinais do sonho entre o observador e o observado, por meio da qual se torna impossível determinar quem veio primeiro – o sentido de que um objeto está pedindo atenção ou a própria observação. Mindell sugere que temos diferentes tipos de atenção e consciência. Prestamos mais atenção em uma realidade consensual, mas, no limite dessa experiência, muitos sinais chamam nossa "segunda atenção". Estas "atrações" podem ser uma indicação para uma outra realidade: o ataque de um pássaro, o cintilar da luz na água ou uma lágrima imaginada nos olhos de um amigo. Mindell vê estas atrações como vindas de um mundo sensitivo equivalente ao inconsciente coletivo de Jung, um nível de pré-sinal, em que as coisas existem como tendências antes de se manifestarem. Ele descreve esse mundo como um sistema de raízes entre duas árvores que estão tão interligadas que é impossível separá-las.

A crença de que a terra e as pessoas estão profundamente conectadas justifica todas as práticas xamânicas e é compartilhada por muitos povos indígenas. Mindell conta sobre um aborígine australiano descrevendo o poder misterioso de uma árvore, que chama nossa atenção, falando conosco e nos contando uma história. Um xamã cigano descreveu sua iniciação, deitado em um campo para conectar-se à terra e encontrar seu caminho verdadeiro e as buscas de visão dos americanos nativos são baseadas no princípio das sincronicidades e atrações na natureza que chegam para aquele que busca a resposta.

Os conceitos de sincronicidade e atração pressupõem que tudo na vida está fundamentalmente conectado. Isso ainda não é comumente aceito pela ciência atual; contudo, os desenvolvimentos na Física Quântica e a pesquisa psicológica de campo e orientada para os processos estão apontando nesta direção.

ACIMA A jocosidade da natureza se mostra nestes padrões em forma de concha iridescente.

ACIMA, À ESQUERDA A natureza é cheia de ritmos e padrões. A ciência moderna está demonstrando que conexões causativas existem no tempo e espaço.

ABAIXO Uma simples folha que cai e captura a luz enquanto desce pode atrair nossa atenção.

Os Símbolos na Sociedade

UM SÍMBOLO PODE SER NATURAL OU UM ARTEFATO E O SIMBOLISMO PODE SURGIR ATRAVÉS DE AÇÕES, GESTOS, PENSAMENTOS OU SENTIMENTOS PARA REPRESENTAR UM CONCEITO BÁSICO. CONTUDO, O SIGNIFICADO DE UM SÍMBOLO NÃO ESTÁ INTRÍNSECO NA COISA EM SI, MAS SE BASEIA EM SEU CONTEXTO CULTURAL E HISTÓRICO E PODE MUDAR COM O TEMPO E ESPAÇO.

Significado e Conexão

No século XX, começaram a se desenvolver teorias sobre o significado e as origens dos signos e símbolos na sociedade humana. O filósofo americano Charles Sanders Peirce (1839-1914) e o linguista suíço Ferdinand de Saussure (1857-1913) foram os fundadores da semiótica, o estudo filosófico de signos e dos sistemas de signos e do modo como o significado é produzido e compartilhado dentro de uma cultura.

A SEMIOLOGIA

Peirce mencionou três tipos de signos: os signos "icônicos", ou aqueles que representam claramente os objetos que descrevem (por exemplo, um signo de estrada mostrando a silhueta de um carro e de uma motocicleta); signos "indexicais", que representam conceitos que aprendemos a associar com um signo em particular (por exemplo, a fumaça é um indicador de "fogo"); e signos "simbólicos", cujos significados são determinados por convenção e não por semelhança com o objeto original a que se referem (por exemplo, o símbolo internacional para lixo nuclear – três triângulos pretos dentro de um círculo em um fundo amarelo – ou o farol vermelho para indicar "pare"). Peirce observou que, uma vez que as pessoas visualizam o mundo através do filtro de experiências pessoais e culturais, o mesmo símbolo pode ter significados diferentes para pessoas diferentes.

O contemporâneo de Peirce, Saussure, aplicou essa teoria mais especificamente à linguagem, que é por si só um sistema de signos que serve para comunicar informações e significados. De Saussure identificou duas partes de um signo: o "significante" (o próprio signo) e o "significado" (o significado conceitual designado a ele por meio da convenção cultural). Por exemplo, a formação de letras c-a-t (o significante) na língua inglesa descreve um animal peludo com quatro pernas, um rabo e bigodes, que ronrona e mia (o significado). O significante é um signo simbólico: a mesma formação de letras poderia simplesmente ser utilizada para representar qualquer outra coisa, enquanto para alguém que não conheça a língua inglesa, pode não significar nada.

CONVENÇÕES CULTURAIS

Enquanto isso pode parecer óbvio, para Saussure as implicações eram profundas, estendendo-se muito mais do que apenas até os limites das formações das palavras. Ele argumentava que os signos que usamos podem parecer arbitrários, mas na realidade incorporam ideologias e valores culturais que entendemos como "normas". Esse ponto de vista transferiu a ênfase da noção de que existe um tipo de realidade objetiva "lá fora" para a ideia de que a "realidade" está sempre codificada, que o modo como percebemos e damos sentido ao mundo é através de códigos de nossa própria cultura.

Saussure também destacou que os significados operam dentro de um paradigma; escolhemos os signos a partir de uma ampla variedade de alternativas. Para utilizar um exemplo mais recente novamente, existem vários significantes alternativos – bichano, gatinha, gatinho – que poderíamos usar em vez de "gato", cada um deles conferindo um nuance levemente diferente de significado. Os semióticos, como Saussure, argumentam que vivemos entre objetos físicos e eventos e não relacionados a eles, mas sim com os sistemas de signos com significados.

Esses significados não são "naturais" ou inevitáveis, mas estão incorporados em nossa estrutura social e em nossos sistemas de valores.

ACIMA Os sinais nas ruas usam uma "estenografia visual" de figuras, letras e números para transmitir informações práticas.

TOPO Para os motoristas do mundo todo, a luz vermelha do semáforo é o símbolo universal de "pare".

À DIREITA Existem muitas palavras diferentes para "gato", cada uma sugere um significado levemente diferente.

À DIREITA O Estruturalismo examina a linguagem da moda e como nossas percepções são formadas por conjuntos de sinais. Esta imagem de um punk pode significar tanto beleza quanto perigo.

ESTRUTURALISMO

Saussure havia examinado a linguagem como estrutura, argumentando que esse método poderia igualmente ser aplicado a qualquer sistema de determinar o significado: um conjunto de sinais ou códigos, como as regras de um jogo; um ritual tribal ou da comunidade (um casamento, uma dança da chuva, um funeral); a "moda" (em roupas, alimentos e posses); e as artes visuais, literatura, propaganda e cinema.

O trabalho de Saussure tinha implicações de alcance abrangente, não somente dentro da linguística, mas também do estudo da comunicação como um todo. Ele influenciou a sociologia e foi adotado pelos proponentes líderes do Movimento Estruturalista, o antropólogo Claude Lévi-Strauss (1908-2009) e o filósofo Roland Barthes (1915-1980).

Saussure havia declarado que um sistema de representação é qualquer estrutura, sistema ou organização que cria o significado a partir dos signos culturais. Como antropólogo, Lévi-Strauss aplicou essas ideias aos sistemas de parentesco, organizações culturais e mitos, enquanto Roland Barthes explorou os "signos" culturais ocidentais contemporâneos, particularmente nas áreas de alimentação, propaganda e vestuário.

SISTEMAS DE PARENTESCO

Lévi-Strauss chegou à conclusão de que independentemente do conteúdo, todos os sistemas de organização cultural compartilham as mesmas estruturas fundamentais. Uma delas é o parentesco: toda sociedade tem algum sistema para decidir quem pode se casar com quem, quem pode herdar o quê de quem e como esses relacionamentos são nomeados. Um sistema de parentesco é uma estrutura que contém pessoas isoladas (homens, mulheres e crianças) que são rotuladas (pais, mães, filhos), com regras para conectá-las. Isso pode ser representado visualmente com uma árvore genealógica.

Os sistemas de parentesco estruturam como as posses, pessoas e ideias são "intercambiados" dentro de uma cultura. Por exemplo, grupos de famílias podem "dar" as mulheres para uma outra família em troca de algo de valor (um dote). Lévi-Strauss enfatizava que os relacionamentos dentro da estrutura ocorrem em pares, que podem ser semelhantes ou opostos. Em seu livro The Raw and the Cooked (O Cru e o Cozido) de 1964, Lévi-Strauss argumenta que pares binários, particularmente opostos, formam a estrutura básica de todas as culturas humanas (homem e mulher, por exemplo) e maneiras de pensar (o bom e o mal). Ele observa que, em cada par, um termo é mais favorecido do que o outro – o "cozido" (cultura e civilização) é melhor que o "cru" (natural e "primitivo"), o bom tem preferência sobre o mau, a luz sobre as trevas e o macho (em muitas culturas) sobre a fêmea.

Assim como Jung, Lévi-Strauss também se interessava em explicar como os mitos de diferentes culturas pareciam tão semelhantes. Em vez de observar o conteúdo de tais culturas, ele aplicava uma análise estrutural, argumentando que a estrutura é o que elas compartilham. Assim como a linguagem, o mito é feito de pessoas isoladas que são colocadas juntas de acordo com certas regras ou convenções (tais como a repetição, contar uma história uma vez após a outra) e essas pessoas isoladas formam relacionamentos umas com as outras, baseadas em pares binários ou opostos, que proporcionam a base da estrutura.

ACIMA Uma cerimônia de casamento, como qualquer outro ritual em qualquer sociedade, possui seu próprio conjunto de regras ou sinais que são similares às regras ou sinais de uma linguagem.

ABAIXO Fast-food é um carimbo da sociedade moderna, enquanto frutas frescas e legumes simbolizam a excelência natural e estão associadas com a saúde.

MITOLOGIAS

Entre 1954 e 1956, Roland Barthes produziu uma série de 54 artigos sobre uma variedade de assuntos para uma revista francesa de esquerda. Coletivamente intitulados "Mitologias", eles proporcionavam conhecimento das ideias de Barthes sobre a construção do significado, especialmente na cultura popular – filmes, propagandas, jornais e revistas, fotografia, carros, brinquedos de crianças e passatempos populares. Barthes ficou fascinado pelo significado das coisas que nos rodeiam na vida diária e queria desafiar sua "inocência" e "naturalidade" aparente. Por exemplo, um carro esporte e o veículo de uma família modesta compartilham a mesma utilidade funcional – ambos são meios de transporte – porém, eles implicam coisas diferentes sobre seus proprietários. Eram esses sinais secundários que Barthes explorava, preocupado com a análise do que ele chamava de "mitos" que circulavam na sociedade contemporânea e que construíam o mundo e nosso lugar nele.

Funções e Relacionamentos

ACIMA O fato de as mulheres ocidentais fumarem cigarros no início do século XX era associado à crescente independência e igualdade buscada por elas.

A teoria da função social da década de 60 mostrava que em qualquer comunidade surgem várias funções. O funcionamento bem-sucedido da comunidade está baseado nas interações de todas essas funções e cada uma delas é definida em termos de sua relação com todas as outras. Cada função é um símbolo vivo dos valores culturais da comunidade.

Uma vez que as sociedades se tornaram mais complexas, isso também aconteceu com as estruturas das funções dentro delas. Em sociedades modernas, cada vez mais o indivíduo ocupa múltiplas funções, consecutiva e até mesmo simultaneamente. Grande parte do simbolismo é utilizada para definir as funções humanas e as mudanças de funções, usando indicadores como uniforme, comportamento social ou rituais simbólicos que marcam a transição da função.

A primeira teoria descrevia as funções como imagens sociais determinadas pelas expectativas sociais e valores que precisavam ser preenchidos em uma comunidade. Particularmente as funções dos sexos, culturalmente definidas, deveriam controlar a família e as atividades ocupacionais. Teorias mais recentes sugerem que as funções também sejam determinadas pelos padrões da natureza. Tais teorias reconhecem "funções fantasmas", que, embora não explícitas, representam propensões ocultas de sentimentos em uma comunidade.

ABAIXO O simbolismo do véu varia dependendo das diferentes épocas e lugares, de acordo com as condições sociais, religiosas e políticas.

IDADE E SEXO

Em sociedades em que a sobrevivência não é um dado, as funções parecem ser menores em número e claramente delineadas por sexo e idade. Em sociedades mais complexas, existe uma variação maior de funções e uma maior especialização. Em geral, as sociedades complexas têm uma necessidade maior de símbolos como uniformes, convenções ou regras de conduta para enquadrar as funções.

Na sociedade nativa americana dos Comanche, um povo guerreiro e caçador, esperava-se que um menino fosse agressivo e buscasse o que era seu. Mas, quando ele ficava mais velho, sua função mudava em direção à primogenitura e ele devia estabelecer as disputas e evitar fazer inimigos sem necessidade. Sua função se tornava a da sabedoria, gentileza e perseverança.

Em sociedades patriarcais em todo o mundo, as mulheres e as crianças têm funções menos privilegiadas do que os homens, com consequentes lutas pelos direitos tanto das mulheres quanto das crianças. A reformista americana do século XIX, Elizabeth Cady Stanton, usou calças turcas em vez de uma reservada crinolina. As calças foram adotadas por Amelia Bloomer e receberam seu nome porque ela as promoveu como símbolo do movimento pelos direitos das mulheres.

A emancipação das mulheres no Irã tem sido um processo complexo no qual as vestimentas também são um símbolo fundamental. As mulheres tomaram a frente durante o movimento anti-Shah quando seus véus se tornaram símbolos revolucionários. Ao estabelecer uma república islâmica, o véu mais uma vez tornou-se parte da definição das mulheres do estado. Modernas feministas islâmicas estão tentando agora diferenciar entre a tradição patriarcal e os valores do Islã. Atualmente, o véu é considerado um símbolo complexo, que significa diferentes coisas para diferentes pessoas, afetadas pela religião, cultura ou sexo.

Muitas tribos norte-americanas honravam a função de berdache, um homem ou mulher cuja identidade sexual era diferente de seu sexo. Berdaches simbolizavam o poder espiritual, eram 'intermediários' naturais nas disputas de sexo e consultados pelos mais velhos da tribo, uma vez que se acreditava que eles estavam conectados com o Grande Espírito.

CLASSIFICAÇÃO E PRIVILÉGIO

Todas as sociedades possuem sistemas de classificação e privilégios associados que estão relacionados aos valores predominantes e às crenças da cultura. Entre os Iban, de Borneo, por exemplo, o curandeiro trabalha com os extremos da sociedade, com a vida e a morte e com a cura dos doentes, interagindo diretamente com o mundo dos espíritos. Sua função lhe permite uma alta classificação na tribo, representada pelo elegante penteado de penas, joias e máscaras.

Algumas vezes, os sistemas de classificação são colocados para o bem da sociedade toda e, outras vezes, eles representam preconceitos dentro da sociedade, em favor de algumas pessoas e se opondo a outras. Os ciganos sofrem discriminação no mundo todo e os estudos mostram como eles foram sutilmente classificados como "outros" e, portanto, como inferiores, através de sua associação com animais. Na Índia, o sistema hindu de castas define rigorosamente as funções e interações na sociedade tradicional, proibindo o casamento, a socialização e até mesmo o contato físico entre membros de diferentes castas.

DESEMPENHO E MODELOS DAS FUNÇÕES

As pessoas precisam de modelos positivos de funções a fim de encontrar um caminho para seu desenvolvimento. Através do desempenho e da modelagem das funções, as crianças aprendem sobre as funções que estão desenvolvendo através de jogos.

A teoria do aprendizado social ensina que a principal parte do desenvolvimento da criança ocorre através de modelos de funções. A criança observa que um modelo de função, geralmente do mesmo sexo, é bem-sucedido ou recompensado na sociedade devido ao seu comportamento. Então, adota as características do modelo e se identifica de modo mais completo com as características da sua função.

Personagens públicas servem como modelos de função, em geral para pessoas do mesmo sexo, raça ou com a mesma habilidade física. O jogador de basquete Michael Jordan serve como modelo de função para meninos negros na América. As celebridades podem se tornar lendas ou ícones quando simbolizam ou são modelos de valores específicos para as vidas de outras pessoas. O modelo de função simboliza o que um jovem (ou adulto) poderia almejar. Mas, enquanto muitos modelos de função são pessoas famosas, alguns mais importantes são encontrados dentro do nosso círculo pessoal: eles podem ser os pais, irmãos mais velhos ou outros membros familiares, professores ou amigos.

MUDANDO AS FUNÇÕES

As funções e seu simbolismo mudam dentro dos limites de uma cultura conforme mudam os valores. Na sociedade ocidental, é tradição para uma mulher que vai casar ou que já se casou usar anéis de noivado e casamento e adotar o sobrenome do marido para indicar sua mudança de função. Nas décadas recentes, estes costumes pararam de ser universais e estão surgindo novos símbolos de casamento. As mulheres não mudam mais seus nomes automaticamente e os casais usam anéis como símbolo de compromisso mútuo. Os papéis podem se modificar espelhando-se em tendências culturais, ou sua reviravolta poder definir uma mudança abrupta, como a deposição de um monarca durante a revolução ou a transformação de intelectuais em trabalhadores rurais durante a Revolução Cultura da China na década de 70.

ABAIXO, À ESQUERDA Um tema comum de discriminação contra os ciganos é que suas diferenças os tornam inferiores às sociedades estabelecidas.

ABAIXO, À DIREITA Michael Jordan é um modelo importante para os jovens negros, particularmente nos Estados Unidos.

Tabus

A palavra "tabu" vem do polinésio tabu, que é um sistema de proibir ações ou o uso de objetos porque são considerados sagrados ou perigosos, impuros ou amaldiçoados. Os tabus podem surgir de uma consciência moral e motivar a consciência moral individual e coletiva; porém, também podem ser utilizados para manter as hierarquias sociais e a ordem.

Em sociedades animistas e baseadas na natureza, a origem dos tabus deve estar relacionada aos gostos e desgostos de vários níveis de espíritos um em relação ao outro. Em culturas mais antigas, os tabus estão relacionados com as tentativas das pessoas em satisfazer seus deuses e deusas. Dentro da sociedade contemporânea, a palavra tabu tem menos significado espiritual e geralmente se refere a coisas que não são permitidas ou feitas na sociedade por várias razões sociais.

PROTEÇÃO DE DIVINDADES

Em muitas culturas, a realeza é vista como divina, e os indivíduos reais são protegidos da realidade mundana atendendo à solicitação de nunca tocarem o solo. Eles são carregados nas costas ou nos ombros de outras pessoas, em um animal ou carruagem, ou andam em tapetes especialmente colocados para eles. Montezuma, o imperador asteca do México, sempre foi carregado por seus fidalgos e nunca colocou seus pés no chão. Os primeiros reis e rainhas de Uganda nunca colocaram os pés para fora dos lindos recintos onde viviam. O rei da Pérsia andava em tapetes sobre os quais somente ele podia pisar. Até mesmo hoje existe um costume no mundo todo de esticar um tapete vermelho para a realeza em cerimônias.

TABUS DE INCESTO

Incesto – ter relações sexuais com alguém de parentesco muito próximo – é um forma de tabu encontrada em todo o mundo, provavelmente por causa dos defeitos genéticos que pode causar. As culturas nativo-americana e chinesa ampliam a ideia do incesto para relações sexuais com pessoas com o mesmo nome de família. Contudo, os deuses e a realeza estão quase sempre isentos a fim de manter puro o sangue real ou divino. Enquanto Freud interpretava o incesto literalmente e a sexualidade como uma força potencialmente perigosa que exigia o tabu para evitar seus perigos, Jung visualizava o tabu como uma imagem simbólica que se referia à tentativa do indivíduo de retornar ao útero da mãe para renascer.

O incesto é um tema mitológico comum entre os deuses, deusas e a realeza e, em particular, nas sociedades que estão focadas em manter sua supremacia. Quando os governantes são vistos como divinos, casar-se com alguém fora da família significaria manchar o puro sangue real. A deusa egípcia Ísis se casou com seu irmão Osíris. A Rainha Cleópatra foi resultado de sete gerações de casamentos de irmão com irmã. No Velho Testamento, as filhas de Ló tiveram relações sexuais com seu pai porque não havia nenhum outro homem para engravidá-las. Os governantes incas tinham permissão para se casar com suas irmãs.

TABU DOS SEXOS

Na tradicional sociedade de Kung Bushman, do Kalahari, onde as condições de vida são bastante difíceis, as funções sociais são fortemente divididas de acordo com o sexo. Os homens caçam e fazem armas e fogo; as mulheres constroem a moradia para a família, preparam a comida, mantêm o fogo aceso e a casa em ordem. A separação de suas funções é enfatizada através da designação de diferentes lados da fogueira onde devem sentar homens e mulheres. Se uma mulher sentar no lugar de um homem, eles acreditam que ela morrerá com uma doença misteriosa e, por outro lado, se o homem sentar no lugar de uma mulher, seus poderes de caça poderão ser diminuídos. Eles também acreditam que, se uma mulher tocar as armas de um homem, seu poder também irá diminuir.

ALIMENTOS E ANIMAIS TABUS

Em muitas culturas, acredita-se que os espíritos podem entrar ou possuir objetos inanimados, que se tornam, então, objetos de adoração ou amuletos. Quando frutas ou plantas comestíveis se tornam amuletos, eles se tornam um tabu para alimentação. Por exemplo, os povos orientais nunca comeram maçã

ACIMA Neste estandarte do século VIII da pregação de Buda, ele está isolado para não tocar o chão, como se sua energia espiritual fosse drenada através do contato com a terra.

ABAIXO As filhas de Ló, acreditando que todos os outros homens tinham sido destruídos, sentiram-se forçadas a desrespeitar o tabu do incesto e enganaram seu pai para deixá-lo bêbado e ter relações sexuais com ele.

À DIREITA Para o povo San, do Kalahari, os tabus regulam as posições em que homens e mulheres devem se sentar em volta da fogueira.

porque acreditavam que ela era a habitação de um espírito da natureza. Os animais que eram capazes de comer carne humana se tornavam um fetiche; portanto, o cachorro tornou-se um animal tabu para os parses. Comer macacos é tabu em muitas sociedades porque sua aparência é semelhante à dos humanos. Tanto os fenícios quanto os judeus consideravam a serpente um canal para espíritos maus.

No antigo Egito, os animais eram adorados e cuidados como instrumentos de poderes bons e maus. Eles achavam que seus deuses encarnavam em espécies em particular, que eram, então, protegidas por tabu. Assim como os judeus e mulçumanos, eles consideravam o porco um animal impuro, possivelmente por causa de seus hábitos de revirar o lixo. Acreditava-se que, se um porco fosse tocado ao passar, a pessoa deveria em seguida lavar-se com água para purificação. Os guardadores de porcos egípcios eram considerados de baixa casta e não tinham permissão para entrar nos templos.

A vaca é considerada sagrada na Índia dos hindus, onde ela é símbolo da maternidade devido à sua habilidade em produzir leite. A alimentação da vaca é, portanto, um ato de adoração. A maioria dos hindus é vegetariana e é um tabu em particular matar ou comer vacas. Como resultado, elas podem ser vistas perambulando pelas ruas sem ser perturbadas. Até mesmo a urina da vaca é considerada sagrada e, algumas vezes, utilizada nos rituais de purificação para pessoas que transgrediram um tabu.

Em sociedades nas quais os animais assumem a função de totens, existem tabus contra pessoas que matam e comem animais dos clãs de totens a que pertencem. Ao se identificar com o animal, uma pessoa se torna um parente ou guardião desse animal. Contudo, um outro membro da comunidade com um animal familiar diferente pode livremente caçar e comer o outro animal. O povo Euahlayi, de New South Wales e do sul de Queensland, acredita que uma criança que come seu próprio animal familiar por acidente ficará doente: no caso de aves da planície ou ovos de peru, isso poderia resultar em perda da visão, enquanto comer carne de canguru poderia fazer a pele ficar em feridas e seus membros definharem. Contudo, enquanto é tabu para o povo Euahlayi comer seu animal doméstico, é aceitável comer o animal totem de seu clã.

TABUS DA MENSTRUAÇÃO

Dentro das sociedades patriarcais, a menstruação quase sempre é um tabu, tanto no mundo antigo quanto no mundo moderno. Por outro lado, em sociedades matriarcais, que reverenciam o corpo feminino, a menstruação foi considerada um processo poderoso e curativo. Ela também está associada com grandes poderes femininos. O ciclo menstrual e os ciclos da lua foram medidos nas épocas pré-patriarcais em bastões de madeira que os historiadores chamam de "bastões do calendário". Uma possível origem do tabu da menstruação pode ser o medo de que as mulheres pudessem controlar as marés e as mudanças sazonais através dos ciclos mensais de seus corpos.

Os judeus do mundo antigo acreditavam que o sangue menstrual tinha qualidades venenosas. O Velho Testamento inclui uma proibição contra o contato com tal sangue: o livro de Levítico registra que Moisés recebeu a palavra de Deus dizendo que um homem que dorme com uma mulher durante seu ciclo menstrual deve ser banido de seu povo e que as mulheres durante esse período ficam impuras por sete dias.

Freud relacionava o tabu menstrual com a visão negativa das mulheres, enquanto Bruno Bettelheim propôs que tanto a habilidade de criar os filhos quanto a de menstruar provocavam grande inveja nos homens, que criaram tabus na tentativa de tornar os sexos mais parecidos. As feministas chamam isso de "inveja do útero", em parte como protesto contra a teoria de Freud de que as mulheres têm "inveja do pênis".

ACIMA Para os hindus, matar ou comer uma vaca é um tabu.

TOPO A maçã é uma fruta proibida para os cristãos-judaicos.

> **SANGUE PÓS-PARTO**
>
> Em muitas partes do mundo, o sangue que acompanha o nascimento é considerando impuro, talvez porque acreditava-se que a mulher dando à luz assim como o recém-nascido estavam em contato íntimo com os espíritos e com os outros mundos. Algumas culturas fazem rituais de limpeza para remoção do sangue.

IDENTIDADE DE GRUPO

O simbolismo sempre foi usado para denotar identidade e confirmar a participação em grupos sociais ou "famílias", as unidades básicas da sociedade. Tanto baseados em crenças compartilhadas ou interesses e atividades em comum, todos os grupos organizados – seja em nível local, regional, nacional ou internacional – possuem seus próprios símbolos de identidade. Tais símbolos podem estar em forma de totens, estandartes, bandeiras, padrões ou podem ser expressos através das vestimentas ou da observância de determinados rituais de comportamento. Uma das características importantes de tal simbolismo é sua visibilidade: é designado para proporcionar um signo instantaneamente reconhecido da identidade do grupo, um modo de codificar e estruturar as relações sociais, de criar uma distinção entre quem "faz parte" e quem "não faz parte" e estimular uma resposta emocional como medo, respeito, humildade ou orgulho em todos que o observam.

ACIMA Cada detalhe de uma bandeira é simbólico – sua cor, modelo, design e temas.

LIDERANÇA

Quando as pessoas começavam a formar grandes grupos para viver e caçar juntos, um líder era indicado para governá-los e resolver as disputas. Como marca da posição, um líder deveria usar um ornato na cabeça e segurar um mastro, bastão ou lança, com um emblema na parte superior. O bastão também era usado como um signo visível para reagrupar ou apontar a direção de uma marcha ou ataque. Essas primeiras "bandeiras" são conhecidas como vexiloides e eram originalmente feitos de madeira, penas e outras partes de animais (ossos, chifres e peles). Os vexiloides astecas, por exemplo, utilizavam muito as penas verdes do quetzal e eram decorados com metais preciosos como ouro, prata, cobre e pedras preciosas. Hoje, as tribos na Nova Guiné usam vexiloides que são feitos de madeira e grama seca, com emblemas de madeira pintada, penas e pedaços de pano.

FLOR-DE-LIS
Associada à realeza francesa, a flor-de-lis (lírio) tem três pétalas, representando a Santa Trindade e a tripla majestade de Deus, criação e realeza.

BANDEIRAS

Na China, a invenção do tecido de seda levou à criação de estandartes, que eram mais fáceis de carregar e mais visíveis a distância do que os vexiloides. Da China, o uso de bandeiras de tecido se espalhou pela Europa, onde foram primeiramente utilizadas como signos militares e cerimoniais; porém, mais tarde, foram usadas para identificar os governantes, seus domínios e a nacionalidade no mar. O século XVII assistiu à introdução das cores regimentais padronizadas, distintivos de guerra, bandeiras de navios (bandeiras quadradas içadas no mastro em um navio) e as bandeiras domésticas das sociedades mercantis (um precursor do logotipo moderno). As primeiras bandeiras nacionais em terra surgiram no fim do século XVIII. Durante os séculos XIX e XX, inúmeras bandeiras também apareceram: agências e representações governamentais; bandeiras regionais; bandeiras de classificação em todas as áreas das forças armadas; bandeiras de escolas, universidades, instituições científicas, organizações, partidos políticos, sindicatos trabalhistas e movimentos guerrilheiros. Também existem bandeiras de grupos étnicos, corporações comerciais e clubes esportivos.

Todos os elementos de uma bandeira são simbólicos: suas cores, temas e modelo geral; existem muitos costumes em torno do cerimonial das bandeiras. Por exemplo, em uma parada militar, as bandeiras são saudadas quanto estão sendo içadas, abaixadas ou passadas de um para outro; hastear a bandeira a meio pau é um sinal de luto; uma bandeira sobre um caixão, usada principalmente em funerais do governo e militares, é um símbolo de respeito nacional pelo morto; profanar uma bandeira é uma ofensa que será punida na maioria dos países do mundo.

TRIBO E NAÇÃO

Nas sociedades tradicionais, clãs e tribos usam uma variedade de artifícios simbólicos para distinguir um grupo de outro. Por exemplo, entre

---

OCUPAÇÕES E PROFISSÕES

Para muitas pessoas, fazer parte de um comércio ou ter uma profissão é um símbolo de identidade que confere classificação e status social pelo fato de pertencer àquele grupo em particular. Muitas ocupações tradicionais podem ser reconhecidas por símbolos genéricos – por exemplo: o chapéu do cozinheiro-chefe, o mastro da barbearia, as três bolas douradas do penhorista, a âncora do marinheiro – enquanto quase todas as empresas comerciais modernas possuem seu próprio logo. Muitas profissões também são instantaneamente reconhecidas por suas vestimentas – os uniformes formais das forças armadas, o macacão azul de um trabalhador braçal, o terno escuro e a gravata de um trabalhador da cidade ou o casaco branco de um técnico de laboratório. Além disso, títulos especiais podem ser utilizados para denotar hierarquia dentro de um grupo, como doutor, professor, tenente, sargento ou presidente.

BANDEIRA ABORÍGINE

A bandeira dos aborígines australianos, oficialmente adotada em 1995, é dividida horizontalmente em duas partes iguais, uma banda preta na parte superior e uma vermelha na parte inferior, com um disco amarelo no centro. A banda preta representa os aborígines cujos ancestrais viveram na Austrália por mais de 40 mil anos; a banda vermelha representa a terra e o sangue derramado pelo povo aborígine em defesa de sua terra; o disco amarelo na linha horizontal simboliza o sol revigorante.

A SUÁSTICA

Hitler adotou a suástica, um símbolo solar antigo com muitos significados profundos, como signo do partido Nazista. O emblema preto característico dentro de um círculo branco contrastando com o fundo vermelho se tornou a bandeira nacional da Alemanha em 1935 e o emblema foi utilizado em muitos lugares diferentes – incluindo os brinquedos das crianças – para divulgar a propaganda nazista e instilar submissão a Hitler. Atualmente, alguns grupos neonazistas continuam a usar a suástica ou uma variação de três pontas como emblema de identidade.

---

muitos nativos americanos os totens (objetos naturais como animais) são utilizados para representar famílias e tribos em particular, assim como indivíduos, enquanto cada clã dos povos montanheses da Escócia tem seu próprio tartan (um tipo de tecido com desenho xadrez). Na heráldica medieval, a maioria dos governantes europeus adotava brasões e estandartes armoriais com uma das duas figuras heráldicas mais importantes: o leão (rei dos animais) ou a águia (rei dos Céus). A flor-de-lis, um outro motivo heráldico frequente, era particularmente associada à corte francesa; mais tarde, foi adotada pelo movimento internacional de escoteiros. Hoje, muitas nações continuam a ser associadas com um emblema em particular: por exemplo, os Estados Unidos com a águia sem penas na cabeça, o Canadá com a folha de bordo e a Inglaterra com a rosa dos Tudor.

Existem também muitas nações que não estão em situação de Estado (por exemplo: nos Estados Unidos há mais de 550 nações e tribos federalmente reconhecidas) que possuem seu próprio emblema de identidade. Onze tribos Sioux que vivem na Dakota do Sul compartilham uma bandeira branca. O emblema da bússola no centro da bandeira simboliza a Roda da Medicina dos Americanos Nativos (e as quatro direções, as quatro estações e os quatro elementos) e está rodeado por onze tendas indígenas, representando o número de tribos. Há também muitos grupos dentro da sociedade atual que escolheram um símbolo para se identificar. Por exemplo, no ocidente, a cor roxa foi adotada pelo público gay, a cor preta por alguns grupos raciais e políticos e a cor verde pelo movimento de proteção ao meio ambiente.

POLÍTICA E REBELIÃO

Grupos políticos, rebeliões e revoluções sempre estiveram associados com símbolos característicos. No fim do século XV, os camponeses alemães se rebelaram sob uma flâmula branca com o emblema de um calçado dourado de camponês, o Bundschuh, que, em contraste com as botas usadas pela nobreza, era um símbolo da classe agrária. O Comunismo e o Fascismo, dois dos movimentos políticos de maior influência do século XX, também utilizaram símbolos. O símbolo do Comunismo era o martelo e a foice, representando a aliança entre os trabalhadores industriais e agricultores; durante a maior parte do século XX, o martelo e a foice eram o emblema da bandeira russa e do primeiro estado comunista do mundo.

O Fascismo é um movimento nacionalista conduzido por um ditador. Recebeu este nome por causa do símbolo fasces, que era usado como um distintivo pelo ditador italiano Benito Mussolini (1883-1945). Fasces constituíam um feixe de varas, envolvidas com uma corda vermelha, algumas vezes com um machado no meio, um símbolo da justiça, açoite e decapitação. Surgiram na Roma antiga, quando eram carregadas pelos lictores, oficiais que tinham o poder de determinar a sentença. Contudo, Hitler usava um símbolo diferente para seu partido Nazista fascista: a suástica.

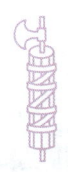

ACIMA O martelo e a foice fazem parte do símbolo comunista, representando a união dos trabalhadores industriais e agricultores.

TOPO A palavra fascismo é derivada de "fasces", um feixe de varas carregado pelos oficiais romanos.

A Tradição de Contar Histórias

A ARTE DE OUVIR

Algumas tradições sul-americanas de contar histórias dizem que os seres humanos possuem uma dádiva de ouvir que vai além do comum. Este é o modo da alma prestar atenção e aprender. Aqueles que inventavam as histórias, ou contadoras, falavam de antigos contos fabulosos de mistério para acordar a alma adormecida, querendo que esta abrisse os ouvidos para captar a sabedoria contida na narração de histórias.

Desde os primórdios, os seres humanos usam histórias para descrever coisas que não podem explicar de outro modo. Tais histórias tentam responder a algumas das questões mais fundamentais sobre a existência humana – a razão pela qual estamos aqui e para onde vamos, sobre a natureza do mundo ao nosso redor e como nos encaixamos nela.

Todos as culturas formularam suas próprias visões poéticas e narrativas sagradas – o entendimento metafórico ao qual nos referimos. A palavra "mito" deriva do grego "mythos", que significa palavra ou história, mas se tornou a representação de uma narrativa que ajuda a explicar a origem e o caráter de uma cultura em termos simbólicos. O significado e o conteúdo de tais histórias variam no tempo e espaço, de pessoa para pessoa; porém, uma das funções do mito é celebrar as ambiguidades e as contradições no âmago da existência humana.

O CONTADOR DE HISTÓRIAS

Muito antes dos mitos serem escritos, eles eram transmitidos oralmente. A fim de sobreviver com o passar do tempo, eles tinham de ser apresentados como boas e memoráveis histórias, agradando de geração em geração, possivelmente evoluindo para se adaptar às novas necessidades sociais. A narração de histórias podia acontecer em quase todos os lugares – em casa, no mercado ou na corte real –, e, por tradição, a arte de contar histórias era muito valiosa, uma vez que era um meio de manter vivos os códigos e valores sociais de uma cultura, sua linhagem e história ancestral e sua conexão com o divino. O contador de histórias tinha um papel vital na comunidade; algumas vezes, como um oficial da corte real, algumas vezes como um menestrel errante que viajava de lugar para lugar, contando histórias que eram divertidas e educativas. Muitas figuras religiosas, incluindo Jesus e Mohammed, usaram histórias como um veículo para seus ensinamentos.

RITUAIS PARA A NARRAÇÃO DE HISTÓRIAS

O estilo ou protocolo da narração de histórias varia de cultura para cultura. Em muitas sociedades africanas tradicionais, o público sente-se livre para interromper, fazer críticas ou sugerir versões melhores para o contador de histórias. Em toda a África, uma forma comum de contar histórias é "o chamado e a resposta", em que o "chamador" entoa uma "canção" e o coro na comunidade participa e responde ao chamado.

Quando o povo San, do Kalahari, conta histórias sobre animais especiais, eles fazem mímicas para imitar a formação da boca do animal, pronunciando suas palavras como os animais o fariam, como modo de se manter em contato com o espírito do animal além de honrá-lo. Fumar um cachimbo e passá-lo de pessoa para pessoa geralmente faz parte dos rituais para narração de histórias entre os povos nativos americanos, como os Algonquin. De acordo com o povo Algonquin, "se pararmos de compartilhar nossas histórias, nosso conhecimento ficará perdido". Em muitas partes do mundo atual, as pessoas estão redescobrindo o poder de contar histórias para dar sentido à vida e manter viva a conexão com sua linhagem cultural e ancestral.

TEMAS MÍTICOS

As questões sobre a vida e a morte são exploradas através dos mitos e as histórias das origens e do fim do mundo também podem ser encontradas em todas as culturas. Os mitos da criação se referem ao caos primitivo, simbolizado em muitas culturas como um lugar molhado, escuro e misterioso. Os mitos também antecipam a destruição

ACIMA A sereia incorpora uma profunda conexão entre a mulher e o mar.

ABAIXO A arca de Noé, um símbolo da fé e da esperança do homem ao enfrentar um desastre que destruiu vidas.

VALQUÍRIAS

No mito nórdico, as Valquírias eram mulheres sobrenaturais, anjos da morte que flutuavam sobre os campos de batalha concedendo vitória ou derrota aos guerreiros. Após a morte, elas levavam os espíritos do valente morto para o reino de Odin, em Valhalla.

O SUBMUNDO

Com muita frequência, o submundo está localizado do outro lado de uma extensão de água, como o rio Styx, da mitologia grega. Os mortos geralmente são transportados em um barco (como as barcas funerárias das pinturas egípcias nas paredes ou o navio do guerreiro Viking, lançado para o mar em sua morte), quando serão julgados por suas ações na vida terrena. Um símbolo comum para o julgamento é o peso da alma: os antigos egípcios acreditavam que o coração de uma pessoa morta era pesado por Osíris, senhor do submundo.

do mundo em um acontecimento catastrófico – como o terremoto nórdico Ragnarok – enquanto muitos se referem a um tempo antigo, quando o mundo quase foi destruído por um dilúvio. A história bíblica de Noé é o exemplo mais conhecido; em um conto mesopotâmico semelhante, Utnapishtim, o único homem sábio que sobreviveu à inundação, tornou-se imortal.

Tipicamente, os mitos são contos de seres divinos ou semidivinos – deuses e deusas, heróis e heroínas – figuras típicas que representam a luta entre o bem e o mau, explorando os conflitos morais e poderosos, emoções humanas, como o desejo e ganância, o ciúme e a luxúria, a ambição, o amor e o ódio. Noções de um submundo e de uma vida após a morte, assim como reinos mágicos sobrenaturais, são comuns. Além disso, animais com poderes extraordinários que ajudam a raça humana se destacam em muitos mitos.

ANIMAIS EM MITOS

As mitologias do mundo todo apresentam animais de uma forma ou de outra e, frequentemente, eles são deificados. No antigo Egito, santuários eram feitos para a adoração de animais sagrados, como o Carneiro de Mendes e o Búfalo de Apis, considerando que, antes disso, as cobras e os abutres eram as deidades principais do Baixo Egito e do Alto Egito, respectivamente. Na África, tribos e chefes em particular se consideravam descendentes de um deus animal. Por exemplo, Haile Selassie (o "Leão de Judá"), fundador da religião Rastafári e antigo imperador da Etiópia, era descendente do poderoso deus Simba, o leão, enquanto alguns chefes Zulu diziam ser descendentes da serpente mitológica, pitão.

Criaturas que são metade humanas e metade animais também aparecem em muitas culturas, como o Garuda, a águia com corpo de um homem na mitologia hindu, ou os centauros e sereias dos mitos clássicos. O híbrido centauro homem-cavalo é utilizado para simbolizar o homem capturado pelos seus próprios impulsos sensuais, especialmente lascívia e violência.

Nas histórias de muitas outras culturas, os animais e os homens apreciam um relacionamento mais simbiótico: nos mitos norte-americanos, os animais são frequentemente mencionados como "irmãos", enquanto nas regiões árticas há uma relação espiritual entre os humanos e os animais que são vitais para a sobrevivência da comunidade.

Algumas vezes, os animais aparecem como figuras de ticksters em histórias tradicionais; o coiote é um deus trickster dos nativos americanos e pode mudar sua forma à vontade, ao passo que as histórias africanas apresentam Hare (o Coelho Brer na América) e Anansi, a aranha. Esses personagens quebram as regras da natureza, ou dos deuses, embora geralmente com resultados positivos e talvez representem a qualidade de ser irreprimível e a criatividade do espírito humano.

MODELOS DA SOCIEDADE

Em geral, a mitologia reforça e justifica as relações de força e liderança. Tipicamente, isso é explorado através de um panteão com uma estrutura hierárquica: um deus e/ou deusa supremo(a) no topo (usualmente associado com os céus e a terra) seguido por inúmeras deidades menores ou maiores. Essa estrutura segue aquela adotada pela sociedade humana. Na China, por exemplo, o Céu era visualizado como uma burocracia, mantendo a lei e a ordem do mesmo modo que a administração imperial.

ACIMA A jornada épica de Ulisses simboliza o empenho individual, mas também representa uma metáfora do ciclo da vida.

ACIMA Os centauros são usados para simbolizar a lascívia: a armadilha do impulso sexual animal.

ACIMA A serpente tem um aspecto protetor nos mitos e tradições sagradas.

ACIMA Em algumas tradições nativo-americanas, o coiote está associado com o mau, o inverno e a morte.

À ESQUERDA No mito grego, uma sereia é uma figura demoníaca, parte mulher e parte peixe, que utiliza seu canto para enfeitiçar marinheiros e atraí-los para a morte.

FIGURAS HEROICAS

As explorações e jornadas das figuras heroicas são frequentemente assuntos dos mitos. Muitas deles possuem poderes super-humanos com alguma conexão divina: Kintaro, o herói guerreiro do mito japonês, era filho de um espírito da montanha; Rama, ou Ramayana, no épico hindu, era uma encarnação do deus Vishnu, enquanto Hércules, talvez o maior dos heróis gregos, era filho de Zeus. Através de suas ações e qualidades pessoais – como coragem, persistência, paciência e amor incondicional – os heróis e heroínas dos mitos oferecem um padrão que pode ser seguido pelas pessoas.

Alguns mitos mostram como os humanos podem almejar o divino: na China, os mitos taoístas dos Oito Imortais descrevem como, através de sua piedade e devoção, os Imortais conseguem ganhar vida eterna no céu. Por sua vez, Hércules, através de seus doze trabalhos famosos (tarefas que lhe foram dadas como punição por um antigo delito), tornou-se o único herói grego a alcançar a imortalidade.

O mito celta medieval do rei Arthur e seus cavaleiros da Távola Redonda estava centralizado na busca do Santo Graal, considerado o cálice usado por Cristo na última ceia, ou usado para guardar seu sangue na Crucificação (embora também tivesse raízes pré-cristãs no tema celta do caldeirão mágico). O Graal se tornou um símbolo de imortalidade e perfeição, atingível somente através de grande virtude.

Muitas figuras heroicas também são "heróis culturais", os descobridores dos segredos da natureza ou das ideias e invenções

ABAIXO As façanhas do herói divino Rama e sua esposa Sita (uma encarnação de Lakshmi) são contadas no Ramayana.

No Japão, o conto de Izanagi e Izanami (o primeiro homem e a primeira mulher) serviu para justificar a suposta inferioridade das mulheres em relação aos homens, embora existam indicações de que originalmente o Japão possa ter sido organizado em uma linhagem matriarcal, com a família imperial declarando ser descendente da deusa do sol, Amaterasu, até o fim da Segunda Guerra Mundial, em 1945.

O relacionamento de uma deidade com a outra é explicado em termos humanos como afinidade, amor e ódio, competição e influência, com cada deidade responsável por uma determinada área da vida humana – fertilidade, nascimento, amor e relacionamento, guerra e conflito, artes, abundância e prosperidade. Muitas histórias de mitos greco-romanos falam sobre a interação dos deuses com os humanos, geralmente usados como fantoches em seus jogos de poder (explicando a aparente aleatoriedade da boa sorte e da má sorte). Por outro lado, a rivalidade entre os deuses é evidente nos mitos nórdicos. Em todas essas histórias, os deuses exibem traços de caráter e comportamento que são inteiramente representativos da natureza humana.

A veneração dos ancestrais é uma parte importante da estrutura de muitas sociedades tradicionais e, portanto, se apresenta com proeminência em suas mitologias. Na mitologia aborígine australiana, por exemplo, são os antepassados que aparecem em sonhos considerados os responsáveis por ter moldado a paisagem e determinado a natureza toda do mundo animal e também humano.

O TROVADOR CELTA

A responsabilidade de transmitir a história tribal celta, as lendas e o folclore está nas mãos do trovador. Os primeiros trovadores de quem se tem registro incluem Aneirin e Taliesin, do século VI a.C. As histórias eram apresentadas em forma de poemas, canções e também narrativas. A habilidade do trovador era altamente valorizada, em particular uma qualidade chamada *hwyl* em galês – a paixão que conseguia inspirar o público. Atualmente, a tradição dos trovadores celtas continua nos festivais galeses de cultura chamados *eisteddfodau*.

das quais depende a civilização. Exemplos incluem o grego Prometeu, que roubou o fogo dos deuses e o deu aos humanos, e o polinésio Maui, que "pescou" a terra do oceano e roubou o fogo do submundo.

MULHERES PERIGOSAS

Geralmente, as mulheres em mitos são ruins, perigosas ou demoníacas, seja por causa de sua curiosidade e desobediência ou por causa de sua beleza ou poderes mágicos. No mito grego, Pandora desobedece aos deuses e abre uma caixa que libera doenças e o mal no mundo. Isso também acontece na tradição judaico-cristã, quando Eva desobedece a Deus e é responsável pela expulsão dos humanos do paraíso. As Sereias do mito grego, monstros marinhos com insaciável apetite de sangue, encantavam os marinheiros e os levavam à morte transformando-se em lindas donzelas. Na China, os espíritos demoníacos associados com morte violenta também se disfarçavam de lindas garotas. Dizem, na Índia, que o verdadeiro caráter de uma rakshasi (demônio feminino) podia ser reconhecido pelo modo como seus pés ficavam virados para trás.

CRIAÇÃO DE MITOS MODERNOS

Os mitos dos antigos contadores de histórias continua a ressoar nos tempos modernos porque eles simbolizam os aspectos da natureza humana e a interação que permanece relevante para nós. Eles estão sendo constantemente reelaborados e adaptados na arte, literatura e cultura popular. Embora a tradição da narração de histórias como um modo formal de preservar a cultura e o mito do grupo tenha desaparecido quase que totalmente no ocidente, muitas pessoas ainda usam álbuns fotográficos e álbuns de recortes para registrar acontecimentos importantes da vida através de fotos e palavras. Atualmente, os psicólogos reconhecem esta prática como terapia para pessoas que perderam o acesso direto com seu passado através de suas famílias, como crianças adotadas ou sobreviventes de eventos traumatizantes.

ACIMA Como punição por ter dado a energia divina do fogo aos humanos, Zeus amarrou Promoteu a uma rocha por toda a eternidade.

O HERÓI GILGAMESH

O épico de Gilgamesh é um dos primeiros mitos de herói do qual se tem ciência e contém muitos temas típicos. Gilgamesh, rei de Uruk, na Mesopotâmia, era parte humano e parte deus. Ele estava se tornando tão arrogante que os deuses criaram o guerreiro Enkidu para desafiá-lo. Depois de lutarem, se tornaram amigos íntimos e juntos derrotaram o monstro Humbaba. Impressionada com sua coragem e beleza varonil, a deusa Inanna desejou ser amante de Gilgamesh. Rejeitada, ela se vingou enviando o Touro dos Céus para aterrorizar Uruk mas, juntos, Enkidu e Gilgamesh, o mataram. Os deuses exigiram que um dos heróis deveria pagar com sua vida pelo massacre do touro e Enkidu morreu. Perturbado, Gilgamesh saiu em jornada para aprender porque os homens têm de morrer. Viajou para o submundo e foi levado para as águas amargas da morte por Urshanabi, o barqueiro dos deuses. Lá, conheceu Utnapishtim, o ancestral imortal da humanidade e o único homem que sobreviveu ao grande dilúvio. Este lhe contou que, assim como o sono, a morte chega para todos e não deve ser temida. Na volta para casa, encontrou uma planta que restaurava a juventude, mas, enquanto bebia água no poço, uma cobra comeu a planta. Por isso, as cobras trocam de pele e ficam jovens novamente, enquanto os homens envelhecem e morrem. Gilgamesh voltou para casa triste a fim de contar sua história para seu povo, forçado a resignar-se e aceitar seu destino. Sua história abrange os incontáveis temas da ambição humana, o apego e a perda, o questionamento incansável sobre a existência e seu propósito e a inevitabilidade da morte.

ARTES

Desde os primórdios, muitos dos símbolos mais profundos e duradouros da humanidade têm sido registrados através da arte. Seja através de pinturas em cavernas, esculturas e artefatos de arte tribal, criações bastante elaboradas da Renascença Europeia, ou movimentos como o Surrealismo, os símbolos na arte têm sido utilizados em uma variedade de maneiras para expressar as crenças e preocupações do dia a dia. Pois, seja conscientemente executada ou não, a tarefa do artista é atuar como instrumento e porta-voz do espírito de sua era, dando forma à natureza e valores da época.

ARTE TRIBAL

As esculturas, pinturas e composições dos povos indígenas da África, América, Austrália e Oceania têm pouco em comum, exceto que todos evoluíram – assim como quase todas as principais formas artísticas – em íntima associação com a religião e a mágica. Raramente com a intenção de decorar, elas são expressões do esforço comum da humanidade em viver em harmonia com, ou controlar, as forças naturais e sobrenaturais. Vamos pegar como exemplo as cabeças monolíticas da Ilha de Páscoa e as figuras de meio-corpo, esculturas de até 18 metros de altura que foram esculpidas durante um longo período de tempo (900-1500 d.C.). Elas são consideradas o símbolo do poder que, em toda a Polinésia, os chefes governantes herdavam dos deuses e retinham após a morte, quando eles mesmos eram deificados. As máscaras de madeira esculpidas e pintadas são características tanto da cultura africana quanto da norte-americana. Algumas delas têm os rostos semelhantes aos humanos, outras incorporam formas de animais; muitas são principalmente animais. Em geral, elas estão ligadas às práticas xamânicas, designadas a transformar os usuários e conectá-los ao poder mágico do mundo espiritual e são utilizadas em rituais e cerimônias.

A arte aborígine australiana permaneceu visível em locais sagrados por milênios e tem uma continuidade de tradição, utilizando a superfície da terra, as rochas, cavernas e cascas de árvores, assim como o corpo humano, para expressar uma visão do mundo no qual não há distinção entre secular e sagrado, natural e sobrenatural, passado e presente, ou até mesmo, visível e invisível.

SIMBOLISMO RELIGIOSO

O relacionamento íntimo entre religião e simbolismo é expresso na arte e artefatos de todas as civilizações. Na pré-história, a Vênus de Willendorf, uma estátua de calcário com os seios totalmente nus (24.000 – 22.000 a.C.) é considerada um símbolo de fertilidade e um arquétipo da Grande Mãe. Outras estatuetas desse período, que possuíam características sexuais semelhantemente exageradas, levaram à especulação de que essas primeiras sociedades europeias de caçadores tinham uma tradição sagrada matriarcal, venerando o arquétipo de Mãe da Grande deusa.

Milhares de anos mais tarde, no antigo Egito, a arte funerária revela as preocupações com a vida após a morte, enquanto, na Europa medieval, as pinturas de narrativas com simbolismo de múltiplas camadas eram utilizadas para instruir a massa iletrada sobre as Escrituras Cristãs e para decifrar o relacionamento do povo com Deus e o cosmos. A arte islâmica não é figurativa – a representação de seres vivos é proibida, uma vez que isso significaria representar um aspecto de Alá, o que está além da capacidade humana. A arte é, portanto, caracterizada pela repetição de padrões geométricos.

Seus elementos especificamente religiosos são as inscrições do Alcorão, um lembrete para os fiéis de que Alá está sempre presente e preenche o lugar de qualquer coisa criada pelos humanos. Por outro lado, tanto no Budismo quanto no Hinduismo, uma ênfase é dada ao poder visual dos símbolos para elevar a consciência e o simbolismo figurativo aparece

ACIMA As máscaras são características da arte tribal, ligadas às práticas rituais e apresentando vários significados simbólicos.

ACIMA, NO TOPO A Vênus de Willendorf, a deusa Mãe pré-histórica.

À DIREITA A arte chinesa contém muitos itens simbólicos e geralmente liga a paisagem ao corpo humano, oferecendo mensagens espirituais ou morais.

À DIREITA As obras de Max Ernst, assim como as de seus amigos surrealistas, estão cheias de simbolismo sexual freudiano.

em ambas as tradições. Embora Buda tenha dito que não queria ser adorado e a primeira arte budista se restringiu às representações de suas pegadas (para simbolizar sua presença) e da roda como um símbolo de seus ensinamentos; o desejo do povo em ter uma estátua de Buda logo se tornou realidade. Um dos exemplos mais impressionantes (datada do século V d.C.) é uma escultura colossal, com quase 14 metros de altura, feita na encosta do desfiladeiro, na caverna de Longmen, em Yungang, China, o local de um templo construído na rocha.

TRADIÇÕES CHINESAS

Formas muito estilizadas de expressão simbólica são características da arte chinesa, que sempre tenta inspirar e educar o observador, proporcionando compreensão entre o humano e o divino. Mensagens espirituais e morais foram transmitidas através de determinados temas, particularmente as paisagens e o mundo natural. Por exemplo, acreditava-se que cada parte da paisagem simbolizava um aspecto do ser humano: a água era o sangue, as árvores e a grama eram o cabelo, nuvens e névoas eram as vestimentas e um sábio andando só era a alma. O bambu que pode ser dobrado sem se quebrar representava o espírito do sábio, enquanto a jade representava a pureza. A arte japonesa também se baseia na natureza para seu simbolismo: a flor da cereja é um motivo muito usado, um mensageiro da primavera e indício de boa sorte; devido à sua transição, é um símbolo de mortalidade.

A RENASCENÇA

Com início na Itália do século XIV, a Renascença (do francês "renascimento") representou um interesse renovado na arte, arquitetura e literatura das antigas Grécia e Roma. Muitos artistas observavam a natureza, o corpo humano e a mitologia greco-romana para inspiração. Por exemplo, o quadro Primavera, de Sandro Botticelli (1445-1510) reconta a história da ninfa Chloris, perseguida por Zéfiro, deus do vento, que a transforma em Flora, deusa da primavera. No centro do quadro está a deusa Vênus, símbolo da fertilidade da estação, enquanto a própria primavera também é uma metáfora do período da Renascença, o retorno de apreciação pelas artes, ciência e aprendizado.

Os temas bíblicos também foram envolvidos com simbolismo clássico. Por exemplo, em sua pintura O Último Julgamento, Michelangelo (1475-1564) glorifica Cristo como o Apolo resplendente, o deus grego do sol, em vez de retratá-lo como salvador crucificado e sofredor. Rafael (1483-1520), que foi incumbido de decorar o Vaticano, combina o simbolismo mais tradicional de Deus como um patriarca de barba grisalha com míticos sátiros e ninfas em sua Galeria.

SURREALISMO

Começando como um movimento literário, o Surrealismo foi fortemente influenciado pelas ideias de Freud sobre a sexualidade, a associação livre, os sonhos e o subconsciente. O simbolismo sexual – narizes fálicos, pelos públicos em locais inesperados – permeia as imagens surrealistas, uma vez que pintores como Max Ernst (1891-1976), René Magritte (1898- 1967) e Salvador Dalí (1904-1989) tentaram representar e liberar o funcionamento da mente irracional, subconsciente, desafiando as convenções do realismo artístico e da sociedade refinada. Magritte intencionalmente rotulava de forma errônea suas pinturas; Ernst criou paisagens estranhas habitadas por animais extraordinários e formas orgânicas, enquanto Dali construiu uma nova linguagem de imagens simbólicas de relógios derretendo, criaturas pernaltas, flores chocando ovos e outras imagens bizarras.

ARTE POPULAR

A arte popular surgiu na Grã-Bretanha e nos Estados Unidos durante os meados do século XX e utilizava as imagens da arte comercial e outras fontes de mídia de massa. Com um histórico na arte comercial, Andy Warhol (1928-1987) representou a arte popular em sua mais extrema e subversiva repetição mecânica laudatória, fazendo um culto ao banal e ao superficial. Seus quadros com estilo de cartazes, que repetiam a mesma imagem todas as vezes, podem ser visualizados como símbolos poderosos de nossa sociedade moderna consumista.

A Propaganda

ACIMA Steve McQueen, em Bullitt, com seu Mustang Ford 1968. Tanto o homem quanto o carro se tornaram ícones, representando o poder masculino rebelde.

ABAIXO As imagens sexuais são utilizadas há muito tempo para vender produtos. Imagens de mulheres como símbolos sexuais podem ser direcionadas tanto para homens quanto para mulheres, como epitomizado nesta propaganda para um sutiã.

Utilizar os poderes da persuasão para promover um produto é uma prática antiga. O simbolismo utilizado para persuadir ou influenciar as pessoas deve atender as principais preocupações e crenças do consumidor. Na indústria moderna de propaganda, os anúncios bem-sucedidos estão relacionados com o que as pessoas, consciente ou inconscientemente, respondem ou ao que elas querem estar associadas e projetam e embalam os produtos para conduzir tendências de acordo com o gosto cultural e pessoal.

Enquanto a qualidade intrínseca do produto e a boa reputação de seu fabricante eram os principais fatores no início da comercialização, a produção em larga escala e o comércio internacional distanciaram o consumidor do produto e do produtor e a propaganda preencheu este espaço, tornando-se um modelo e uma indústria por direito próprio. A propaganda mais moderna tem o objetivo de promover uma marca inteira e não um produto individual, criando um sentimento de fidelidade em seus clientes, combinando sua imagem com os clientes através do simbolismo.

A PSICOLOGIA NA PROPAGANDA

A psicologia freudiana influenciou a propaganda do século XX com suas ideias sobre desejos inconscientes. Os anunciantes começaram a usar a "persuasão subliminar" e a "associação simbólica" em tal escala que a imagem ou nome da marca se tornavam mais importante do que o produto. O carro não é mais simplesmente um meio de transporte: enquanto é projetado para ser aerodinâmico e funcional, também é aprimorado com curvas femininas ou com a frente fálica para agradar seus compradores masculinos em potencial. Ele é anunciado como símbolo de status e estilo de vida.

Na década de 20, o sobrinho de Freud, Edward Bernays, usou as ideias de seu tio para a manipulação da opinião pública americana e é chamado de "pai das relações públicas". Ele mostrou às corporações como poderiam combinar os desejos inconscientes das pessoas com seus produtos e transformou os itens de consumo em símbolos de estilo de vida. Por exemplo: na famosa campanha de 1929 para a Companhia de Tabaco Americana, ele contratou modelos para desfilarem nas ruas de Nova York, fumando, com uma faixa dizendo: "a tocha da liberdade". Através da conexão entre o ato de fumar com o movimento de liberação das mulheres, ele efetivamente quebrou o tabu contra o fato de as mulheres americanas fumarem em público.

O SEXO NA PROPAGANDA

O ditado que diz "sexo vende" é tão verdadeiro quanto qualquer outra imagem que agrade as emoções humanas, como o uso de respostas instintivas das pessoas para bebês a fim de vender o produto. Porém, a sexualidade é provavelmente o "atrativo" mais comum e amplamente utilizado em marketing, tanto sutil quanto ostensivamente. A maioria das propagandas utiliza os símbolos sexuais convencionais, retratando mulheres como objetos de luxúria e homens como dominantes.

Tanto a indústria do cinema quanto a da propaganda continuam a explorar e impulsionar os limites da exibição sexual. A imagem sexual gera o maior impacto, induzindo ao estímulo e ao ultraje, quando se depara com a moralidade e os tabus de uma determinada cultura.

A PROPAGANDA E A INTERFACE CINEMÁTICA

Os mundos da propaganda e do cinema utilizam o simbolismo para provocar poderosas emoções que agradam a cultura popular da época. Essas duas indústrias emprestam uma a outra seu uso do simbolismo e do gênero: os filmes são utilizados para vender itens da moda através da colocação de produtos e os ícones do cinema são utilizados em propagandas, tanto que, algumas vezes, parece haver pouca diferença entre eles.

Um bom exemplo dessa interação entre cinema e propaganda é o filme Bullitt de 1968, em que estrelaram Steve McQueen e o Ford Mustang 1968, ambos símbolos da rebelião urbana, obstinação e poder masculino. No ano de 2000, o filme original foi sabiamente remixado para uma propaganda da Ford, criando a ilusão de que McQueen estava dirigindo o modelo mais recente do Ford Puma. Trinta anos depois, a imagem icônica do ator ainda tinha o poder de vender um carro.

CARRO - UM SÍMBOLO DA ERA INDUSTRIAL

Sendo ele mesmo um ícone da era industrial, Henry Ford usou os métodos da produção em massa para fazer carros que não estariam restritos à elite abastada. A General Motors superou o sucesso da Ford quando seus carros se tornaram símbolos dos "Formidáveis Anos 20" e foram projetados e vendidos como símbolo da liberação recém-descoberta, da liberdade sexual e da autoexpressão da "Era do Jazz".

Durante a Grande Depressão, na década de 30 nos Estados Unidos, os carros fechados ou sedans transmitiram uma imagem sóbria e puritana. Mas, esse período foi logo seguido por uma explosão de vendas de carros e competição, com o carro do período pós-guerra sendo vendido como símbolo do "sonho americano". A propaganda, então, retratava os carros como transporte dos sonhos, convidando os proprietários em potencial a realizar seus desejos de sexo, velocidade, força, riqueza e status.

Até este dia, os carros ocupavam o que Arnold Mindell poderia chamar de espírito de progresso e sucesso. Os projetos e as propagandas dos carros modernos estão começando a lidar com o simbolismo menos estereotipado, no qual a androginia e a obscuridade dos papéis sexuais são exploradas. Algum tempo atrás, a propaganda para carros era direcionada só para homens; atualmente, é direcionada tanto para homens quanto para mulheres.

IMAGEM CORPORATIVA

Uma imagem corporativa ou comercial é considerada de grande importância no marketing moderno. A identidade corporativa geralmente é expressa de modo simbólico através de logotipos e do estilo corporativo, relacionada à "raison d'être" (razão de ser) da organização e à impressão que esta deseja causar no mundo exterior. Muitos logotipos aparentemente modernos têm, na realidade, suas raízes no simbolismo antigo. Os símbolos compostos de três partes, por exemplo, que representam a harmonia e a perfeição, são utilizados por companhias como a Mitsubishi e a Mercedes-Benz. A antiga cruz solar (uma cruz com braços do mesmo tamanho dentro de um círculo) aparece nos distintivos da Fiat e da BMW. Os arcos dourados do McDonald's podem ser interpretados como um M gigante, mas também se igualam ao antigo sinal alquímico do fogo.

A formação da marca tem o objetivo de identificar o produto com os produtores que podem ser confiáveis. Estudos da personalidade corporativa mostram a eficácia das faixas de cores claras quando utilizadas como parte da imagem da marca. Um logotipo bem colorido

SIMBOLISMO ESPECÍFICO DO PAÍS

Alguns símbolos e frases amplamente utilizados possuem diferentes significados em diferentes partes do mundo e o uso de imagens e simbolismo específico em muitas culturas pode causar problemas para os anunciantes globais. No Ocidente, a cor verde pode significar "vá" ou pode ser associado à natureza, enquanto em outras partes do mundo ele está relacionado ao perigo e tem um significado negativo. Na China, a cor vermelha está relacionada à felicidade, boa sorte e festas de casamento, enquanto no Ocidente o vermelho está associado a perigo, sexualidade ou ao comando "pare". Uma empresa americana usou o símbolo de uma coruja para anunciar um produto na Índia somente para descobrir que a coruja na Índia era símbolo de má sorte.

é o da Esso/Exxon, que também usa um tigre como um tipo de mascote da empresa e seu famoso slogan: "Coloque um Tigre no seu tanque"; é um convite ao consumidor para que este se identifique com a força e a beleza do animal.

Os nomes das empresas e das marcas causam um impacto nos consumidores que encontram um mercado saturado de produtos competitivos. Todos os anos, o presidente da Sony reforça para sua equipe a ideia de que as quatro letras S, O, N e Y são os bens mais valiosos da empresa e que suas atitudes devem aumentar este valor.

PROPAGANDA INTERNACIONAL

A expansão dos mercados globais conduziu a novos desafios para a propaganda internacional, a maioria deles relacionado ao significado e aos valores que estão sendo comunicados. Um problema é a predominância dos valores e ideais ocidentais retratados nos anúncios, que podem tanto influenciar quando ofender outras culturas. Países com diferentes pontos de vista morais e religiosos frequentemente acham as imagens da propaganda ocidental sexualmente explícitas ou desaprovam os papéis exercidos pelas mulheres; portanto, a propaganda pode ser considerada subversiva.

À DIREITA O logo do McDonald's é uma adaptação do sinal alquímico do fogo, indicado abaixo.

ABAIXO Na década de 20, os fabricantes de carros apresentavam seus produtos como símbolo de riqueza, liberação e autoexpressão.

ACIMA O logo da Fiat utiliza o antigo símbolo da cruz solar.

TOPO O logo em três partes da Mitsubishi.

O Simbolismo e a Ciência

O RELÓGIO
Uma vez que está relacionado aos conceitos modernos de controle, produtividade e autonomia, o relógio é um símbolo funcional importante da era das máquinas. Nos séculos XVII e XVIII, se tornaram suficientemente precisos para medir minutos e segundos. Durante esse período as pessoas pararam de se orientar pelo simbolismo e ritmos da natureza e começaram a ser governadas pelo relógio. A terapeuta junguiana Marie-Louise von Franz (1915-1998) descreveu o relógio nas épocas pós-cartesianas como símbolo de um universo sem alma.

ABAIXO A visão do universo do ponto de vista de Copérnico.

Os signos, símbolos e simbolismo têm uma parte importante na pesquisa científica e no desenvolvimento das teorias científicas. Os conceitos científicos estão enraizados em crenças contemporâneas ou emergentes sobre a natureza, "modelos simbólicos" ou "paradigmas" (padrões) que se baseiam e informam o desenvolvimento do entendimento. Os dilemas científicos são frequentemente resolvidos através de processos criativos ou irracionais, até mesmo pelo simbolismo dos sonhos experimentado pelo pesquisador científico. Com a evolução da ciência, evoluiu também sua linguagem – uma estenografia de signos, símbolos e fórmulas que possibilita aos cientistas formular e comunicar o conhecimento.

PARADIGMAS CIENTÍFICOS E SIMBOLISMO

Novas eras científicas surgem através das "mudanças de paradigmas", caracterizadas por uma mudança radical na visão simbólica do mundo, que eventualmente se agita e fundamentalmente reorganiza as tecnologias e estruturas sociais e econômicas do dia. Quando o químico pioneiro Antoine Laurent Lavoisier (1743-1994) mostrou que a água era uma substância composta, feita de diferentes elementos, ele foi severamente criticado, em particular pelo farmacêutico Antoine Baumé, por enfraquecer as teorias científicas baseadas nos elementos fundamentais do fogo, água, ar e terra. Cada mudança no entendimento científico é acompanhada por dúvidas e resistência e novos paradigmas inevitavelmente envolvem mudanças radicais nos fundamentos científicos e sistemas de crenças de uma civilização.

A REVOLUÇÃO CIENTÍFICA

No universo medieval, os céus e a terra eram vistos como dois reinos separados. Os Céus eram centralizados em Deus e governados pela lei eterna, enquanto a terra e a humanidade eram governadas pela lei natural. Embora o Céu seja hierarquicamente superior, a terra era considerada o centro do universo.

Essa visão de mundo foi derrubada pela revolução científica do século XVI que, desafiada pela astronomia de Copérnico e pelas observações feitas com o telescópio de Galileu, apoiava o ponto de vista de um universo muito maior, centralizado no sol, desafiando seriamente as afirmações feitas no Velho Testamento. A Igreja Católica resistiu, porém uma nova visão do mundo emergiu e simbolicamente removeu tanto a humanidade quanto a terra do centro das coisas.

A MÁQUINA

O filósofo francês René Descartes (1596-1650) foi uma figura chave na transição do pensamento medieval para o pensamento moderno científico, propondo um método analítico de busca pela verdade científica e aceitando somente as coisas sobre as quais não havia dúvidas. Na era cartesiana, a pesquisa científica deu preferência aos valores mecânicos de quantidade e função em vez dos valores qualitativos do espírito, da estética, dos sentimentos, dos sentidos e da própria natureza, e a máquina se tornou uma metáfora central.

O motor a vapor, desenvolvido durante os séculos XVII e XVIII, pavimentou a estrada para a invenção dos processos industriais, levando à produção em massa. A máquina se tornou um símbolo de poder, organização e controle humano sobre a natureza.

A ERA DA QUANTIDADE

Durante o século XX, uma nova perspectiva radicalmente científica começou a surgir, introduzindo uma visão geral de tendências e interdependência: tanto o observador quanto o observado existem em um enredo quântico, em que o simples ato de observar afeta a coisa que está sendo observada. O físico Werner Heisenberg (1901-1976) afirmava que quando tentamos olhar objetivamente para a natureza e para o universo, encontramos nós mesmos, sugerindo que a ciência possui uma origem interna e típica. Para explorar o relacionamento entre o simbolismo arquétipo e os conceitos científicos, o cientista Wolfgang Pauli (1900-1958) examinou os sonhos arquétipos profun-

À DIREITA O universo heliocêntrico de Galileu desafiava a importância simbólica da Terra e ele foi forçado pelo Vaticano a se retratar.

dos que ele estava experimentando e criou a hipótese de uma unidade psicológica, que Jung chamou de unus mundus ou "alma do mundo".

SONHOS, SIMBOLISMO E DESCOBERTA CIENTÍFICA

Qual é a conexão entre simbolismo e modelos científicos? A própria ciência não é simplesmente um processo racional, uma vez que existem muitos exemplos de descobertas científicas que foram feitas através de sonhos e de outros processos irracionais – como a lenda Newtoniana de que o fato de uma maçã ter caído em cima da cabeça de sir Isaac Newton o fez entender a força da gravidade. Parece que o inconsciente pode produzir símbolos que informam o próximo passo na exploração científica.

O exemplo mais famoso é a descoberta do anel benzênico em 1865 pelo químico alemão Friedrich August Kekulé. As propriedades do benzeno não podiam ser explicadas em termos de estruturas moleculares lineares. Uma noite, tirando uma soneca em frente à lareira, Kekulé sonhou com longas fileiras de átomos "se retorcendo e girando como serpentes" até que uma dessas serpentes agarrou sua própria cauda. Ao acordar, ele criou a hipótese da estrutura em forma de anel do benzeno, conduzindo ao novo período prolífico do desenvolvimento da química orgânica. Em uma convenção em 1890, Kekulé aconselhou seus colegas cientistas a "aprender a sonhar" a fim de buscar a verdade.

Também em meados do século XIX, um químico russo, Dmitri Mendeleev, sonhou com a tabela periódica dos elementos com precisão notável, até mesmo prevendo a existência de três elementos ainda não existentes; todos eles foram descobertos em 15 anos. No início do século XX, o físico dinamarquês Niels Bohr, estudando a estrutura do átomo, viu em sonho um núcleo com elétrons girando em volta dele e pelo seu trabalho subsequente recebeu o Prêmio Nobel de Física, em 1922. Albert Einstein deu o mérito da fonte de sua Teoria da Relatividade a um sonho que teve quando estava na escola. Neste sonho, ele andava em um trenó que acelerava até uma velocidade inacreditável, transformando as estrelas à sua volta em luz ofuscante até que ele se aproximava da velocidade da luz.

SIGNOS CIENTÍFICOS

A fim de comunicar, formular e desenvolver o conhecimento, foi criada uma linguagem estenográfica de símbolos e signos científicos. As ciências da astronomia, botânica, biologia, química, química nuclear, física, geologia, matemática e meteorologia se desenvolveram, cada uma com sua própria estenografia.

Os primeiros símbolos químicos foram utilizados pelos antigos gregos e adotados por Platão para representar as propriedades dos quatro elementos: terra, ar, fogo e água. Os alquimistas introduziram uma linguagem simbólica – retirada da astronomia, astrologia, cosmologia e metalurgia – para descrever vários elementos, incluindo os sete metais. O cobre era associado ao elemento terra. O ouro, representando a perfeição da matéria, era simbolizado pelo sol. O mercúrio, um metal líquido que transcendia a terra e o céu, a vida e a morte, estava relacionado ao planeta astrológico com o mesmo nome, ou à serpente. A prata era associada à lua e o estanho ao planeta Júpiter. O ferro era representado pelo símbolo do planeta Marte e o chumbo pelo símbolo do planeta Saturno.

Os astrônomos americanos utilizam o símbolo de um círculo tracejado para representar um grupo de galáxias, enquanto um círculo inclinado para a direita representa uma única galáxia.

SIGNOS MATEMÁTICOS

Na matemática, duas linhas paralelas juntas significam o mesmo que ou igual a (na mesma dimensão), enquanto um grupo de três linhas paralelas mostra uma equivalência ou similaridade de identidade em que não há diferença real. È interessante notar que esse mesmo símbolo na meteorologia refere-se à névoa, um padrão atmosférico no qual tudo parece leitoso e perde sua identidade.

O sinal de mais (que pode ter se originado como forma abreviada da palavra em latim et, que significa e) começou a ser utilizado no século XVI para denotar adição. Os sinais para multiplicação e divisão foram introduzidos no século XVII.

À DIREITA, DE CIMA PARA BAIXO Sinais alquímicos para cobre, ouro, prata, mercúrio, estanho, ferro e chumbo.

2ª PARTE
Os Símbolos de Nossa Vida

Das palavras desta página às constelações no céu noturno, da imagem de um deus à compreensão do divino, de um piscar de olhos a uma máscara colorida usada em rituais, das figuras em nossos sonhos aos semáforos no cruzamento de ruas, os signos e símbolos são parte integral do mundo em que vivemos.

As páginas a seguir examinam o uso dos símbolos em muitos aspectos diferentes da experiência humana – do mundano ao sagrado, do temporal ao eterno. Há capítulos sobre os símbolos na sociedade, na natureza, no mito e na tradição sagrada, no ciclo de vida humana e também símbolos abstratos. Alguns desses símbolos mais complexos, como a cruz, a serpente, o arco-íris e a roda, foram isolados e são discutidos de modo mais completo. Embora seja impossível incluir aqui cada nuança diferente, o objetivo é proporcionar uma visão geral da abrangência de significados individuais que os símbolos podem ter.

A DIREITA O círculo de pedras de Stonehenge, na Inglaterra, apresenta muitos significados simbólicos através dos séculos.

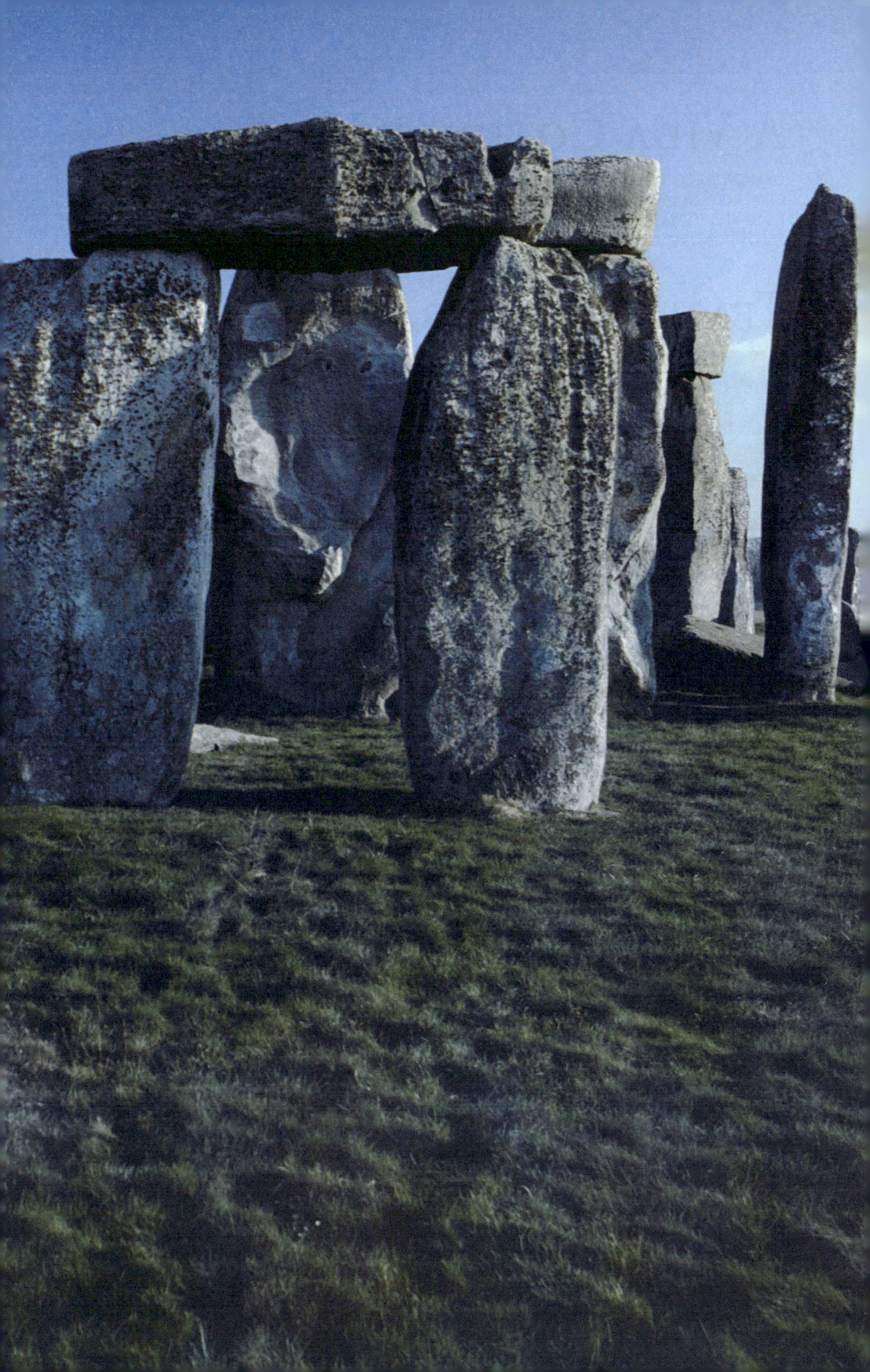

A Vida Cotidiana

OS SIGNOS E SÍMBOLOS QUE PERMEIAM NOSSA CULTURA GERALMENTE DEPENDEM DAS NOSSAS CIRCUNSTÂNCIAS HISTÓRICAS E SOCIAIS, MAS EXISTEM OUTROS QUE TRANSCENDEM A CULTURA E SÃO MUITO MAIS UNIVERSAIS. ESTE CAPÍTULO SEGUE AS LINHAS COMUNS QUE SÃO FORMADAS PELOS SIGNOS QUE ENCONTRAMOS EM NOSSA VIDA COTIDIANA.

Temas Universais

ACIMA A força vital e a energia da natureza permeiam a "história" da vida, em sua ascensão e queda, nascimento e morte.

Ao longo dos tempos, diferentes culturas desenvolveram linguagens simbólicas únicas na tentativa de expressar suas ideias mais poderosas e respostas emocionais e espirituais à vida. O simbolismo exibe as características culturais relacionadas com as tendências históricas e regiões geográficas de onde surgiram e evolui de acordo com os valores essenciais e sistemas individuais de crença de cada cultura.

Apesar das diferenças culturais, os temas comuns também parecem estar presentes na rica diversidade da expressão simbólica do mundo. Tais temas podem ser considerados como "a corrente viva do sonho" fluindo como uma corrente invisível pelo mundo cotidiano.

FORÇA VITAL ENERGÉTICA

Desde os primórdios, as pessoas descrevem estados e campos de energia que permeiam e movimentam o universo. Muitas culturas acreditam que o universo, a Terra e nossos corpos canalizam a energia sutil ou "força vital". Na Índia, isso é chamado de prana, na China e no Japão é chi ou ki, na Polinésia é mana, na tradição ocidental é etéreo. Na alquimia, a força vital se iguala à pedra filosofal, a quinta essentia ("a quinta essência") ou a "alma do mundo".

A ciência moderna entende que o mundo material, embora pareça denso e sólido, é fundamentalmente constituído de energia, com átomos, prótons, nêutrons, elétrons e partículas que vibram juntas em frequências diferentes. O universo pode ser compreendido como um todo mantido por uma "cola" energética invisível. O psicólogo Carl Gustav Jung observava essa força no que ele chamava de "inconsciente coletivo", um reservatório gigante de padrões típicos de energia que nós abrimos e expressamos simbolicamente – seja através de sonhos, da arte, da tradição sagrada ou da ciência. Isso pode ajudar a explicar nossa fascinação permanente pelos símbolos, a razão pela qual eles aparecem em todas as formas concebíveis e o motivo pelo qual não têm definição única e correta.

O MICROCOSMO E O MACROCOSMO

Tentativas de explicar as origens da vida e o subsequente relacionamento entre as criaturas vivas e o cosmos são as duas preocupações fundamentais da raça humana. Elas se baseiam nas raízes da filosofia, da religião e da ciência e uma grande variedade de sistemas de crenças e hipóteses tem sido formulada para fornecer explicações. Um tema dominante é a ideia de que o microcosmo e o macrocosmo existem em paralelo, tanto que as vidas dos indivíduos estão intimamente ligadas com o cosmos, "tanto em cima quanto embaixo". Esse conceito existia nas antigas culturas da Ásia ocidental e influenciou a astrologia, a alquimia, os sistemas de adivinhação, mitos e tradições sagradas no mundo todo. Em particular, dominou o pensamento mítico-simbólico na Europa medieval, conduzindo às ideias como a do "homem cósmico" – um ser humano que incorporou todos os elementos do universo.

POLARIDADE E TOTALIDADE

Com uma imensidão de sistemas de crenças, um outro tema pode surgir: o simbolismo da oposição. Em quase todos os níveis, a existência parece ser composta de pares binários ou opostos, como céu/terra, homem/mulher, dia/noite e esta oposição é expressa como polaridade entre positivo e negativo, atração e repulsa ou fluxo e refluxo. Os seres humanos definem os conceitos abstratos de modo semelhante, vendo o mundo em termos de bom ou mau, sucesso ou falha, rico ou pobre, bonito ou feio. Algumas tradições foram criadas a partir desse fato; um universo moral no qual um lado da polaridade é favorecido sobre o outro, com implicações políticas e sociais abran-

ACIMA A suástica é um símbolo antigo da natureza com múltiplos significados, um exemplo de como o significado de um símbolo pode mudar e se adaptar. Quando estiver no sentido anti-horário, significa que está contra as correntes da natureza.

gentes. Por exemplo, quase toda civilização foi construída com base em valores patriarcais com as mulheres consideradas inferiores.

Contudo, algumas tradições, ao mesmo tempo em que reconhecem o padrão dos opostos na natureza, têm observado o valor de abranger o todo como uma unidade orgânica. Este é o significado do símbolo chinês yin/yang ou da figura alquímica do hermafrodita, no qual o masculino e o feminino estão unidos em um só corpo. Existe uma ideia semelhante em diferentes áreas da psicologia. Na teoria psicanalítica, a neurose ocorre quando partes da personalidade consideradas "ruins" ou inaceitáveis são separadas e rejeitadas. Como um modelo de saúde mental, todos os aspectos da psique necessitam de conhecimento, uma vez que simbolizam aspectos de nossa totalidade fundamental.

O simbolismo pode ser utilizado para controlar e influenciar as vidas humanas ou para nos auxiliar no alinhamento com nossa natureza mais profunda. Os povos indígenas e aborígines reconhecem a importância de um relacionamento sustentável com a natureza, refletida em seu mundo simbólico, que também é uma realidade viva. Eles participam de toda a "teia da vida", honrando a Terra, o céu, o sol, a lua, os ancestrais, os espíritos da natureza, as fadas, os animais e as plantas.

MUDANÇA DE SIMBOLISMO

Embora alguns símbolos mantenham o significado consistente através das culturas e épocas, outros surgem e desaparecem e seus significados evoluem com o passar do tempo. Um excelente exemplo disso é como o simbolismo do bode mudou e se desenvolveu através dos séculos. Na Europa antiga, o bode era um símbolo positivo de poder procriador, da libido, da fertilidade e da força vital. O bode foi particularmente sagrado para os deuses gregos Dionísio e Pan. Pan, metade homem e metade animal, com chifres de bode, era o deus de todas as coisas, principalmente da força procriadora.

Porém, no livro de Levítico, do Velho Testamento, o bode se tornou um "bode expiatório" para os pecados da humanidade e foi enviado para o deserto, carregando esse fardo de pecados. A partir desse ponto, o animal se tornou cada vez mais o símbolo do excesso sexual, com seu mau cheiro associado ao mal, até que na Idade Média suas características tinham sido atribuídas ao Demônio. Enquanto isso, a personificação de Pan passou por uma transformação correspondente tornando-se o Satã com cabeça de bode. Apesar disso, o bode mantém suas associações positivas no Mediterrâneo, onde ele é considerado com guardião, com poder de absorver as influências malevolentes.

ACIMA A transformação do deus Pan benevolente no terrível Satã mostra como os significados podem ser alterados.

TOPO Esta imagem de Pan, um precursor benevolente do Demônio, mostra sua primeira manifestação como gentil e benigno.

Moradias como Símbolos

ACIMA Uma caverna era uma forma de abrigo que desenvolveu um significado simbólico primitivo e pode ser associada ao útero.

ACIMA A casa é um símbolo do "eu" e o modo como a descrevemos pode simbolizar aspectos de nossa personalidade ou atitude.

ABAIXO A forma quadrada na arquitetura pode simbolizar o desejo humano de se impor à natureza.

As estruturas físicas dentro das quais trabalhamos e vivemos possuem tanto qualidades funcionais quanto simbólicas e, quase sempre, são um entrelaçamento de ambas. Nossas casas e outras construções são indicadores de categorias e privilégios, dos padrões típicos, da conexão com os espíritos e os ancestrais e do nosso relacionamento tanto com a comunidade quanto com a natureza. Frequentemente, as casas possuem um significado cosmológico, refletindo um relacionamento com o que é fundamental, ao mesmo tempo em que possuem um significado mais pessoal para as famílias e indivíduos que vivem nelas. O simbolismo precioso do lar se torna bastante importante quando examinamos o papel que exerce tanto na psicologia quanto na interpretação de sonhos.

AS PRIMEIRAS RESIDÊNCIAS

Cavernas, árvores e terra eram meios importantes de abrigo para os primeiros seres humanos e forneceram a inspiração e os materiais para as moradias subsequentes. As moradias de muitos povos primitivos são indicadores do uso de materiais naturais com paredes feitas de troncos e galhos de árvores e folhagens usadas como teto. O tronco da árvore fornece a estrutura enquanto a cobertura e as folhas proporcionam a proteção contra os elementos. Quando a floresta onde eles viviam foi destruída, os membros de uma tribo africana de pigmeus ficaram completamente desorientados ao deixar seu mundo vertical e sem horizonte das árvores para viver na planície, demonstrando como nos sentimos "em casa" e psicologicamente enraizados no meio ambiente, abrigos e estruturas com os quais estamos familiarizados.

Os corredores e salas nos edifícios modernos são semelhantes aos compartimentos nas cavernas. A caverna ou a moradia em forma de caverna é como um útero dentro da Mãe Terra e, portanto, é símbolo do nascimento, renascimento, criação e criatividade. A casa como símbolo da "mãe" é um conceito universal.

No ano de 15.000 a.C., os caçadores nômades da Europa descobriram a utilidade da turfa e da terra para construções e isolamentos. Desde as primitivas cabanas de barro, complexos projetos para alojamentos feitos de terra têm se desenvolvido pelo mundo todo. A construção com terra levou ao uso dos tijolos de argila. A história infantil sobre os três porquinhos e o lobo mal demonstra como os tijolos representam segurança para nossa natureza doméstica (o porco) contra a força da natureza (o lobo). O terceiro porquinho fica a salvo quando o lobo assopra, mas não consegue derrubar a casa de tijolos. Contudo, enquanto os tijolos podem simbolizar permanência e segurança, eles também podem ser utilizados como símbolos de repressão da natureza através da força e rigidez humana.

COLOCAÇÃO E ALINHAMENTO SIMBÓLICO

O modo como os edifícios ou as residências estão situados na terra é considerado muito importante em muitas culturas. Quase sempre, as casas eram construídas em locais sagrados e a pedra fundamental de uma casa era semelhante ao omphalos, ou "pedra central", de um templo – o objeto sagrado central que permitia a comunicação com os deuses. Uma antiga tradição de construção na Irlanda incluía acender uma "fogueira" esfregando duas das primeiras vigas da construção em forma de cruz de Brigit. A fogueira era o piso da lareira em volta da qual o restante da casa estaria focalizado.

Por tradição, caçadores e agricultores alinhavam suas casas e comunidades visualizando seu território como se fosse a representação de um criador cósmico ou ancestral original na forma antropomórfica. As casas e pequenas cidades de barro do povo Dogon, que vivem no rio Níger, em Timbuktu, são dispostas de acordo com os princípios cosmológicos e antropomórficos. Suas vilas são construídas em pares, o que significa a relação entre céu e terra. O povo Dogon acredita que quando morrem eles vão para o paraíso, que é idêntico a suas casas construídas neste mundo.

Na China, onde a arte do feng shui é praticada, o "bagua" é um modelo para as construções, com oito "guas" em volta do centro. Cada uma de suas áreas corresponde a uma área da vida: prosperidade, fama e reputação, relacionamento, família, saúde, criatividade e filhos, conhecimento e habilidades, trabalho e ajudantes. A moradia precisa ser projetada com uma relação adequada entre as quatro direções, de tal modo que o chi possa fluir livremente através de diferentes áreas para o bem-estar dos habitantes.

Na Índia, o vasta purusa é o espírito da casa, descrito como um corpo masculino firmemente enrolado. Para garantir a boa sorte, a casa deve estar alinhada com seu corpo de tal modo que sua cabeça, seu coração e seus membros não fiquem em desordem.

O yurt mongol é uma representação microcósmica do macrocosmo, com o piso da lareira na terra nivelada, o teto circular representando o céu e a chaminé no teto representando o olho do Céu através do qual a luz do sol penetra. O yurt é dividido em quadrantes, cada um deles relacionado com as funções da família e da comunidade.

O livro A Pattern Language (Uma Linguagem Padrão), de Christopher Alexander, Sara Ishikawa e Murray Silverstein (1977), descreve os padrões comuns de muitas construções e cidades em todo o mundo. Os autores passaram anos tentando formular uma linguagem dos padrões que, quando vivenciados, contribuem para o bem-estar dos indivíduos, famílias e comunidade. Eles sentem que muitos desses padrões são típicos na natureza, conectando a humanidade com a natureza essencial das coisas. Um exemplo é a recâmara ou espaço menor dentro de um cômodo, que possibilita a família, ao mesmo tempo, ficar reunida enquanto está envolvida em diferentes atividades. Este é um padrão típico tão relevante para o habitante do yurt quanto para aqueles que moram em um castelo.

O VALOR SIMBÓLICO DA NOSSA CASA

Os psicólogos em geral visualizam a casa como símbolo do ser interior de uma pessoa; portanto, quando um cliente desenha uma casa, ou descreve um sonho sobre parte dela, ele está descrevendo sua estrutura psíquica. O exterior da casa pode ser visto como representação de nossa personalidade externa, com as janelas e portas mostrando o relacionamento com os outros e com o mundo.

Os sótãos e porões são locais onde a luz da consciência não brilha. Eles podem simbolizar a elevação espiritual e o inconsciente. Em sua autobiografia, C. G. Jung descreveu sua ida ao porão de um edifício onde ele descobriu uma parte primitiva de si mesmo. As fundações de uma casa podem simbolizar nosso relacionamento com o inconsciente coletivo, nossas antigas origens e reinos não humanos.

A cozinha, onde preparamos os alimentos, é um local de transformação alquímica onde acontece a nutrição; portanto, pode ser associada com cuidados paternais e maternais bons ou ruins. Na lareira, as brasas incandescentes ou chamas vibrantes são fonte de vida e sonho e também podem se referir à faísca da imaginação ou da habilidade. Quase todas as culturas valorizam a lareira como o coração da casa, embora nos tempos modernos pareça ter sido substituída pelo aparelho de televisão, que também entusiasma e vibra com histórias simbólicas.

A importância dos quartos depende de seus ocupantes. O quarto de uma criança pode representar um lugar de brincadeiras ou de fantasia, enquanto o quarto dos adultos pode indicar a sexualidade e o relacionamento de uma pessoa com o sexo.

Assim como em todas as interpretações psicológicas, nunca existe um significado realmente fixo para qualquer um desses símbolos. O que é mais importante na determinação da importância dos aspectos da casa é a associação dos indivíduos com estas áreas. Por exemplo, duas pessoas podem visualizar as portas da frente de suas casas fechadas. Se a primeira pessoa sempre morou em casas onde a porta da frente ficava aberta e as pessoas eram bem-vindas, enquanto a segunda pessoa morou em casas onde a porta dos fundos era o local de relacionamento e a porta da frente ficava sempre fechada, essas imagens semelhantes precisam ser interpretadas de modo diferente. Diferenças similares na interpretação dos mesmos símbolos vão ocorrer na análise do sonho, em que o significado de cada imagem baseada no lar dependerá da pessoa que sonhou.

ACIMA Os yurts mongóis são moradias circulares construídas de madeira e feltro, que servem tanto como casas nômades quanto como símbolos do cosmos.

ACIMA À ESQUERDA A vila dos Dogon é uma representação terrestre do que este povo acredita ser o paraíso.

ACIMA As casas em cima de árvores simbolizam um relacionamento entre os seres humanos e a natureza e oferece espaços nos quais as crianças podem liberar sua imaginação.

À DIREITA Nos tempos modernos, a televisão substituiu a lareira como fonte de foco e simbolismo para a família.

A Passagem

Existem muitos símbolos de transição, mas o portão ou porta é um motivo típico que representa uma entrada em outro mundo (um quarto, uma cidade, um palácio, um templo, uma instituição social) ou em outro estado de ser que pode ser divino ou diabólico, um paraíso ou uma prisão. Passar pelo portão é atravessar um limite, mover-se do conhecido para o desconhecido. Os portões podem estar abertos, mas com frequência estão fechados e protegidos; portanto, o viajante precisa de uma chave ou senha ou deve passar por um teste para conseguir entrar. Uma vez que os portões também são símbolos de iniciação, tipicamente pode haver uma série de portões ou mundos a ser negociados, cada um conduzindo a uma sabedoria maior, antes de se atingir o estado máximo de felicidade.

CÉU E INFERNO

Há muitos exemplos na religião sobre a entrada no Céu ou no Inferno através de um portão ou porta. No Judaísmo, por exemplo, acredita-se que exista 1 portão para o Jardim do Éden (um símbolo do paraíso), mas 40 mil para o Inferno, mostrando o quanto é difícil encontrar a entrada para o Céu. Para os cristãos, Jesus é a entrada para a salvação: "Eu sou a porta: se alguém entrar por mim, será salvo." (João 10:9). Na tradição mulçumana, diferentes níveis de paraíso são alcançados através de uma série de portões, com 100 degraus que levam a cada nível antes de chegar ao sétimo céu. Um ensinamento diz que a chave para estes portões possui três pontas: proclamação da singularidade de Alá, obediência a Alá e abstinência de malfeitorias.

NASCIMENTO E MORTE

As entradas são geralmente associadas com a morte e também com o nascimento. No antigo Egito, o deus sol Ra viajava pelo submundo todas as noites, passando através de 12 portões que representavam as 12 horas de escuridão antes de renascer a cada manhã. Algumas vezes, os ataúdes do antigo Egito eram pintados com uma pequena porta falsa, simbolicamente permitindo que a ha (alma) passasse por ali voando. Na Roma antiga, os mortos eram frequentemente retratados na arte em pé na frente de portas semiabertas. A palavra em hebraico para "porta" – daleth – também significa "útero", a passagem para a vida.

GUARDIÕES

Tanto as influências benéficas quanto maléficas podem passar por um portão; portanto, os guardiões ou deidades protetoras podem ser designados para supervisioná-los. Os portões das cidades chinesas foram colocados nos quatro pontos cardeais, supervisionados por leões ferozes que atraíam as influências benéficas, mas repeliam as maléficas, enquanto as entradas para os palácios da Babilônia e da Assíria eram guardados por esculturas gigantes de homens-leões com asas chamados lamassu. Nos templos asiáticos, as figuras de guerreiros chamados dvarapala executavam a mesma função. Cérbero, o cão com três cabeças do mito grego, guarda os portões do Hades (o submundo da lenda grega) e sua função secundária é certificar-se de que uma vez lá dentro a pessoa não saia jamais.

Na Roma antiga, cada parte de uma porta de entrada era protegida por numina (deidades inferiores); o deus Forculus supervisionava os painéis da porta, por exemplo, enquanto a deusa Cardea cuidava de suas dobradiças. O deus Janus de duas faces (ver a caixa ao lado) era a deidade principal do portão. Na China, é costume colar as imagens dos dois Deuses da Porta na entrada da casa na

---

JANUS, DEUS DOS PORTÕES

Um dos deuses mais antigos de Roma, Janus era o guardião de todos os portões e mestre de iniciação em todos os mistérios. Quase sempre, esculpido nos mourões e entradas das portas, suas duas faces significavam que ele podia simultaneamente ver todos que estavam chegando e saindo, olhando tanto para o passado quanto para o futuro. Seus atributos eram as chaves e o mastro de porteiro. Ele ocupava posição de destaque desde os primórdios, tanto que o primeiro dia de cada mês é sagrado para ele, assim como o primeiro mês do ano. No calendário gregoriano, o mês de Janeiro recebeu este nome por sua causa.

À DIREITA A entrada para esta caverna em Bali é a boca de um monstro com as estátuas dos guardiões protegendo a soleira da porta.

ABAIXO Nos mitos e na história, uma porta de entrada pequena ou escondida pode representar uma entrada secreta para um mundo mágico.

À DIREITA O Portão Tori é o maior de Shinto, no Japão. Um tori é um portão aberto que simboliza a transição do mundano para o divino.

noite de Ano-Novo e, depois, trancar a porta até a meia-noite para que nenhum espírito mal possa entrar; no Japão os kadomatsu – decorações feitas de ramos de sempre-viva – são colocados na entrada para atrair os deuses e trazer boa sorte. Uma tradição semelhante, ligada aos costumes pagãos, é praticada no Ocidente, onde guirlandas de azevinho ou ramos de visco são colocados nas portas de entrada durante as comemorações de Natal e Ano-Novo: o azevinho é associado com proteção e boa sorte e o visco com magia e medicina – era um símbolo de imortalidade para os druidas celtas.

A entrada de uma caverna em Chalcatzingo, México, tem o rosto de um monstro esculpido em volta dela, simbolizando a proteção da entrada e também a transição de um mundo para outro. Na tradição hindu, algumas vezes um portão também assume a forma da boca de um monstro através da qual se deve passar na viagem da vida para a morte.

PORTÕES DA VITÓRIA

Algumas vezes, os portões são usados como símbolos de vitória e poder, tanto temporal quanto espiritual. Por exemplo, o Portão de Ishtar, na antiga Babilônia (Iraque moderno), foi construído para glorificar tanto a deusa-mãe Ishtar quanto a maravilhosa cidade da Babilônia. Ele se estendia pelo Caminho da Processão e oferecia uma entrada para a cidade, que tinha muros tão espessos que duas carruagens podiam andar lado a lado em cima dele. Em Beijing, os portões da Cidade Proibida representavam o poder do imperador chinês, enquanto os arcos do triunfo da Roma antiga incorporavam o poder nacional e político. Mas, recentemente, Napoleão (1769-1821), que rivalizou o imperialismo romano quando se tornou imperador da França, começou a construção do Arco do Triunfo em Paris, como antecipação da vitória que nunca aconteceu. Depois, o arco se tornou um memorial de guerra dedicado aos soldados mortos na Primeira Guerra Mundial (1914-1918).

PORTAS DE ENTRADA OCULTAS

Os portões nem sempre têm de ser enormes e decorados para ter significado. Algumas vezes, pequenas portas de entradas ocultas dão acesso a outros mundos geralmente mágicos. A entrada para o País das Maravilhas, na história de Alice de Lewis Carroll (1832-98), é feita primeiramente pelo buraco de um coelho e depois através de uma porta pequenina, pela qual Alice não consegue passar até encolher. Em The Lion, the Witch and the Wardrobe (O Leão, a Feiticeira e o Guarda-Roupa) de C. S. Lewis (1898- 1963), a passagem para a terra mágica é através do guarda-roupa. É possível chegar a muitos jardins encantados do folclore europeu através de pequenos portões que geralmente são escuros. Por exemplo, no conto da Bela Adormecida, a entrada para o palácio onde a princesa está dormindo é coberta por roseiras bravas que devem ser cortadas pelo príncipe herói quando ele chegar até lá.

PORTAS ABERTAS OU FECHADAS

No Japão, arcadas abertas, conhecidas como tori, marcam a entrada para os santuários de Shinto. Elas representam um estado divino de abertura perpétua e simbolizam o ponto no qual um visitante passa do mundo cotidiano para o mundo sagrado. Na tradição chinesa, uma porta aberta é considerada como ativa, ou yang, uma porta fechada como passiva ou yin. O abrir e fechar de uma porta representa a dança cósmica entre yin e yang, onde primeiro um e, depois, o outro assumem o controle. No Taoísmo, a abertura e fechamento dos Portões do Céu estão relacionados com a respiração humana; portanto, segurar a respiração é igual a fechar os portões e respirar significa abri-los.

> **CHAVES**
>
> No Japão, é um símbolo de felicidade por abrir a porta da despensa do arroz, fonte de vida. Na tradição cristã, São Pedro é retratado com a chave do Céu. A Igreja adotou as chaves como símbolos de autoridade: o brasão papal mostra duas chaves, uma de prata e uma de ouro, emblemas do deus romano Janus.

> **SIMBOLISMO SEXUAL**
>
> A vulva também pode ser comparada a um portão, uma vez que é a passagem para a vida no nascimento e a entrada para a vagina durante o coito. Nas tradições orientais, como o Taoísmo e a Tantra, a própria união sexual é o portão da transcendência, através do qual é possível atingir um estado alterado de consciência e experimentar o "êxtase". O mítico imperador Amarelo, Huang-tsi, um dos Oito Imortais Taoístas, ascendeu ao Céu nas costas de um dragão parcialmente por causa de sua habilidade na arte de fazer amor. Os primeiros "livros de cabeceira" chineses se referem ao pênis como o talo de jade e à vagina como a entrada de jade, considerando que jade é a pedra do Céu e um símbolo de perfeição e imortalidade.

VIAGENS E JORNADAS

ACIMA Uma estrada sinuosa simboliza as guinadas e voltas do caminho pela vida.

ACIMA No mito e na história, os sapatos podem ter propriedades mágicas, permitindo que o viajante atravesse grandes distâncias velozmente e com segurança.

ABAIXO A carruagem é um símbolo solar e assim tal é utilizada como veículo dos deuses, reis e guerreiros em muitas tradições.

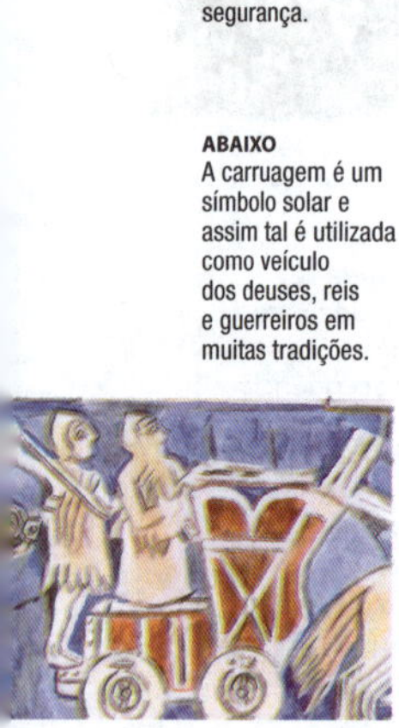

As jornadas simbolizam as buscas pelo desenvolvimento pessoal, seja material ou espiritual ou de ambos. Viajar significar andar pelo caminho da vida (potencialmente arriscado) no qual o destino principal não é a morte e sim a iluminação espiritual, miticamente incorporada como uma terra prometida (assim como as Ilhas dos Imortais nos contos chineses ou nos locais religiosos de peregrinação) ou como um objeto precioso com poderes especiais (como o Santo Graal ou o Velocino de Ouro). Algumas vezes, as jornadas são subterrâneas, simbolizando a entrada no submundo e, outras vezes, são feitas pelo ar, sugerindo a aspiração espiritual.

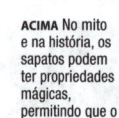

O VIAJANTE

Botas e sapatos são símbolos do viajante. O poder do exército romano foi construído sobre o poder de andar, simbolizado pela bota do soldado. Muitas histórias do folclore ocidental envolvem "as botas de sete léguas", que magicamente permitem que o viajante percorra grandes distâncias com grande velocidade sem se cansar, enquanto o deus grego das viagens, Hermes, usava sandálias com asas. Em muitas culturas, os amuletos e talismãs são levados em uma viagem para dar sorte e proteção e o viajante recebe votos de "boa velocidade" (ou "vá com Deus") (4).

O CAVALO

O animal que é o símbolo mais típico das viagens provavelmente seja o cavalo. Na cultura celta, cavalos brancos eram sagrados e levavam as carruagens dos sacerdotes e reis. Eles eram associados à deusa Epona, uma das poucas deidades célticas a ser adorada pelos romanos. No século XVI, os europeus trouxeram o cavalo para a América do Norte (embora eles devam ter existido lá antes e depois foram extintos), e sua chegada causou um profundo efeito em muitas tribos nativas. Para eles, os cavalos estavam associados ao trovão por causa do som do casco quando eles correm e se tornaram símbolo de prosperidade e força.

Os cavalos aparecem em muitos mitos de transporte para outros mundos, geralmente puxando as carruagens dos deuses, e são dotados de características míticas. Slepnir, o cavalo do deus nórdico Odin, tem oito pernas, enquanto no mito grego Pégaso tem asas e puxa a carruagem que traz Zeus, seu trovão e seu raio. Dizem que Mohammed foi levado ao Céu cavalgando em uma criatura híbrida chamada Borak (que significa "raio"), um cavalo com asas, cabeça de ser humano e rabo de pavão.

A CARRUAGEM

As carruagens, ou "carros triunfais", são usadas como meio de transporte dos governantes e deuses – na arte Renascentista elas são mostradas carregando deidades como Vênus, Júpiter e Marte. As carruagens simbolizam o poder de conduzir e dominar e muitas vezes são associadas às guerras: a líder das batalhas celtas, Boudicca, geralmente é retratada em sua carruagem, enquanto os Achaemenids, governantes da antiga Pérsia, são retratados indo para a batalha acompanhados de uma carruagem do supremo deus, Ahura Mazda, puxada por oito cavalos brancos. As carruagens das deidades indianas, algumas vezes em forma de flor de lótus, são puxadas por animais diferentes, tais como cavalos para Agni e Surya, e gansos para Brahma. A palavra inglesa "juggernaut" (5) é derivada da imensa carruagem do deus hindu Jagganath.

VIAGEM PELA ÁGUA

Navios a vela, barcos e canoas são todos usados para simbolizar a jornada pela vida. No Egito antigo, velejar simbolizava o vento e a respiração, representando os inconstantes "ventos do destino" que podem desviar o viajante de seu curso. No Egito, e mais tarde em Roma, um navio novo era sacrificado a cada ano para assegurar ventos suaves e mares calmos: entalhado com palavras divinas, carregado de perfumes e cestas de flores, era lançado ao mar para que os ventos o levassem.

As viagens pela água são frequentemente associadas à morte e transformação e navios simbólicos da morte são comuns em muitas civilizações. Na Indonésia, os mortos são colocados em canoas, e na prática do ritual o xamã usa um barco para "viajar pelo ar" em busca da alma de seu paciente. No antigo Egito, o deus do sol Ra viajava

(4) N.T.: Em inglês, a frase "good speed" (boa velocidade) é muita parecida com "God speed" (vá com Deus) por causa da pronúncia das palavras "good" e "God". (5) N.T.: Sua tradução é jagannata, que significa carreta pesada, caminhão grande.

ACIMA Barcos podem simbolizar a morte; no antigo Egito, eles acreditavam que os barcos levavam as almas dos mortos.

OS CRUZAMENTOS

Um cruzamento marcar um importante ponto de decisão e monumentos sagrados ou santuários foram erguidos em tais lugares: por exemplo, as pedras oferecidas em cumprimento de um voto deixadas pelos viajantes nos Andes peruanos construíram as pirâmides. O cruzamento é um local de transição, um símbolo de risco, oportunidade, mudança, escolha e transformação. Sendo o ponto no qual caminhos divergentes se intersectam, é um local importante de encontro, tradicionalmente associado aos poderes do outro mundo (tanto bons quanto ruins). Em muitos lugares, os cruzamentos são associados com fantasmas, feiticeiras e espíritos problemáticos; na Europa, estátuas para Hecate, a deusa grega do "escuro", foram erguidas em cruzamentos, enquanto na África, os Bambara de Mali fazer oferendas de ferramentas, algodão e panos para os espíritos de Soba que interferem nos assuntos humanos. Os cruzamentos também estão ligados com o presságio: no Japão, as pessoas iam até lá ao anoitecer quando as palavras dos transeuntes revelavam o que o destino poderia fazer. Isso estava ligado à crença de que os viajantes poderiam ser deidades que traziam boa sorte. Surgiu, então, o costume de vender biscoitos de arroz contendo papéis da sorte em cruzamentos.

pelo submundo e pelo céu no "barco de um milhão de anos", enquanto na China e no Japão, os barcos de papel são usados como transporte para os espíritos. Os hindus usam miniaturas de barcos que carregam chamas simbolicamente para carregar energia solar ou orações.

Há relatos de jornadas heroicas em navios como Argos, no qual Jason buscava o Velocino de Ouro, ou o Pridwen, levado pelo rei Arthur e seus homens em sua jornada pelo submundo. O mar representa os perigos do desconhecido e, além do risco de naufrágio, a jornada pode trazer encontros com feras míticas como monstros ou demônios marinhos.

Para pessoas que moram em ilhas, os barcos são particularmente importantes. Por exemplo, dizem que as canoas de guerra dos Maori conferem mana (prestígio) para todos aqueles que as possuem ou velejam nelas, uma ideia semelhante à dos Vikings. Os navios também são recipientes simbólicos e emblemas de segurança: na crença judaico-cristã é a arca de Noé que preserva a humanidade contra a destruição salvando um par de cada criatura viva.

TRANSPORTE MODERNO

Carros, ônibus, trens e aeronaves têm associações simbólicas que geralmente são analisadas em termos psicológicos. Dirigir um carro pode ser visto como uma metáfora para um indivíduo que viaja pela vida com controle consciente de sua direção; os assuntos de segurança e perigo, de conformidade e rebeldia (obedecendo ou ignorando as leis das estradas), de ter senso de direção ou ficar perdido podem todas ser destacadas. Ao contrário do carro, o ônibus é um veículo público e pode sugerir o relacionamento de uma pessoa com a sociedade, tanto que as dificuldades em embarcar e querer descer podem ser significantes.

Os trens operam de acordo com regras fixas. Estar atrasado, perder ou simplesmente pegar o trem, viajando sem um bilhete ou em um vagão de classe inferior ou superior podem ser interpretados em termos do relacionamento de uma pessoa com o mundo. Muitos psicólogos acreditam que a plataforma de embarque é um símbolo do inconsciente, o ponto de início das jornadas literais e metafóricas; a bagagem é o que está sendo "carregado" pela psique e malas pesadas são cargas psicológicas, enquanto as leves podem indicar liberdade interior.

O desejo de voar é um arquétipo. A aeronave pode simbolizar aspiração espiritual, transcendendo as limitações humanas através do desafio da gravidade, elevando-se até as alturas purificadoras do céu e para outros mundos. A aeronave também pode ser um símbolo de independência, liberdade e velocidade. Ficar sem combustível, colidir ou cair pode sugerir o fato de ser trazido para "a terra", uma punição pelo excesso de ambição, assim como Ícaro no mito grego caiu para sua morte depois de voar muito próximo ao sol, que derreteu a cera de suas asas.

ACIMA O cavalo é um motivo típico. Ele simboliza o vigor, assim como poder e resistência.

ABAIXO Um carro vermelho simboliza a potencialidade e o impulso sexual masculino.

O Jardim

ACIMA Na tradição sagrada hindu, assim como em muitas outras, o jardim é o símbolo do paraíso.

ACIMA As fontes são um símbolo de vida em muitas culturas, além de serem um emblema do feminino.

ABAIXO Características de poços e água estão frequentemente incorporadas aos jardins, com a água utilizada como símbolo de vida em muitas culturas.

Quase em todo o mundo, o jardim é um símbolo do paraíso terreno e celestial – a palavra "paraíso" deriva de pairidaeza, uma antiga palavra persa para jardim. Dentro do jardim, o projeto e as plantas contribuem para seu simbolismo. Os primeiros jardins foram provavelmente feitos na China por volta de 4 mil anos atrás. De lá se expandiram para o Mediterrâneo o para o Oriente Próximo e, desde então, quase todas as culturas que atingiram um nível de subsistência criaram jardins.

O CÉU NA TERRA

Os jardins são símbolos sagrados em muitas tradições espirituais. O Jardim do Éden, da crença judaico-cristã, é o Céu perfeito na terra, criado por Deus para o homem (Adão) e a mulher (Eva) viverem. O Éden simboliza o estado primitivo da inocência divina, quando os humanos conviviam em harmonia com Deus, com a natureza e um com o outro antes de renegarem a graça divina depois de comerem o fruto proibido da Árvore da Vida. O tema do Éden e do Pecado Original é o motivo favorito na arte e literatura ocidental. As representações incluem O Jardim das Delícias Terrenas, pelo pintor holandês Hieronymus Bosch, (1450-1516) e o poema épico Paraíso Perdido, de John Milton (1608-1674). No Islamismo, a felicidade celestial é interpretada no Alcorão como um jardim, um lar para os eleitos depois da morte e Alá, algumas vezes, é mencionado como "o jardineiro". Na Grécia antiga, os Campos Elíseos, o lugar para onde as pessoas virtuosas vão depois da morte, também era representado como um jardim.

Na China, o tradicional jardim em forma de lago com uma ilha foi inventado para atrair os Oito Imortais – um grupo de santos taoístas que provavelmente vivia nas Ilhas Místicas – para a Terra. Os jardins do imperador Wu Di, do século II a.C., tinha palácios e pavilhões construídos em montanhas feitas pelo homem e interligadas por pontes com as ilhas que ficavam no meio de um enorme lago artificial.

JARDINS PARA DIVERSÃO

No antigo Egito, os jardins eram locais de recreação. As imagens de jardins com tanques de água e bancadas de flores decoravam os túmulos, sugerindo as alegrias depois da morte, e também os muros e pisos dos palácios. Os romanos levaram o projeto dos jardins para locais altos e sofisticados, incorporando edifícios, estátuas, escadas, passagens de colunatas, nascentes, grutas, poços e fontes; o jardim se tornara, então, um dos símbolos da civilização. Este tema foi desenvolvido durante a Renascença Europeia, com o projeto simétrico formal de muitos jardins, como os espetaculares jardins italianos em Villa Lante (Bagnia) ou Villa d'Este (Tivoli), simbolizando o poder humano em domar a natureza.

No México, os jardins reais para diversão do imperador asteca Montezuma combinam as funções de jardim particular, jardim botânico e zoológico, preservando não somente plantas, mas também pássaros e animais, com aproximadamente 600 zeladores para cuidar de tudo. Os seres humanos com características físicas incomuns (como anões e albinos) também se abrigavam lá. Os jardins sempre estão associados ao prazer sexual, ao amor e à sedução. Por exemplo, o clássico texto erótico árabe sobre fazer amor é intitulado Jardim Perfumado, enquanto muitos dos maiores amantes dos mitos e lendas (como Rama e Sita na Índia) são frequentemente retratados em cenários de jardins.

OS JARDINS DO PARAÍSO

Em muitas culturas, o jardim existe com um tipo de mundo dos sonhos designado como um escape do mundo "real" e planejado para elevar os sentidos do mundano para o sublime. Isto é exemplificado pelo típico jardim persa, plantado com árvores frutíferas, plantas levemente perfumadas e dividido por rios. Na terra quente do deserto, tanto a água (um símbolo de vida) quanto a sombra são características importantes do jardim. O jardim é fechado e quase sempre há um portão magnífico na entrada, um símbolo de transição de um mundo para o outro. Frequentemente é projetado em volta de um grande tanque central, algumas vezes contornado com ladrilhos azuis

JARDINS DE ALHAMBRA

Os jardins do Palácio de Alhambra foram criados no século XIV, seguindo o projeto quadripartido do jardim persa. Atualmente, permanecem quatro pátios, incluindo o Pátio de Murtas, com seu tanque calmo com as bordas cheias de cercas de murtas e o Pátio dos Leões, com as fontes brilhantes e colunas finas direcionando o olhar em direção aos céus. Cada pátio está cheio da luz do sol, mas é introduzido por uma passagem escura, cheia de colunas, simbolizando o caminho para o paraíso – a jornada espiritual da escuridão para a luz.

ACIMA O Pátio dos Leões, no Palácio de Alhambra, em Granada é rico em simbolismo, sugerindo conhecimento espiritual e liderança.

para criar uma impressão de profundidade, com quatro canais que saem dele; em grandes jardins, o padrão de grades pode ser repetido, com fontes marcando as intersecções entre os cursos de água. Além de serem refrescantes e reanimadoras, as fontes simbolizam o fluxo da vida, enquanto as intersecções representam a conexão entre o dia a dia e o eterno. O desenho geométrico é suavizado com frutos da videira e flores, em particular os cachos de uva e os ramalhetes de rosas – na Pérsia, as palavras para flor e rosa são as mesmas.

No jardim persa, observar a lua era uma atividade importante. As rosas eram plantadas para atrair rouxinóis; os hábitos noturnos desses pássaros os ligavam à lua e suas canções eram associadas ao amor e à saudade. Coretos nos cantos do jardim proporcionavam abrigo para aqueles que ficavam admirando o céu noturno. A palavra "coreto" é derivada da palavra persa que significa "uma plataforma para visualizar a lua"; tradicionalmente, a estrutura tinha um orifício central no teto através do qual era possível se ver o céu.

Os jardins da Pérsia ofereciam um oásis de inspiração para a poesia, música e arte. Em sua coleção de poemas e histórias chamadas o Gulistan ("O Jardim de Rosas"), o poeta Sadi, do século XIII, comparava seus pensamentos com as pétalas das rosas colhidas do jardim de suas meditações. Os projetos dos jardins da Pérsia influenciaram alguns dos jardins mais famosos do mundo, incluindo os do Palácio de Alhambra, na Espanha, e o Taj Mahal mongol, na Índia.

O JARDIM ZEN

No Oriente, há um ditado que diz que um espaço sagrado só está completo quando não há nada mais que possa ser retirado dele. Os primeiros jardins Zen do Japão foram criados pelos monges budistas como lugares de contemplação, projetados para trazer a mente até um ponto de tranquilidade através de um projeto simples, mas profundo. Em um jardim Zen, nada é deixado por acaso e cada elemento é significante. O objetivo é criar uma harmonia entre as duas forças cósmicas de yin e yang, água e terra. Tradicionalmente, a água é simbolizada por cascalhos e areia inclinados para formar padrões ondulados, enquanto grandes pedras representam a terra. Quando plantas são utilizadas, arbustos como os de azaleia, bordos com folhas cortantes, coníferas e bambus representam a terra e o musgo representa a água. O espaço é uma parte integral do jardim Zen, permitindo que o espírito da natureza se mova entre o yin e yang.

Diferentemente dos jardins do Ocidente, que são projetados para celebrar as mudanças de estações, os jardins Zen são projetados com estabilidade em mente; portanto, eles são mais ou menos a mesma coisa hoje do que quando foram projetados centenas de anos atrás, e até mesmo o pedregulho é inclinado com os mesmos padrões. Essa estabilidade simboliza o espírito transcendente solto no tempo e no espaço.

ABAIXO Nos tempos medievais, o jardim cercado de paredes era um símbolo de refúgio. Aqui, a Virgem Maria é mostrada rodeada de rosas, símbolo de sua pureza.

JARDINS CERCADOS DE PAREDES

No simbolismo cristão medieval, o jardim cercado de paredes era o lar da alma e local de refúgio dos problemas da vida terrena. Sua natureza fechada e secreta o tornou símbolo do princípio feminino e em particular da Virgem Maria. A palavra "rosário", utilizada para descrever um colar de contas para contar as orações para a Virgem Maria, significava um jardim de rosas. Os jardins persas também eram rodeados por muros para separá-los do mundo terreno e tinham uma abundância de flores perfumadas, sobre as quais se baseia uma variedade de simbolismos; por exemplo, o jasmim e a rosa são vistos como o rei e a rainha das flores, enquanto o narciso captura a essência da juventude.

O Lar

ACIMA A lareira tem um papel fundamental nos lares de todas as culturas: é a fonte de aquecimento e luz, mas também é símbolo de segurança, conforto e sentimento de posse.

O centro tradicional da vida doméstica é a lareira, um símbolo típico, mas muitos outros objetos domésticos comuns possuem uma rica tradição simbólica: eles incluem a vassoura e o espelho, panelas para cozinhar, cestas e itens da mobília. No Ocidente alguns desses itens – notavelmente a lareira – não são mais de uso geral, mas continuam a ter seu poder simbólico.

A LAREIRA

Como fonte de luz, calor e alimento, a lareira representa o lar e a comunidade, a cordialidade, a segurança e a vida familiar. Ela aparece em mitos e religiões de muitas civilizações. Na tradição asteca era sagrada para o Ometecuhtli andrógino de Dois Senhores, considerado o coração do universo, enquanto tanto na China quanto no Japão, os deuses da lareira atraíam abundância e boa sorte para a casa; o deus japonês da lareira morava no gancho onde a panela _cava suspensa sobre o fogo.

A VASSOURA

Um equipamento doméstico simples, a vassoura também é um símbolo do poder sagrado e de um novo começo. Em algumas sociedades norte-africanas baseadas na agricultura, a vassoura utilizada para varrer o chão sujo é um objeto de culto. Na Roma antiga, as casas eram varridas depois dos funerais para remover espíritos maus e simbolizavam um recomeço; os chineses seguem um costume semelhante no fim do ano, varrendo a casa para remover qualquer má sorte em preparação para o novo ano.

ACIMA O caldeirão é um símbolo típico de magia, mistério e transformação.

ABAIXO A vassoura é um símbolo de remoção, usada para varrer a má sorte.

O CALDEIRÃO

A grande panela no centro da casa para preparar os alimentos, ou caldeirão, é outro símbolo típico e poderoso existente em várias culturas. Nas tradições indo-europeias, é um instrumento de força mística, magia e transformação. No mito celta existem três tipos de caldeirão: o caldeirão da abundância de Dagda – uma eterna fonte de alimento e conhecimento; um caldeirão de sacrifício de morte, no qual o rei dos tempos antigos era atirado enquanto seu palácio estava sendo queimado e o caldeirão do renascimento, no qual os mortos podiam ser ressuscitados.

Na China, um caldeirão de três pernas tinha o poder de conferir a habilidade da adivinhação, o controle do ciclo sazonal e conceder a imortalidade. O herói Yu o Grande, fundador do Império Chinês, fundiu nove caldeirões de bronze sagrados que ferviam sem fogo e eram cheios de poderes celestiais. Dizia-se que se as pessoas na terra transformassem virtude em vício, os caldeirões iriam desaparecer.

RECIPIENTES

Além do caldeirão, existem muitos outros tipos de recipientes típicos, incluindo urnas, vasos, jarros e tigelas, assim como porta-joias, caixas, cestas e cofres, todos eles com significado simbólico. Em muitas culturas, tais recipientes estão ligados à morte. Os antigos egípcios, quando mumificavam os mortos, colocavam o coração e outros órgãos internos em jarros de canopo – recipientes mágicos que protegeriam o conteúdo de influências maléficas. Na Europa, os mortos geralmente são fechados em um ataúde antes do enterro ou cremação, e suas cinzas podem ser colocadas em uma urna. Em alguns países da América do Sul, um recipiente quebrado colocado em um túmulo indica a transição entre vida e morte.

As urnas e vasos também são símbolos de vida: a deusa mesopotâmica, Ishtar, é frequentemente retratada carregando uma urna que contém as águas da vida. Na cabala, o vaso simboliza o tesouro espiritual – um simbolismo refletido nas lendas do Graal na literatura medieval europeia, em que o Graal é a taça ou o cálice que contém o sangue de Cristo e com este o segredo da imortalidade. No templo judeu, as tigelas douradas – uma metáfora para os recipientes que contêm vida – eram utilizadas para oferendas de rituais.

Os recipientes também são associados com o princípio feminino. Nas Américas, as histórias sobre cestas e a confecção delas estão frequentemente relacionadas com mulheres; por exemplo, em um mito Pawnee, a Mulher da Cesta é a mãe da lua e das estrelas. A cesta é um símbolo do

À DIREITA Os tapetes da Arábia estão associados ao lar e as cores e os padrões utilizados em sua confecção são ricas em simbolismo. Todos os tapetes possuem um erro para ilustrar a crença islâmica de que somente Alá pode criar a perfeição.

útero e o atributo de muitas deusas, incluindo Diana, de Éfeso, cujas sacerdotisas usavam seus cabelos penteados em forma de cesta. Entre os Shona, do Zimbábue, as tigelas de cerâmica são algumas vezes modeladas como as partes do corpo de uma mulher, e há um dito que diz que um marido deve tratar sua esposa com respeito para evitar que ela "vire a tigela de cabeça para baixo", ou lhe negue o acesso à sexualidade dela. Do mesmo modo, na cerimônia japonesa de chá, a xícara de chá representa a lua e o yin ou a essência feminina.

ESPELHOS

A palavra em latim para espelho é "speculum e, especulação – atualmente uma atividade intelectual – originalmente significava utilizar um espelho para examinar cuidadosamente o céu e as estrelas. Os espelhos – especialmente os escurecidos – também são utilizados em adivinhações, sendo observados até que as visões sejam reveladas; os astecas espelhos escuros de obsidiana polida com este propósito, dedicados ao deus Tezcatlipoca, ou Espelho Fumegante. Em algumas tradições dos americanos nativos, uma tigela medicinal escurecida era preenchida com água para criar o mesmo efeito.

Algumas vezes, os espelhos são considerados os refletores da verdade: no mito grego, Medusa, cujo olhar podia transformar os outros em pedra, se transformou em pedra quando viu seu reflexo no escudo de Perseus. Os chineses penduram espelhos octagonais entalhados com a frase Pa Gua acima da porta na entrada da casa, acreditando que através da revelação da natureza de influências maléficas, o espelho irá conduzi-las para longe.

Os espelhos são símbolos de sabedoria espiritual, conhecimento e iluminação: no Budismo Tibetano, a sabedoria do Grande Espelho ensina que o mundo de formas refletido nele é ilusório, enquanto, para os taoístas, o espelho do coração reflete o Céu e a terra. Através de sua associação com a inteligência, o espelho frequentemente é um símbolo solar; o mito japonês conta como a deusa do sol, Amaterasu, foi seduzida a sair de sua caverna por um espelho sagrado para refletir sua luz no mundo. O espelho também é um símbolo feminino e lunar, além de ter associações com a sorte e a superstição. Na China, um espelho é sinal de harmonia e casamento feliz, com um espelho quebrado sugerindo separação. No folclore ocidental, dizem que um espelho quebrado traz sete anos de azar para a pessoa que o quebrou.

MOBÍLIA

Na Roma antiga, os imperadores se sentavam em almofadas porque os tronos eram reservados para os deuses. Atualmente, em algumas partes da África, essas almofadas são símbolos do gabinete real e acredita-se que a almofada dourada dos Ashanti, em Gana, conserva a alma das nações. Como elevam a pessoa que está sentada, as cadeiras estão associadas ao status e à autoridade. Na tradição cristã, o nome em latim para a cadeira do bispo era cathedrum (da palavra grega para cadeira, kathedra); as igrejas presididas por bispos eram, portanto, chamadas de catedrais.

Uma mesa é um ponto focal, um local de encontro onde as pessoas se juntam para comer ou conversar. Para o povo judeu, a mesa de jantar da família assume o papel de um altar quando é santificada pelo ritual e oração durante a refeição do Sabbath. A Mesa Redonda das lendas do Rei Arthur representava uma comunidade selecionada, uma ideia que se reflete nos negócios de hoje quando as reuniões de diretoria são realizadas em volta de uma mesa.

Tanto os tapetes quanto as cortinas têm associações sagradas e seculares. No Oriente Médio, os tapetes estão associados com o lar e a mesquita e são utilizados para embelezar e delinear os espaços domésticos e sagrados. Juntamente com telas e véus, as cortinas fornecem um esconderijo e definem o espaço. No Templo de Jerusalém, uma cortina cobria o Santo dos Santos, o santuário mais secreto onde somente o alto sacerdote judeu podia entrar, enquanto em certas sociedades mulçumanas, as cortinas são fundamentais para a prática do purdah, que implica esconder as mulheres da visão pública. Para perpetuar sua autoridade divina, os imperadores da China sempre mantinham um véu entre eles e seus visitantes para que pudessem ver seus convidados sem serem vistos.

ACIMA O espelho tem muitos significados complexos, associados tanto com o sol quanto com a lua.

ACIMA As cortinas simbolizam a separação entre diferentes reinos, tanto os revelando quanto os escondendo.

Posição Social e Riqueza

Os símbolos podem ser usados para comunicar poder e autoridade – tanto temporal quanto espiritual. Cada cultura possui símbolos desenvolvidos de poder e os classificam de acordo com seus valores sociais, crenças e costumes. Muitos estão associados à realeza e à posição ou à riqueza e posses. Tradicionalmente, os bens valiosos foram utilizados como símbolo de riqueza e classe. O que são os itens específicos pode depender de valores culturais, a riqueza dos povos nômades, por exemplo, pode ser medida em termos de camelos e ovelhas.

ACIMA As joias enfeitadas com contas são uma marca de status entre muitos povos da África.

BENS PRECIOSOS

Alguns dos bens mais preciosos do ser humano – como o ouro, a prata e as pedras preciosas – são avaliados por sua beleza e raridade. Um símbolo de pureza e integridade, o ouro está associado à divindade, nobreza, ao sol e ás aspirações mais altas do espírito. As maçãs de ouro do céu nórdico, Asgard, assim como aquelas de Hesperides na mitologia grega, evitam que os deuses fiquem velhos, enquanto as imagens de Buda são frequentemente douradas como sinal de iluminação e perfeição. Como um símbolo tradicional de riqueza, o ouro aparece nos emblemas da monarquia e dos altos cargos e também é usado para simbolizar a realização humana – como na medalha de ouro ou, de modo figurado, em um conceito de "era dourada".

Assim como o ouro, a prata também está relacionada com a imortalidade; os antigos egípcios, por exemplo, acreditavam que seus deuses tinham a carne dourada e os ossos de prata. A prata está associada com a lua, o elemento da água, as energias femininas e a pureza; também é símbolo de riqueza, utilizada na moeda corrente e concedida em tributo.

Na antiga Mesoamérica, a pedra jade tinha um valor maior do que o ouro ou a prata; era um símbolo de pureza e vida e a preservação da realeza. Os animais e as plantas também produzem substâncias preciosas – pérolas e marfim, almíscar e âmbar gris, condimentos, resinas e óleos. O chocolate líquido era utilizado pelo povo Maia como moeda corrente, enquanto a pimenta era um condimento tão valioso que, no século V, Átila, o Bárbaro, tem a fama de ter pedido 1.350 quilos de grãos de pimenta como resgate para a cidade de Roma.

ACIMA Um retrato generoso da Imperatriz Russa, Catarina a Grande, está cheio de símbolos da realeza, incluindo a coroa, o cetro e a orbe.

DINHEIRO

Como a produção de mercadorias e os serviços se diversificaram e se especializaram mais, o comércio feito por simples trocas parou de ser prático. Universalmente, os emblemas reconhecidos, que aos poucos se tornaram em dinheiro, resolveram o problema; uma vez que todos aceitaram o valor simbólico dos emblemas, estes poderiam ser trocados por qualquer coisa. Itens como conchas e pérolas eram usados em algumas sociedades, mas o metal, quando estava disponível, era mais versátil e seu uso era mais comum. Originalmente, as moedas representavam

---

UNGINDO COM ÓLEO

Muitas culturas, acreditam que o óleo tenha poderes especiais. O de oliva é um símbolo de poder espiritual e de prosperidade. Na tradição judaico-cristã, os reis e os sacerdotes eram ungidos com óleo em rituais como sinal da bênção divina e da autoridade concedida por Deus, de poder e de glória. A palavra grega "christos" e a hebraica "messiah" significam "o ungido" e são usadas por Jesus como símbolos de sua autoridade real, profética e sacerdotal.

o valor intrínseco do metal do qual eram feitas, mas o valor da cunhagem moderna e das notas bancárias é puramente simbólico. Os desenhos impressos nas faces das moedas em geral significavam a autoridade do corpo governamental (tipicamente a cabeça do governador), Elas também levavam signos iconográficos da cultura – tais como cavalos, porcos e árvores em muitas moedas gaulesas –, uma tradição que continua até hoje. O dinheiro chinês tinha um orifício quadrado no centro, simbolizando a Terra rodeada pelo círculo do Céu, com um sobrescrito do imperador, filho do Céu e da Terra.

> **SÍMBOLOS DE STATUS DO MUNDO MODERNO**
> Muitos dos símbolos de status da cultura ocidental moderna são produtos da tecnologia de última geração – mercadorias eletrônicas como telefones celulares, computadores e equipamentos hi-fi ou carros caros. Onde as pessoas moram, o modo como decoram suas casas, o que elas vestem e até mesmo o que elas comem são todos indicadores da posição social. As celebridades, talvez o equivalente moderno dos heróis míticos, são usadas para fazer propaganda de marcas em particular na tentativa de elevar o status do produto.

INSÍGNIAS DOS CARGOS EXERCIDOS

Um modo de distinguir a classe é através da vestimenta cerimonial e dos acessórios. A cabeça é geralmente vista como "o assento da alma" e a parte mais nobre do corpo; penteados elaborados são quase universalmente utilizados para indicar um alto status – o líder sendo o "cabeça" do grupo. Eles variam de penteados elaborados com plumas de um chefe nativo americano até uma coroa enfeitada com joias preciosas de um monarca. Muitos líderes carregam um globo dourado, ou orbe (uma insígnia usada primeiramente pelos imperadores romanos para mostrar seu domínio sobre o mundo), e um cetro semelhante a um bastão. No Japão, um dos itens da insígnia imperial é o espelho de bronze, associado à deusa Amaterasu e transferido para a família imperial, que diz ser sua descendente.

O principal item do vestuário que faz parte da insígnia é tipicamente um manto ou capa. O manto do imperador chinês tinha um colar redondo com uma bainha quadrada identificando seu usuário como um intermediário entre o Céu e a Terra. O manto de um xamã possui abundância de simbolismo: nas antigas culturas uralo-altaica, por exemplo, era decorado com um emblema de três ramos, conhecido como a marca da abetarda (ave de caça), que simbolizava a comunicação entre os mundos da morte e do renascimento. Hoje, no Ocidente, o arminho branco, símbolo da pureza moral e da justiça, ainda é utilizado para decorar os mantos dos dignitários estaduais, judiciais, eclesiásticos e acadêmicos.

Os ornamentos do poder ajudam a manter o místico daqueles que ocupam um "lugar de destaque" que os separa da classe e do rol dos humildes. Esta "cadeira" possui muitos estilos diferentes: o presidente é o chefe de uma organização, enquanto na academia, o dono de uma cadeira de um assunto em particular está no topo da disciplina. Um trono é uma cadeira especial que simboliza a autoridade de um deus ou soberano. Muitas vezes está posicionada em uma plataforma elevada para significar o status elevado do governante e também é ricamente adornada. Na Bíblia, o trono do Rei Salomão é descrito como sendo de marfim, coberto com ouro, colocado sobre uma elevação com seis degraus e um par de leões dourados, cada um de um lado. Os tronos complexamente decorados com bordados de pérolas do reino de Bamum, em Cameron, incorporam as figuras de homens e mulheres para ilustrar a riqueza do monarca nas pessoas, enquanto as próprias pérolas demonstram a preservação da realeza e simbolizam a riqueza material do governante.

SELOS

Um antigo símbolo de identidade e autoridade é o selo, um pequeno objeto entalhado com um desenho único, que poderia ser pressionado em um pedaço suave de argila ou cera derretida. Era utilizado como uma assinatura para garantir a autenticidade de um documento como um decreto real e também podia garantir a segurança de um documento em trânsito. Quando estampado e lacrado com cera sobre um papel dobrado ou enrolado, o selo não podia ser quebrado sem ser danificado. Até os dias de hoje os selos ainda são utilizados em documentos legais, como testamentos. Os selos, algumas vezes, eram usados em forma de anéis e inscritos com os nomes das deidades ou passagens de textos sagrados, fazendo com que fossem usados como talismãs.

ACIMA Um cetro ou bastão é um símbolo de autoridade e dignidade para governar.

TOPO Um trono é o assento de poder e autoridade tanto no reino temporal quanto no espiritual.

ABAIXO Tradicionalmente, os selos eram símbolos de autoridade e identidade.

Alfabetos e a Escrita

Em quase todas as culturas, os alfabetos e as letras são feitas com significado simbólico. Nos tempos antigos, eles estavam particularmente associados com a magia, adivinhação e conhecimento sagrado. Saber como ler e escrever era um sinal de privilégio e uma fonte de poder - algo que ainda é verdadeiro hoje em dia, quando quase metade da população adulta do mundo não consegue escrever. A linguagem escrita também tornou possível a disseminação do conhecimento e da informação, primeiro através dos documentos escritos e séculos mais tarde através dos livros impressos.

ESCRITA

A comunicação através da escrita está baseada em um repertório convencionado de signos e símbolos formais que podem ser utilizados em diferentes combinações para reproduzir as ideias que o escritor quer expressar. Parece que provavelmente os primeiros sistemas de escrita – os pictogramas cuneiformes da antiga Mesopotâmia, os hieróglifos egípcios e os ideogramas chineses – se desenvolveram a partir dos signos e pinturas da pré-história.

Quando os alfabetos foram desenvolvidos (por volta de 1.000 a.C.), o número de caracteres diferentes necessário foi drasticamente reduzido: o alfabeto romano, ainda usado atualmente, contém 26 letras, enquanto são necessário mil signos básicos para a escrita chinesa.

AS PRIMEIRAS INSCRIÇÕES

A população da Mesopotâmia consistia amplamente de pastores de ovelhas e fazendeiros e um dos primeiros usos da escrita parece ter sido para fazer contas relacionadas com a agricultura; as primeiras tábuas de argila sumerianas conhecidas listam sacos de grãos e rebanhos de gado. A escrita cuneiforme foi baseada em pictogramas para que, por exemplo, o contorno da cabeça de uma vaca representasse um animal, mas ideias assim como objetos poderiam ser descritos: um pássaro e um ovo, lado a lado, significavam "fertilidade".

ACIMA O alfabeto rúnico era utilizado para uma linguagem escrita, não falada, que estava associada à magia, religião e profecia.

ACIMA A letra romana A representa a primeira categoria ou alto nível. Também simboliza o início.

ABAIXO Mais do que um simples sistema de escrita para a comunicação da informação, a escrita chinesa elevou-se à forma de arte poética.

ACIMA À ESQUERDA A escrita cuneiforme pictorial podia ser utilizada para infinitos propósitos. Esta inscrição, datada do século XIII a.C., é um contrato para venda de crianças.

ACIMA À DIREITA O primeiro alfabeto baseado em letras, lendo da direita para a esquerda, foi provavelmente o Fenício, a partir do qual se desenvolveram a escrita judaica, aramaica e arábica.

Os caracteres utilizados pelos antigos egípcios são conhecidos como hieróglifos, de duas palavras gregas que significam "gravuras santas". Os hieróglifos foram criados a partir de desenhos estilizados – de cabeças humanas, pássaros, animais, plantas e flores e também alguns objetos feitos pelo homem – e foram escritos em diferentes direções, dependendo do texto e onde era usado. Como os egípcios, os chineses atribuíram uma origem legendária à escrita: de acordo com uma história, o imperador Huang-Tsi a descobriu depois de estudar os corpos e objetos celestiais ao natural, particularmente as pegadas de pássaros e animais. Enquanto os hieróglifos e a escrita cuneiforme foram eventualmente suplantados pela escrita árabe, o sistema de escrita inventado pelos chineses permanece essencialmente sem mudanças; os pictogramas para as palavras como sol, árvore, montanha, campo e porta mudaram muito pouco em 3 mil anos.

ALFABETOS

O alfabeto fenício é geralmente considerado como o primeiro, abrangendo 22 caracteres consoantes e a escrita da direita para a esquerda. A partir da escrita fenícia, outras, como a aramaica, a hebraica e a arábica se desenvolveram, todas elas lidas da direita para a esquerda, além de alguns sistemas de escrita menos conhecidos, alguns dos quais resistiram até hoje. Estes incluem Tifnagh, a escrita

ACIMA No mundo antigo, os escribas formavam uma classe social de elite e status elevado, algumas vezes com mais poder de estado e conhecimento do que o próprio soberano.

ANALFABETISMO E A PALAVRA FALADA

Na moderna cultura ocidental, o analfabetismo em geral está ligado – erroneamente – à ignorância. Contudo, muitos grandes líderes espirituais, incluindo Mohammed, o mestre Zen Hui Neng e o sábio indiano Ramakrishna, foram analfabetos, indicando que sua direção e percepção intuitiva eram realidade divina, que não está baseada em palavras escritas. De certo modo, a escrita pode ser vista como uma forma rebaixada da fala, um símbolo de perda da presença e falta da palavra falada. Buda, Jesus e Sócrates não deixaram nenhuma obra escrita e muitos dos grandes mitos e culturas do mundo têm suas raízes em tradições orais e não escritas. Os linguistas identificaram cerca de 3 mil idiomas falados em uso no mundo atual, dos quais somente 100 são normalmente escritos.

usada pelo povo Tuareg do norte da África, que é diferente por causa de sua forma bastante geométrica. Também é muito incomum, visto que seu uso é restrito às mulheres, uma vez que a sociedade dos Tuareg é matriarcal; um bom exemplo da conexão entre literatura e poder social. Outros alfabetos incluem o grego, o romano (que é a base do alfabeto latino), o sânscrito e o cirílico.

As letras individuais em um alfabeto podem possuir um valor simbólico. Os estudiosos têm observado que, em muitos alfabetos antigos, a maioria das letras retratava um animal, um gesto humano ou um objeto físico, enquanto alguns alfabetos, por exemplo, o hebraico e o rúnico, são formados por uma sequência de palavras específicas em vez de letras. O alfabeto hebraico começa assim: aleph (boi), beth (casa), gimel (camelo) e não A, B, G.

TRADIÇÕES EUROPEIAS

As runas são os signos escritos mais remotos do antigo povo germânico. A palavra runa significa "segredo" em alemão e foi emprestada aos finlandeses como runo, que significa "canção". Supostamente criada pelo deus nórdico Odin, as 24 letras do alfabeto rúnico incorporam símbolos de fertilidade dos entalhes pré-históricos em rocha e representam letras, palavras e conceitos simbólicos. Por exemplo, a runa Ansuz (o equivalente de A) se referia às mensagens e sinais e era associada à boca como fonte de fala divina, como também às bocas dos rios e ao deus nórdico Loki, considerado um trickster. O alfabeto rúnico estava ligado às crenças religiosas e práticas de magia e nunca foi usado para representar uma linguagem falada. As expedições nórdicas levaram as runas para outros lugares – a Inglaterra anglo-saxônica, a Islândia, a Rússia e possivelmente até mesmo a América do Norte.

De longe relacionado às runas, o alfabeto celta irlandês ou Ogham, em forma de "árvore", consiste de 25 símbolos, cada um composto de uma série de pontos e linhas horizontais ou diagonais. Originalmente, entalhado em madeira ou pedra, cada glifo tem o nome de uma árvore. Uma variação do alfabeto Ogham recebe o nome de suas três primeiras letras: beith (bétula), luis (sorva) e nion (freixo). Acreditava-se que os símbolos do Ogham apareceram embaixo da égide de Ogma, o deus da fala. Assim com as runas, o alfabeto Ogham foi primariamente um método de inscrição e augúrio utilizado pelos druidas, videntes e poetas, em vez de um simples sistema de escrita.

ACIMA A letra Z vem no fim do alfabeto romano e simboliza término.

ABAIXO Um retrato de um escriba chamado Mery, chefe dos documentos reais em Saqqarah, em meados da 4ª dinastia (2.575- 2.450 a.C.) na porta de sua tumba. O fato de Mery ter sua própria tumba ricamente decorada mostra seu elevado status na antiga sociedade egípcia. O relevo mostra Mery trabalhando, fazendo uma inscrição em uma tábua de escrita, seu buril colocado atrás de sua orelha.

A LETRA X

Muitas associações simbólicas diferentes são conferidas à letra X. Em países onde o alfabeto romano era utilizado, as pessoas analfabetas utilizam esta letra em vez de suas assinaturas em documentos legais, como certificados de nascimento. Depois de terem feito sua marca, costumava-se beijá-la em sinal de sinceridade, razão pela qual usamos o X para representar um beijo. Nos numerais romanos, X é o número 10. Na matemática ele denota multiplicação ou, em álgebra, uma variável em uma função. A última, indicando uma quantidade desconhecida, levou à criação de expressões como "Sr. X", expressando a ideia de anonimato. O uso do X para garantir o anonimato também ocorre na votação. Em vez de ticar, colocar um X é marcar um erro. Nas estradas e em outros sinais, é um aviso de que algo é proibido ou foi cancelado e o uso de linhas cruzadas para demarcar um ponto em um mapa levou ao uso da expressão "X marca o local".

ABAIXO Estes antigos pictogramas mesopotâmicos mostram o desenvolvimento da escrita. A fileira de cima mostra um desenho simples (o jumento, o boi, a tamareira, a cevada, a cabeça), enquanto as próximas fileiras mostram como a imagem se desenvolveu em escrita cuneiforme.

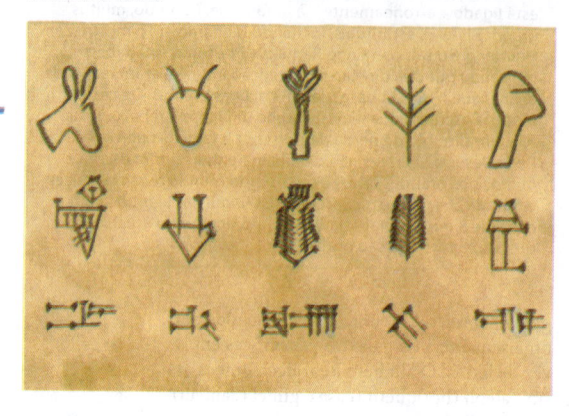

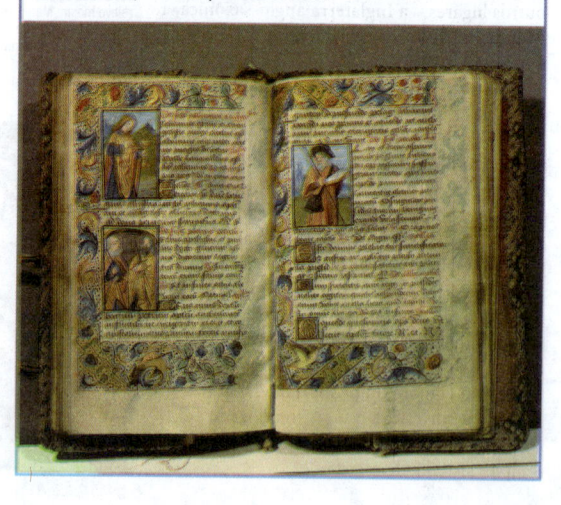

MATERIAIS ESCRITOS

Muitos materiais diferentes têm sido utilizados para escrever, incluindo o papiro (antigo Egito), tábuas de argila endurecida (Mesopotâmia), mármore (Grécia), camurça (México), bambu (Polinésia), seda (China) e madeira (Escandinávia). Cada material necessita do uso de implementos adequados para a escrita, dos quais os mais amplamente utilizados são a pena e o pincel.

Nas tradições islâmicas, a pena (qalam) é bastante simbólica. Um agente de revelação divina, foi feita de luz e criada por Alá para escrever sobre o "livro" ou tábua. Na mitologia clássica, a pena e a tábua do buril são atributos de Calíope, a Musa da Poesia Épica, e na iconografia cristã os quatro Evangelistas são, algumas vezes, associados à pena de ave.

Na China, o pincel usado na escrita, juntamente com sua tinta e tinteiro, são símbolos importantes. Com o papel, eles formam os "Quatro Tesouros do Estudo", símbolos da classe erudita que governava a China desde o século II a.C., e eles eram utilizados na caligrafia, através da qual a escrita foi transformada em arte praticada pela elite. A caligrafia também concedia elevado status em outros países ocidentais, como o Japão, e no Islã, onde as inscrições de textos do Alcorão eram utilizadas no lugar das imagens.

LIVROS

Símbolo ligado à religião, sabedoria, erudição e adivinhação. O Judaísmo, o Cristianismo e o Islamismo são "religiões de livros", baseadas em textos sagrados ou escrituras (cujo significado é "escrita") que possuem um status concedido por Deus. Os códigos de conduta evoluíram no que se refere ao manuseio dos textos sagrados. Os maometanos seguem rituais de limpeza antes de estudar o Alcorão, que nunca é colocado no chão. Nas sinagogas os livros ou pergaminhos muito gastos para serem lidos, ou pedaços de papel com as palavras sagradas são mantidos em uma caixa especial que é cerimonialmente enterrada quando estiver cheia. Na China, os livros eram associados aos sábios taoístas e símbolos de grande aprendizado. No mundo antigo, os Livros Sibilinos (Proféticos) continham profecias sobre Roma e eram consultados pelo senado em épocas de emergência. Os livros europeus medievais possuíam poderes divinatórios, assim, se um livro fosse aberto aleatoriamente e um grão de trigo caísse em uma página, o texto sobre o qual o grão pousou indicaria uma trajetória futura dos acontecimentos ou responderia a uma pergunta. As palavras dos livros têm sido devoradas como talismãs auspiciosos, um modo de ingerir sabedoria e poder da palavra escrita.

TRADIÇÕES RELIGIOSAS

Quase que universalmente, a escrita está ligada à tradição sagrada. No antigo Egito, achava-se que a escrita era uma dádiva do deus Thoth para a humanidade; na Índia, Sarasvati, a deusa da fala, também é chamada de deusa do alfabeto; Brahma, seu consorte, o deus criador, algumas vezes é mostrado usando uma coroa de 50 letras. De acordo com a história Bíblica, os 10 Mandamentos foram dados a Moisés inscritos em tábuas de pedra (as quais Moisés simbolicamente quebrou quando os preceitos não foram seguidos), com o Torá, o primeiro documento do Judaísmo.

Para os cabalistas, as letras do alfabeto hebreu estão ligadas aos números e ao pensamento para possuir poderes de criação, enquanto nas tradições místicas do Islamismo também há uma ciência muito refinada de letras baseadas em suas qualidades simbólicas. No Sufismo, as letras do alfabeto árabe podem ser classificadas de acordo com os quatro elementos (fogo, ar, terra e água), cada um deles, como representação material da palavra divina, carrega um significado específico. Algumas tradições visualizam as vogais e consoantes em termos de "espírito" e "matéria" respectivamente. Na antiguidade, as sete vogais gregas eram consideradas símbolos das sete esferas do Céu e dos sete conjuntos de estrelas que se moviam dentro de tais esferas.

CÓDIGOS SECRETOS

A escrita sempre esteve ligada à magia e ao oculto (significando "escondido") e é utilizada em símbolos criados com o propósito de ocultar as informações de todos, a não ser dos iniciantes ou dos aprendizes, especialmente nas tradições esotéricas com ideias contraria pensamento atual. Por exemplo, as letras hebraicas, as palavras em latim e os signos cabalistas algumas vezes são usados em selos mágicos de cinco pontas chamados pentagramas, impressos em pergaminho virgem ou entalhados em metais preciosos. Eles simbolizam poderes ocultos e são utilizados em feitiços e magia.

A tradição ocultista ou "hermética" ocidental traz suas origens da Hermética, escritos dos séculos I e III a.C, que supostamente contêm os ensinamentos de Hermes Trismegistus (o nome grego para a deidade egípcia Thoth, deus da sabedoria e da escrita). Eles conservam como relíquia vários ensinamentos fundamentais para muitas tradições esotéricas e ocultas – por exemplo, a dualidade de matéria e espírito e a ideia de que a salvação pode ser alcançada através do autoconhecimento e não através da fé ou da crença. Durante a Idade Média, ""livros de receitas" mágicas chamados "grimoires" estabeleceram um sistema em que o autoconhecimento podia ser obtido utilizando-se o poder dos símbolos para invocar os espíritos que o mágico tinha de confrontar e superar. Atualmente, os psicólogos podem interpretar tais fatos como facetas da própria personalidade do mágico. Muitos símbolos mágicos (conhecidos como "sigilos") foram inventados durante os séculos XV e XVI, como aqueles criados pelo dr. John Dee, astrólogo da corte inglesa de Elizabeth I. Alguns dos sigilos de Dee possuem uma semelhança com letras, como o L ou o Y invertido ou o Z de trás para a frente.

ALFA E ÔMEGA

A primeira e a última letra do alfabeto grego simbolizam aquilo que envolve todas as coisas, os dois polos do universo entre os quais está a totalidade do conhecimento, da existência, do tempo e do espaço. Na tradição cristã, eles são designados a Jesus Cristo, que, no livro de Apocalipse, declara: "Eu sou o alfa e o ômega, o princípio e o fim... o que é, o que era e o que será" (1:8). Na linguagem moderna, a frase "de A a Z" significa "completo, total e em detalhes".

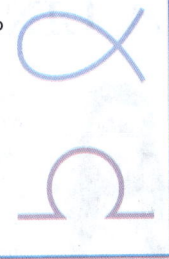

À ESQUERDA A máquina de impressão revolucionou a produção de livros, tornando a palavra escrita amplamente disponível.

ACIMA Hoje em dia, as runas são populares como um meio de adivinhação, com cada símbolo inscrito em uma pedra e, depois, "selecionado".

EXTREMA ESQUERDA Este frontispício do Pequeno Livro Sobre o Amor, de John Dee, mostra Vênus com sigilos mágicos em seu pergaminho e em sua trombeta.

A Linguagem do Corpo

ACIMA Este gesto indiano, conhecido como namastê, simboliza a reconciliação da dualidade na natureza. Também é usado como cumprimento na China.

ACIMA O sinal CND foi desenvolvido utilizando-se o sistema de sinais visuais com as mãos para as letras N e D.

À DIREITA O V como sinal de vitória, dois dedos levantados em forma de "V", as palmas das mãos viradas para fora, foi usado pela primeira vez por Winston Churchill, o primeiro ministro britânico, durante a Primeira Guerra Mundial. Atualmente, é utilizado como sinal de triunfo sobre a adversidade do mundo.

O corpo é um canal de comunicação, quer a informação que ele transmite seja consciente ou inconsciente, planejada ou involuntária. Sua linguagem é organizada tanto através do significado e do simbolismo construídos culturalmente e pelo simbolismo do inconsciente quanto pelo mundo dos sonhos. O corpo é uma grande fonte de expressão simbólica, comunicando-se conosco, na forma de "sabedoria corporal", e com os outros. Expressões como "Você é um pé no saco", "Eu sempre terei você no meu coração", "Eu sinto isso em meus ossos" e muitas outras sugerem que nossos corpos podem ser canais de informações significativas e simbólicas.

OS GESTOS E A GESTICULAÇÃO

A linguagem do corpo planejada aparece em gestos e na gesticulação. Nos primeiros seres humanos, tanto o uso de ferramentas quanto o de símbolos tornou-se possível com o movimento dos dois membros inferiores liberando as mãos para que os humanos fossem capazes fisicamente e mentalmente de "alcançar" ou compreender o mundo.

Os gestos têm um papel na criação e comunicação do significado. Na Índia e na China, colocar as mãos juntas em posição de prece na altura do queixo é o gesto de "namastê", que pode ser interpretado como "o deus em mim saúda o deus em você", e também simboliza a reconciliação da dualidade da natureza. Alguns gestos – como uma inclinação ou curvatura, sorrir ou encolher os ombros – parecem verdadeiramente universais, embora até mesmo os sinais mais comuns possam ter diferentes significados em diferentes culturas. Apesar de o aceno de cabeça significar consentimento na maior parte do mundo, na Índia tal consentimento é comunicado movendo-se a cabeça de um lado para o outro.

Levantar o dedo polegar representa "O.K." nos Estados Unidos, porém, é obsceno ou muito indelicado no Brasil, na Rússia e na China. Na Colômbia, este sinal feito sobre o nariz indica que alguém é um homossexual. Os gestos que significam que um homem acha uma mulher bonita variam imensamente: eles incluem levantar as sobrancelhas na América e na Inglaterra, segurar a barba no mundo árabe, girar um dedo na bochecha na Itália e beijar as pontas dos dedos na França.

Mostrar a língua para alguém pode ser entendido como insolente, provocativo ou insultante em muitas culturas. No Tibet, contudo, é usado como um cumprimento educado. Na Nova Zelândia, os Maori usam este gesto como aviso de cerimônia. Quando os visitantes chegam, um guerreiro Maori se aproxima deles de modo hostil, com olhos salientes e a língua estendida, o que significa: "Queremos atacar se você não vier amigavelmente". Se os visitantes reagem pacificamente, então eles recebem calorosas boas-vindas.

O sinal do V, popularizado pelo líder de guerra britânico Winston Churchill, hoje é usado em todo o mundo como sinal de vitória ou triunfo sobre a adversidade. Contudo, se o sinal for invertido, com a palma da mão para dentro, ele será considerado indelicado e ofensivo.

As gesticulações são gestos corporais que acompanham a comunicação verbal. Elas são usadas em todos os lugares, mas são bastante utilizadas na Itália, onde cada conversa é marcada por tamanha variedade de sinais com as mãos que é possível entender seu impulso do outro lado de uma praça. Por exemplo: uma mão estendendo-se no ar a partir do queixo como se fosse uma barba que estivesse crescendo significa "Você é chato".

LINGUAGEM DE SINAIS

Os sistemas de linguagem formal do corpo podem envolver gestos que descrevem objetos e ideias iconicamente ou comunicar-se através da soletração das palavras. Os nativos americanos das Planícies usavam um sistema complexo, principalmente icônico, de sinalização para a comunicação entre as tribos sem uma linguagem comum. Em 1755, o abade francês Charles-Michel de l'Epée desenvolveu um sistema de sinais para surdos, que foi a base para muitas linguagens de sinais modernas. O sistema de sinalização com as mãos ou com bandeiras, originalmente desenvolvido para propósitos marítimos, utiliza as posições dos braços e bandeiras para comunicar as letras do alfabeto. O sistema

MUDRAS

Gestos simbólicos feitos com as mãos e relacionados a Buda, retratados nas estátuas budistas desde o século V a.C. O mudra Dhyana é equilíbrio e meditação. O Ksepana, a aspersão do néctar da imortalidade. O mudra Varada é caridade e a realização de todos os desejos. O Uttarabodhi a suprema iluminação.

ACIMA Charles-Michel de l'Epée, o pedagogo francês que inventou um sistema de sinalização para os surdos, ensina um grupo de estudantes.

de sinais com as mãos é a fonte de uma campanha para o símbolo do desarmamento nuclear (CND), que combina os sinais das letras "N" e "D": dois braços virados para baixo, invertendo o "V" para "N" e um braço apontando para cima e o outro para baixo representando o "D".

SINAIS DUPLOS

Quando comunicamos duas ou mais coisas diferentes ao mesmo tempo, estamos utilizando sinais duplos. A linguagem do corpo pode perturbar a comunicação pretendida, como quando dizemos a alguém: "Prazer em conhecê-lo", mas simultaneamente saímos; portanto, nosso corpo transmite a mensagem "Não estou interessado em conhecê-lo" ou "Meu foco está em outro lugar".

COMUNICAÇÃO NÃO VERBAL

A teoria da comunicação entende comunicação como a troca de informações distintas através de sinais. Nos comunicamos linguisticamente através de palavras e da linguagem, mas também temos a comunicação "não verbal" através de nosso tom de voz, postura, movimento ou posicionamento do corpo, direção do nosso olhar e toque. Nossas interpretações dos sinais não verbais de outras pessoas podem ser muito apuradas, ou estar bem longe do pretendido devido aos nossos preconceitos, projeções ou variações culturais. Por exemplo, o comportamento dos olhos pode comunicar relativa classificação social, predominância, submissão ou respeito. Eles também podem sinalizar agressão, amor e interesse ou desinteresse sexual. Para os americanos negros, a falta de contato dos olhos indica respeito, porém, isso pode ser mal interpretado pelos americanos brancos que esperam um olhar direto. Manter o contato dos olhos em um diálogo é sinal de respeito ou pode indicar fidelidade para os árabes, latino-americanos e europeus do sul, enquanto para os asiáticos e indianos orientais, o "olhar periférico" ou nenhum contato de olhos é mais aceitável. Na Grécia, é comum para as pessoas fitar umas às outras em público e os gregos se sentiriam invisíveis ou ignorados em um país como a Inglaterra, onde é indelicado olhar fixamente para alguém.

ESPAÇO PESSOAL

Os costumes, convenções e linguagem do corpo existem para definir o espaço pessoal ou comunitário. Cada comunidade possui diferentes rituais simbólicos e métodos para se comunicar com os visitantes ou inimigos na fronteira de seu território definido. Cada indivíduo tem diferentes necessidades para o espaço pessoal e tais necessidades mudam de acordo com o tempo e a circunstância. Os monarcas e líderes políticos geralmente exigem uma acomodação bem ampla na vida pública, a menos que estejam fazendo gestos significantes como um abraço simbólico ou aperto de mãos de dois líderes, ou dando as honras a um de seus súditos. Em uma situação diferente, com amigos e família, o mesmo indivíduo irá reduzir seu espaço pessoal para permitir uma intimidade maior.

ACIMA O contato dos olhos é uma parte importante da comunicação não verbal.

ABAIXO O aperto de mão é valioso tanto para manter um espaço pessoal quanto para quebrar barreiras de espaço.

A Arte do Corpo

Embora a moda e os costumes variem, as pessoas de todas as culturas usam o corpo para expressar sua identidade e marcar os rituais de passagem. Elas alteram e enfeitam o corpo de maneiras permanentes e temporárias, de tatuagens, cicatrizes decorativas e piercings até joias, estilos de penteados, maquiagem e roupas. A arte do corpo é utilizada para simbolizar a sujeição e a diferença social e cultural, para denotar a classe ou o poder, para acentuar a beleza e para fazer uma afirmação sobre o gênero e a disponibilidade sexual. Ela também tem um papel importante em rituais e cerimônias.

TRAJES E TABU

Deixando de lado seu uso prático como proteção dos elementos, as roupas possuem um significado moral em muitas culturas. Na Inglaterra Vitoriana considerava-se malicioso o fato de uma mulher mostrar seu tornozelo, enquanto um dos símbolos da "revolução sexual" da década de 60 foi a minissaia. Em culturas que não entendem a nudez como algo a ser escondido, a roupa significa um embelezamento da forma humana.

O traje pode mostrar aderência a um grupo de crença específica ou parte da sociedade. Os adolescentes no Ocidente escolhem roupas que estão de acordo com um estilo reconhecível para indicar sua escolha social. Em muitas tradições religiosas, os mantos dos monges e freiras simbolizam seu desapego ao mundo material e a despreocupação com as características individuais, focalizando-se em sua relação com o divino.

PINTURA DO CORPO

Em muitas partes do mundo, as mulheres pintam sua pele com rena. Em partes da Índia, esta prática, conhecida como mehndi, tem sido uma tradição de mais de 5 mil anos.

O desenho de padrões complexos sobre as mãos e os braços ou pés faz parte da cerimônia de casamento e eles acreditam que quanto mais escura for a cor na pele, mais tempo o amor vai durar entre um casal. Em Marrocos, a rena simbolicamente abençoa quem a esta usando e acredita-se que ela proteja contra o mal e promova a fertilidade e a boa sorte. No Sudão, o uso da rena é uma expressão de felicidade e do amor da esposa por seu marido, ao passo que não usá-la representa mágoa ou falta de amor.

A maquiagem não é usada somente para acentuar as características faciais desejáveis, mas também como disfarce. Frequentemente, é um meio de ajustar-se à moda e às ideias sobre o que significa a beleza; porém, os Góticos atuais, por exemplo, usam maquiagem branca no rosto e batom preto ou lilás como um modo de ameaçar a cultura dominante. No Japão, onde a maquiagem branca representa um ideal de beleza tradicional e ainda é a máscara da gueixa, era costume das mulheres de classe alta raspar suas sobrancelhas e escurecer seus dentes como um sinal de que atingiram a maturidade.

PERFURAÇÃO DO CORPO (PIERCING)

A perfuração do corpo como um ato simbólico é comum em muitas culturas. Na América do Sul, os índios Carafa inserem uma vareta _na em seu lábio inferior para mostrar que estão no vigor de seus anos. A perfuração da língua era praticada em um ritual pelos astecas e maias e também por algumas tribos nativas americanas, como os Tlingit e os Kwakiutul. Entre os berberes, os beja e os beduínos do Oriente Médio, as argolas no nariz são muito comuns. O tamanho da argola denota a riqueza da família, e quando um homem se casa, ele dá sua argola para a esposa como segurança caso eles se divorciem ou ela fique viúva. Na Índia, é comum para as mulheres usarem uma tacha de nariz em sua narina esquerda; isso porque na medicina Ayurvédica, o sistema tradicional de cura na Índia, acredita-se que ele se conecte com os órgãos reprodutivos da fêmea através do delicado sistema de energia do corpo; portanto, acredita-se que o piercing alivie as dores menstruais e facilite o parto.

Os piercings no corpo também são determinados por padrões estéticos. Por exemplo, as mulheres do Makololo de Malawi usam pratos chamados pelele no lábio superior para realçar sua beleza. O piercing no corpo também está associado com temas eróticos: o Kama Sutra,

ACIMA Pintar o corpo com rena é uma arte antiga que se originou na Mesopotâmia e ainda é praticada em partes da Índia, como nesse casamento hindu, e no Oriente Médio. É a própria rena que simboliza o amor, a felicidade e a proteção.

ABAIXO Na primeira pintura conhecida da América do Sul, datada de 1599, um equatoriano de Quito usa um vestido europeu, mas em seu corpo estão os piercings e joias de sua própria tradição tribal.

texto indiano sobre a arte de fazer amor, fala do apadravya, um barbilho inserido na glande do pênis para aumentar a excitação. Na Europa do século XIX, o "anel de seios" era usado por mulheres da alta sociedade para aumentar seus mamilos e mantê-las em estado de excitação. Atualmente, no Ocidente, o piercing no corpo é feito nos lábios, na língua, nas sobrancelhas, no nariz, no umbigo, nos mamilos e voltou a ser usado nos grandes lábios. Algumas pessoas acham que isso representa uma necessidade de conectar-se com algo mais duradouro do que a coisa efêmera da sociedade consumidora; também está associado à afirmação individual e identidade de grupo, rebelião contra as "normas" da sociedade e fetiche sexual.

ESCARIFICAÇÃO

Para muitos povos indígenas, a prática da escarificação (formação deliberada de uma cicatriz) é altamente simbólica. Entre os Karo, na Etiópia, uma linha cicatrizada no queixo de um homem mostra que ele matou um inimigo de outra tribo e é uma marca de respeito, enquanto as mulheres da tribo Karo realçam sua beleza e sensualidade com profundos cortes feitos em seu peito e busto. Nas cerimônias de iniciação praticadas pelos Barabaig da África Oriental, as cabeças dos meninos pubescentes são raspadas e suas testas são cortadas com três incisões de orelha a orelha para marcar sua entrada na masculinidade. Na África Ocidental, as jovens meninas têm marcas de escarificação em volta do umbigo como um lembrete de sua mãe ancestral, enquanto o povo Djuka da Guiana Holandesa nas Índias Ocidentais marca o rosto, os ombros e os braços com desenhos de Kaffa transmitidos por seus ancestrais africanos.

TATUAGENS

Os corpos mumificados encontrados em muitas partes do mundo, incluindo o Egito, a América do Sul, a África, a Rússia e a Europa, sugerem que a prática da tatuagem é uma arte antiga ligada aos rituais e às cerimônias sagradas. O corpo de um homem da Idade do Bronze preservado no gelo nos Alpes Austríacos tinha um total de 57 tatuagens e acreditava-se que elas estivessem relacionadas com a cura. Os esquimós e alguns nativos americanos as utilizam para se proteger contra doenças. No Sudão, as meninas com idade para se casar têm vergões porque acreditam que estes fortaleçam seus sistemas imunológicos enquanto estiverem grávidas.

A palavra tatuagem deriva do idioma samoano ta tau, que significa "equilibrado" e "apropriado". A ta tau é utilizada como símbolo de maturidade, demonstrando prontidão para a vida. A ta tau masculina é aplicada em ordem particular, começando com a parte _na das costas, com o desenho do umbigo sempre aplicado por último (pute). As mulheres samoanas sempre têm um desenho em forma de diamante (malu) na parte de trás dos joelhos. Qualquer ta tau que não seja concluída é considerada vergonhosa, uma vez que indica uma cerimônia incompleta. Na cultura Maori, tatuagens complexas conhecidas como ta moko significam realizações e classe social. Linhas e espirais são usadas no rosto e nádegas dos homens e no queixo, lábios e ombros das mulheres. Aqueles de classe alta também têm ta moko em seus rostos, o lado esquerdo relacionado à linhagem do pai e o direito relacionado à da mãe.

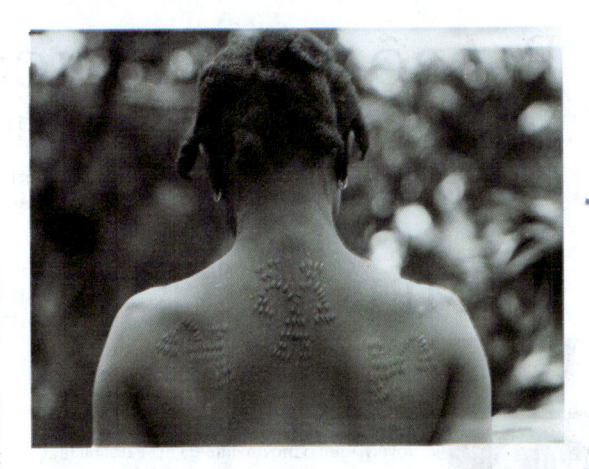

As tatuagens podem denotar submissão às tribos, clãs ou gangues. Por exemplo, na América, uma tatuagem da caveira com asas é o emblema da gangue de motocicletas Anjos do Inferno. Uma tatuagem comum entre os membros das gangues hispânicas é a cruz de pachucho, feita na mão entre o polegar e o dedo indicador; uma outra tatuagem é feita de três pontos em forma de pirâmide e significa mi vida loca ou minha vida louca.

Uma tatuagem estabelece uma ligação simbólica entre a pessoa que a usa e o que ela retrata, agindo assim como um totem. Isso significa que as tatuagens podem ter uma função protetora: os pescadores da Melanésia usam a tatuagem de um golfinho para evitar os ataques de tubarão. Alternativamente, as tatuagens também podem ser símbolos de agressão: no Ocidente, os desenhos incluem águias com suas garras prontas para atacar, panteras negras, escorpiões, caveiras ou imagens da morte e de demônios. As tatuagens também podem simbolizar amor e submissão; então, outro desenho popular no Ocidente é um coração atravessado por uma seta, inscrito com o nome do ser amado.

ACIMA Os desenhos Kaffa nos ombros de uma jovem Djuka são feitos através de cortes preenchidos com cinzas; quando cicatrizam, eles cortam novamente e preenchem com cinzas até que as cicatrizes cheguem ao nível desejado.

ABAIXO As tatuagens se tornaram comuns na cultura dos jovens do Ocidente como uma declaração de identidade ou para aumentar o erotismo e a beleza.

Padrões e Gráficos

ALGUNS DOS SÍMBOLOS MAIS ATRAENTES SE BASEIAM NO PADRÃO E COR, LINHAS E FORMAS GEOMÉTRICAS E, FREQUENTEMENTE, SÃO ESTES SÍMBOLOS MAIS BÁSICOS QUE REPRESENTAM OS PRINCIPAIS CONCEITOS, COMO A ETERNIDADE REPRESENTADA COMO UM SIMPLES PONTO OU A ESPIRAL QUE SIGNIFICA O PRÓPRIO RITMO DA RESPIRAÇÃO E A VIDA.

Números

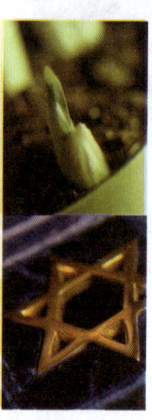

O simbolismo complexo dos números vem desde a antiguidade. Em muitas tradições, eles estão ligados com os princípios cósmicos que colocam ordem e dão estrutura ao universo, governando o movimento da lua e das plantas assim como das plantas, da vida animal e também da vida humana. Na Grécia antiga, Pitágoras (569-475 a.C), algumas vezes descrito como o primeiro matemático puro, é citado quando diz: "Os Números governam todas as coisas". A Numerologia é uma das ciências mais antigas de símbolos. As culturas em todo o mundo utilizam números individuais simbolicamente: aqui estão algumas das principais associações de um a dez.

ACIMA Uma estrela de seis pontas é um símbolo de equilíbrio e harmonia. Também é o emblema do Judaísmo.

TOPO, À DIREITA Um símbolo de duas gêmeas representa força dupla e também simboliza os espíritos guerreiros.

1 O número um representa o início e a causa primordial. É um símbolo de criação e das espécies humanas, representado pela pedra vertical, o bastão perpendicular e o falo ereto. Nas religiões monoteístas, um é o número de Deus, assim como na psicologia Junguiana é um símbolo de unificação. Na Contagem Terrena dos nativos americanos, um representa o Grande Pai Sol e o fogo, a centelha da vida. Usamos a expressão "número um" para nos referirmos à nossa própria importância como indivíduo. Na teoria de Pitágoras, um representa o princípio masculino.

2 A numerologia chinesa é baseada no número dois, pois, na crença taoísta, o universo é feito de polaridade, expressa em forças complementares, yin e yang. Dois representa pares e dualidade, separando o criador da criatura, espírito e matéria, homem e mulher, luz e trevas. Muitas culturas consideram o conjunto formado por dois, como no caso de gêmeos, especialmente afortunado. Na Contagem Terrestre dos nativos americanos, dois representa a Mãe Terra, o corpo, a Terra, a morte e a introspecção. Para Pitágoras, ele representa o princípio feminino.

3 O número três expressa todos os aspectos da criação, incluindo o nascimento, a vida e a morte; passado, presente e futuro; assim como mente, corpo e alma. Para os chineses é um número perfeito que expressa a totalidade e a realização através da união do céu, da terra e da humanidade. Na teoria de Pitágoras, ele representa harmonia perfeita, a união da unidade (um) e a diversidade (dois). No Islamismo, o número três representa a alma e para os nativos americanos ele está ligado à água e às emoções. Entre os Dogon o número três simboliza o princípio masculino. O simbolismo deste número está ligado ao triângulo.

4 O número quatro está relacionado aos pontos cardinais, às estações, aos elementos e às fases da lua. Na teoria de Pitágoras, sendo o primeiro quadrado, o número quatro representa perfeição e, na Contagem Terrestre dos nativos americanos, ele simboliza a harmonia.

ZERO

Seu uso desenvolveu-se muito depois de nosso sistema de representação de números, embora os escribas babilônicos deixassem um espaço em branco onde se pretendia colocar um zero. No antigo Egito, não havia hieróglifo para zero. Os maias entenderam o conceito de zero e o representaram como uma espiral, simbolismo do útero, da concha e da vida fetal. O Zero representa o espaço em branco no infinito, o vazio de onde vem a vida e para onde ela retorna. É o símbolo da potencialidade completa.

1234567890

DOZE

Doze é o número da realização universal, sendo o número dos discípulos de Cristo e também das tribos de Israel. Também há sete portões para a Cidade Celestial de Jerusalém e a "Árvore da Vida" tinha doze frutos. Em muitas tradições, está relacionado com a série contínua de espaço e tempo (com o zodíaco e os meses do ano) e representa um ciclo completo.

Seu simbolismo está ligado tanto com a cruz quanto com o quadrado, sugerindo ordem, estabilidade e solidez. No Islamismo está relacionado à matéria e no Cristianismo aos quatro evangelistas. É um número sagrado nas Vedas Hindus, que são divididas em quatro partes. A palavra japonesa para quatro, shi, parece a palavra para morte, portanto, é substituída na conversação por yo ou yon.

5 De acordo com Pitágoras, cinco é o número da humanidade, o corpo humano com seus quatro membros e a cabeça se encaixa em um pentagrama, ou estrela de cinco pontas. Na Contagem Terrestre dos nativos americanos, cinco denota o ser humano como ser sagrado, fazendo a ponte entre a terra e o céu, passado e futuro e os mundos espiritual e material. Na China, é o número da união harmônica de yin (dois) e yang (três), enquanto na Índia e na China representa os elementos – fogo, ar, terra, água e o espaço celeste.

6 Na China, seis é o número do poder celestial e da longevidade. Na Contagem Terrestre dos nativos americanos, ele está associado com os ancestrais. Definido como um hexágono ou estrela de seis pontas, significa harmonia e equilíbrio e está ligado ao ser humano universal e, na teoria de Pitágoras, está ligado à justiça. No Budismo, existem vários agrupamentos de seis, incluindo os seis reinos da existência. Seis está associado com o pecado no Livro de Apocalipse, no Novo Testamento: como 666 se torna o número da besta do Apocalipse.

7 O número sete tem um significado amplo na magia e no mistério divino. É o número dos planetas conhecidos na antiguidade (Sol, Lua, Mercúrio, Vênus, Marte, Júpiter e Saturno) e dos dias da semana. Há sete galhos para a árvore cósmica do xamã e sete chakras principais no corpo humano. No antigo Egito, havia sete deuses de luz e sete das trevas e sete era um símbolo de vida eterna. No Judaísmo, o Ano-Novo começa no sétimo mês do calendário judeu. Os mulçumanos acreditam que existe sete céus, sete infernos e sete terras, enquanto, para os cristãos, sete é o número das virtudes celestiais e também dos pecados mortais.

8 Quase universalmente, oito é o número do equilíbrio cósmico. Para os nativos americanos é o número das leis naturais. No Budismo, está relacionado com o dharmachakra, ou a roda da vida de oito raios, e as oito pétalas da flor de lótus, representando os oito caminhos para a perfeição espiritual. Os taoístas reverenciam os Oito Imortais e as Oitos Coisas Preciosas; o deus hindu Vishnu tem oito braços que correspondem aos oito guardiões do espaço. Oito é um número importante na crença africana: entre o povo Dogon existem oito criadores heróis e oito ancestrais principais; o oito está associado com a água e o sêmen.

9 O número nove está relacionado com o simbolismo do poder triplo de três – os três trimestres (períodos de três meses) da gravidez ou as três tríades das nove ordens de anjos. Na China, é altamente auspicioso porque é o número das esferas celestiais. Entre os astecas, um templo com nove andares refletia os nove céus ou estágios através dos quais a alma deve passar. Na Contagem Terrestre dos nativos americanos, nove significa a lua, mudança e movimento.

10 Na teoria de Pitágoras, dez representa o poder divino. Na tradição bíblica, é o número dos mandamentos de Deus e na tradição dos nativos americanos, representa o intelecto.

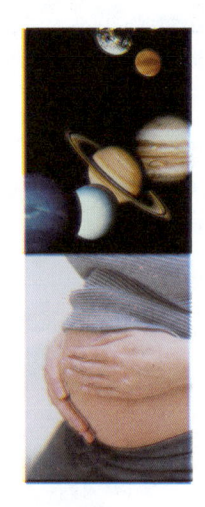

TREZE

No Ocidente, 13 geralmente é considerado um número de azar. Esta superstição pode derivar das 13 pessoas (Cristo e seus 12 discípulos) que estavam presentes na fatídica Última Ceia. A Kabbalah relaciona 13 espíritos do mal. Em outras culturas, o número é considerado sagrado. Na Grécia antiga, ele representava Zeus, a 13ª deidade; é um número importante na antiga astronomia mexicana, assim como em seus calendários e na teologia. Na Contagem Terrestre dos nativos americanos 13 representa a Mulher Formosa.

ACIMA Através de sua associação com a gravidez, o número nove está associado com a gestação e a realização da criação.

TOPO Na antiguidade havia sete planetas conhecidos e os dias da semana receberam seus nomes.

PONTOS E LINHAS

Pode ser difícil aceitar que marcações tão básicas quanto pontos e linhas poderiam ter algum significado simbólico em particular; contudo, estes simples gráficos são possivelmente alguns dos primeiros e mais profundos símbolos. Além de ser importantes por si só, eles fazem parte integral de muitos outros sistemas de símbolos, incluindo as artes visuais, a escrita, a matemática, a geometria e várias formas de adivinhação, além de informar as tradições sagradas em todo o mundo.

ACIMA Na tradição hindu, o ponto, ou bindu, é um símbolo sagrado frequentemente usado na posição do terceiro olho.

O PONTO

Como uma estrela no céu, o ponto é a primeira emanação a aparecer no vazio infinito, uma luz do tamanho da ponta de um alfinete do mundo dos espíritos. Ele simboliza o centro ou a fonte de onde toda vida começa e para a qual deve retornar um dia. É um emblema do embrião ou da semente, simbolizando o início de uma nova vida, de esperança e promessa para o futuro. É o primeiro sinal de uma presença e uma fonte de energia – o centro do qual tudo mais se irradia e a essência que permanece quando tudo mais for removido. É a pupila no centro do olho e o umbigo no meio do corpo – um lembrete visual do cordão umbilical que conecta a criança que vai nascer à vida. Como ponto final em uma afirmação pode representar um fim, mas também pressupõe um novo começo, com o início da próxima sentença.

No ensinamento hindu, o ponto é conhecido como bindu (derivado de uma palavra em sânscrito que significa "gota") e é símbolo do absoluto. É representado no yantra (um tipo de mandala) através do ponto no qual dois triângulos representando Shiva e Shakti (deus e deusa do universo) se encontram. O bindu geralmente pode ser visualizado pintado ou usado no rosto no "terceiro olho" no centro da testa.

> **BARRAS E PEDRAS UTILIZADAS PARA CONTAGEM**
>
> O Osso de Ishango do Congo, datado de 25.000-20.000 a.C., é considerado um dos primeiros exemplos de uma barra de contagem. Devido à série de nós horizontais que estão entalhados no osso, acredita-se que seja um calendário lunar, cada nó representando um dia no ciclo da lua. Um osso ainda mais antigo, encontrado em Abri Blanchard, na França, datado de 32.000-25.000 a.C., mostra uma série de padrões de pontos em ziguezague considerados representação de um calendário lunar de dois meses. Os cristais de rocha neolíticos com desenhos de linhas geométricas, como aqueles encontrados em Susa no Irã, são considerados pedras de contagem ou calculi – a palavra "calcular" tem sua origem na palavra calculus, em latim, que significa "pedra".

Nas tradições hindu e budista, o bindu é a fonte da meditação e um símbolo de integração espiritual ou iluminação; é o centro no qual todas as experiências são compactadas em concentração total antes de implodir de volta para sua origem – o vazio ou um estado transcendental da consciência. No misticismo islâmico ele é o símbolo do criador e do eterno. Numericamente, está relacionado com o simbolismo do zero.

LINHAS HORIZONTAIS E VERTICAIS

Como sugere seu nome, uma linha horizontal segue a direção do horizonte. Ela representa a divisão entre a terra e o céu, a linha divisora entre a vida humana e os reinos dos deuses, a base ou o chão sobre o qual ficamos em pé. Com um eixo de direção, a linha horizontal simboliza movimento na superfície da terra: da esquerda para a direita (oeste para leste) ou direita para esquerda (leste para oeste), assim como o movimento no tempo.

ABAIXO Um padrão em ziguezague é uma das formas geométricas conhecidas mais antigas, considerado símbolo de cobras ou da água.

À DIREITA O horizonte é a linha que aparece para dividir a terra do céu ou, de modo figurativo, os reinos humano e espiritual.

ACIMA A linha reta é um dos cinco elementos básicos na ideografia ocidental. Estas são seis das variações mais comuns. Da esquerda (1) para a direita (6): 1. A base; 2. Unidade; 3. Símbolo de igual; 4. Entidades completas; 5. Similaridade em uma dimensão; 6. O mesmo que.

Está relacionada ao reino temporal, à matéria e à substância, o equilíbrio e a estabilidade. Tradicionalmente, está ligado com a fêmea ou elemento receptivo, embora na China seja o símbolo de yang, denotando poder ativo e masculino. Na matemática, uma pequena linha horizontal é o sinal de menos.

Se a linha horizontal está relacionada à matéria, então a linha vertical envolve o espírito e fornece a ligação entre os mundos superiores e inferiores. Está associada ao princípio masculino e descreve o movimento de cima para baixo, do Céu para a Terra, do nadir (ponto mais baixo) para o zênite (cume) e vice-versa. Os símbolos relacionados incluem a espinha no corpo humano, o tronco da Árvore do Mundo, o bastão, a vara, o cetro ou a varinha e muitos símbolos fálicos diferentes. Também é amplamente utilizado em muitos alfabetos: no alfabeto romano forma a letra "I", onde representa a autoridade do "eu". Na língua grega, a linha vertical forma a letra "iota", que os antigos gregos consideravam a representação do destino ou da sorte. Ela está relacionada numericamente ao número um.

LINHAS EM ZIGUEZAGUE

Uma das primeiras esculturas conhecidas tem mais de 300 mil anos. Ela aparece em um fragmento de osso de Pech de l'Aze, na França, e mostra um ziguezague ou padrão sinuoso. Um conjunto de desenhos simbólicos semelhantes com mais de 40 mil anos foi encontrado em Bacho Kiro, na Bulgária. Acredita-se que os zigue-zagues representam cobras ou água; no antigo Egito, o ziguezague era o hieróglifo para a água. Uma formação de ziguezague paralela horizontal é utilizada para representar o signo de Aquário, o carregador da água na astrologia ocidental.

LINHAS PARALELAS

Correndo lado a lado e nunca se encontrando, as linhas paralelas simbolizam os opostos assim como o equilíbrio e a igualdade. No início da escrita cuneiforme, as linhas paralelas significavam "amizade" enquanto as linhas cruzadas representavam a "inimizade".

As linhas verticais paralelas podem ser observadas em pilares ou colunas, as quais na arquitetura do mundo antigo e clássico estavam associadas à autoridade temporal e espiritual. Pilares duplos também aparecem no simbolismo esotérico. Por exemplo, no Tarô, a Alta Sacerdotisa é mostrada sentada entre duas colunas, uma preta e uma branca, simbolizando as polaridades de masculino e feminino, positivo e negativo, vida e morte, criação e destruição. Este simbolismo é refletido nas tradições esotéricas do povo judeu com as duas colunas na fachada do Templo de Salomão, em Jerusalém. A coluna da esquerda, feita de pedra preta, correspondia à lua, à decadência, ao ano da lua minguante e à blasfêmia; era chamada de Jachin, que significa "deve permanecer", a coluna da direita, feita de pedra branca, era chamada de Boaz, que significa "resistência" e corresponde ao sol, ao ano da lua crescente e às bênçãos.

ACIMA As construções eram feitas através da combinação de linhas ou superfícies horizontais e verticais. As superfícies horizontais dos pisos e tetos fornecem a base e o cercado ou a proteção, enquanto as verticais representam a estatura, o crescimento e a aspiração.

PONTOS E LINHAS NA ADIVINHAÇÃO

O I Ching Chinês, um dos textos divinatórios mais antigos do mundo, é baseado em uma série de hexagramas formados por linhas horizontais quebradas e contínuas. Uma linha contínua representa o yang e está relacionada ao sol, ao dia e aos céus, enquanto uma linha quebrada representa o yin e está relacionada à lua, à noite e à terra. Os padrões feitos pelos pontos também são utilizados na adivinhação, originalmente na forma de pedras, nozes ou sementes, que eram atiradas na terra e depois interpretadas. Os padrões de pontos foram depois transferidos para o dado e para o dominó e estes são utilizados tanto em jogos quanto para fazer previsões.

A CRUZ

Na cultura ocidental, a cruz se tornou quase que inseparável do Cristianismo; contudo, é atualmente um dos símbolos mais velhos e abrangentes. Esculpida em pedra ou madeira, trabalhada em metal ou osso, ricamente decorada ou simplesmente desenhada, a cruz aparece no mundo todo. Estima-se que um disco de pedra com uma cruz entalhada, encontrado na Caverna Tata, na Hungria, tenha aproximadamente 100 mil anos; cruzes esculpidas em uma estatueta de mamute de Vogelherd, na Alemanha, são datadas de mais de 300 mil anos. A cruz pode ser encontrada nas antigas civilizações da China, Egito e América Central e é um símbolo frequente na arte africana além de aparecer em porcelanas, joias e moedas celtas. É considerada um dos quatro símbolos básicos com o ponto, o círculo e o quadrado, com os quais também está relacionada.

ACIMA O ankh é a versão egípcia da cruz e uma das manifestações mais antigas.

ENVOLVENDO O TODO

A cruz cria uma totalidade. Sua intersecção de duas linhas pode ser vista como a união do princípio masculino (vertical) com o feminino (horizontal). Os dois eixos também representam as dimensões de tempo e espaço, matéria e espírito, corpo e alma, assim como os equinócios e os solstícios.

O cruzamento de linhas horizontais e verticais é a base de uma "pessoa feita de linhas", uma das representações mais básicas da figura humana, encontrada na arte de rochas pré-históricas e nos desenhos infantis desde então. Quando alinhada com os pontos cardinais, a cruz se torna um símbolo de orientação para as direções terrestres de norte, sul, leste e oeste, que por sua vez informa o simbolismo da Roda Medicinal dos nativos americanos. Uma cruz dentro de um círculo também serve de mediador entre o quadrado e o círculo, enfatizando a conexão entre céu e terra. Alguns sugerem que os quatro braços da cruz representam as quatro fases da lua, como também os quatro elementos, os quatro ventos e as quatro estações. Junto com o quadrado, a cruz está intimamente ligada ao simbolismo do número quatro, que significa a totalidade e a universalidade, embora na China o número da cruz seja o cinco, o número perfeito do ser humano como microcosmo. Isso porque o ponto central (onde as duas linhas se intersectam) também é contado – enfatizando o centro ou a fonte a qual todas as coisas estão ligadas.

ACIMA A cruz equilateral ou grega forma a superfície de base para muitas das primeiras igrejas gregas e é o emblema da organização da Cruz Vermelha.

SÍMBOLO MUNDIAL

Na China, o primeiro simbolismo da cruz foi expresso no ideograma que significava "Terra"; uma cruz equilateral dentro de um quadrado. Isso devido a um tradicional ditado chinês que diz: "Deus modelou a Terra na forma de uma cruz". Uma visão semelhante surge na antiga tradição mítica mexicana, em que a cruz simboliza o mundo em sua totalidade. O teólogo cristão do século I, São Jerônimo, chegou à mesma conclusão quando escreveu: "O que pode ser exceto a forma do mundo em suas quatro direções?"

Embora haja centenas de diferentes tipos de cruz, várias parecem ter um significado particular.

A CRUZ GREGA OU EQUILATERAL

A cruz de braços iguais é uma das mais simples. Quando colocada dentro de um círculo, ela se torna uma cruz solar ou disco de sol, um símbolo semelhante àquele adotado pelos assírios para representar o deus sol Shamash. Nessa forma, o círculo enfatiza a natureza cíclica das estações, ao mesmo tempo em que a cruz de quatro braços representa as sombras causadas pelo nascer e pôr do sol nos dois solstícios. Isso pode explicar a razão de a cruz aparecer em muitos exemplos da arte em rocha megalítica. A estrutura neolítica em Loughcrew, na Irlanda, foi feita em forma de cruz, com a passagem central alinhada ao nascer do sol equinocial.

Séculos mais tarde, os celtas combinaram a cruz e o círculo em um padrão característico que originalmente tinha ligações com a fertilidade – a cruz simbolizando o poder gerador masculino e o círculo, o feminino. Com o passar do tempo, a cruz celta foi usada como símbolo cristão para representar a união do Céu e da Terra.

A SUÁSTICA (CRUZ GAMADA)

A palavra em sânscrito svastika significa "bem estar" e, na Índia, a suástica é um símbolo de fertilidade e boa sorte. Ela aparece bastante em toda a Ásia, tanto em contextos seculares quanto religiosos. É uma forma antiga e muito usada da cruz solar. Alguns dos primeiros exemplos europeus aparecem na porcelana da Idade do Bronze encontrada em Anatólia, na Turquia central, datada de aproximadamente 3.000 a.C. Ela também aparece nos artigos de

---

A CRUZ E A CURA

Devido às suas várias associações espirituais e esotéricas, a cruz está ligada à cura e aos poderes miraculosos. No passado, já foi considerada proteção contra enfermidades como ataques epiléticos ou como ferramenta de poder para repelir fenômenos sobrenaturais como vampiros e demônios. Atualmente está associada à medicina e a enfermagem através da caridade da Cruz Vermelha, que cuida das vítimas de guerras e da fome.

ACIMA Na Austrália central, os aborígines usam a forma de uma cruz para controlar a composição de muitos trabalhos de arte sagrados.

bronze entre o povo Ashanti da África e foi utilizada pelos Maias e pelos Navajo.

Essencialmente, a suástica é uma cruz em espiral, com os ângulos na extremidade de cada braço sugerindo uma faixa de luz conforme ela gira, assim como os raios do sol iluminam a terra. Dizem que, se for girada no sentido anti-horário, ela representa o princípio feminino e, no sentido horário, o masculino. A suástica no sentido anti-horário aparece no Budismo, no Taoísmo e nas culturas dos nativos americanos. Contudo, no mundo ocidental moderno, o símbolo geralmente é associado com o antissemitismo por causa de sua adoção pelo partido alemão nazista no século XX.

A CRUZ EM FORMA DE T

A Tau, ou cruz em forma de T, é um outro símbolo muito antigo da cruz. Pode ter sido desenvolvido a partir do machado, um símbolo antigo e conhecido do deus sol e parece estar relacionado ao falo, uma vez que sua forma denota os testículos e o pênis. Ela é a base do ankh egípcio, no qual o braço superior é substituído por um laço. Um símbolo de imortalidade no antigo Egito, o ankh foi adotado pela Igreja Cóptica como forma única da cruz cristã. A cruz com mãos também ocorre na América, onde pode ser encontrada esculpida em monumentos nas ruínas de Palenque, no México, e também em peças de porcelana.

A CRUZ LATINA

Há uma discordância sobre o tipo de cruz que foi usada para a crucificação de Cristo. Foi na segunda metade do século II que os tradutores dos Evangelhos usaram, pela primeira vez, a palavra "crucial" nas descrições de morte por crucificação. Muitas imagens mostram Cristo pendurado em uma estrutura em forma de Y (furca) ou uma cruz em forma de T, assim como a cruz latina mais familiar, onde a travessa é colocada aproximadamente dois terços para cima. Com o passar do tempo, a cruz latina se tornou o símbolo central do Cristianismo. Alguns acreditam que isso coincidiu com a tendência gradual no início da Igreja em separar os reinos espirituais e materiais de acordo com o que foi dito por Cristo: "Meu Reino não é deste mundo". Esta visão tem dominado as ideias sobre espiritualidade na maior parte do mundo cristão, onde a vida terrena (incluindo a natureza), o mundo e o corpo são vistos como forças que têm de ser superadas, em vez de serem partes de um todo orgânico.

Para os cristãos, o crucifixo é um símbolo seminal que representa a morte de Cristo, a ressurreição, a vitória do espírito sobre a matéria e a redenção da humanidade.

CRUZ DE LORRAINE

Uma barra vertical simples cruzada por duas barras horizontais (a superior mais curta do que a inferior) é conhecida como a cruz dupla ou a cruz de Lorraine. Quando uma terceira barra, menor e horizontal, é adicionada, ela se torna uma cruz tripla, associada ao papado. Acredita-se que a cruz de Lorraine represente a crucificação, com a barra superior contendo a inscrição "INRI" (a abreviação em latim para "Jesus de Nazaré, Rei do Judeus") fixada acima de Cristo por Pôncio Pilatos. A cruz de Lorraine foi o emblema dos Duques de Anjou, mais tarde Duques de Lorraine e na Segunda Guerra Mundial se tornou o símbolo da França Livre, em oposição à suástica do nazismo.

ACIMA A cruz se tornou a versão mais utilizada nos retratos da crucificação de Cristo e como tal tornou-se talvez o símbolo mais reconhecido do Cristianismo.

ACIMA Para os primeiros cristãos, as três direções da cruz Tau a ligavam à Divina Trindade.

Espirais e Círculos

Tanto a espiral quanto o círculo ocorrem na natureza assim como a arte, o mito e a tradição sagrada. O primeiro uso conhecido dessas formas foi na Idade Paleolítica, quando elas eram esculpidas em ossos ou pedras ou pintadas nas paredes das cavernas. Pedaços de ossos de veados encontrados em uma caverna em Isturitz, na França, datados de 25.000 a 20.000 a.C., possuem um relevo que forma um padrão complexo de arcos e espirais concêntricos. Um disco do mesmo período, encontrado em Brno, na República Tcheca, tem uma linha vertical que vai da extremidade até o centro e é considerado uma representação abstrata de uma vulva, sugerindo a ligação com a característica de adoração da deusa deste período.

O MUNDO NATURAL

O sol, a lua e os planetas aparecem em forma circular, ao mesmo tempo em que as galáxias espirais formam alguns dos padrões mais estarrecedores no espaço. Nos reinos vegetal e animal, as espirais e círculos aparecem em muitos disfarces, como o padrão concêntrico dos anéis das árvores, o centro de uma flor, a forma do ninho dos passarinhos, a espiral de um caramujo ou de uma concha, um serpente enrolada ou um caule de planta entrelaçado. Os padrões do clima e da água também formam espirais e círculos nos tornados, nos redemoinhos de água, na ondulação de uma lagoa ou nas ondas do oceano. A própria natureza circula e forma ciclos através da mudança das estações e do ritmo in_nito do dia e da noite.

A ESPIRAL

Começando com um simples ponto, a espiral se desenvolve a partir da semente inicial e se move em direção horária ou anti-horária; portanto, está conectada com o movimento, a energia e o crescimento. Desde os primórdios, ela é o motivo ornamental favorito ligado ao simbolismo da lua e ao desenvolvimento cíclico, à involução e evolução, ressurreição e renovação. Também está ligada ao simbolismo erótico da vulva, à sexualidade feminina e à fertilidade, enquanto muitas culturas acreditam que a espiral representa a jornada da alma após a morte. O desenho é muito utilizado na arte oceânica, onde está esculpida em maçanetas, em proas de canoas ou tatuada no corpo. Para os Maori, a espiral representa criação e na Polinésia acredita-se que ela seja a chave para a imortalidade.

ESPIRAIS DUPLAS

As espirais quase sempre aparecem unidas em duas ou três. A espiral dupla é considerada símbolo da dualidade e do equilíbrio. Também está se movendo simultaneamente em duas direções – involução e evolução, contração e expansão ou nascimento e morte. Este tema é visto no entrelaçamento das serpentes gêmeas ao redor do caduceu (o bastão de Hermes), ou da hélice dupla ao redor do bastão de Brahma. Na mitologia asteca, a espiral dupla que gira em sentido contrário em forma de S é o símbolo do trovão e das fases da lua. A espiral oculi (voltas duplas que se parecem com os olhos) aparece nas entradas para os locais sagrados em toda a Europa e acredita-se que estejam associadas aos equinócios, quando o dia e a noite têm a mesma duração.

ESPIRAIS TRIPLAS

A espiral tripla frequentemente é mencionada como espiral da vida e foi bastante utilizada na arte celta por cerca de 3 mil anos. Um dos exemplos mais famosos aparece no compartimento do "útero" da estrutura megalítica em Newgrange, Irlanda (3.200 a.C.), onde um feixe da luz do sol penetra uma vez por ano, no solstício do inverno. Ela representa a deusa Tríplice – donzela, mãe e mulher idosa – que, por sua vez, está associada às fases da lua (crescente, cheia e minguante) assim como ao ciclo de nascimento-morte-renascimento. As espirais triplas poderiam também estar ligadas aos três trimestres da gestação humana.

ACIMA Por causa de sua forma circular, os anéis podem simbolizar a eternidade, por esta razão o seu uso como símbolo de amor.

TOPO Assim como a Terra, o círculo é um símbolo primordial de perfeição.

TOPO, À DIREITA Acredita-se que esta espiral tripla em um local de enterros na Idade da Pedra em Newgrange, na Irlanda, simbolize a deusa tríplice celta.

ABAIXO Os monumentos megalíticos eram frequentemente dispostos em um padrão circular que se alinhava com o movimento do sol pelo céu.

DANÇAS SAGRADAS

Rituais de iniciação e danças sagradas frequentemente seguem um padrão em espiral que representa a morte e o renascimento. As danças de formação em espiral podem ser um modo de reconhecer e celebrar o padrão de mudança e evolução da vida. Por exemplo, no Ano-Novo, os índios da tribo Zuni (Pueblo) cantam canções em "espiral" e dançam em espiral também. Uma das formas mais conhecidas de dança espiral sagrada é aquela praticada pelos mevlevi, ou "dervixes de rodopio" na Turquia, religiosos que giram cada vez mais como um pião. Exatamente como o centro do pião girando, o tronco do dançarino rodopiando simboliza o ponto imóvel no meio do movimento dinâmico, o olho no centro da tempestade. As danças em círculo também simbolizam o padrão de mudança e fluxo da vida.

UMA ESCADA PARA O CÉU

Nos tempos antigos acreditava-se que os céus eram alcançados subindo-se uma estrada em espiral que chegava a um círculo de escadas. As almas subiam ao Céu através deste caminho que era espelhado na Terra como uma estrada em espiral até a montanha sagrada, ou um lance de escadas em espiral ao redor de uma estrutura similar a de um zigurate.

O CÍRCULO

Sem começo nem fim, o círculo é utilizado para representar a eternidade e a totalidade, os céus, o cosmos, o absoluto e a perfeição. No Islamismo, o círculo é visto como forma perfeita e os poetas glorificam o círculo formado pelos lábios como uma das representações mais bonitas. Em muitas culturas, o círculo representa o ciclo contínuo das estações e a progressão infinita do sol através dos céus. Geralmente é utilizado como um símbolo para o sol (ele próprio sendo um símbolo de perfeição) assim como a lua cheia.

O PODER DO MUNDO

Nas tradições dos nativos norte-americanos, o círculo talvez seja a forma mais importante, relacionado com o Aro Sagrado ou a Roda da Medicina: o xamã de Lakota Sioux, Black Elk (1863-1950) afirmou que o poder do mundo trabalha em círculos e que o círculo contém todas as coisas.

Na vida social e política, o círculo é a forma preferida para uma assembleia de partes iguais: o círculo dos escoteiros, o círculo do conselho, a Távola Redonda da lenda do Rei Arthur. É a forma geométrica mais fácil de ser desenhada com precisão, com um bastão e um barbante e também pode representar a ideia de uma casa ou moradia, que nas primeiras sociedades era frequentemente construída em um plano circular. Na arte australiana dos aborígines do Deserto Ocidental, círculos concêntricos eram muito usados para representar santuários ou locais de acampamento, enquanto as linhas entre eles eram os caminhos e as trilhas das pessoas ou dos seres mitológicos. Aqui, os círculos sugerem locais onde o poder ancestral pode sair da Terra e retornar novamente.

FORÇA E PROTEÇÃO

Sendo um circuito fechado e abrangente, o círculo está associado com a proteção, fornecendo segurança a todos que se colocam dentro de seus limites. O círculo mágico é utilizado em tradições ocultas para proteger contra as forças psíquicas negativas e o círculo de proteção também pode ser utilizado como um anel, um colar, um bracelete, um espartilho ou uma coroa.

HIERARQUIAS ESPIRITUAIS

Desenhos de círculos concêntricos têm sido utilizados como meios de ensinamento que simbolizam diferentes estágios do desenvolvimento espiritual no Budismo Zen, assim como nas escolas esotéricas cristãs, como a sociedade Rosa Cruz. Na simbologia cristã, as hierarquias dos anjos são, algumas vezes, dispostas em círculos ao redor de Deus e de Cristo, enquanto na Divina Comédia, o poeta italiano Dante (1265-1321) descreve o Céu, o purgatório e o Inferno como sendo divididos em diferentes círculos e níveis.

ACIMA Na tradição antiga, o caminho para o Céu era visto como uma espiral, refletindo os padrões em forma de redemoinho na natureza, uma ideia utilizada por William Blake em sua pintura do século XVIII da escada de Jacó.

ABAIXO A espiral simboliza movimento, energia e conexão com a natureza.

Triângulos e Quadrados

ACIMA O triângulo é frequentemente associado às montanhas sagradas.

TRIÂNGULO DE PITÁGORAS
O Triângulo de Pitágoras era um símbolo importante para os egípcios, que consideravam os lados vertical e horizontal como forças masculina e feminina respectivamente e a hipotenusa como sua "descendência". Este triângulo simboliza a construção e o desenvolvimento.

ABAIXO As pirâmides do Egito eram símbolos da força criativa do sol e das colinas primitivas.

O triângulo e o quadrado são temas universalmente importantes. Estão conectados ao simbolismo dos números três e quatro e a todas as coisas a que estes números estão relacionados e somente podem ser separados deles no que se refere às figuras geométricas. O triângulo aparece frequentemente na vida diária; por exemplo: na sinalização das rodovias ou nas instruções de lavagem, ao passo que depois do círculo, o quadrado é a figura geométrica mais comum impressa em tecidos. Muitos edifícios têm um plano quadrado e, no design urbano, um quadrado central geralmente é o foco de atividade, como a praça de uma cidade.

O TRIÂNGULO

Um triângulo equilátero tem três lados com o mesmo comprimento. No cristianismo, é o símbolo da Trindade, enquanto na arte islâmica simboliza a consciência humana e o princípio da harmonia. O triângulo aparece em muitos alfabetos. É o antigo hieróglifo maia para o raio de sol e no alfabeto grego representa a letra "delta", que para os gregos antigos simbolizava os quatro elementos e, portanto, estava ligada à conclusão e à totalidade. Hoje, a palavra "delta" é utilizada em inglês para descrever um trecho triangular de terra na cabeceira de um rio (como o Delta do Nilo), que geralmente é muito fértil. A conexão do triângulo com os quatro elementos também aparece na alquimia, em que é utilizado em várias formações para simbolizá-los.

TRIÂNGULOS NA POSIÇÃO NORMAL E INVERTIDOS

O povo Maia ligava a forma do triângulo com a ponta para cima com um broto de milho assim que sai da superfície do solo, conectando-o com a fertilidade e também com o princípio masculino (o falo ereto). Para os antigos Hittites, um triângulo com a ponta para cima era o símbolo de um rei e de saúde. Entre o povo Pueblo, do sudoeste dos Estados Unidos, ele representa uma montanha sagrada. Enquanto o triângulo invertido representa as nuvens.

O triângulo invertido também está associado com a fertilidade feminina, uma vez que se parece com a imagem da região púbica de uma mulher e de seus órgãos sexuais internos – o triângulo formado pelos dois ovários e o útero. Os sumerianos utilizavam um triângulo invertido para representar uma mulher e também é um símbolo feminino na China. Nas antigas Grécia, Roma e Índia, os triângulos eram quase sempre utilizados para temas decorativos em frisos. Em todos os exemplos, eles parecem significar a mesma coisa: apontando para cima, eles representam o fogo e os órgãos sexuais masculinos; apontando para baixo, eles representam a água e os órgãos sexuais femininos. Em termos mais gerais, um triângulo com a ponta para cima pode simbolizar o fato de chegar ao céu e, portanto, estar associado às aspirações, ao alcance dos objetivos e de novas possibilidades. Também está associado com as pontas das flechas e o tema da busca espiritual. Um triângulo invertido, por outro lado, está associado com a receptividade, movimento para dentro e não para fora e, consequentemente, é utilizado como símbolo de meditação.

TRIÂNGULOS UNIDOS

A junção das pontas dos triângulos, um deles apontando para cima e o outro para baixo, pode ser usada para denotar a união sexual, enquanto os triângulos cruzados representam a síntese. Posicionados com as bases juntas, dois triângulos também podem representar as fases crescente e minguante da lua.

A estrela de seis pontas combina dois triângulos equiláteros sobrepostos e, portanto, está relacionada ao simbolismo do triângulo. É um símbolo alquímico para conjunção, relacionado à união dos quatro elementos. Como Estrela de David, é um símbolo preeminente do Judaísmo, ao passo que como o Selo de Salomão no misticismo judaico, representa o número sete sagrado, simbolizado pelas seis pontas mais o espaço no centro, o local da transformação. Na Índia, uma estrela de seis pontas é conhecida como a Estrela de Lakshmi (a deusa da prosperidade e da abundância) e geralmente é desenhada nas portas de entrada ou nas fronteiras das vilas para manter os espíritos hostis a distância.

O QUADRADO

O antigo filósofo grego Platão achava que, com o círculo, o quadrado incorporava a beleza e a perfeição, enquanto no antigo Egito ele representava a realização. É um dos símbolos abstratos mais comuns, representando a Terra, a existência material e o universo criado. A forma do quadrado sugere estrutura, ordem e estabilidade, mas também limitações – refletido na expressão de sentimento "engaiolado" para descrever o fato de ficar sem saída e ser coagido. Geralmente é visto em relação e em contraste ao círculo dos céus ou o limitado em contraste com o ilimitado, a matéria em contraste com o espírito, estático versus dinâmico.

Uma forma quadrangular muitas vezes é utilizada para áreas separadas para coisas sagradas ou por outras razões, como altares, templos, castelos ou acampamentos militares. As praças da cidade tradicionalmente ficam localizadas no coração da vida urbana. O Fórum na Roma antiga era a praça do mercado no coração da capital, através do qual o caminho Sagrado passava para o Monte Capitoline e para o templo de Júpiter; o equivalente na Grécia antiga era o Ágora, o centro comercial de Atenas, rodeado por templos e edifícios públicos.

SIMBOLISMO MÍSTICO

O simbolismo do quadrado está conectado com seus quatro cantos, o que sugere as fundações e o conteúdo da vida: os quatro elementos, as quatro estações, os quatro estágios da vida (infância, adolescência, idade adulta, velhice) e as quatro direções cardinais.

Na China antiga, o espaço era medido pelos quatro yang ou direções do quadrado; o deus da terra era representado por uma colina quadrada e a capital e o palácio do império eram ambos quadrados, com o imperador no centro. No Hinduísmo, o quadrado é a âncora que assegura a ordem do universo, ao passo que no Islamismo o coração humano é simbolizado por um quadrado e acredita-se que esteja aberto para quatro fontes possíveis de influência: divina, angelical, humana ou diabólica. Em contraste, o coração de um profeta é triangular, uma vez que está imune aos ataques do mal.

FORMAS RELACIONADAS

É o número de lados de uma forma geométrica que lhe confere o significado simbólico. Outras formas importantes incluem o pentágono (com cinco lados) e o hexágono (seis), além das formas tridimensionais, como o cubo e a pirâmide. Na Cabala mística, o pentágono está relacionado com a quinta sephira na árvore da vida, associada à justiça, à guerra e ao planeta Marte, enquanto no misticismo islâmico é o símbolo dos cinco elementos (fogo, água, terra, ar e éter) e dos cinco sentidos. O hexágono também está associado aos ensinamentos esotéricos islâmicos, simbolizando as seis direções dos movimentos (para cima, para baixo, para frente, para trás, à esquerda, à direita).

Um cubo é uma figura sólida de seis lados que representa o mundo físico tridimensional. Ele também simboliza as seis direções de movimento. No Islamismo, ele representa a perfeição: a Ka'ba, em Meca, considerada o centro do mundo, é um cubo preto. Na maçonaria, um cubo de silhar (uma pedra polida) representa o ser humano aperfeiçoado.

Com quatro lados triangulares e uma base quadrada, a pirâmide sintetiza o simbolismo de ambas as formas, assim como os números três, quatro e cinco, conectando-se ao "tetrakis" de Pitágoras. A base quadrada representa o plano terreno, enquanto os quatro triângulos que apontam para cima das laterais da pirâmide se encontram para formar um quinto ponto, sugerindo o quinto elemento: o éter. Como a pirâmide se estende em direção ao céu, sua ponta representa a alma humana lutando para se unir à Alma Cósmica.

ACIMA Talvez a praça da cidade mais famosa da história, o imenso Fórum de Roma estivesse localizado no centro da vida religiosa, comercial, cerimonial e pública da cidade.

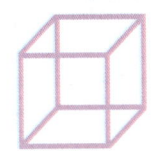

ACIMA Os seis lados do cubo o transformam em símbolo de estabilidade e verdade.

O TETRAKIS

A soma dos números 1+2+3+4 = 10. Na teoria de Pitágoras, 10 é um número divino, que representa o poder e a quinta-essência da perfeição. Pode ser representado por um triângulo de pontos, quatro de cada lado e um no centro, chamado tetrakis.

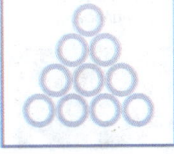

CORES

ACIMA O vermelho é a cor do amor sexual e romântico e simboliza paixão intensa.

Em conjunto com a forma, a cor é um dos blocos fundamentais de construção dos símbolos visuais. Também está intimamente associada aos estados mentais e emocionais e pode afetá-los de modo profundo. As sete cores vistas no arco-íris correspondem ao número místico sete e a outros grupos de sete, como o número de notas na escala musical ou ao número de chakras do corpo.

ESTENOGRAFIA DAS CORES
Diferentes cores são usualmente utilizadas como uma estenografia para descrever os estados emocionais, o gênero ou a posição social e política. No ocidente, as cores, por tradição, são utilizadas para distinguir entre os sexos – rosa para uma menina e azul para um menino – a as cores são escolhidas para diferenciar os times esportivos uns dos outros.

As expressões coloquiais em inglês que descrevem os estados do sentimento em termos de cores incluem "tudo cor-de-rosa", "verde de inveja", "com humor negro", "sentindo-se azul de melancolia", "vermelho de raiva"; "sem cor" (meio doente). Durante o século XX, o vermelho estava ligado ao partido Comunista, ao passo que o movimento verde está tentando colocar os assuntos do meio ambiente na agenda política. De modo semelhante, a cor é utilizada para denotar a raça; portanto, "preto" e "branco" carregam significados sociais e políticos dependendo de seus contextos.

VERMELHO
Sendo a cor do sangue e do fogo, o vermelho é amplamente associado à vida e à receptividade. Nas épocas paleolíticas, o ocre vermelho era retirado das minas e transformado em pó. A cor vermelha parece ser dotada de poderes revigorantes e sua presença nos túmulos neolíticos pode ter acontecido para ajudar os mortos no pós-vida. Milhares de anos depois, nas épocas anglo-saxônicas, acreditava-se que o vermelho protegia contra o mal e os objetos, as árvores e até mesmo os animais eram pintados de vermelho, enquanto os guerreiros cobriam seus machados e lanças com tinta vermelha para dotá-los de poderes mágicos – um costume também praticado por alguns aborígines australianos.

A cor vermelha está ligada ao amor e à fertilidade. Na Roma antiga, as noivas eram envolvidas em um véu laranja avermelhado (o flammeum), um costume ainda seguido em partes da Grécia, da Albânia e da Armênia. Na China, tanto o vestido de noiva quanto o véu são vermelhos. Ovos vermelhos são oferecidos ao casal quando nasce um bebê. O vermelho é usado para sugerir paixão e erotismo na tradição indiana e ocidental, ou para sugerir grande energia e velocidade.

O vermelho está associado ao perigo (a crise mais séria é descrita como "alerta vermelho"), à raiva e à agressão (está ligado com Marte, o deus romano da guerra) ou à perversidade e ao mal. No antigo Egito, o vermelho era uma cor amaldiçoada associada ao deus destrutivo Set e "formação do vermelho" era sinônimo de matar alguém. As coisas más eram mencionadas como "assuntos vermelhos" e os escribas usavam tinta especial vermelha ao escrever palavras de mau presságio.

AMARELO
Intimamente ligado ao simbolismo do ouro, a cor amarela é associada ao sol e seus poderes revigorantes. No panteão asteca, Huitzilopochtli, o vitorioso deus guerreiro do sol do meio-dia, era descrito em azul e amarelo. Na cosmologia mexicana, a "nova pele" da terra (antes da chuva cair e deixá-la verde) era amarelo-ouro.

Na China, o amarelo era associado com o centro do universo, e um mito da criação descreve como os primeiros humanos foram feitos de argila amarela. Era a cor sagrada do imperador. Os aborígines australianos usam o ocre amarelo para simbolizar a morte. Algumas vezes, existe uma distinção entre diferentes tonalidades de amarelo: no Islã, o amarelo dourado simboliza a sabedoria, ao passo que o amarelo claro indica traição. No Egito e na Europa medieval, o amarelo era a cor da inveja; também significa desgraça e ainda está associado à covardia.

LARANJA
O meio do caminho entre a cor vermelha e a amarela, a cor laranja é um ponto de equilíbrio entre a libido e o espírito. Na Índia é a cor do segundo chakra, associada com a energia sexual e a parte emocional. Por sua associação com as frutas, a cor laranja também simboliza a fertilidade e a abundância.

VERDE

Sendo a cor da vida das plantas, o verde pode representar o despertar, novos começos e crescimento; na China e no Japão está relacionado à primavera. O Homem Verde Celta é um importante deus da vegetação e da fertilidade e existem muitos exemplos de verde que estão ligados aos poderes sobre-humanos. No antigo Egito, os gatos com olhos verdes eram temidos e na Europa medieval o verde era associado com o demônio e usar roupas verdes era considerado azar. O "raio verde" é uma manifestação extremamente rara de luz que pode ser observado algumas vezes no nascer e no pôr do sol e, na alquimia, o fogo secreto, ou o espírito vivo, era imaginado como uma pedra verde translúcida. No Islamismo, o verde é a cor mais importante; o manto verde de Mohammed representava o paraíso, a renovação e a revigoração espiritual.

AZUL

Seja celeste ou oceânico, o azul chama os espaços amplos e abertos e está ligado com o infinito e o vazio primitivo. O azul do céu está associado ao princípio masculino, à distância e aos deuses. No antigo Egito, os deuses e os reis eram frequentemente descritos com barbas e asas azuis e a divindade hindu Krishna é retratada em azul. Por outro lado, a água imóvel e profunda também associa o azul ao princípio feminino. Como um símbolo de paz e pureza, é a cor da Virgem Maria. O azul está associado com os estados de sonho, com a contemplação, a introspecção e aspiração. Em algumas partes do mundo árabe, o azul é considerado uma proteção contra o olho mau e o velho costume inglês das noivas usarem "uma peça azul" é para assegurar a fidelidade.

PÚRPURA

Historicamente, no ocidente, a tinta púrpura era a mais cara para se produzir e era feita de moluscos Murex ou Púrpura, que eram raros e de produção dispendiosa.

Na China, púrpura era a cor da Estrela do Norte, o centro do Céu e o lugar do "palácio púrpura" do imperador celestial. Para identificar o imperador temporal como Filho do Céu, seu palácio imperial constituído em Beijing era chamado a Cidade Púrpura Proibida. Os budistas consideram púrpura a cor sagrada e, na Tailândia, ela é usada pelas viúvas de luto.

BRANCO E PRETO

Em algumas partes do mundo árabe, os animais pretos são considerados desafortunados; os cachorros pretos trazem morte para a família e as galinhas pretas são usadas na bruxaria. O branco, a cor da luz, é considerado uma cor de sorte. Contudo, o preto também é um símbolo de poder e autoridade; tornou-se um emblema do califado no século I. No ocidente, a morte e o luto são simbolizados pela cor preta e no oriente pela cor branca. Na África, o branco é a cor dos mortos, mas também se acredita que tenha o poder de levar a morte para longe e, portanto, está associado à cura.

No antigo Egito, o preto era a cor da ressurreição e da vida eterna, talvez porque consideravam que a nova vida emergia da escuridão. Está associado à deusa mãe e à fertilidade quando é, algumas vezes, ligado ao vermelho, a cor do sangue. Na China, o preto representa o princípio feminino (yin), com seu lado oposto amarelo. No ocidente, o branco simboliza a pureza espiritual e a inocência e é a cor tradicionalmente usada para os roupões de batismo e vestidos de casamento.

ACIMA Berenice (273-21 a.C), Rainha de Cirene e do Egito, usa uma toga púrpura como símbolo de sua posição imperial.

TOPO, À ESQUERDA O azul simboliza a divindade e a paz.

TOPO, PARTE DO MEIO No Ocidente, o branco simboliza a inocência e a pureza.

CINZA

Tradicionalmente, o cinza está associado à idade avançada e ao planeta Saturno. Saturno, ou Cronos, era o senhor do tempo no panteão greco-romano e a sabedoria era um de seus atributos. Na árvore cabalística, o cinza também está ligado à sabedoria.

O Mito e o Cosmos

UMA AMPLA LISTA TEM SIDO UTILIZADA PARA DESCREVER AS ORIGENS DO UNIVERSO. A MITOLOGIA DA CRIAÇÃO GERALMENTE REFLETE A GEOGRAFIA DE UMA SOCIEDADE, A CULTURA E AS CRENÇAS E SERVE PARA ALINHÁ-LA COM A NATUREZA E COM AS PRÉCONDIÇÕES DA VIDA. VÁRIOS TEMAS TÍPICOS ESTÃO ENTRELAÇADOS COM AS MITOLOGIAS DA CRIAÇÃO DO MUNDO.

O Processo Criativo

ABAIXO Esta pintura de Deus criando o mundo é rica em simbolismo cristão, incluindo o globo, símbolo de poder e totalidade, segurado por Adão, as letras gregas alfa e ômega na frente do livro de Deus, representando o papel de Deus como começo e fim, e os animais e plantas, simbolizando a abundância e a variedade do mundo criado por Deus.

A criação pode ser descrita como um enorme evento cósmico, um processo dividido em fases, no qual as coisas se tornaram diferenciadas, algumas vezes conduzindo a uma hierarquia natural e, em outras, a um inter-relacionamento sagrado entre os aspectos da natureza. Quer a criação mitológica dos seres humanos tenha coincidido com o evento real da criação ou tenha surgido com o passar do tempo, o homem original e a mulher original sempre serão símbolos centrais da humanidade primitiva.

OS DEUSES CRIADORES

A criação é realizada de modo ativo através das ações, sonhos ou reflexões de seres divinos. Os Upanishads, escrituras hindus do século IX a.C., descrevem o Eu Divino ou Ser Supremo que criou o universo através da reflexão do nada e de seu próprio encontro. Este ato de autoconsciência levou à primeira palavra: "Isto sou eu". Na mitologia samoana, o deus supremo Tangaroa criou o mundo do nada, apenas pensando nele.

As histórias com mais de 150 mil anos contadas pelos aborígines australianos atribuem a criação aos ancestrais que viviam em um espaço e tempo míticos conhecidos como "Era dos Sonhos". Viviam igual aos humanos, viajando, caçando, amando, lutando e moldando a paisagem por onde passavam. Os aborígines acreditam que cada ser compartilha uma conexão fundamental com a fonte da criação, refletindo seu profundo respeito pela natureza.

O Gênesis descreve Deus realizando a criação. Ele completou sua obra no 6º dia com os seres humanos, que deveriam "dominar" toda a vida existente. A cosmologia judaico-cristã coloca a humanidade num lugar especial abaixo de Deus na hierarquia da natureza.

A CRIAÇÃO A PARTIR DO CAOS OU DO VAZIO

O termo grego chaos refere-se à escuridão inicial, o universo sem forma. A partir dessa escuridão, surgiu Eros, uma deidade da fertilidade, mais tarde associada ao amor erótico, mas inicialmente o ímpeto criativo por trás da vida e da natureza. Com Eros veio Gaia, a deusa da terra, e Tartarus, o deus do submundo. O Filho de Gaia, Urano, a engravidou dando origem aos Titãs e ao Ciclope e depois aos mares, terra e outras características naturais.

Uma vez que os oceanos rodeiam o mundo, em muitos mitos de criação, o universo surge do corpo caótico da água. A criação do mundo egípcio a partir da água se ajusta a uma terra que dependia da inundação periódica do Nilo. A partir de Nu, a água original, uma colina de terra seca emergida, seguida pelo primeiro nascer do sol no novo horizonte e, depois, o restante da criação.

Os deuses japoneses Izanagi e Izanami agitaram as águas primitivas com uma lança

À ESQUERDA A deusa egípcia do céu, Nut, cujo corpo fica arqueado sobre a terra, foi separada de Geb, o deus terreno.

e as gotas se aglutinaram para formar a ilha de Onokoro. O povo de Arunta, na Austrália Central, fala de um mundo coberto por água salgada que foi gradualmente retirada pelo povo do norte, fazendo aparecer a primeira parte de terra. O mito dos xamãs altaicos, da Ásia Central, conta sobre uma época antes da criação quando não havia terra, somente água, sobre a qual pairava um ganso branco, o deus Karahan.

A CRIAÇÃO A PARTIR DA SEPARAÇÃO

O tema da separação explica as origens da vida. Geralmente, isso envolve a divisão de um deus do céu e uma deusa da terra, embora em algumas culturas o masculino esteja associado à terra e o feminino ao céu.

Nos mitos dos Maori e de outros polinésios, o universo originalmente consistia de uma noite ou escuridão eterna. Eventualmente, Rangi, o pai do céu, e Papa, a mãe da terra, se uniram, criando a terra e muitas descendências divinas. Eles viviam na escuridão até que se decidiu separar os pais. Tu Matauenga, o deus da guerra, cortou os tendões, que sangraram a cor sagrada do ocre vermelho juntando seus pais. Porém, foi somente Tane Mahuta, o deus da floresta, que conseguiu separá-los para permitir que a luz e o ar entrassem entre o Céu e a Terra. Em um mito egípcio semelhante, a deusa do céu, Nut, e o deus da terra, Geb, foram separados por sua descendência.

CRIAÇÃO ATRAVÉS DO DESMEMBRAMENTO

Um tema comum é a criação que surgiu da morte e do desmembramento de um ser primitivo. De acordo com a mitologia nórdica da criação, Odin, Vili e Ve mataram o gigante Ymir, cujo corpo deu origem ao mundo. Sua carne formou a terra; o mar e os rios fluíram de seu sangue, seus ossos se tornaram as montanhas e as árvores cresceram a partir de seus cabelos. O enorme esqueleto de Ymir se tornou os céus. Parecido com o ser primitivo chinês P'an-Ku. Quando morreu, sua respiração se transformou nos ventos, sua voz nos trovões, seu sangue na água e seus músculos na terra fértil. Seu bom humor fez com que o sol brilhasse e sua raiva produziu o trovão e o raio. O épico babilônico Enuma Elish, composto no século XII a.C., fala do deus Marduk que matou e cortou em duas partes o corpo de Tiamat, a deusa do oceano. As duas metades se tornaram o Céu e a Terra.

A mitologia da Indonésia conta sobre uma época antes da criação na qual não havia tempo, nem nascimento, nem morte nem sexo. Aconteceu uma enorme dança cósmica durante a qual um único dançarino foi esmagado e seu corpo rasgado em pedaços. O tempo começou com este assassinato e aconteceu a separação dos sexos. Das partes do corpo do dançarino que foram enterradas surgiram as árvores e as plantas. E, assim, a primeira morte simultaneamente produziu o início do tempo, do crescimento e da procriação.

O PRIMEIRO HOMEM E A PRIMEIRA MULHER

A origem da humanidade é simbolizada com as imagens do "primeiro homem" e da "primeira mulher", representando o projeto da humanidade. Porém, com os seres humanos vem a criação das forças de tormento com as quais eles devem lutar.

Na mitologia sumeriana do 3º milênio a.C., Enki, o deus da sabedoria, amante da diversão, com sua mãe/amante, a deusa terrena Ninhursag, e outras doze deusas, moldaram os primeiros seres humanos com o barro do leito do rio Eufrates. Como criaram pessoas perfeitas, eles fizeram um concurso para criar pessoas para as quais os outros não encontrariam nenhuma tarefa, fazendo surgir a imperfeição humana.

Na história bíblica, Adão (cujo nome significa "feito de barro") é criado a partir do pó da terra por Jeová, o Deus criador, que sopra a vida no homem. Em seguida, ele recebe uma companhia feminina, Eva, que será a mãe de toda a humanidade.

Em ambos os mitos os primeiros seres foram criados a partir da substância da terra, mas existem diferenças. Os seres humanos sumerianos foram criados para serem escravos dos deuses, Adão e Eva foram criados por um Deus e a eles foi dado o domínio e sua tarefa era "dominar" a natureza.

O FRUTO PROIBIDO

A história de Adão e Eva vivendo no Jardim do Éden os representa em um estado de inocência no qual não existe consciência de diferença, de sexualidade, de bom ou mal. Ao comer a fruta da árvore do conhecimento, a única coisa que Deus havia proibido, eles obtiveram um senso moral e foram responsáveis pela corrupção da natureza humana. Em geral, é a maçã o fruto retratado como proibido, mas isso provavelmente é datado dos tempos medievais em vez dos tempos bíblicos, quando as interpretações artísticas do Pecado Original foram criadas. A romã e não a maçã é quase sempre favorecida pelos eruditos hebreus.

ABAIXO A ideia dos primeiros seres humanos, um homem e uma mulher, é comum entre muitas mitologias no mundo.

O Sol

Como nossa única fonte de luz e calor, o sol é crucial par a vida na terra e é um dos símbolos mais importantes em todas as culturas do mundo. Está tipicamente associado com o poder, manifestando-se tanto como uma deidade suprema quanto em imperadores ou reis. Sua energia ativa é usualmente (embora não sempre) considerada como masculina e associada com o conhecimento imediato e intuitivo ou intelecto cósmico. A contraparte do sol nos céus é a lua (geralmente vista como feminina) e o simbolismo solar e lunar é contrastado por quase todas as culturas. O princípio solar está associado com os animais, pássaros e plantas (tais como o leão, a águia e o girassol), com o ouro, e com as cores, como o amarelo, o laranja e o vermelho. O sol é um símbolo importante na astrologia, na alquimia e na psicologia, em que ele representa o "eu" sem divisões.

O OLHO DO MUNDO
Em muitas culturas, o sol está ligado a um olho divino que vê todas as coisas. Era o "olho" do deus grego Zeus (e seu equivalente romano, Júpiter), o deus egípcio Hórus, o hindu Varuna, o nórdico Odin e o islâmico Alá. O povo Samoano da região ártica considera o sol e a lua como os dois olhos de Num (os céus), o sol sendo o olho bom e a lua o olho mal. De acordo com o mito do povo Fulani, do oeste da África, quando Gueno (a deidade suprema) havia terminado a obra da criação, ele retirou um de seus olhos e o colocou nos céus, transformando-o no sol. Então, ele se tornou o rei de um só olho, um que era suficiente para ver e o outro que proporcionava luz e calor. Em muitas tradições o sol é poeticamente mencionado como "o olho do dia".

DEIDADES SOLARES
A ligação entre o sol e a divindade é típica e muitas culturas cultuam as deidades solares, incluindo Shamash (Babilônia), Ra (Egito), Mitra (Pérsia) e Apolo (Grécia e Roma). Nas tradições orientais, o sol é o emblema do deus hindu Vishnu e de Buda, a quem alguns escritores chineses se referem como "Buda-Sol" ou "Homem Dourado". O Alto Sacerdote Judeu usava um disco dourado em seu peito como um símbolo do sol divino e Cristo é, algumas vezes, comparado com o sol espiritual no coração do mundo e chamado de Sol Justitiae (Sol da Justiça) ou Sol Invictus (Sol Invencível), com os doze discípulos comparados aos raios do sol.

Embora o sol geralmente seja considerado como masculino, em algumas culturas (africana, nativo americana, maori, aborígine australiana, japonesa e germânica) a deidade solar é feminina, porque o princípio feminino é visto como ativo através de seus poderes revigorantes. A deusa do sol do Japão, Amaterasu, se recolhe em uma caverna em protesto pela negligência de seu irmão, o deus da tempestade, em cumprir suas tarefas e é induzida a sair por outros deuses que fazem muito barulho. Na cosmologia do povo Dogon, de Mali, o sol é descrito como o pote de cerâmica aquecido (um símbolo do útero) rodeado por uma espiral de cobre vermelho, representando o sêmen que o tornará fértil.

PODER TEMPORAL
Muitas culturas e seus governantes têm reclamado a descendência do sol, incluindo os Incas, os faraós do antigo Egito, os chineses e os japoneses. Dizem que a família imperial japonesa é descendente direta da deusa do sol Amaterasu e o sol nascente (representado por um disco vermelho) não é somente o emblema nacional japonês, mas também o nome do país (Nihon).

O sol nascente geralmente é considerado um símbolo de esperança e novos começos em contraste com o sol raiado que significa iluminação. Na China, o sol era um símbolo do imperador que usava um desenho do sol (um círculo contendo um corvo de três pernas) em seus mantos. O simbolismo do sol é um tema comum em toda a realeza. Ele aparece nos tronos do povo Kubu, no sudeste da África, ao passo que o povo Ashanti, do oeste da África, usa um disco dourado para representar a alma do rei. Espelhando-se no deus do sol, Apolo, o rei francês Luís XIV (1638-1715) era conhecido como o "Rei do Sol" e a vida da corte acontecia em torno dele, assim como os planetas ao redor do sol, em seu palácio opulento em Versalhes.

O NASCER E O PÔR DO SOL
O desaparecimento do sol em cada noite e seu aparente renascimento na manhã seguinte o torna um potente símbolo da morte, da ressurreição e da imortalidade. Isso forma a base de muitos mitos e rituais sagrados. No antigo Egito, o deus sol Ra fazia uma terrível jornada todas as noites para o submundo, encontrando seu inimigo mortal, a cobra monstro Apophis, antes de sair novamente no leste. Se Apophis alguma vez derrotasse Ra, o sol não nasceria e a terra seria inundada pela escuridão. Na tradição cherokee nativa americana,

ACIMA O pôr do sol simboliza a velhice, o fim e a morte em muitas culturas.

ACIMA O Olho de Hórus era um símbolo de realeza e imortalidade, além de ser um talismã para proteção.

MEIO O sol é um símbolo típico, adorado como deidade por muitos povos.

TOPO O leão é um símbolo solar, um sinal de poder e liderança.

À ESQUERDA Apolo, o deus do sol da antiguidade clássica, conduz sua carruagem solar pelo céu.

o sol é feminino e, quando sua filha morre de uma mordida de cobra, o sol cobre o rosto dela de tristeza e o mundo fica escuro. Para consolá-la, o povo dança e canta, quando ela descobre seu rosto e o mundo se torna claro. A Dança do Sol dos Índios das Planícies está ligada a este simbolismo.

O SOL PRETO
Algumas culturas mencionam um sol preto. Os astecas o mostravam sendo carregado nas costas do deus do submundo, enquanto os maias o descreviam como um jaguar. Assim como a antítese do sol do meio-dia no auge de seu poder criativo que garante a vida, o sol preto está associado à morte e à destruição, prenunciando o desencadeamento do desastre. Os eclipses solares são, portanto, quase universalmente considerados como maus presságios, introduzindo eventos cataclísmicos que encerram um ciclo; por exemplo, no momento da crucificação de Cristo, o sol escureceu. Na alquimia, um sol preto representa uma matéria primitiva, não desenvolvida, que ainda deve ser refinada. Para o psicólogo, é um símbolo de inconsciência elementar.

SIMBOLISMO PSICOLÓGICO
O sol é frequentemente associado com o princípio da autoridade, da qual o pai é a primeira personificação. Está ligado à individualidade, ao desejo, ao ego e à personalidade; no nível mais alto, lutando pela integração psíquica ou iluminação e no nível inferior cedendo à egomania, ao orgulho excessivo e ao autoritarismo. O sol também está ligado à energia criativa, à saúde e à vitalidade, influenciando tanto o desenvolvimento físico quanto o psicológico. Como personificação da energia masculina, ele pode ser visto como representação da intenção e pode aparecer em sonhos e mitos como um imperador, um rei, deus ou figura de herói.

SÍMBOLOS SOLARES
Os símbolos do sol incluem um disco, um ponto dentro de um círculo (usado na astronomia e na astrologia), uma roda com raios (um símbolo celta) e uma carruagem – em muitas tradições (incluindo os nórdicos, os antigos egípcios e gregos), o sol era visualizado como deidade transportada pelo céu em uma carruagem. Um sol com raios sugere iluminação; um símbolo gráfico comum é um círculo com raios alternando linhas retas e onduladas, sugerindo o poder do sol de gerar luz e calor. Tradicionalmente, havia sete raios, as seis direções do espaço e o sétimo para a dimensão cósmica. Algumas vezes, o sol é retratado com um rosto – isso acontece entre o povo Hopi dos nativos americanos e, também, na iconografia ocidental. No mito celta, o sol era personificado por Lug ("Luz"), algumas vezes chamado de Grianainech ("Face do Sol").

> **O SOL COMO DESTRUIDOR**
> O poder do sol causa a seca. Na antiga China, as pessoas atiravam setas ao sol para mantê-lo parado, enquanto no Camboja os rituais para trazer chuva envolviam o sacrifício de um animal "solar".

ACIMA Em muitas tradições, um eclipse solar era visto com assombro e medo como símbolo de má sorte.

ACIMA Uma auréola de raios do sol ao redor de Amaterasu, a deusa do sol do Japão.

A Lua

A LUA AZUL
Duas luas cheias dentro do mesmo mês constituem uma lua azul, um fenômeno que ocorre a cada dois ou três anos. Portanto, "uma vez na lua azul" significa quase nunca. Na tradição Wicca, um esbate (festival lunar) é celebrado naquele ano, no qual se acredita que os rituais e as invocações têm poderes duplos.

Localizada a aproximadamente 400 mil km de distância da terra, a lua exerce um poder gravitacional tanto sobre a terra quanto sobre a água. Sua influência é mais notada nas marés, mas plantas e animais, incluindo seres humanos, também são afetados. Próxima do sol, a lua é o corpo celeste mais óbvio e sua periodicidade era de extrema importância nos primeiros conceitos sobre o tempo. O fato de que seus ritmos correspondam quase que exatamente ao ciclo menstrual feminino, às estações e ao ciclo anual levou às associações óbvias com o feminino, a terra e a natureza. A lua não emite sua própria luz, mas reflete a luz do sol; a qualidade dessa luz tem sido uma grande fonte de inspiração religiosa e artística.

A LUA E O FEMININO

O simbolismo atribuído à lua é na maioria das vezes (mas não exclusivamente) associado ao feminino. A lua esta conectada à imaginação, intuição, poderes psíquicos e ao sonho, e está particularmente associada às mulheres, à fertilidade e ao nascimento. As civilizações antigas realizavam rituais de fertilidade e celebravam a lua em festivais anuais dedicados à deusa para tentar ajuda-la na concepção. Acreditava-se que a época da ovulação para as mulheres ocorria durante a lua cheia e que durante a menstruação os poderes de percepção de uma mulher eram intensificados.

As deusas da lua são encontradas em muitas culturas antigas. A lua é reverenciada como mãe de todos, criadora de toda a vida na terra. A deusa grega Ártemis (Diana para os romanos) é retratada com muitas mamas e animais e plantas nascendo de sua cabeça, de seus membros e de seu peito. A deus da lua chinesa deu à luz a todas as coisas após uma inundação; semelhantemente, as deusas da lua da Ásia Ocidental e da Europa eram fonte de todas as criaturas vivas. As crenças dos Incas sobre a lua mudaram com o passar do tempo; no início era uma deusa sem conexão com o sol, ela se tornou mais tarde a esposa do sol e a deusa do casamento, Seus filhos foram as estrelas, Finalmente, acreditava-se que ela tinha sido a noiva incestuosa do seu irmão sol.

SABEDORIA INTERIOR

A lua é o grande refletor e incorpora as qualidades da receptividade, necessárias para o processo intuitivo e para experimentar os sentimentos. Essa receptividade é outro aspecto das deidades da lua.

A lua é quase sempre associada à sabedoria. A deusa grega e egípcia Sofia, ou senhora sabedoria, é a deusa da lua e a personificação do conhecimento divino. Shing Moo, uma deusa chinesa da lua, é chamada de deusa da inteligência perfeita e, algumas vezes, dizem que a Virgem Maria, chamada de Lua da Igreja, possui a sabedoria perfeita.

A LUA E A MENTE

Assim como a lua afeta as marés, ela pode influenciar as nossas emoções que são frequentemente associadas à água. Embora a lua esteja algumas vezes ligada à aquisição de conhecimento, geralmente está mais associada ao sentimento, à irracionalidade e ao inconsciente ou oculto. Apesar do fato de o folclore estabelecer uma relação entre a lua e a loucura, existe muito pouca evidência científica confiável de uma conexão entre as duas.

No início da mitologia japonesa, a luz que vinha de Tsukuyomi, deus Shinto da lua, poderia conduzir a alucinações e ilusões. Hecate, a deusa grega da lua negra, proporcionava visões, mas também poderia levar as pessoas à loucura. O mesmo é verdadeiro para quase todas as deidades da lua, com uma linha bem estreita dividindo a inspiração da insanidade. Há histórias de demônios frenéticos que são bastante influenciados pela lua. Os eslavos contam sobre lobisomens Eles são uma grande ameaça às pessoas e são invulneráveis a todas as armas, exceto àquelas feitas de prata, um metal da lua.

FASES DA LUA

A lua reflete os ritmos da vida, passando por um processo infinito de morte e renascimento em seu ciclo de 28 dias. Ela representa transição e renovação e simboliza o tempo

ABAIXO Acredita-se que as pedras de Stonehenge tenham sido úteis para medir astronomicamente as fases da lua.

CRIATURAS NA LUA

As crateras e sombras da lua permitem que as pessoas projetem sobre ela as imagens de todos os tipos de criatura. Uma imagem ocidental comum é a do homem na lua. Na China, é a de um sapo ou lebre. Os xamãs altaicos visualizam um canibal velho aprisionado na lua para poupar a humanidade. O povo Yakut, da Sibéria, vê uma garota com um jugo em seus ombros carregando baldes. No Peru, eles visualizam uma raposa ou um jaguar. Os incas viam um rosto no qual eles acreditavam que o sol ciumento havia jogado poeira para torná-lo menos brilhante.

ACIMA Desde os tempos medievais, a Virgem Maria era associada à lua crescente, em seu papel de refletora da luz de Cristo.

cíclico. A lua possui 28 fases na sua exposição e ocultação diárias, durante as quais passa pelo zodíaco inteiro. No entanto, é mais comum se referir às 4 fases ou quartos da lua: crescente, cheia, minguante e lua nova ou lua negra. O quarto crescente está associado com a energia do renascimento – representando a gravidez – e é considerado boa época para novos projetos. A lua, quando está cheia, representa a plenitude da energia feminina e reflete o simbolismo do círculo que significa totalidade. O quarto minguante é a época de declínio, de deixar as coisas fluírem. A lua nova está associada à tranquilidade e ao começo da ascensão do submundo ou da morte.

LUA CRESCENTE

A lua crescente está associada, de modo preeminente, às deidades femininas. A deusa virgem Ártemis (ou Diana para os romanos) é em geral retratada segurando uma lua crescente ou usando uma em sua cabeça. A lua crescente virada para cima é um atributo da deusa egípcia Ísis e, na iconografia cristã, a Virgem Maria, herdando um pouco do simbolismo de Ísis, também é algumas vezes apresentada com uma lua crescente virada para cima. É um atributo da Alta Sacerdotisa do Tarô, que está associada ao mistério, à intuição e aos poderes do inconsciente. No hinduísmo, a lua crescente é o símbolo de Shiva, o deus da transformação. A lua crescente é um símbolo muito importante no mundo islâmico, simbolizando a sinceridade e a concentração. Geralmente acompanhada de uma estrela, é um símbolo do paraíso e da ressurreição. Ela aparece também com muita frequência em minaretes e tumbas. No alfabeto árabe, a letra "n", que possui a forma de uma lua crescente com um ponto acima, é a letra da ressurreição e as orações para os mortos são escritas de modo a rimar com ela; a pronúncia da letra é "nun", que também é a palavra árabe para peixe e este é o símbolo da vida eterna no Alcorão.

MITOS LUNARES

No mito nórdico, Mani (a lua) e Sol (o sol) foram criados pelos deuses e colocados em carruagens pelos céus. A carruagem de Mani geralmente chegava bem perto da terra, portanto, sua luz podia exercer uma influência maior sobre aqueles que estão embaixo. Em uma ocasião, ele pegou duas crianças que estavam buscando água, Hiuki e Bil, para serem seus companheiros e eles se tornaram a lua crescente e a minguante. Mani era frequentemente caçado pelo lobo Hati – quando ele o capturava, a atmosfera ficava fantasmagórica e quando ele conseguia arrastá-lo para o chão, havia um eclipse.

TOPO A lua nova simboliza o ponto de descanso do ciclo da vida.

ACIMA O quarto minguante representa "deixar acontecer" e "declínio".

O HOMEM NA LUA

Em 20 de julho de 1969 (horário ocidental padrão), Neil Armstrong simbolicamente fez o primeiro contato físico com a lua, usando as seguintes palavras: "Um pequeno passo para o homem, um passo gigante para a humanidade".

As Estrelas

Como pontos infinitesimais de luz que iluminam a escuridão, as estrelas quase sempre foram vistas como símbolos celestiais, anunciadores da presença divina. Elas são símbolos arquétipos que aparecem em tradições sagradas e seculares em todo o mundo. De acordo com os xamãs Yakut, da Sibéria, as estrelas eram as janelas do universo. Seu abrir e fechar passageiro concedia ou negava acesso ao mundo superior. Nas primeiras sociedades, a observação do céu era uma parte importante da vida; a astrologia e a astronomia eram a mesma coisa. Os fenômenos celestiais eram de grande significado prático, marcando as mudanças sazonais e proporcionando um calendário para a caça e para o plantio. Como as pessoas notavam que determinados acontecimentos nos céus coincidiam com os eventos na Terra, os paralelos se transformavam em presságios – uma lua vermelha cor de sangue, por exemplo, indicava um desastre natural ou guerra.

ACIMA As estrelas estão conectadas com a iluminação espiritual e com a presença divina.

À DIREITA Na tradição cristã, foi uma estrela que guiou os reis magos para o bebê Jesus recém-nascido, a quem eles ofertaram ouro, incenso e mirra.

OS MITOS SOBRE AS ESTRELAS

Contam-se muitas histórias sobre o simbolismo das estrelas. De acordo com Kalevava, o épico nacional da Finlândia, as estrelas foram feitas de fragmentos de conchas lançados repentinamente quando o Ovo do Mundo se quebrou. Entre os astecas, a Via-Láctea era chamada mixcoatl ("serpente das nuvens") e dava seu nome a Mixcoatl, o deus da Estrela Polar e da caça, que segundo eles habitava nas estrelas. Nos hieróglifos dos maias, as estrelas são frequentemente retratadas com raios de luz brotando delas rapidamente. De acordo com o folclore na Guatemala e no Peru, as estrelas representam as almas dos mortos virtuosos, enquanto entre o povo Inca, o simbolismo cósmico das estrelas aumenta para incluir não só os seres humanos mas também os animais e pássaros. Eles acreditavam que nos céus havia uma cópia de cada criatura que habitava a Terra, responsável por seu nascimento e evolução. Na tradição cristã, o nascimento de Cristo foi anunciado pelo aparecimento da estrela de Belém. Atualmente, as estrelas estão associadas aos sonhos e desejos assim como também à crença de que se você fizer um pedido ao ver uma estrela cadente ele se tornará realidade.

ACIMA Uma estrela de cinco pontas era o emblema da deusa assíria Ishtar (posteriormente Ísis, Vênus). Tornou-se um símbolo muito difundido para a ascendência espiritual e militar.

ESTRELA CADENTE

Consideradas como sinal de divindade, as estrelas cadentes são interpretadas como centelhas de fogo celestial ou sementes das divindades. Dizem que elas executam uma função idêntica à dos anjos, são mensageiras entre o Céu e a Terra e lembram os humanos de sua conexão com o lado espiritual.

A ESTRELA MATUTINA

Devido ao fato de a órbita de Vênus estar dentro da órbita da Terra, Vênus sempre aparece bem perto do sol no céu e, dependendo de seu ciclo, ele pode ser visto próximo ao sol nascente ou poente. Portanto, o planeta Vênus é chamado tanto de Estrela da Manhã (Estrela D'alva) quanto de Estrela Vespertina (Estrela Vésper). Na mitologia babilônica e assíria, Ishtar, a deusa do amor associada a Vênus, descia ao submundo em busca de seu amante e voltava à vida, do mesmo modo que a Estrela Vespertina desaparecia da visão por um período, antes de reaparecer como Estrela Matutina para anunciar o sol nascente.

Entre os Índios das Planícies, a Estrela Matutina é um símbolo do princípio da vida – porque ela anuncia a madrugada e o renascimento da luz do dia – enquanto os Índios Cora, do sudoeste dos Estados Unidos, dão a mesma importância às estrelas, ao sol e à lua, que formam a trindade celestial em sua mitologia. A tradição mexicana, contudo, considerava a Estrela Matutina como causadora de doenças e portas e janelas eram fechadas no romper do dia para proteção contra sua perigosa luz. Na arte do folclore mexicano, ela é retratada com um arco e uma flecha usando uma máscara de esqueleto. Na tradição cristã, um dos nomes do demônio é Lúcifer, que significa Estrela Matutina.

A ESTRELA POLAR

A Estrela Polar simboliza o ponto fixo e eterno no centro, ao redor do qual gira o cosmos. Em muitas partes da Europa e da Ásia, ela é diferentemente mencionada como eixo, centro, umbigo, centro da vida ou portão do Céu. Na tradição turca ela é descrita como "mastro da tenda" dos céus; os mongóis se referem a ela como pilar dourado, e o povo Saami do norte da Escandinávia a chama de Pilar do Mundo. Na maioria das tradições do norte asiático, ela é colocada como o cume da Montanha do Mundo, indicando a residência do deus todo-poderoso nos céus; consequentemente, nessas regiões, altares estão em geral situados na extremidade norte de um templo.

O simbolismo da Estrela Polar como ponto mais alto dos céus espelha as hierarquias humanas. Na China, por exemplo, os céus, com o restante das estrelas fixadas de acordo com seu relacionamento com a Estrela Polar, são considerados em termos de estrutura da sociedade, em que o imperador e as classes governantes funcionam como ponto fundamental ao redor dos quais estão todos os outros, cada um em seu lugar correto. Na Índia, a Estrela Polar é invocada nas cerimônias de casamentos védicos, representando o noivo como ponto principal do relacionamento.

SÍMBOLOS DAS ESTRELAS

Uma estrela de cinco pontas é conhecida como pentagrama e é um símbolo mágico antigo. É uma forma que aparece na arte e arquitetura clássica, como também na natureza. As linhas que juntam suas cinco pontas se dividem umas das outras em uma proporção conhecida como Meio Termo ou Proporção Divina, tornando-a símbolo da totalidade e da perfeição. Quando desenhado apontando para cima, o pentagrama é um símbolo do ser humano cósmico e, na tradição Cristã, é um símbolo de Cristo como "Alfa e Ômega", o começo e o fim.

Os seguidores de Pitágoras usavam o pentagrama como identificação e ele também aparece como emblema na realeza da Maçonaria, uma sociedade que traça sua história com base em Pitágoras.

Na Europa medieval, o pentagrama era utilizado como talismã contra o mal para derrotar poderes demoníacos. Contudo, quando estiver invertido, com as duas pontas para cima, o pentagrama é associado ao demônio e as pontas são consideradas seus chifres.

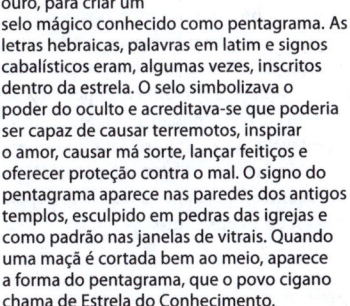

ACIMA Nas tradições nativo-americanas, as estrelas são consideradas como acampamentos dos ancestrais.

ACIMA Duas versões da Estrela de Ishtar de oito pontas, utilizadas em todo o Oriente Médio por muitos séculos antes do nascimento de Cristo. A estrela acima dessa é uma versão babilônica, a de baixo é fenícia.

O PENTAGRAMA

Na tradição oculta do ocidente, as estrelas de cinco pontas na posição correta eram esculpidas em discos de metais preciosos, como a prata ou o ouro, para criar um selo mágico conhecido como pentagrama. As letras hebraicas, palavras em latim e signos cabalísticos eram, algumas vezes, inscritos dentro da estrela. O selo simbolizava o poder do oculto e acreditava-se que poderia ser capaz de causar terremotos, inspirar o amor, causar má sorte, lançar feitiços e oferecer proteção contra o mal. O signo do pentagrama aparece nas paredes dos antigos templos, esculpido em pedras das igrejas e como padrão nas janelas de vitrais. Quando uma maçã é cortada bem ao meio, aparece a forma do pentagrama, que o povo cigano chama de Estrela do Conhecimento.

O Zodíaco

O zodíaco é um cinturão de estrelas em cada lado da "eclíptica", o caminho aparente do sol, da lua e dos planetas pelo céu. Ele está dividido em 12 constelações ou signos. A palavra "Zodíaco" deriva do grego e significa círculo das coisas vivas. É um conceito que se originou numa época em que as pessoas achavam que cada corpo celestial era habitado por um espírito astral e origina-se de um ponto de vista do mundo que vê a criação como uma imensa teia de forças interconectadas influenciando a vida e os acontecimentos na Terra. As constelações foram associadas às várias formas de vida e objetos, adquirindo significado místico na explicação do destino do ser humano e das complexidades que constituem o caráter humano. Os signos são divididos entre os quatro elementos e cada um recebe uma das três "qualidades": cardinal (criativo e inovador), fixo (preservador) e mutável (em mudança). Cada signo é "regido" por um corpo celestial.

ÁRIES, CARNEIRO
(21 DE MARÇO A 20 DE ABRIL)

O ano astrológico começa no equinócio da primavera (no hemisfério norte) quando o sol entra em Áries, o carneiro, que é em geral retratado correndo para frente, mas olhando para trás. O signo é obstinado, independente, mas se chateia com facilidade. Marte é o regente de Áries; anatomicamente está relacionado com a cabeça e com o rosto, seu elemento é o fogo, possui a qualidade de ser cardinal e sua pedra preciosa é o diamante.

TOURO
(21 DE ABRIL A 21 DE MAIO)

Um antigo símbolo de virilidade e fertilidade. Os taurinos são leais, práticos, generosos e pacientes. Apreciam os prazeres sensuais, mas podem se tornar teimosos e inflexíveis. O regente de Touro é Vênus; anatomicamente está relacionado à garganta e ao pescoço, seu elemento é a terra, possui a qualidade de ser fixo, estável e sua pedra preciosa é a esmeralda. Um festival que celebra o nascimento de Buda acontece na primeira lua cheia depois que o sol entra em Touro.

GÊMEOS
(22 DE MAIO A 21 DE JUNHO)

Gêmeos é a dualidade. Algumas tradições o descrevem como um homem e uma mulher, ou um par de amantes. Está associado ao contato humano, à comunicação e ao intelecto. Seu elemento é o ar, possui a qualidade de ser mutável e seu regente é Mercúrio. Está relacionado aos pulmões, aos braços e aos ombros, sua pedra preciosa é a ágata. Na Índia, a constelação está ligada a Aditi, a mãe-deusa védica.

CÂNCER, CARANGUEJO
(22 DE JUNHO A 23 DE JULHO)

Os cancerianos são sensíveis, protetores e estimuladores, mas podem se tornar possessivos e emocionais. Câncer está associado ao arquétipo de mãe; seu regente é a lua, seu elemento é a água e possui a qualidade de ser cardinal. Está relacionado ao peito e ao estômago e sua pedra preciosa é a pedra da lua.

LEÃO
(24 DE JULHO A 23 DE AGOSTO)

Quando o sol entra em Leão, seu poder (no hemisfério norte) está em seu zênite e o signo está associado à generosidade, criatividade e liderança, mas pode ser orgulhoso e autocrático. Seu regente é o sol, seu elemento é o fogo e possui a qualidade de ser fixo e é estável. Leão está relacionado ao coração e sua pedra preciosa é o rubi.

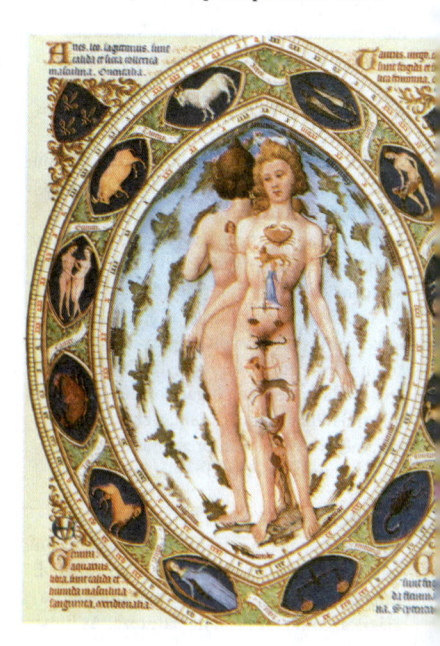

ACIMA O símbolo de Áries se parece com a cabeça de um carneiro, mas também com a fonte da vida.

ACIMA O símbolo de Touro se parece com a cabeça e os chifres de um boi.

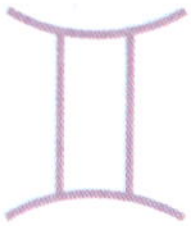

ACIMA O símbolo de Gêmeos representa a dualidade.

ACIMA O símbolo de Câncer sugere as garras do caranguejo e pode representar uma mudança de direção.

ACIMA O símbolo de Leão representa a juba do leão ou a energia criativa semelhante a da cobra.

ACIMA O símbolo de Virgem poderia significar asas celestiais, uma mulher segurando um feixe de trigo ou uma cobra.

À DIREITA O círculo do zodíaco é um sistema de símbolos que representa ciclos, estágios de desenvolvimento e aspectos do masculino e do feminino.

VIRGEM
(24 DE AGOSTO A 23 DE SETEMBRO)
Virgem (no sentido da "mulher independente") chega à época do equinócio. O signo está associado à maioria das principais deusas ocidentais, incluindo Ísis, Deméter e a Virgem Maria. Os virginianos são práticos, analíticos e precisos, mas podem ser pedantes e críticos. Regido por Mercúrio, está relacionado ao intestino, ao baço e ao plexo solar. Seu elemento é a terra, tem a qualidade de ser mutável e sua pedra preciosa é a cornalina.

LIBRA, BALANÇA
(24 DE SETEMBRO A 23 DE OUTUBRO)
Quando o sol entra em Libra está em seu ponto mediano do ano astronômico, quando os dias e as noites têm a mesma duração. Librianos são artísticos, refinados e pacificadores, mas podem ser indecisos. O planeta regente é Vênus, seu elemento é o ar e possui a qualidade de ser cardinal; sua pedra preciosa é a safira e está relacionado com a coluna vertebral, com os rins e com o fígado.

ESCORPIÃO
(24 DE OUTUBRO A 22 DE NOVEMBRO)
Escorpião é regido por Marte e Plutão. Em muitas culturas, é associado à decadência e à morte. Os escorpiões são determinados, impetuosos e curiosos, com intensa energia sexual e paixão, embora sejam inclinados ao ciúme. O escorpião governa os rins e os órgãos genitais, sua pedra preciosa é a opala, seu elemento é a água e possui a qualidade de ser fixo e estável.

SAGITÁRIO, ARQUEIRO
(23 DE NOVEMBRO A 21 DE DEZEMBRO)
Sagitário, representa o ser humano perfeito, uma combinação de poder animal e espiritual com potencial divino. Geralmente é exibido como um centauro carregando um arco e uma flecha; seu glifo representa a seta, um símbolo da humanidade apontando para as estrelas. É um símbolo de sabedoria superior, do aprendizado e das viagens, mas os sagitarianos também podem ser fantasiosos e não confiáveis. Seu planeta regente é Júpiter, seu elemento é o fogo, possui a qualidade de ser mutável e sua pedra preciosa é o topázio. Sagitário governa o fígado, as coxas e a região pélvica.

CAPRICÓRNIO, BODE
(22 DE DEZEMBRO A 20 DE JANEIRO)
Capricórnio é regido por Saturno e anuncia a intensidade do inverno. Seu elemento é a terra, possui a qualidade de ser cardinal e sua pedra preciosa é a granada. Este signo rege os joelhos, os dentes e os ossos. Representa a ordem, a estrutura, assim como a ambição e o trabalho árduo. Seu nome está ligado a Capricórnios, o peixe-bode mitológico, e seu glifo reflete a forma do peixe e dos chifres.

AQUÁRIO, CARREGADOR DE ÁGUA
(21 DE JANEIRO A 19 DE FEVEREIRO)
O glifo do carregador de água representa a água e a comunicação. Saturno e Urano governam Aquário, que está ligado com os ideais humanitários, com a liberdade, a excentricidade e o pensamento original. Anatomicamente, está relacionado à parte inferior das pernas e ao sangue. Seu elemento é o ar, possui a qualidade de ser fixo, estável e sua pedra preciosa é a ametista.

PEIXES
(20 DE FEVEREIRO A 20 DE MARÇO)
Peixes, simbolizado por um par de peixes nadando em direções opostas, tem seu glifo representando este aspecto contraditório. Os piscianos quase sempre se sentem arrastados em duas direções e são tipicamente sonhadores, intuitivos, artísticos e impressionáveis; suas sensações psíquicas lhe dificultam a vida diária no mundo. Júpiter e Netuno, deus dos mares, governam Peixes; seu elemento é a água e possui a qualidade de ser mutável. Anatomicamente, ele rege o sistema linfático e os pés e sua pedra preciosa é o jaspe sanguíneo. Sendo o último signo do zodíaco, Peixes representa a dissolução, o retorno ao abismo aquoso antes do ciclo criativo ser reiniciado.

ACIMA Libra retrata um par de balanças e também o pôr do sol.

ACIMA O Escorpião é baseado na letra hebraica mem, e a seta representa o ferrão na cauda do escorpião.

ACIMA Sagitário significa projeção.

ACIMA Capricórnio liga os chifres do bode com o rabo do peixe.

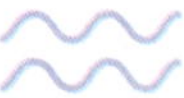

ACIMA O glifo de aquário representa a água e transmite a ideia de dualismo passivo.

ACIMA O símbolo de Peixes é formado por dois peixes nadando para lados diferentes.

Deuses e Deusas

ACIMA Zeus em um julgamento vitorioso, banindo o último dos Titãs para Tarterus. Zeus simbolizava o poder masculino e a autoridade tanto para o mundo divino quanto para o humano.

Cada cultura cria sua própria mitologia, teologia e rituais sagrados em sua busca para resolver os mistérios do universo. Embora estes estejam enraizados e sejam específicos da cultura na qual surgem, existem muitas similaridades intrigantes entre as várias deidades do mundo, tornando-as poderosos símbolos arquétipos que exploram algumas das ideias mais profundas da humanidade.

QUETZALCOATL
Uma das maiores deidades do panteão asteca, Quetzalcoatl criava seres humanos regando os ossos dos mortos da criação anterior com seu sangue. Ele também era o senhor do conhecimento, deus do vento e do zodíaco, da vegetação e das artes. Deidade compassiva, ensinava a paz e era uma força para o bem. Seus emblemas eram uma cobra esculpida na turquesa e um manto.

DEUSES SUPREMOS
A ideia de um deus criador supremo é universal, simbolizando a força primitiva a partir da qual começa toda vida. Em muitas tradições, a deidade cria a si própria e aparece magicamente. Por exemplo, no antigo Egito, Atum (cujo nome significa "o todo") surgiu como um monte ou colina do caos do abismo aquoso, enquanto Zulu Unkulunkulu criou a si mesmo a partir de um enorme pântano de juncos coloridos que existia no início do mundo.

O deus supremo frequentemente simboliza o poder masculino e a autoridade e está ligado aos arquétipos do pai, do rei e do líder guerreiro. Ele é considerado onipotente e onipresente, exercendo autoridade sobre a natureza, os animais e os seres humanos. Odin, um deus guerreiro do panteão nórdico, era conhecido como "pai de todos". O Dagda celta, cujo nome significa "deus todo poderoso", controlava o tempo e as colheitas e oferecia proteção e benevolência a seu povo. Tanto Odin quanto Dagda eram reconhecidos por sua sabedoria, uma outra característica dos deuses supremos. Algumas vezes, o deus supremo incorpora a fúria justificada diante das contravenções humanas. O raio com trovão, que o deus exibia ostensivamente quando estava enfurecido, era atributo tanto de Zeus, o antigo soberano grego do Céu e da Terra, quanto do deus criador inca Viracocha ("senhor do mundo"). Outros exemplos de deuses supremos incluem Quetzalcoatl (asteca), Vishnu (Índia) e Tangaroa (Polinésia).

Contudo, nem todas as deidades supremas são masculinas. A deusa chinesa Nu Gua, cuja parte inferior do corpo era de cobra ou peixe, fez todos os seres viventes quando ela se transformava em uma multidão de formas; na tradição do povo Navajo nativo-americano, a Mulher Aranha (ou Mulher Mutante) realizou a criação tecendo os moldes do destino como uma aranha faz o fio de sua teia. As deidades criadoras japonesas, Izanagi e Izanami, eram gêmeas, um irmão e uma irmã que criaram a terra agitando as águas do oceano primitivo com um lança.

A GRANDE DEUSA
O conceito de uma deusa todo-poderosa é muito antigo. Adorada como a grande deusa ou a deusa-mãe, ela é tipicamente identificada com a natureza ou a terra. Na América do Sul, a deusa da terra fértil era Pacha-mama (seu culto foi adaptado para a Virgem Maria no período colonial) e entre os maori era

Papatuanuku (ou Papa), a deusa da terra e das rochas e mãe dos seres humanos.

A deusa não é somente a criadora cuja fertilidade sem limites e abundância generosa gera, sustenta e alimenta a vida, mas também é a destruidora, que exige tributo como parte do ciclo regenerativo da natureza formado pelo nascimento, crescimento, morte e renascimento. Ela é frequentemente associada à lua, refletindo sua natureza cíclica e seus atributos de luz e escuridão. Em algumas sociedades primitivas, ela era representada por um cone ou pilar de pedra, algumas vezes preto, outras branco, correspondendo aos seus aspectos claros e escuros. Em Caldéia, na Babilônia (atual Iraque), a deusa era adorada na forma de um pedra preta sagrada, que alguns estudiosos acreditam ser a mesma pedra divina que se tornou o centro da fé islâmica, a Ka'ba em Meca.

As representações da Grande Deusa incluem Selene (greco-romana), Ísis (egípcia) e Ishtar (babilônica). Na Índia, a Grande Deusa é conhecida como Shakti – a maior força criativa – Devi ou Maha-Devi ("a grande Devi") e é considerada a personificação do princípio feminino e mãe de todas as coisas. Em seu aspecto escuro, ela assume formas ferozes, incluindo Durga, a deusa guerreira, e Kali, a deusa da morte. Durga é em geral descrita montada em um tigre e carregando armas em cada uma de suas dez mãos, com as quais ela assassina de forma violenta seus inimigos, enquanto Kali é exibida com uma grinalda de esqueletos, segurando uma espada em uma das mãos e uma cabeça decepada na outra.

A DEUSA TRÍPLICE

Em muitas tradições, a deusa é dividida em entidades separadas, tipicamente três – donzela, mãe e anciã – correspondendo as fases da lua crescente, cheia e minguante. No panteão greco-romano, Ártemis (Diana para os romanos), Deméter (Ceres) e Hecate representam os três aspectos da Deusa Tríplice. Irmã de Apolo, que está associado ao sol, a deusa caçadora virgem Ártemis é na maioria das vezes descrita carregando arco e fecha prateados, os quais ela utiliza para se proteger, mas também para matar. Demeter é a deusa das frutas na terra e seus atributos são: o feixe de trigo, a foice e o vaso em forma de corno (cornucópia). Hecate, deusa da noite, da escuridão e da morte, é algumas vezes retratada com três corpos ou rostos para simbolizar suas ligações com a lua. Ela está ligada a lugares de transição como guardiã dos portões do Hades e deusa das encruzilhadas. Hecate está associada à magia e à bruxaria em tradições ocultas.

A DEUSA ÍSIS

Ísis era uma das deidades mais importantes do mundo antigo. Seu nome significa "assento" ou "trono" e, algumas vezes, ela é retratada usando um trono em seu penteado formado por um par de chifres de vaca com um disco do sol entre eles, conectando-a a Hathor, deusa do amor e da fertilidade. Ísis era associada à maternidade mágica e à natureza. Para os gregos, ela oferecia proteção aos marinheiros, enquanto na Roma antiga as rosas eram seu atributo.

DEIDADES MENORES

Há deuses e deusas conectados com quase todas as dimensões da vida – tanto no mundo natural quando na sociedade humana. Os deuses da natureza incluem deidades dos céus, dos oceanos e da vegetação. Por exemplo, Urano (grego) e Rangi (maori) são deuses do céu, Poseidon ou Netuno (greco-romano) e Susanowo (japonês) governam os oceanos, enquanto Tammuz (sumeriano) e o Homem Verde (celta) são deuses da fertilidade conectados com a natureza e com a renovação da vida na primavera.

Embora a terra e a lua estejam tipicamente associadas com as deidades femininas, em algumas tradições elas são deuses masculinos. Entre os esquimós, Igaluk, o espírito da lua e caçador poderoso e habilidoso, é do sexo masculino; no antigo Egito, a Terra era personificada por Geb, que geralmente é retratado com um corpo verde para representar a vegetação da terra e um falo ereto, mostrando seu desejo de alcançar Nut, deusa do céu.

Também existem deidades da agricultura e da pesca, montanhas e florestas, vulcões e terremotos, rios e peixes, clima e animais selvagens. Exemplos desses deuses naturais incluem a deusa hindu Parvati, consorte de Shiva, cujo nome significa "filha da montanha"; Pele, o deus havaiano do fogo vulcânico; Chac, o deus maia da chuva; flor, o deus nórdico do trovão; Sedna, a deusa esquimó das criaturas marinhas; Selu, dos nativos norte-americanos, ou Mulher do Cereal, que traz a dádiva do conhecimento do cultivo dos cereais para seu povo.

Na África, a terra e a água são sempre deusas: entre os yoruba, do oeste da África, Ile é a deusa mãe da Terra e Yemoja é a deusa da água. Os mensageiros de Yemoja são os hipopótamos e os crocodilos e sua filha é Aje, deusa do rio Niger.

ABAIXO A deusa mãe hindu Mahadevi está retratada aqui em seu aspecto benigno, como Parvati (consorte de Shiva), enquanto os braços que carregam armas simbolizam Durga, a deusa guerreira.

ACIMA De acordo com a lenda, Vênus, a deusa do amor, nasceu do mar. Ela é exibida aqui com cabelos longos e abundantes que simbolizam sua virgindade.

ABAIXO Lakshmi, a deusa hindu da fortuna, está associada ao elefante (um símbolo de realeza) e à flor de lótus, um símbolo de pureza.

OS DEUSES E A HUMANIDADE

Muitas culturas honram as deidades conectadas com a sociedade e os valores humanos. Existem deuses do amor e do namoro, como o deus grego Eros (Cupido para os romanos) e o asteca Xochiquetzal; e as deusas do casamento e da maternidade, como a hindu Lakshmi e a chinesa Kuan-Yin, deusa da misericórdia. O Domovoy, da Rússia, e Lares e Penates, da Roma antiga, são espíritos domésticos que protegem o lar e a família. As deidades das artes e habilidades incluem Benten, a deusa japonesa da música; Wen Chang, o deus chinês da literatura; Tane-Mahuta, o deus maori da habilidade com madeira e esculturas, e Hephaestus/Vulcano, o deus greco-romano ferreiro. Os conceitos abstratos como sabedoria, justiça, verdade e conhecimento também são deificados por figuras tais como Atena/Minerva, a deusa greco-romana da sabedoria e da guerra; Maat, a deusa do antigo Egito da verdade e justiça e Brigid, a deusa celta do aprendizado.

DEUSES DO AMOR

A necessidade do amor e do relacionamento é fundamental para a humanidade. É uma força para integração e resolução de conflitos. Através da confiança e da entrega ao parceiro, os opostos podem ser sintetizados, levando a uma união e totalidade para cada indivíduo. Contudo, quando corrompido, torna-se o princípio de divisão e morte. O amor pode assumir muitas formas diferentes – do amor sexual e da paixão de um lado da balança até o amor espiritual do outro lado – e, em seus muitos aspectos, é representado por uma multidão de deuses e deusas. Essa imensa lista inclui Kama, o deus indiano do amor; Afrodite/Vênus, a deusa do amor na tradição greco-romana, que supostamente nasceu da espuma do oceano; Iarilo, o deus eslavo do amor e da regeneração; Freya, a deusa nórdica da fertilidade, sensualidade e do amor erótico; e Bastet, a deusa do antigo Egito associada ao prazer e amor sexual. Bastet adorava a música e a dança e seu símbolo sagrado era um chocalho. O espetacular festival anual realizado em seu nome atraía enormes multidões e eles consumiam mais vinho lá do que durante todo o resto do ano.

DEUSES DA GUERRA

Embora predominantemente a guerra simbolize agressão, poder destrutivo e triunfo da força bruta, os valores dos guerreiros, tais como coragem e honra, são exaltados em muitas sociedades e tradições sagradas. Até mesmo no Budismo, uma religião famosa por seu pacifismo, o Buda é mencionado como "guerreiro de armadura brilhante". A guerra também pode ser vista em termos simbólicos como uma luta interna, um estágio transacional de movimento da escuridão para a luz, da servidão para a liberdade. Os exemplos de deuses e deusas da guerra incluem Ahayuta Achi, os poderosos deuses gêmeos da guerra do povo Zuni Pueblo, da América do Norte, e Morrigan, a deusa da guerra dos Celtas.

Os Ahayuta Achi eram filhos do sol e exibiam grande coragem quando roubaram os implementos de fazer chuva de um grupo feroz de guerreiros. Eram bravos lutadores e protegiam o povo Zuni, destruindo monstros e malfeitores em seu nome. Eram responsáveis pelo fornecimento de ferramentas e conhecimento sobre caça para o povo. Morrigan, algumas vezes citada como Rainha dos Demônios, frequentemente aparecia como uma deusa tríplice, seus três aspectos representando a guerra, o massacre e a morte. Habilidosa na magia e na profecia, aparecia no campo de batalha como gralha ou corvo (seus símbolos), festejando os mortos. Ela usava suas habilidades de mudar de forma para seduzir os homens e satisfazer seu apetite sexual e tinha um encontro secreto espetacular com Dagda, o deus supremo dos celtas.

Algumas vezes, os deuses da guerra também são associados à paz. A deidade japonesa Hachiman, embora primariamente uma deidade Shinto, também é reconhecida no budismo, em que ele é chamado de Daibosatsu ("o grande bodhisattva"). Seus atributos são um bastão e uma pomba, a última simbolizando a paz que segue suas ações. Sua função é proteger os guerreiros e a comunidade como um todo. Um outro deus protetor e que busca a paz é o deus chinês Guan-Di, um deus da guerra, lealdade e justiça.

DEUSES DA MALANDRAGEM (TRICKSTERS)

O deus da malandragem é uma figura rebelde e amoral que aprecia desorganizar e perturbar o status quo tanto entre os deuses quanto entre os mortais. É uma mistura da natureza animal, humana e de características divinas. Suas brincadeiras de mau gosto são vistas com ambivalência – por vezes ele aparece como um sabotador malevolente e, outras vezes, suas atitudes ajudam a humanidade. O Loki escandinavo, por exemplo, era tanto um amigo dos deuses quanto um ladrão que roubava seus tesouros; o Coyote para os nativos norte-americanos é tanto um herói quanto um vilão. Entre o povo Navajo, o Coyote participa da criação com o Primeiro Homem e a Primeira Mulher e surge do submundo carregando sementes de plantas, que distribui em diferentes tribos; contudo, o povo Apache o considera responsável pela chegada dos europeus e o povo Maidu, da Califórnia, o responsabiliza por trazer doenças, tristeza e morte para a humanidade. Outros exemplos de deuses da malandragem incluem Eshu, da tribo yoruba do oeste da África; o Maui, da Polinésia, que trouxe fogo para a humanidade e Mimi, o australiano aborígine.

MIMI - AS DEIDADES DE MALANDRAGEM

De acordo com o mito aborígine da Terra de Arnhem, no território norte da Austrália, os mimi habitam os desfiladeiros e as fendas nas escarpas da região. São retratados em pinturas em cascas de árvores como figuras delgadas e fantasmagóricas. Dizem que podem ser ouvidos à noite quando cantam e batem nas rochas. Possuem uma natureza dual: por um lado são generosos e prestativos, ensinando os humanos como caçar, mas, se perturbados, causam destruição, doenças e infortúnios. Os caçadores da floresta falam em voz alta para avisar os mimi da sua presença e evitar machucar pequenos cangurus que parecem ser mansos, uma vez que eles podem ser os animais de estimação dos mimi, que irão causar a morte de qualquer um que os machuque.

FREYA

Deusa escandinava da fertilidade, sensualidade e do amor erótico, Freya protegia não somente as mulheres no casamento e no parto como também os guerreiros e os reis. Ela era especialista em magia e tinha a habilidade de mudar de forma, usando um manto de plumas e se transformando em falcão para voar no submundo.

ABAIXO Esta escultura antiga mostra um Lori de cabelo encaracolado, o deus escandinavo da malandragem.

O DEUS TANE-MAHUTA

Na tradição maori, Tane-Mahuta era o filho de Rangi, o deus do céu, e de Papa, a deusa da terra. Ele era responsável pela criação do reino de luz empurrando seus pais com seus pés, separando, portanto, o Céu e a Terra. Como seus pais estavam nus, ele criou árvores e plantas para cobrir sua mãe e decorou seu pai com estrelas. Tane se tornou o senhor da floresta e de todas as criaturas que nela viviam (incluindo os seres humanos) e de todas as coisas feitas de árvores. Consequentemente, ele se tornou o deus daqueles que trabalhavam com madeira. Os construtores de canoas colocam seus machados em seu templo e rezam para ele antes de cortar uma árvore para fazer uma canoa.

Céu e Inferno

ACIMA A Bíblia diz que as almas serão julgadas no Dia do Julgamento Final entre os salvos, que irão para o Céu e os condenados, que irão para o Inferno.

NOVE INFERNOS

Na mitologia asteca, havia nove infernos para os quais as almas dos mortos eram conduzidas com parte do ritual funerário. Suas almas literalmente retornavam para a terra de onde haviam se originado. Depois de passar pelo oitavo inferno, a alma era lançada ao nono inferno, a eterna casa dos mortos.

A divisão de céu e inferno é um tema mítico comum que simboliza uma dualidade fundamental no universo. Diferentes valores e significados são atribuídos às duas polaridades, com o céu predominantemente associado à residência dos imortais, um lugar de felicidade, e o inferno como a residência dos demônios e divindades, onde as almas dos mortos são atormentadas. Em contraste, nas tradições animistas e xamânicas, o céu e o inferno são vistos como interdependentes; uma perspectiva que honra tanto a vida quanto a morte e valoriza os ciclos naturais da vida.

Em diferentes culturas, e em épocas distintas, o céu e o inferno são entendidos literalmente como locais e como metáforas de vários tipos.

SUMÉRIA

A primeira descrição do submundo encontra-se na mitologia sumeriana por volta de 2.000 a.C., quando a deusa Inanna desce até lá e passa por uma transformação simbólica. Ela deixa o "grande céu" para ir ao "grande inferno" e enfrentar sua irmã gêmea Ereshkigal, a deusa que governa o submundo. Enquanto Inanna desce, ela passa por sete portões de invisibilidade somente se desfazendo de sua vida e fertilidade na forma de suas joias e roupas resplandecentes, até que chega nua perante Ereshkigal. Ela se transforma em um cadáver, mas o deus da malandragem, Enki, encontra um modo de ela retornar à terra se puder encontrar uma alma substituta. Ao descobrir que seu amante Dumuzi não ficou de luto por ela, Inanna o expulsa para o submundo em seu lugar, enquanto ela retorna à vida por seis meses a cada ano.

Inanna é a deusa da fertilidade e essa história simboliza o ciclo de fertilidade sazonal, no qual a planta cresce, amadurece, morre e, depois, renasce. A história também representa a jornada psicológica na qual uma pessoa enfrenta seu "eu" por inteiro sacrificando seu ego.

ANTIGO EGITO

Os Textos das Pirâmides são longas colunas de hieróglifos inscritos nas paredes das câmaras de sepultamento. Acreditava-se que elas tinham sido escritas para auxiliar na ascensão do faraó aos céus a fim de viver eternamente ao lado de seu pai, Ra, o deus supremo.

O primeiro governante do submundo egípcio foi Anúbis, descrito como um homem com a cabeça de um chacal. Sendo o deus da putrefação e do embalsamamento, Anúbis supervisionava o julgamento dos mortos e os protegia após a morte. Consequentemente, Osíris, um deus da vegetação, assumia a tarefa de juiz dos mortos. Para alcançar o submundo, ele próprio morreu e foi embalsamado por Anúbis. Para os egípcios, sua mumificação simbolizava uma nova e duradoura crença na vida após a morte.

GRÉCIA E ROMA

O submundo da antiga Grécia recebeu o nome de seu governante, o deus Hades, cujo significado é "aquele que não pode ser visto". Os romanos o conheciam como Plutão, "aquele que é rico", e o retratavam segurando uma cornucópia, pensando sobre seus comandos dos recursos terrenos.

Os heróis gregos, homens sábios e iniciantes foram a um lugar claro e feliz no submundo chamado os Campos Elíseos, que Homero descreveu como localizado no extremo ponto oeste da terra. Séculos mais tarde, o poeta romano Virgil (70-19 a.C) fez um retrato dos Campos Elíseos como um local de primavera permanente, com seu próprio sistema solar. A parte mais profunda do Hades era Tartarus, a prisão dos Titãs e daqueles condenados à punição eterna.

JUDAÍSMO
No Judaísmo não existe um conceito claro sobre o inferno. Gehenna, que é descrito como um local ameaçador e desagradável, pode ser entendido como lugar onde a alma é purificada ou a espiritualidade transformada a fim de que se possa finalmente ascender ao Gan Eden ou Céu. Gehenna era originalmente o nome de uma ladeira de entulhos fora dos portões de Jerusalém, onde fogueiras eram mantidas sempre acesas jogando-se enxofre para queimar o lixo. Os corpos dos criminosos que haviam sido executados eram jogados neste local.

CRISTIANISMO
Na tradição cristã, o Céu é um lugar associado à luz, enquanto o Inferno é associado à escuridão, onde falta a luz da presença de Deus devido aos pecados da humanidade. Os primeiros cristãos acreditavam que o Céu era um lugar físico acima das nuvens, mas essa noção foi modificada por novas ideias sobre a natureza do universo. Os cristãos modernos não entendem o céu como lugar físico, mas podem ainda acreditar em sua existência física em uma outra dimensão.

A descrição original do Inferno na Bíblia é de uma caverna subterrânea para a qual as almas dos mortos, tanto bons quanto maus, vão para a eternidade. Os últimos livros da Bíblia o descrevem como local de aniquilação e punição e uma imagem cristã mais moderna do Inferno é a de um estado de grande sofrimento.

ISLAMISMO
O Alcorão descreve o Céu e o Inferno em detalhes vívidos. O Céu é visto como um paraíso e o Inferno como um local de tormento ardente, embora existam crenças divergentes entre os mulçumanos sobre o fato de considerar tais descrições literalmente ou metaforicamente. Na crença islâmica, cada pessoa é julgada de acordo com a verdade. Os infiéis que rejeitam a verdade do Islamismo não recebem misericórdia, e serão enviados para Jahannam, ou Inferno, enquanto os bons viverão no Céu.

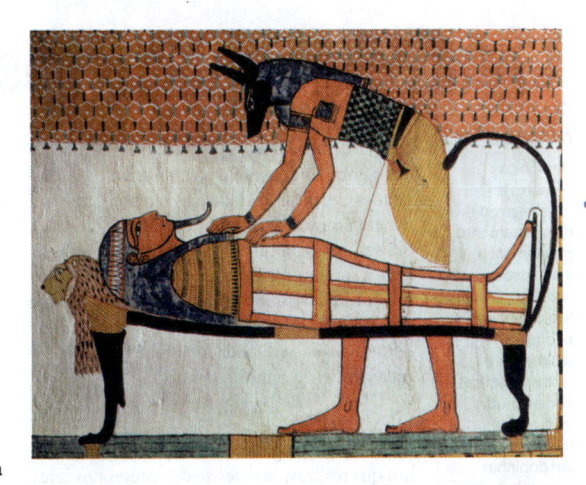

BUDISMO
No Budismo existem seis reinos da existência, representando os estados de espírito, pelos quais as pessoas passam continuamente em reencarnações cíclicas, até que possam obter a liberação do estado físico. O deva, ou reino celestial, é um local de coisas agradáveis, mas também é um estado inconstante. O reino dos humanos é um local que pode ser tanto feliz quanto triste. O reino de asuras (deuses ou demônios ciumentos) é um local de luta. O mundo dos fantasmas famintos é um lugar de insatisfação e descontentamento, onde sempre há fome. O reino animal é um local onde não há faculdade da razão. Finalmente, o reino do Inferno é um local de grande sofrimento e dor. Alguém que se liberta do apego e vê sua natureza verdadeira, por fim alcança o estado em que se encontra Buda.

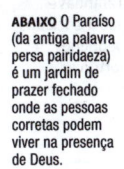

ABAIXO O Paraíso (da antiga palavra persa pairidaeza) é um jardim de prazer fechado onde as pessoas corretas podem viver na presença de Deus.

ACIMA Anúbis com cabeça de chacal, o primeiro governante egípcio do submundo, embalsamando um corpo em um divã em forma de leão.

Demônios e Anjos

O DUENDE

Demônios menores e mais fracos, de comportamento problemático e travesso em vez de mal. São criaturas pequenas, tenebrosas e fantasmagóricas. Podem mudar de forma se transformando em doninhas ou aranhas e estão associados a pequenos infortúnios.

Tanto os anjos quanto os demônios são seres com poderes divinos, que existem em algum lugar entre os deuses e os seres humanos. As entidades angelicais e diabólicas são predominantemente caracterizadas por qualidades da luz e das sombras e também podem ser associadas à luz e à sombra dentro do inconsciente humano. Jung observava que algumas religiões excluem o aspecto demoníaco, focalizando somente a luz e destacava que a "divindade" também é simbolizada dentro do reino das sombras.

DEMÔNIOS

Na mitologia grega, os daimons eram seres divinos que realizavam o desejo dos deuses nos seres humanos, na forma de sorte ou destino. Cada pessoa recebia um daimon antes do nascimento que carregava seu destino como um conjunto de imagens ou padrões que deviam ser vividos na terra. O destino pode ser adiado e evitado, mas o daimon é irresistível e nunca vai embora, exigindo que seja obedecido ou então tomando posse da pessoa e se tornando seu demônio interno. Com sua habilidade de compreender o destino de alguém, acreditava-se que os daimons apresentavam sinais de intuição além do entendimento racional, atuando como guias interiores.

O daimon é a vocação de vida de um indivíduo, o equivalente do gênio romano, a alma livre, alma de animal ou alma da respiração dos esquimós, o nagual dos Navajo, e a coruja do Kwakiutl, do noroeste do Canadá. Em algumas culturas, os daimons são concebidos como uma espécie particular de animais. Eles são frequentemente associados ao fogo e um gênio era descrito como nimbo ou halo. Para Jung, o termo "diamonic" descrevia um relacionamento consciente com as figuras típicas da psique humana.

A origem do conceito dos anjos e dos anjos e demônios como incorporações do bem e do mal, está na interação entre o Zoroastrismo Persa e o Judaísmo. Os zoroastrianos descrevem a batalha entre duas deidades: Ahura Mazda, o "sábio senhor" e deus da luz, e Ahriman ou Angra Mainyu, o "espírito mal" e deus da escuridão. No meio de suas batalhas ferozes, as almas dos humanos são julgadas. O Judaísmo, como religião monoteísta, concebe um deus único. Portanto, o equivalente do deus da escuridão, Satã, foi simbolicamente expulso do Céu.

O Cristianismo herdou a ideia de anjos e demônios que caíram do Céu quando Satã se rebelou contra Deus. Os primeiros cristãos viam os demônios como seres feitos de vapor sem corpos físicos, conduzindo a grandes debates sobre o fato de serem ou não divindades. No século XII, a Igreja admitiu que os demônios, assim como os anjos, tinham corpos espirituais que eram providos de corpos materiais.

Uma vez que as religiões pagãs e politeístas foram cada vez mais engolidas pelas religiões monoteístas, os daimons começaram a ser retratados como demônios e o fato de ouvir vozes internas sugeria loucura ou influência do mal em vez de orientação divina. Os anjos caídos, ou demônios, assumiram deformidades físicas ou mentais e eram retratados com cabelos pretos a pele como a dos humanos tingida da cor verme-

ABAIXO Uma imagem mais tradicional mostra o demônio mais como animal do que como homem.

ACIMA Ao ilustrar o poema épico de John Milton, *Paraíso Perdido*, William Blake disse que, sem perceber, Milton tinha assumido o papel de Satã e retratado o demônio assumindo uma posição heroica.

> **DAKINI**
> Dizem que um equivalente indiano dos anjos, dakini, ou "caminhadores do céu", carrega as almas dos mortos para o céu. Considerados como pura energia espiritual, eles são imortais, atuam fora do tempo e não possuem substância material.

lha, preta ou branca. Enquanto os anjos tinham asas celestiais e características predominantemente humanas, os demônios – na linha com a atitude judaico-cristã de superioridade sobre os animais e a natureza – personificavam qualidades aberrantes do reino animal, com asas de morcego, garras, chifres e rabos, associando sua parte má com as divindades pagãs da natureza.

O DIABO
O próprio Ahriman, a deidade do mal Zoroastriana, é um criador. No cristianismo, contudo, o Diabo foi criado por Deus. O nome é derivado da palavra grega diabolos, que significa "difamador", mas o Diabo é conhecido por muitos outros nomes, incluindo Satã, Lúcifer, Mefistófeles e Belzebu, e títulos tais como O Anticristo e O Príncipe das Trevas. O nome Satã vem da palavra em hebraico para "adversário" ou "obstáculo", uma vez que ele é o adversário de Deus. Satã se rebelou contra Deus e foi exilado no Inferno. No Alcorão, o Diabo é conhecido como Iblis ou Shaitan.

Durante o início da Idade Média, Lúcifer era visto como perverso, mas não como assustador. Com a evolução das imagens cristãs, ele foi retratado. Como uma besta com chifres, cascos de bode, asas e um rabo com ponta fina. Essa nova imagem era aterrorizante.

ANJOS
De uma forma ou de outra, os anjos aparecem na maioria das principais religiões como intermediários entre Deus e os seres humanos. Eles são seres invisíveis ou semi-invisíveis que atuam como guias para a alma, ajudando-a a crescer e evoluir. Também são considerados organizadores do universo desde sua fundação, mantendo os planetas em curso e controlando o crescimento da vida na Terra.

As primeiras imagens cristãs dos anjos eram muito semelhantes às deidades gregas e mesopotâmicas. Eles tinham asas que refletiam sua qualidade celestial. Os anjos também são fundamentais para o islamismo e eles acreditam que o anjo Gabriel ditou o Alcorão para o profeta Mohammed.

HIERARQUIA ANGELICAL
Os teólogos medievais descreveram uma hierarquia celestial de anjos. Na primeira esfera, estão os conselheiros celestiais: serafim, querubim e tronos. Na segunda esfera estão os anjos que trabalham como governadores celestiais: domínios, virtudes e poderes. Na ordem mais baixa dos anjos, mais familiar aos seres humanos, estão os mensageiros celestiais, encontrados na terceira esfera: principados, arcanjos e anjos.

Os serafins, cujo nome significa "queimar" em hebraico, são anjos que literalmente queimam com a paixão pelo criador, envolvendo Deus com suas asas e nunca revelando Sua presença. Eles continuamente cantam suas orações e regularizam os céus com a música das esferas. Os querubins, cujo nome pode ser derivado de uma palavra assíria que significa "estar próximo", são os guardiões da luz que brilha dos céus e toca a vida dos seres humanos. Depois da queda, dizem que Deus colocou os querubins a leste do Jardim do Éden, entre o jardim e o reino humano, para proteger a Árvore da Vida com suas espadas flamejantes.

Chamados nos textos antigos de "senhores da flama" porque eram formados de pura luz ou energia, os arcanjos são os agentes através dos quais o desejo criativo de Deus é executado. Eles trazem orientação carinhosa, proteção e mensagens divinas para a humanidade. Os nomes dos arcanjos são Uriel, Tzadkiel, Khamel, Rafael, Haniel Miguel e Gabriel.

ACIMA Uma multidão celestial de anjos se preparando para a batalha. Muitas religiões falam sobre a batalha entre as forças angelicais do bem e as forças demoníacas do mal.

> **METATRON**
> Um espírito de fogo, Metraton é o "rei dos anjos", o supremo anjo da morte. Ele era o profeta Enoque, um mortal cuja bondade lhe deu tanto mérito aos olhos de Deus que foi levado à ordem mais alta de anjos no Céu. Como registro de anjo, o símbolo do Metraton é um pergaminho.

> **DEVA-LOKA**
> No Budismo Tibetano, o equivalente aos anjos são os devas. De acordo com o Livro Tibetano dos Mortos, uma alma passa por vários reinos de bardos após a morte. No primeiro dia do segundo bardo a alma encontra a deidade suprema. Se a pessoa acumulou um carma ruim durante sua vida, o medo será retirado de seu coração pela luz brilhante da deidade e ele será conduzido a uma luz mais suave do deva-loka, o equivalente ao anjo cristão.

Fadas e Espíritos da Natureza

A ideia de um universo paralelo ocupado por seres sensíveis não combina com a visão ocidental contemporânea da natureza e, portanto, fadas e espíritos da natureza se tornaram relegados aos reinos dos livros de história. Na crença popular, as fadas estão desaparecendo desde o século XVII devido à urbanização e à supremacia da ciência, mas ainda há pessoas que acreditam que o mundo natural está cheio de consciência espiritual. Dependendo de nossa perspectiva, as fadas e os espíritos da natureza podem simbolizar tanto os aspectos humanos projetados na natureza quanto serem vistos como seres independentes, com suas próprias qualidades e consciência, vivendo dentro de sua própria realidade.

A crença em espíritos da natureza é mais comum onde acredita-se que o espírito anime a natureza. Na Irlanda, onde há uma conexão com as raízes celtas e na Islândia, que é rodeada de natureza selvagem, as pessoas têm muito respeito pelas fadas.

A antiga palavra francesa "faerie" ou "feyerie" originalmente se referia a um estado de encantamento, fascinação ou influência. Essencialmente amoral pela natureza, as fadas representam as forças do destino que influenciam o mundo humano, tanto para propósitos malevolentes quanto benignos. O reino das fadas é descrito como um espelho da estrutura hierárquica humana, com o rei e a rainha no topo, e proporciona uma imagem da estrutura da própria natureza.

CRIANÇAS E FADAS

As fadas estão sempre conectadas às crianças, uma vez que elas são mais capazes de vê-las e, algumas vezes, se parecem com elas. As fadas são chamadas de "pessoas pequeninas". Na América do Sul, os espíritos da natureza com asas, conhecidos como jimaninos e jimaninas, são como crianças bem nutridas e podem ser vistos no Dia dos Mortos no México.

Na África, as pequeninas abatwa vivem em formigueiros e são visíveis somente para as mulheres grávidas e crianças.

Uma lenda da Islândia cristianizada conta que as fadas eram originariamente filhas de Eva. Ela estava dando banho nas filhas quando Deus a chamou e ela escondeu as que não estavam limpas. Deus a puniu, para sua decepção, dizendo que o que era escondido de Deus deveria ser escondido dos humanos e deixou as crianças invisíveis. Isso conecta a separação do reino das fadas com uma cultura patriarcal em que mulheres, crianças e natureza são desvalorizadas.

ANJOS CAÍDOS

Uma outra visão cristianizada das fadas, desta vez celta, é que elas eram anjos que foram expulsos do Céu com Lúcifer. Quando caíram na terra, se tornaram espíritos da natureza da terra, do ar, da água, do fogo e das plantas. Os sidhe, da Escócia e da Irlanda, são espíritos desse tipo, conhecidos por sua beleza e suas habilidades musicais. São tão altos quanto os humanos e vivem nos palácios subterrâneos das fadas.

A Tuatha de Danaan, da Irlanda, é um grupo de pessoas encantadas da deusa mãe Dana. A lenda diz que elas construíram os megálitos como passagens para o mundo das fadas e eram os guardiões originais dos tesouros do Santo Graal. Finvarra, o rei das fadas, era obcecado por mulheres mortais e as seduzia para o reino das fadas com sua música de encantamento. Quando alguém é arrebatado pela música de um sidhe, essa pessoa entra em transe.

ESPÍRITOS DAS ÁRVORES

No mundo clássico, as hamadríades (ninfas dos bosques) eram espíritos femininos que viviam dentro das árvores como suas guardiãs e que morriam se a árvore fosse cortada. "Dríade" é um nome mais geral para as fadas das árvores encontradas nos bosques encantados. Retratadas como fragmentos de luz, as dríades são criaturas brincalhonas que podem ajudar, impedir ou incomodar os humanos e ficam particularmente ativas durante a lua cheia.

No folclore japonês, Uku-No-Chi é uma deidade que vive nos troncos das árvores e Hamori é o protetor das folhas. As mães mais velhas são fadas das árvores escandinavas e vivem dentro das árvores antigas; elas possuem um imenso poder mágico. A linda

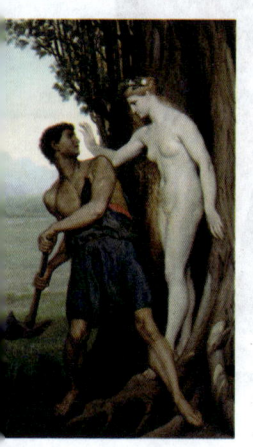

ACIMA Uma Hamadríade, ou ninfa dos bosques, se revela a um lenhador como espírito guardião da árvore.

ABAIXO As fadas são geralmente retratadas dançando em um anel de encantamento.

À DIREITA Esta ilustração das Mil e Uma Noites na Arábia mostra o gênio carregando a princesa e o seu amor.

ninfa sueca do bosque, Skogsra, é a guardiã dos bosques e dos animais selvagens. Ghillie Dhu é uma solitária fada de árvores que vive nas bétulas na Escócia.

OS ELEMENTARES

Os elementares são os espíritos dos quatro elementos: a terra, a água, o ar e o fogo que, junto com a lua, as estrelas e o sol eram as fontes de toda criação na mitologia da Grécia antiga. O alquimista e filósofo suíço Paracelso (1493-1541) os chamou de gnomos (terra), salamandras (gênio que vive no fogo), silfos (ar) e ondinas (água) que habitam um reino situado entre os planos espiritual e material. Eles controlam as energias naturais e mágicas que influenciam os pensamentos e desejos humanos.

Os gnomos são espíritos da terra que apareceram na mitologia e no folclore do norte da Europa. Retratados com seres semelhantes aos anões, que vivem no subsolo, esses elementares estão associados à magia da terra, à cura com ervas, à proteção, à fertilidade e também à prosperidade.

O Homem Verde é o típico espírito da terra da natureza verde, comumente retratado todo coberto com folhas verdes de carvalho. Ele aparece como um símbolo na maior parte da Europa, onde está associado aos festivais de fertilidade da primavera e ao poder de fazer chuva. As esculturas em pedra e madeira do Homem Verde eram utilizadas para proteger as pessoas contra o mal.

Os espíritos elementares da água, que Paracelso chamou de ondinas, habitam as cavernas embaixo dos oceanos, margem de lagos, pântanos e ribanceiras de rios. Eles possuem as qualidades da água iluminada pelo sol, emitindo luz trêmula ritmicamente. Os Nixies (gênios das águas) são espíritos de água dos rios, das nascentes, lagos e pântanos que aparecem como lindas donzelas. Elas adoram música e dança e possuem poderes de profecia. Ao mesmo tempo podem conceder dádivas aos humanos e também ser prejudiciais, algumas vezes afogando as pessoas.

O elemento água está associado ao cálice, que simboliza intuição e as emoções, na tradição mágica ocidental, e também à cura em assuntos como amor, sexo e crianças. Os espíritos da água podem ser consultados através da "cristalomancia", uma forma de adivinhação que envolve olhar para a água em busca de imagens simbólicas.

Os silfos são seres elementares do ar com asas que vivem no topo das montanhas. São associados à lógica, à comunicação, ao aprendizado e a viagens. São invocados através da queima de incensos ou de óleos aromáticos e estão conectados à faca ou espada de rituais, uma ferramenta mágica de comando.

As salamandras são espíritos elementares do fogo, originando-se do lagarto de fogo dos desertos do Oriente Médio. Vivem em lagos derretidos, vulcões e fogueiras da floresta. Têm línguas trêmulas e mudam de forma com o próprio fogo. Geralmente associadas ao poder, à luz, à inspiração, purificação e à criatividade.

Na tradição islâmica, os espíritos do fogo são chamados "djinn". Eles habitam as montanhas que rodeiam o mundo e são conhecidos por seus poderes e sua habilidade de mudar de forma; às vezes aparecem como homens gigantes. O djinni (ou gênio) da lâmpada de Aladim é um espírito deste tipo.

> **FADAS DO NASCIMENTO**
>
> Dizem que as fadas do nascimento estão presentes quando nasce um bebê e concedem dádivas e talentos que conduzirão a pessoa por um caminho de vida específico. No conto de fadas A Bela Adormecida, a 13ª fada confere uma maldição ao invés de uma bênção.

> **LUZES DA TERRA**
>
> Os fogos-fátuos ou boitatás eram luzes da terra que flutuavam em grupos, considerados como espíritos da natureza que guardavam o tesouro perdido, com a intenção de desviar os viajantes de seus caminhos. A luz era na realidade aquela do gás de combustão do pântano.

CRIATURAS FANTÁSTICAS

ACIMA Os gigantes aparecem nas mitologias de muitas culturas e são frequentemente vistos com terror, mas em alguns mitos da criação eles são símbolos da formação do mundo.

ACIMA Quimera, o monstro que soltava fogo do mito clássico tinha a cabeça de um leão, o corpo de bode e o rabo de uma serpente.

Parece provável que nas primeiras culturas a imaginação e a realidade não eram separadas como se faz habitualmente na mente moderna. Ao contrário disso, elas representavam duas dimensões igualmente válidas de existência, um mundo interior e outro exterior, cada um com sua própria sabedoria. As criaturas fantásticas eram invenções da imaginação humana e ocorriam em muitas tradições. Elas são tentativas de explicar o inexplicável, de apoderar-se de uma dimensão de experiência que resiste à análise objetiva e de explorar importantes assuntos humanos através de seu simbolismo.

ANIMAIS ELEMENTARES
As criaturas fantásticas geralmente habitam uma dimensão que se estende do mundo cotidiano até outros mundos mágicos, atuando como mensageiros prestativos ou professores, ou ainda como monstruosos obstáculos para alcançar um objetivo. Geralmente, elas são híbridas – parte animal e parte humana, ou uma combinação de diferentes animais, juntando as propriedades simbólicas representadas por cada um para criar algo novo. Elas são quase sempre dotadas de poderes sobrenaturais e estão ligadas a um dos quatro elementos – terra, ar, fogo e água – embora algumas estejam associadas a mais de um elemento. Por exemplo, uma sereia é um peixe com dorso humano, o que a conecta tanto à água quanto à terra. Sendo criaturas da luz ou da escuridão, elas também simbolizam a luta entre o bem e o mal e a jornada espiritual da alma enquanto os medos são confrontados e transformados.

GIGANTES
Os gigantes são seres humanoides de tamanho enorme que receberam este nome por causa dos gigantes da Grécia antiga que lutaram com os deuses Olímpicos e perderam. Eles são relíquia de uma era passada e existiram no começo do mundo ou até mesmo, em algumas tradições, o criaram e podem personificar as forças da natureza. Na China, as árvores e rios surgiram a partir do corpo do gigante P'an-ku e, no Japão, as características naturais tais como as montanhas e os lagos foram criadas pelos gigantes chamados kyojin. Na tradição escandinava, o mundo foi criado a partir do corpo do gigante congelado Ymir, que foi morto por Odin e seus deuses irmãos. Os ossos de Ymir se tornaram as montanhas, seu esqueleto se transformou em cúpula dos céus e seu sangue se transformou no mar que afogou todos os outros gigantes congelados exceto Bergelmir e sua esposa, que mais tarde originaram uma raça para sempre oposta aos deuses escandinavos.

Os gigantes são frequentemente inimigos cruéis de deuses e humanos, assim como é o Ciclope de um só olho da tradição greco-romana, embora os humanos possam ser mais espertos do que eles – como na disputa entre Davi e Golias no Velho Testamento. Algumas vezes, os gigantes usam seus poderes sobre-humanos para ajudar

CHIRON, O CENTAURO
Alguns animais míticos possuem um simbolismo positivo. No mito grego, o centauro Chiron era excepcionalmente gentil e sábio. Ele foi ensinado por Apolo e Ártemis e em troca aconselhava vários heróis, incluindo Aquiles. Ferido por Heracles, ele desistiu de sua imortalidade para não continuar a viver com a dor agonizante. Ele é um exemplo de "curandeiro ferido" – personificando a ideia de que o sofrimento faz parte da condição humana e de que a experiência da dor pode ser útil para ajudar outras pessoas.

as pessoas. O Dehotgohsgayeh, do povo Iroquois nativo americano, oferece proteção contra o mal.

O HOMEM SELVAGEM

Muitas tradições contam histórias de um homem selvagem que está intimamente ligado à natureza. O Yeti tibetano é uma criatura gigante feita de neve e gelo e na tradição nativa americana, o Pé Grande, ou Sasquatch (derivado de uma palavra do grupo linguístico Salishan que significa "homem selvagem das florestas"), é considerado um ser espiritual sobrenatural. No folclore europeu, o homem selvagem que vive na floresta é tipicamente cabeludo, com grandes dentes e com chifres. Na Idade Média, ele era conhecido como "woodwose" e, assim como o Homem Verde celta, representa as forças da natureza.

O homem selvagem tem ligações com o semi deus greco-romano – uma criatura dos bosques e montanhas que tinha a parte superior do corpo de homem e os chifres e ancas de um bode. Lascivo e malicioso, mas geralmente benigno, o semideus representava os instintos carnais dos homens; o deus Pan da fertilidade era o semideus principal. Mais tarde, na tradição cristã, o semideus foi identificado como Satã.

DOMANDO A FERA

As criaturas míticas frequentemente simbolizam a tensão entre o instinto e a razão, a natureza e a civilização que faz parte da vida humana. Parece que quanto mais civilizados os seres humanos se tornam, mais temerosa e desconfiada fica sua natureza "animal", que é vista como uma fera fora de controle e que deve ser domada. Isto é simbolizado, na mitologia greco-romana, pelo conflito entre os centauros e os Lapiths de Tessália. O centauro lascivo tinha uma cabeça humana, o dorso era o corpo de um cavalo e ele representava o lado selvagem, sem lei e instintivo da natureza humana. Na festa de casamento do rei Lapith, os centauros tentaram abduzir a noiva, raptaram as convidadas femininas e atacaram seus anfitriões com troncos de árvores e pedras. Na batalha de defesa, os Lapiths derrotaram os centauros, simbolizando a vitória do intelecto e da razão sobre o instinto e a paixão animal – o que na história levou ao caos bárbaro.

O lado escuro e bestial da humanidade é representado no mito greco-romano pelo minotauro, um homem com cabeça e rabo de búfalo. Aprisionado pelo rei Minos de Creta em um labirinto abaixo do palácio, ele devorava, a cada ano, sete virgens e sete meninos enviados em tributo de Atenas. Theseus, que era parte desse tributo, matou o monstro e usou um fio que lhe foi dado pela filha de Minos, Ariadne (um símbolo da orientação divina), para guiá-lo até a saída do labirinto.

O mito clássico fornece muitos exemplos de criaturas terríveis que são algumas vezes confrontadas e mortas por um herói. A Hidra era uma criatura do pântano com o corpo de uma cobra e algo entre sete e cem cabeças. Se uma de suas cabeças fosse cortada fora, duas cresciam para substituí-la. Finalmente, o herói Heracles matou Hidra cauterizando cada toco de pescoço enquanto decepava suas cabeças.

Um outro monstro temido era Quimera, uma criatura que cuspia fogo com a cabeça de um leão, o corpo de um bode e o rabo de um dragão ou serpente. Algumas vezes, ele era retratado com uma cabeça saindo de cada uma de suas partes. Era a descendência dos monstros Tífon e Equidna e era o símbolo do caos elemental e dos desastres naturais (em especial tempestades e erupções vulcânicas). O herói grego Belerofonte matou o monstro, descendo ferozmente sobre ele, montado em Pegasus, o cavalo com asas, e empurrando com uma faca grande quantidade de chumbo entre suas mandíbulas. A respiração da fera derreteu o chumbo e o monstro sufocou até a morte.

ACIMA O lindo cavalo branco com asas, Pegasus, e o corajoso herói Belerofonte simbolizam o triunfo do bem sobre o mal, uma vez que juntos eles matam o monstro Quimera.

O BASILISCO

Também conhecido como serpente fabulosa, o basilisco residente do deserto tem asas, uma crista tríplice e garras de um galo no corpo de uma cobra. Um guardião do tesouro, a respiração venenosa do basilisco era mortal e seu olhar podia matar – o único modo de vencê-lo e fazer com que olhasse a si próprio no espelho. Dizem que ele saiu de um ovo sem gema colocado no estrume por um galo e foi chocado por um sapo ou serpente. Na tradição cristã, o basilisco se tornou o símbolo do Anticristo e durante a Idade Média era associado aos pecados como luxúria, traição e doenças (especialmente sífilis).

LEVIATÃ
Possivelmente baseado no crocodilo, o Leviatã do folclore da Mesopotâmia é um monstro marinho primitivo, mencionado no Velho Testamento como "serpente tortuosa". No Judaísmo, era considerado a contraparte de Behemoth, o monstro terreno primitivo (associado ao hipopótamo) por quem será finalmente destruído. Seus olhos iluminavam os mares escuros e sua respiração imunda fazia com que as águas fervessem. No Cristianismo, o Leviatã representa o poder mundano, enquanto sua mandíbulas boquiabertas simbolizam a passagem para o Inferno.

HÍBRIDOS FEMININOS

Existem muitos exemplos de híbridos femininos, todos perigosos e destrutivos de algum modo. Eles representam os medos masculinos do princípio feminino, ou anima, que está conectado ao instinto e à irracionalidade. No mito clássico, Cila era uma criatura monstruosa de seis cabeças com três fileiras de dentes em cada boca. Ela recebeu este nome por causa da rocha de Cila, onde ela vivia, do lado oposto do redemoinho de água Charybdis, no Estreito de Medina. Ela usava seus longos pescoços para alcançar e agarrar os marinheiros que estavam rumando entre os dois obstáculos.

As ninfas eram bestas animais com asas, tinham cabeças e peitos de mulheres e corpos de cobras ou pássaros. Semelhantes às sereias, elas eram conhecidas pelo poder de seu canto, que elas usavam para seduzir os marinheiros até a morte. Antigamente, os europeus acreditavam que os peixes-boi da Amazônia eram ninfas.

Na lenda grega as harpias eram bruxas voadoras ferozes e imundas, que podiam causar tempestades na terra e redemoinhos no mar. Elas eram enviadas pelos deuses para punir os mortais. Eram símbolos da morte súbita e precoce e também eram mensageiras do submundo, para o qual transportavam as almas dos mortos. Na linguagem coloquial, uma "harpia" é uma mulher ávida ou cruel.

O POVO DO MAR

As sereias e os homens-peixe estão presentes em muitas mitologias. O deus do mar Ea, dos Caldeus, era um homem-peixe bode, enquanto o deus filisteu Dagon, um antigo deus dos cereais, tinha a metade inferior de um peixe. No mito grego, o povo do mar habita o reino submerso

ACIMA O deus hindu Vishnu é mostrado voando em Garuda, um pássaro gigante de poder e um símbolo solar.

de Poseidon. O filho de Poseidon, Tritão, metade homem, metade golfinho, controlava as águas tocando uma corneta ou uma concha (ouvida pelos humanos como bramido do oceano) e era um símbolo positivo de poder e controle.

No folclore europeu, as sereias representavam a beleza feminina elusiva assim como a leviandade e a vaidade (simbolizada pelo espelho). Elas tinham poderes mágicos e proféticos e adoravam música. Eram retratadas segurando um pente, o qual utilizavam para controlar as tempestades no mar. Perigosas para os humanos (especialmente para os homens), as sereias, como a Lorelei alemã, podiam seduzir os mortais até a morte por afogamento.

CRIATURAS DIVINAS

Assim como os monstros perigosos, muitas criaturas fantásticas representam a consciência superior e oferecem proteção. Pegasus, o cavalo com asas do mito grego, simboliza o poder de transformar o mal em bem. Na China e no Japão, os leões-cachorros são colocados do lado de fora dos templos e dos palácios para proteger contra as forças do mal e anunciar a entrada em um local divino e especial. Na tradição budista, eles

À DIREITA As harpias ou "arrebatadores" do mito grego eram bruxas aterrorizantes com asas de pássaros e garras que eram símbolos da morte.

AS GÓRGONAS
No mito grego, as górgonas eram três irmãs horripilantes – Medusa, Euryale e Stheno – que tinham a pele com escamas, presas e cobras em vez de cabelo. Tinham o poder em seus olhos e podiam transformar os humanos em pedra somente olhando para eles.

defendem os ensinamentos e são retratados descansando uma pata em cima de um globo, o que significa cintamani, ou Joia Sagrada, do Budismo.

Popular entre os persas, os babilônicos e os assírios, o grifo tem cabeça, asas e garras de águia (simbolizando a vigilância e a visão aguçada) e o corpo de um leão (símbolo de força). Na Grécia antiga era sagrado para Apolo (o deus do sol), Atenas (a deusa da sabedoria) e Nemesis (a deusa da vingança). Na Europa medieval, o grifo representava força, proteção e poder solar e, então, se tornou um símbolo de Cristo e da ressurreição.

PÁSSAROS DE PODER

Muitas tradições possuem exemplos de pássaros de poder. Na mitologia hindu e budista, Garuda é o rei dos pássaros e um símbolo de força espiritual e vitória. Metade águia, metade homem, é o emblema do deus hindu Vishnu, o preservador, que monta em suas costas. Garuda emergiu completamente formado do ovo cósmico e vive na árvore da vida que realiza os desejos. Ele é o maior inimigo dos Naga, uma raça legendária de serpentes de múltiplas cabeças que habitam o submundo, símbolos da água e da fertilidade.

Na tradição nativa americana, o pássaro do trovão é um poderoso espírito da natureza. Ele é enorme (tipicamente retratado como uma águia), com raios saindo de seus olhos ou bicos e sons do encontro de trovões quando bate suas asas colossais. Para os Nootka, da Ilha de Vancouver, ele governa o reino celestial. As tribos ao redor dos Grandes Lagos acreditam que ele vive em batalha coma pantera subaquática, já que suas lutas causam grandes e perigosas tempestades.

A FÊNIX

Pássaro mítico associado à adoração ao fogo e ao sol, um dos símbolos mais importantes de transformação, ressurreição e imortalidade. É associada à águia e tem impetuosas asas vermelhas ou douradas, sugerindo o sol nascente. No antigo Egito, era conhecida como o pássaro Bennu e retornava uma vez a cada 1.400 anos para sentar-se na pedra sagrada ben ben em Heliópolis ("cidade do sol"). No mito mais celebrado, a fênix crema a si própria em uma pira de madeira acesa pelos raios do sol para se erguer das cinzas como um pássaro jovem. Na tradição judaica, ela murcha após mil anos, transformando-se em um ovo do qual emerge rejuvenescida. Na mitologia persa é Simurg, símbolo de divindade e da jornada mística da alma em direção à luz.

Na China, é Feng-huang. Como feng é um símbolo masculino e solar; como huang é feminino e lunar, uma personificação da união de yin e yang. É retratada como um pássaro misto de plumagem colorida, coma cabeça de um galo em forma de sol e as costas de andorinha, sugerindo a lua crescente. As asas significam o vento, as caudas, a vida das plantas e seus pés, a terra. As qualidades humanas estão associadas às partes do corpo da fênix. O tórax é a humanidade e sua cabeça, a virtude. É considerada o imperador dos pássaros e uma das quatro criaturas sagradas (junto como dragão, o unicórnio e a tartaruga) que traz em paz e prosperidade. Sua aparência anuncia um imperador ou profeta auspicioso. Também conhecida como "pássaro escarlate", a fênix está associada ao verão, ao sul e ao vermelho. É um emblema nupcial chinês que significa unidade através do matrimônio.

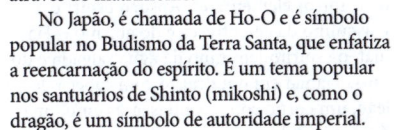

No Japão, é chamada de Ho-O e é símbolo popular no Budismo da Terra Santa, que enfatiza a reencarnação do espírito. É um tema popular nos santuários de Shinto (mikoshi) e, como o dragão, é um símbolo de autoridade imperial.

> ### O UNICÓRNIO 
> Branco, com um único chifre que cresce de sua testa, é símbolo de pureza. Tem o corpo de cavalo, cauda de leão e pernas de antílope. Às vezes, é retratado como veado ou bode. Selvagens, somente as virgens conseguiam capturar, daí a associação à feminilidade e castidade. No mito grego o unicórnio era sagrado para Ártemis e Diana e estava ligado à lua. No Judaísmo o chifre significa a unidade do espírito. Na tradição cristã, representava a Virgem Maria e também Cristo. O chifre era símbolo de um evangelho. Na heráldica, sua associação com a lua o torna a contraparte do leão, símbolo do sol. O unicórnio também existe na China como qilin (kirin para os japoneses), e é retratado com o corpo de um veado e pele branca ou amarela, uma criatura tão gentil que não pisaria em nenhuma coisa viva. Sua aparição anunciava tempos de paz e prosperidade e ele vinha para simbolizar a lei sábia de um imperador.

ACIMA A fênix é um símbolo típico de transformação e imortalidade. Como um símbolo solar, ela está ligada à morte e ao renascimento em muitas culturas.

ABAIXO O grifo tem cabeça, bico e asas de uma águia, o corpo de um leão e ocasionalmente o rabo de uma serpente ou escorpião. No simbolismo cristão, ele é frequentemente utilizado para personificar Satã.

O Dragão

À DIREITA Aqui, São Jorge é retratado dominando o dragão em um ato simbólico de liberdade da opressão.

ACIMA O dragão oriental é um ser benevolente sagrado ou mágico com um corpo de serpente, uma cabeça de leão e as garras de um pássaro.

ABAIXO O dragão ocidental, que solta fogo e cuja cor geralmente é verde, representa uma força a ser enfrentada. Ele não possui nenhum simbolismo benigno e auspicioso como o dragão oriental.

Os dragões aparecem pelo mundo todo como símbolos de grande poder, com um significado fundamental para as culturas nas quais suas lendas são contadas. Seu nome é derivado da palavra grega drakon, que significa "serpente". Frequentemente os mitos dos dragões lidam com temas sobre caos e desastres, fertilidade, renascimento e os ciclos do cosmos. Muitas culturas antigas possuem dragões e serpentes com significado cosmológico, como o Ouroboros grego, uma serpente que engolia sua própria cauda, representando a destruição e a eterna renovação do universo.

Os dragões orientais são mais comumente símbolos de qualidades positivas, como a sabedoria e a força, considerando que no Ocidente o dragão geralmente personifica as forças negativas ou obstáculos a serem superados pelo herói que o está caçando. Sendo uma besta animal mista, o dragão combina diferentes forças e qualidades do reino animal.

DRAGÕES CRIATIVOS E DESTRUTIVOS

A primeira lenda de um dragão sobrevivente é a do Zu (ou Asag), o dragão sumeriano que roubou do grande deus Enlin as Tábuas da Lei que mantinham a ordem do universo. Zu foi morto por Ninurta, o deus do sol, que, portanto, evitou que o universo ficasse no caos.

O mito babilônico da criação conta sobre um grande início no qual nada existia, exceto duas forças elementares: Apsu, o espírito masculino da água fresca e do abismo e Tiamat, o espírito feminino da água salgada e do caos. Tiamat era um dragão com cabeça de leão, um corpo com escamas, asas emplumadas, pernas de águia e uma língua em forma de forquilha. Quando ela foi morta pelo deus Marduk, as partes de seu corpo se transformaram no céu e na terra e Marduk criou os humanos a partir do sangue dela.

Na Bíblia, o dragão é a serpente como símbolo de oposição a Deus e a seu povo. Representando a essência do mal, o dragão não existe no mundo natural, mas permanece como metáfora para o mal em suas muitas formas. Semelhantemente, no mito persa, o azhi, ou dragão, estava em oposição ao bem e era desprezado pelos deuses. Os mitos escandinavos contam sobre um dragão que fica à espreita no abismo de Hvergelmir, roendo as raízes de Yggdrasil, a Árvore do Mundo, que suporta o universo, em uma contínua tentativa de destruí-la.

O DRAGÃO OCIDENTAL

Na lenda ocidental, as batalhas com os dragões representam a luta entre o bem e o mal. Os dragões ocidentais significam a ganância, uma vez que também protegem reservas de tesouros. Em termos psicológicos, uma luta com um dragão é uma batalha interior com a natureza avarenta ou a resistência ao desenvolvimento. O dragão pode ser uma enorme barreira psicológica para obter acesso às riquezas do "eu".

Um tema mítico comum é o do herói que sai de suas redondezas familiares e encontra o dragão na extremidade do mundo conhecido. Ele enfrenta o poder das forças da escuridão e, matando o dragão, se reconecta com a vida e com os poderes pessoais que ganhou. A lenda de São Jorge conta sobre sua luta com um dragão poderoso que estava destruindo Capadócia (atual Turquia). O povo tinha oferecido uma princesa virgem na tentativa de livrar a área do monstro. Jorge atacou o dragão, matando-o com sua lança, salvou a princesa e libertou o povo de seu opressor. Pela bravura em defesa dos fracos bem de acordo com os valores cristãos, no século XIV foi adotado como santo patrono da Inglaterra.

O dragão vermelho é o emblema dos galeses. O Mabinogion, uma coleção do século XII sobre lendas galesas, inclui o conto da luta entre o dragão vermelho e o dragão branco, simbolizando as forças invasoras dos saxões. Os dragões foram enterrados em um

À DIREITA Dois dragões em uma parede na China refletem como os dragões orientais são capazes de resolver o conflito entre os opostos.

caixão de pedra, representando a força dos dois poderes: eles acreditavam que a retenção dos dois dragões protegeria a Bretanha das invasões e a história simboliza a fusão dos destinos dos celtas e dos saxões.

O DRAGÃO ORIENTAL

Todas as coisas relacionadas com dragões no Extremo Oriente são abençoadas. O ano do dragão, que ocorre a cada doze anos no calendário chinês, é muito auspicioso e aqueles nascidos neste ano são destinados a gozar uma vida longa, saudável e de muita abundância. O povo chinês se intitula Lung Tik Chuan Ren, "Descendentes do Dragão". O dragão chinês, Lung, é uma criatura produtiva divina, o símbolo do imperador e da lei imperial e a influência principal na cultura chinesa. O Lung simboliza a grandeza, o poder, a bondade e as grandes bênçãos. Ele irá superar qualquer obstáculo para alcançar o sucesso. Ele é inteligente, corajoso, nobre, perseverante e cheio de energia. O taoísta Chuang Tzu (399-295 a.C.) ensinava sobre os poderes misteriosos do dragão para resolver os conflitos dos opostos, tornando-o símbolo de unidade.

Os dragões no oriente são angelicais em qualidade, bonitos, benevolentes e sábios. Os templos são construídos para eles, geralmente próximos ao mar ou aos rios, uma vez que os dragões vivem na água assim como as controlam. Eles criam nuvens pesadas cheias de chuva fertilizante e também são associados aos raios e trovões, unindo a chuva do Céu com a Terra.

A família real do Japão segue o passado de seus ancestrais por 125 gerações até chegar à filha de um rei dragão dos mares conhecida como Princesa Fruitful Jewel (Joia Frutífera). Acreditava-se que os imperadores tinham a habilidade de se transformar em dragões. Seja através da linhagem ancestral ou através de uma relação atual com uma figura de dragão, as qualidades de força e sabedoria do dragão estão acessíveis a todas as pessoas.

DRAGÕES DAS AMÉRICAS

Existem muitas criaturas míticas diferentes nas lendas dos indígenas nativos americanos. Alguns dragões das Américas são figuras benevolentes com grandes habilidades e sabedoria para ensinar as pessoas, enquanto outros são forças de destruição.

O Piasa, ou "pássaro que come homens", dos índios Illini, se parece com um dragão. Era um animal de asas que comia carne e vivia em uma caverna perto do rio. Ele era muito temido e atacava as vítimas que chegavam muito perto. O Piasa foi finalmente enganado por um chefe chamado Quatonga e assim que ele saiu de sua caverna, o chefe o matou com setas envenenadas. Os Chippewa e os Quillayute contam sobre um grande pássaro do trovão que criava os encontros de trovões e os ventos com suas asas e cujos olhos emitiam raios. Seu alimento favorito era a baleia, que era forçada a escapar muitas vezes, por fim escondendo-se nas profundezas do oceano.

> **O DRAGÃO ASTECA**
>
> Quetzalcoatl era um deus dragão benevolente dos astecas e dos toltecas. Criador da humanidade, ensinou o povo a escrever e os apresentou à agricultura. Introduziu o calendário, a música e a dança. Conhecido pelos maias como Kulkulkan e como Gucumatz pelo povo Quiché, do Peru.

ABAIXO Quetzalcoatl (à esquerda), deus do aprendizado, lutando com Cuauhtli, o deus águia da renovação.

Conexão com o Espírito

CADA SOCIEDADE DESENVOLVEU UM TIPO DE ENTENDIMENTO SOBRE A VIDA HUMANA E SEU RELACIONAMENTO COM O COSMOS COMO TAMBÉM ALGUM TIPO DE PRÁTICA ESPIRITUAL, CÓDIGO MORAL OU SISTEMA DE CRENÇAS PARA FAZER UMA CONEXÃO. SÍMBOLOS TAIS COMO O LABIRINTO OU AS MANDALAS SÃO CONSIDERADOS COMO CAMINHOS PARA A ILUMINAÇÃO E OS OBJETOS SAGRADOS ATUAM COMO PORTADORES DA ALMA.

Objetos Sagrados

Cada tradição sagrada tem seus próprios modos de conectar-se com o espírito e utiliza uma variedade de objetos simbólicos em seus rituais e cerimônias. Estes são quase sempre considerados objetos de poder e, algumas vezes, são tão sagrados que não podem ser vistos ou tocados.

ACIMA Muitas tradições sagradas usam correntes de contas como uma ajuda para a oração ou meditação.

CORRENTES DE ORAÇÕES

Comum em muitas religiões, a corrente de oração possui contas ou nós em toda a sua extensão e funciona como um dispositivo para ajudar na oração e meditação. O número de contas geralmente tem significado simbólico assim como a corrente. Por um lado, ela representa a conexão entre os seres humanos e o divino, mas, por outro lado, uma corrente de oração significa a sujeição da alma humana.

Para os mulçumanos, 99 contas simbolizam os 99 nomes de Alá (o centésimo é conhecido somente pelo próprio Alá). As correntes de oração são conhecidas como misbaha ou subha e, assim como são usadas para a recitação dos nomes e atributos de Alá, também são um dispositivo mnemônico para auxiliar na repetição de orações. Os hindus e budistas usam uma corrente de oração conhecida como mala quando dizem os mantras, ou cantos sagrados, em oração e meditação. As 108 contas da corrente budista refletem os vários estágios do desenvolvimento do mundo. Um rosário católico geralmente tem 165 contas, divididas em 15 conjuntos de dez pequenas contas e uma conta grande. Elas são contadas ao se fazer orações; cada conta pequena representa uma Ave-Maria ou Santa Maria e cada conta grande representa uma oração do Pai-Nosso.

BASTÕES SAGRADOS

Algumas culturas usam bastões para conectar-se com o divino. Na tradição nativa americana, bastões especiais para realizar orações são feitos de madeira pintada e decorados com penas, linhas e outros itens. Eles são, algumas vezes, colocados ao redor das bordas de um local de cerimônia ou unidos em feixes e colocados nos locais. Os sacerdotes do povo maori usam um bastão de deus para invocar e manter a essência de um deus ou espírito. O bastão, como uma estaca esculpida, é segurado pelo sacerdote ou colocado na terra. Quando as pessoas querem fazer um pedido, as correntes sagradas são unidas ao bastão de deus e puxadas para chamar a atenção do espírito que nele reside.

RODAS DE ORAÇÃO, EMBLEMAS E PEDRAS

Amplamente utilizada no Budismo Tibetano, a roda de orações, ou khorlo, é um tambor giratório com a inscrição de uma passagem de um livro santo ou um pergaminho de papel completo e geralmente contém orações. Como veículo para a força sagrada, colocar a roda em movimento estabelece contato entre a pessoa que está orando e os seres celestiais. Ela é rodada no sentido horário enquanto as orações são recitadas. Rodas maiores de oração colocadas do lado de fora dos santuários budistas são rodadas pelos peregrinos enquanto eles andam pelo local santo.

Pedras e emblemas também são utilizados para realizar orações e pedras com inscrições são uma visão comum ao longo das rotas dos peregrinos do Tibet. Os emblemas de orações originaram-se na China e na Índia, mas se tornaram uma característica colorida da paisagem tibetana. As pessoas escrevem seus problemas

ABAIXO Uma roda budista de orações é um tambor giratório que contém as escrituras. Colocar a roda em movimento é um ato simbólico.

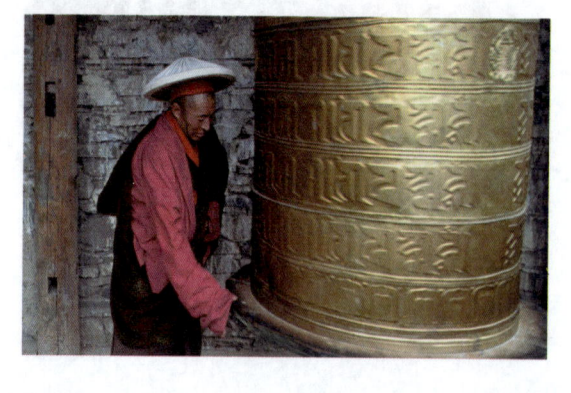

em pedaços de pano e os prendem em árvores ou os suspendem em linha para que o vento leve embora suas preocupações.

Como parte da paisagem natural, as pedras são consideradas objetos sagrados e estão conectadas ao mito e ao folclore: na China e no Japão, eles achavam que pedras bonitas dos rios escondiam dragões e pedras especiais eram usadas para invocar a chuva ou para trazer filhos para uma mulher. No Nepal e no Tibet, as pedras mani, com orações esculpidas nelas, são colocadas em templos e casas e ao longo de trilhas e passagens e provavelmente existem milhares delas.

No oeste da África, os sacerdotes do deus do trovão, Yoruba, carregam pedras sagradas, as quais eles acreditam que foram criadas por raios. Na tradição celta, as pedras redondas com um orifício central (conhecidas como "holey" ou pedras sagradas) eram utilizadas para rituais de cura e fertilidade. Acreditavam que o orifício capturaria os maus espíritos.

PACOTE MEDICINAL

Os nativos americanos usam uma bolsa especial com objetos sagrados como pedras, ervas e amuletos. Conhecido como pacote medicinal, pode ser de uso pessoal ou utilizado por um xamã. Às vezes, o pacote é uma representação coletiva do poder espiritual e da natureza coesiva da tribo. Durante as cerimônias da tribo Crow, o pacote medicinal era aberto e as mulheres costumavam dançar com as peles pintadas para obter poderes sobrenaturais que asseguravam a fertilidade do tabaco sagrado e, portanto, o crescimento da tribo Crow como um todo.

CANDELABROS

Castiçais e candelabros são objetos sagrados em muitas tradições. Eles iluminavam os templos gregos e romanos, aparecendo na arte clássica para representar a devoção e o ritual sagrado; são usados em altares cristãos e no ritual budista. No México, os candelabros da "árvore da vida" combinam o simbolismo pré-cristão com as imagens de Adão e Eva e a serpente do conhecimento, enquanto a morte pode aparecer como um esqueleto nos "galhos". O menorá é um candelabro de sete partes que simboliza a fé judaica.

AMULETOS E TALISMÃS

Um amuleto é um pequeno objeto ou joia com poder mágico ou divino; um objeto inscrito com um encantamento é conhecido como um talismã. Ambos são considerados como um meio de conectar os humanos com os poderes sobrenaturais que eles representam.

No antigo Egito, as múmias eram cobertas com amuletos feitos de ouro, bronze ou pedra para garantir a imortalidade. O escaravelho, o Olho de Hórus, o cinto de Ísis e o ankh (símbolo da vida), todos caracterizados em amuletos utilizados para proteção e para ganhar qualidades como vitalidade ou conhecimento. Um amuleto hindu popular é o vishnupada, a imagem da pegada de Vishnu. Na tradição nativa americana, os amuletos de animais, como as garras de urso, são a personificação do espírito do animal. Na China, os talismãs são escritos com tinta invisível ou "escrita fantasma", só os espíritos conseguem ler. No Japão, são conhecidos como gofu, designados a trazer boa sorte, são vendidos ou distribuídos em santuários de Shinto; são pedaços de papel que levam o nome da deidade. Na tradição islâmica, um talismã comum é o tawiz, uma pedra ou placa de metal que leva uma inscrição do Alcorão.

TOPO Uma tábua de pedra mani, no Tibet, inscrita com a frase "Todo louvor seja dado à joia da flor de lótus", referindo-se à consciência imaculada.

ACIMA Um pacote medicinal dos nativos americanos é uma bolsa contendo objetos sagrados de poder. Este pacote contém tabaco.

O MENORÁ

O menorá de sete partes surgiu no Êxodo dos judeus ao saírem do Egito. De acordo com a tradição, ele se criou a partir do ouro lançado no fogo por Moisés. Suas sete partes simbolizam os planetas, os dias da semana e os sete níveis do Céu.

Altares e Lugares Sagrados

A palavra "altar" vem do latim altus que significa "alto" e descreve uma área elevada que forma o foco do ritual sagrado e da adoração. Geralmente, ele é erguido dentro de um edifício ou área dedicada a uma deidade, embora alguns altares não sejam fixos, mas são montados para cerimônias específicas e depois desmontados. Os santuários também proporcionam um foco para a atividade sagrada, e variam de um pequeno nicho contendo alguns tipos de objetos sagrados (como uma estátua) até um local de peregrinação. Todos os locais sagrados, sejam naturais ou construídos, simbolizam modos de se conectar com o lado espiritual e são lugares de significado e poder.

ACIMA O sal pode ser usado como uma oferta, como símbolo da terra e também como símbolo de suas qualidades que preservam a vida.

TOPO Queimar incenso é um ritual antigo de consagração, a fumaça simboliza a jornada da alma em direção aos céus.

O SIMBOLISMO DO ALTAR

O altar reproduz, em pequena escala, a tradição sagrada inteira que ele representa, e pode até mesmo ser visto como um microcosmo do universo. Algumas vezes, ele é considerado o centro espiritual do mundo, portanto, seu valor simbólico está relacionado à árvore do mundo ou à montanha cósmica. Um altar também pode simbolizar o tempo e o espaço onde uma pessoa se tornou santa ou realizou um ato santo. Assim como a lareira no centro da casa, o altar é o ponto principal da atividade sagrada; na tradição cristã, as cerimônias transacionais ou celebrações como casamentos e funerais acontecem diante do altar.

Por tradição, os altares eram locais de sacrifício. Os primeiros altares eram a céu aberto e a fumaça das ofertas queimando subiam em direção aos deuses. Somente mais tarde eles foram fechados em templos construídos para este propósito em honra a deidades específicas; porém, a associação com o fogo permanece. Nas Filipinas, os livros de oração com folha de palmeira são usados como oferendas, queimados em altares de pedra (batong buhay), enquanto as velas e o incenso são colocados nos altares em muitas tradições como símbolo de iluminação e qualidades sobrenaturais do fogo e da fumaça. Os nativos americanos geralmente usam o tabaco (que eles acreditam ser uma erva sagrada) e, algumas vezes, o sal, como oferendas a serem colocadas no altar.

TÁBUAS DOS DEUSES

Há milhares de anos existe uma tradição de deixar ofertas de alimentos e bebidas para os deuses no altar. Algumas vezes, a comida e a bebida são abençoadas no altar e, depois, distribuídas para as pessoas em sinal de adoração. No Cristianismo, temos o pão e o vinho da Santa Comunhão, compartilhados em uma cerimônia que celebra a Última Ceia. Na fé hindu, a oferta é conhecida como prasad e, geralmente, é algum tipo de guloseima. Outras tradições usam itens como colar de flores, dinheiro, velas acesas, incenso ou orações.

SANTUÁRIOS

Em muitas culturas, os santuários são parte da vida diária, aparecendo ao longo de rodovias, em casa, nas lojas e escritórios, e também nas construções sagradas. Em muitos países cristãos é comum ver santuários em estradas dedicados à Virgem Maria ou a santos específicos. Na China, no Japão e na Índia, os santuários domésticos são dedicados a várias deidades para receber suas bênçãos no lar. De modo semelhante, lares e penates, deuses domésticos da Roma antiga, eram honrados com orações e oferendas diárias.

Um santuário pode celebrar os mortos; na China, as deidades dos ancestrais aparecem em santuários domésticos. Um túmulo cristão, com sua lápide e as ofertas de flores também é um tipo de santuário.

O SAGRADO NA NATUREZA

Nas sociedades tradicionais, nas quais as pessoas estão intimamente conectadas com a natureza, os locais sagrados em geral são lugares ao ar livre, nas paisagens. Quase todas as características da paisagem natural estão associadas a um tipo de tradição sagrada. Existem montanhas, rios e lagos, cavernas, gargantas sinuosas e profundas, crateras, assim como árvores e florestas, todos considerados sagrados. O Monte Fuji, um vulcão adormecido e a maior montanha do Japão, é reverenciado por budistas e por xintoístas. É um local de muitos templos e santuários – até mesmo ao pé de sua cratera. O Nilo era sagrado no antigo Egito e permanece assim até hoje entre os povos africanos tradicionais. O Lago Titicaca, o maior lago de água fresca da América do Sul,

DECORAÇÃO DE ALTARES E SANTUÁRIOS

Imagens e símbolos de uma deidade são geralmente colocados no altar ou acima dele e cada item possui seu significado simbólico – velas, flores e incenso são exemplos típicos. Eles também podem conter itens pessoais, tais como perfumes e doces. Na costa oeste da África, os santuários para Mama Wata, o espírito da água, são pintados com um azul-esverdeado e decorados com espelhos e itens conectados à água, como peixes e nadadeiras.

MONTANHAS SAGRADAS

No Taoísmo, as montanhas significam um meio através do qual as pessoas podem se comunicar com os imortais e com os poderes primitivos da terra. O Taoísmo tem cinco montanhas sagradas: Taishan, Hengshan, Huashan, Hengshan e Songshan.

era sagrado para os incas, que acreditavam que o deus Viracocha emergiu dele para criar o sol, a lua e as estrelas. Para os aborígines australianos, Uluru – possivelmente o monólito mais famoso do mundo – é o local sagrado da Era dos Sonhos. A Colina da Grande Serpente, em Ohio, é uma efígie sagrada construída pelos nativos americanos; ela tem a forma de uma cobra e está possivelmente ligada à adoração da terra como uma mãe divina. Na Europa, o local da Catedral de Chartres foi uma floresta sagrada, era o lugar do Templo de Apolo, em Delfos, na Grécia, e os bosques de árvores de carvalho eram sagrados para os druidas. As Cavernas de Ajanta, na Índia, são templos de rochas esculpidas em quase todos os declives verticais acima de um desfiladeiro arborizado com cascatas de cachoeiras. As cavernas contêm cinco templos budistas e 24 monastérios. Uma cratera de meteoro perto de Flagstaff, Arizona, que é profunda o suficiente para suportar um edifício de 50 andares, é considerada um local sagrado pelo povo Navajo, que acredita que ela foi feita por um deus serpente flamejante. Chaco Canyon, no Novo México, era um local de moradia do povo Anasazi, ou "os antigos", ancestrais dos povos Hopi e Zuni. Ele contém câmaras circulares conhecidas como kivas.

CONSTRUÇÕES SAGRADAS

Quando as sociedades se tornaram mais complexas, as pessoas começaram a fazer construções sagradas e as cidades cresceram ao redor delas. Varanasi, às margens do rio Ganges, é a cidade mais sagrada da Índia, com 6 km de templos e palácios ao lado do rio. Nas principais terras altas de Java, Borobudur (que significa "templo de incontáveis Budas") é o maior santuário budista do mundo. O caminho para o cume foi projetado em sentido horário para peregrinação, com cada camada representando um nível superior de experiência espiritual. Existem muitos exemplos de lugares sagrados de uma cultura que foram adotados por outra. Éfeso, na Turquia, foi uma cidade renomada como centro de magia e das artes ocultas e seu templo para Ártemis, a deusa da lua, foi considerado a maior das sete maravilhas do mundo antigo. Depois que os cristãos destruíram o templo, o local foi associado à Virgem Maria; é um santuário há muitos séculos. O grande Palácio de Potala, com teto dourado, em Lassa, é a residência do Dalai Lama (atualmente exilado) e é um local de peregrinação para os budistas tibetanos. Seu nome significa "Terra Santa" e vem do mítico Monte Potala, na Índia, um lugar equivalente ao paraíso e ao lar de Bodhisattva Avalokiteshvara, de quem Dalai Lama é a reencarnação. O palácio abriga as tumbas dos primeiros Dalai Lamas, um dos mais esplêndidos locais que possui uma stupa de ouro maciço e uma linda mandala incrustada com mais de 20 mil pérolas.

IGREJAS NAS ROCHAS

Um dos locais mais importantes de peregrinação cristã da África é Lalibela, na Etiópia. Datada do século XII a.C., onze igrejas ficam escondidas nas rochas e corredores e túneis se conectam com as colinas, conduzindo a criptas e grutas secretas. Esta rede de lugares sagrados é a oitava maravilha do mundo.

ACIMA O magnífico Palácio de Potala em Lassa, Tibet, é um local de peregrinação para os budistas tibetanos e representa um dos pontos mais altos do mundo.

TOPO Esta gigante cratera de meteoro em Flagstaff (Arizona) é um local sagrado para o povo Navajo.

Transmutação Alquímica

ACIMA Alquimistas trabalhando, em um manuscrito do século XIV. Os processos de transformação que eles utilizavam em suas práticas científicas (aqui, a destilação) se tornaram símbolos do progresso psicológico e espiritual.

ACIMA Os símbolos da alquimia para Mercúrio (topo) e Enxofre (acima).

A Alquimia é uma filosofia e uma prática que expande tanto a ciência quanto o misticismo. Ela influencia o desenvolvimento da química moderna e até mesmo da moderna psicologia profunda. O alquimista vê relações diretas entre a matéria e o espírito e entre a natureza orgânica e inorgânica.

Primeiramente convencionado como um processo semelhante à fermentação, no qual os metais comuns podem ser transmutados em ouro ou prata, o processo alquímico se tornou uma analogia para a transformação psicológica e espiritual. As primeiras referências à alquimia são encontradas nos registros do antigo Egito. A arte foi desenvolvida na Grécia antiga e no mundo árabe, retornando à Europa cristã através da Espanha Moura durante o século XII. Porém, a alquimia – particularmente a conexão teórica entre o ouro e a longevidade – também ficou conhecida nas antigas China e Índia. O processo é descrito utilizando-se uma abundância de simbolismo derivado da astrologia, da astronomia, da mitologia e da ciência primitiva.

SABEDORIA HERMÉTICA

A filosofia por trás da alquimia está diretamente ligada aos ensinamentos de Hermes Trismegisto ("Hermes, o três vezes grande"), que foi descrito como um grande professor que passava sabedoria. Ele parece ser a sincretização do deus grego Hermes, que conduzia as almas para o submundo e carregava as mensagens dos deuses, com a deidade egípcia Thoth, patrono do aprendizado e da magia. Hermes era representado vestindo um boné com asas e sandálias, carregando o caduceu, um bastão com asas entrelaçado com duas cobras. Seus atributos simbolizavam a ligação do submundo com a realidade material e a experiência transpessoal do "vôo com asas"; ele era essencialmente um mediador ou guia entre os mundos. Diziam que Hermes Trismegisto era o autor de milhares de textos sobre ciência, filosofia, ocultismo e muitos outros assuntos que englobavam toda a sabedoria do mundo antigo.

A filosofia de Hermes está centralizada no inter-relacionamento dos mundos microcósmicos e macrocósmicos, contidos dentro da ideia "o que está em cima é como o que está embaixo", e que todas as coisas vêm de "Um só". Aplicada à alquimia, isso significa que o microcosmo humano, onde o corpo, a alma e o espírito se encontram, está diretamente relacionado aos elementos, às estrelas, aos planetas, à lua e ao sol, sendo todos espelhados dentro de cada pessoa como a "alma cósmica".

O MAPA SIMBÓLICO

C. G. Jung achava que a alquimia era um mapa simbólico útil para as experiências internas. Ele relacionava as diferentes fases do processo alquímico aos estágios que uma pessoa passa quando recebe uma terapia analítica. Jung geralmente usava o termo unus mundus, que ele emprestara dos alquimistas medievais. É a descrição de uma experiência de "um mundo", na qual o corpo, a alma e o espírito do indivíduo são conscientemente reunidos com a alma cósmica.

TRANSFORMAÇÃO ALQUÍMICA

O processo alquímico, também conhecido como opus magnum ou "grande obra", é essencialmente um processo de mudança ou transmutação, que pode ser física, psicológica ou espiritual. O objetivo da alquimia é a transformação de uma substância básica em uma substância superior. Isso pode ser entendido na transformação de metais básicos em ouro, ou na transformação da consciência e experiência mais básica do ser humano em profunda compreensão.

O resultado da dedicação do alquimista ao processo era expressa como lapis philosopho-

À DIREITA Todas as ferramentas, ingredientes e processos científicos na alquimia possuem seu próprio sinal ou símbolo.

rum ou "pedra filosofal", um "tesouro interno" ou estado de perfeita harmonia simbolizado pela mistura correta de enxofre e mercúrio (que os alquimistas acreditavam ser os principais materiais de todos os metais). A alquimia também estava associada ao processo de prolongamento da vida e à luta pela imortalidade criando um "elixir da vida" ou "ouro potável".

ESTÁGIOS DO TRABALHO

A prima materia é a matéria-prima do processo alquímico, a substância prima que precede a divisão em quatro elementos – água, ar, terra e fogo. Em seu estado bruto, todas as oposições da vida estão presentes. A prima materia corresponde ao estado psicológico da consciência mínima.

A matéria-prima básica é formada por um athanor (6) ou, até mesmo, consiste de um recipiente de vidro em forma de ovo aquecido sobre uma fogueira. O forno simboliza o ser humano, no qual o corpo, a alma e o cosmos estão ligados. Também pode representar um espaço ritualizado no qual, qualquer processo transformador é realizado. O fogo representa a força geradora por trás do processo de transformação. O ar dos gritos do alquimista é necessário para acender as flamas e amplificar o processo. O calor dentro do recipiente corresponde à energia vital natural que existe dentro de todas as coisas.

A fase do nigredo, ou "escurecimento", é o estágio no qual a matéria-prima derrete e se transforma em líquido preto. Isso simboliza o primeiro despertar da consciência e também está associado ao arquétipo do curandeiro ferido e ao começo do poder de cura. O nigredo pode representar a depressão. Através dela uma pessoa começa a examinar sua vida e a enfrentar os sentimentos de culpa, inutilidade e impotência. Conforme o elixir continua a ser aquecido, a próxima fase é o albedo, ou "branqueamento". Nessa fase, os metais derretidos começam a recombinar em uma forma mais pura. Em termos psicológicos, isso representa algo como o nascer do dia. Nesse estágio, a depressão se modifica e a vida começa a voltar. A fase final da grande obra é chamada de rubedo ou "avermelhamento" e é análoga ao nascer do sol. Este é um ponto de grande intensidade no trabalho, em que os opostos começam a se unir em coniunctio oppositorum ou "sagrado matrimônio", resultando na pedra do filósofo.

O SAGRADO MATRIMÔNIO

O principal símbolo da alquimia é a união do rei e da rainha dentro do fogo do amor, simbolizada pelo casamento do enxofre (masculino) e do mercúrio (feminino) ou do sol (espírito) e da lua (alma). A alquimia pressupõe que os seres humanos estão em estado de caos, tendo perdido a conexão com o "Éden", o estado primitivo de contentamento. A imagem do sagrado matrimônio se refere à renovação dessa natureza integral através da junção das forças dentro de nós.

O casamento do rei e da rainha também corresponde à entrega a nossa natureza andrógena, representada pela figura metade homem, metade mulher do hermafrodita, que simboliza a obtenção da compreensão intuitiva oposta ao poder unilateral do conhecimento e do discurso racional. O termo hermafrodita é uma combinação dos nomes de dois deuses: Hermes, o deus do intelecto e da comunicação, e Afrodite, a deusa da sensualidade e do amor. Essa unidade andrógena representa um estado primitivo da humanidade, antes da queda no mundo dos opostos. É personificada na pedra do filósofo, um tipo de solidez espiritual.

ABAIXO A ciência da alquimia tem abundância de simbolismo, com todos os elementos e processos recebendo seu próprio sinal gráfico. Possui grande simbolismo temático, enraizado no modo como os alquimistas observavam o mundo e exploravam suas possibilidades de mudança.

(6) N.T.: Athanor – na alquimia, é um forno utilizado no fornecimento de calor para digestão alquímica.

Labirintos

ACIMA A forma clássica do labirinto.

ACIMA O labrys, um machado cujas lâminas duplas curvadas o conectam com a lua e com a raiz da palavra "labirinto".

O labirinto é um símbolo para a vida interpretado de várias maneiras para representar as principais preocupações espirituais e psicológicas de cada cultura que o utiliza. Como um símbolo de "ensaio", é um espaço criativo e de ritual que reflete nosso senso de falta de conhecimento e desorientação quando nos movemos através dos desafios e dos obstáculos da vida. O labirinto apresenta a conexão entre a vida diária e o submundo, nossa própria consciência e o inconsciente ou inconsciente coletivo, como também nossa consciência desperta e o processo dos sonhos. Este antigo símbolo representa tanto o útero quanto a tumba e a linha que nos auxilia a encontrar a saída representa a consciência necessária para enfrentar a vida.

A raiz antiga de "labirinto" é "la", que significa "pedra", referindo-se a algo firme e no chão. O labrys é um machado duplo de Creta e suas duas lâminas curvadas simbolizam a lua crescente e minguante, no centro de cada lâmina está a imagem de uma cruz com quatro pontas. Frequentemente, ela é segurada por uma deusa que está guardando a entrada do labirinto ou do submundo. A palavra "maze" (7) é derivada do inglês antigo amasian, que significa "confundir".

FORMAS DE LABIRINTO

Um labirinto é "unicursal": ele possui um caminho, faz curvas e dá voltas, mas finalmente leva ao centro. Um labirinto "multicursal" pode ter muitos caminhos e, portanto, becos sem saída. A primeira irá lhe desorientar, mas a segunda pode tanto desorientar quanto deixá-lo completamente perdido.

A forma mais simples do labirinto é o projeto de "três circuitos", mas o padrão típico é o labirinto clássico, ou "Cretense" ou "de sete circuitos". Possui somente uma entrada e uma rota para o centro. Pode ser tanto quadrado quanto circular e é encontrado na Europa, na África do Norte, na Índia, na Indonésia e na América do Sul e do Norte. Quase todos os antigos labirintos seguem este projeto. Os labirintos clássicos com 11 ou 15 circuitos também podem ser encontrados como o labirinto de 11 circuitos feito de seixos em Visby, Suécia.

PROJETOS MEDIEVAIS

Os romanos elaboravam o gênero com padrões sinuosos, espirais e tortuosos, construindo-os como mosaicos em paredes e pisos. Mais tarde, foi adotado pela Igreja: o exemplo mais antigo conhecido data do século IV e está no pavimento da Basílica de Reparatus, em Orleansville, Argélia. Os labirintos das igrejas se tornaram mais comuns no século IX e os projetos aumentaram o suficiente para que os peregrinos pudessem andar ou que as penitências pudessem ser colocadas nas naves das catedrais francesas; o mais famoso foi construído em Chartres por volta de 1230. Uma flor de seis pétalas no seu centro representa a florescência e a união de cura das energias masculina (Cristo) e feminina (Maria).

Em meados da Idade Média, uma nova forma se desenvolveu nos jardins e palácios da Europa. Esses labirintos, construídos em topiário, incluíam muitas voltas incorretas e becos sem saída. O labirinto "conectado de modo simples", embora complexo, possui uma parede contínua e é possível navegar mantendo-se a mão na parede o tempo todo. Por volta do século XIX, labirintos com "conexões múltiplas" foram formados na Irlanda com ilhas à

ABAIXO Este retrato moderno mostra a vida cosmopolita moderna como um labirinto (parecendo também com um circuito de chips do computador).

À DIREITA Este projeto italiano de um labirinto clássico é um exemplo de um labirinto unicursal (um só caminho).

(7) N.T.: em inglês, a palavra labirinto pode ser dita de duas formas: labyrinth ou maze.

DIREITA Teseu segura o fio que lhe fora dado por Ariadne, com o qual ele mantém sua ligação com o mundo cotidiano (comum). Este mito retrata Teseu como um simbólico herói salvador que supera os aspectos brutos de sua própria natureza, assim como a do Minotauro. O labirinto, por isso, se torna um símbolo de renascimento e iniciação.

sua volta, os quais não podiam ser resolvidos com o método da "mão na parede".

A JORNADA SAGRADA PARA O SUBMUNDO

Os primeiros labirintos eram mapas para auxiliar a passagem da alma para o submundo após a morte. Antigas danças e rituais do labirinto retratavam o movimento entre a vida e a morte, passando pela entrada da tumba até a mãe terra. O primeiro labirinto registrado foi descrito por Herodotus no século V a.C., construído por doze reis egípcios como memorial ao lado de um imenso lago feito pelo homem. Uma pirâmide foi erguida a partir de uma das paredes do labirinto e tinha o nível superior e o subterrâneo. Ela conservava os corpos de doze reis e tumbas de crocodilos sagrados.

A JORNADA HEROICA

O labirinto mais famoso é o do rei Minos em Knossos, Creta, que está associado ao mito de Theseus e o monstro de cabeça de touro chamado Minotauro. Theseus, filho do rei Aegeus de Atenas, fez um voto de matar a criatura para colocar um fim ao tributo forçado de Atenas para o rei Minos. A filha de Minos, Ariadne, se apaixonou por Theseus e lhe deu uma bola de fio dourado, cuja extremidade ela ficou segurando enquanto ele descia o labirinto. Theseus encontrou o Minotauro no centro do labirinto, o matou e voltou para Ariadne seguindo o fio.

Este mito tem muitas características simbólicas importantes: a "penetração" do labirinto, a experiência de desorientação, o encontro e a morte de um monstro interior e a resolução do labirinto simbólico através de um fio, que representa o cordão da vida unindo dois mundos, o superior e o inferior com consciência. O relacionamento entre os princípios masculinos e femininos é outro tema. O mito de Theseus e Ariadne descreve um fio dourado entre o homem e a mulher. No labirinto de Rad em Hanover, Alemanha, e no labirinto gramado com 300 anos de idade em Saffron Waldon, Inglaterra, era representado um ritual em que uma garota ficava em pé no centro e dois jovens corriam para decidir qual deles ficaria com ela.

CAMINHOS PARA A SALVAÇÃO

A adoção do labirinto pelos cristãos levou a uma mudança no significado simbólico. O centro não mais significava um encontro com a morte ou com o monstro, mas representava a salvação, com o labirinto como caminho cheio de obstáculos causados pela natureza pecaminosa do ser humano. Uma peregrinação simbólica ou jornada penitenciária pelo labirinto podia ser prescrita para pecadores muito debilitados para realizar uma peregrinação mais longa e os monges medievais podiam andar pelos labirintos da igreja para meditação.

FERTILIZAÇÃO E NASCIMENTO

A entrada para o labirinto representa a vulva, o óvulo no centro ou no útero. É uma viagem de fertilização de uma nova esperança. Está ligado à viagem ao centro da mãe terra que liga aspectos da vida, morte, fecundidade e natalidade. O labirinto Chakravyuha, na Índia, é uma evolução da forma clássica. É baseado em um triplo centro mostrando uma espiral, simboliza o nascimento. Os labirintos Hopi do século XII encontrados no Arizona vêm em duas formas: a Tapu'at sugere um bebê enrolado no útero ou recém-nascido nos braços da mãe. A entrada e as vias de saída sugerem o cordão umbilical e o canal de parto. A segunda forma é mais arredondada e simboliza o pai sol, quem dá a vida. Representa a jornada pela vida e também os limites dos territórios Hopi.

MÚLTIPLAS DIMENSÕES

Adicionar uma nova dimensão traz novos níveis de complexidade para o projeto do labirinto, tornando possível mover-se entre os níveis através de pontes ou escadas. É teoricamente possível continuar a adicionar dimensões aos labirintos, porém, isso os coloca fora do reino do mundo cotidiano. Os designers dos jogos de computador utilizam labirintos de multidimensões para criar a "jornada de um herói" na casa do próprio jogador.

Mandalas e Yantras

As palavras em sânscrito "mandala" e "yantra" significam "círculo" e "instrumento" respectivamente e descrevem as imagens esquemáticas designadas a representar e proporcionar experiência espiritual. Embora enraizadas nas tradições sagradas do oriente, muitos aspectos de seu simbolismo parecem ser típicos e elas aparecem em diferentes formas em todo o mundo. Os padrões da mandala ocorrem na natureza assim como nas tradições tão diversas quanto aquelas dos maias, nativos americanos, celtas e cristãos. Elas também se apresentam em sonhos e em desenhos e rabiscos espontâneos, levando Jung a sugerir que fossem uma tentativa de preservar a ordem psíquica e um símbolo do processo de individualização.

ACIMA As ondulações criadas quando uma pedra é atirada na água formam um tipo de mandala.

TOPO Os padrões da mandala ocorrem na natureza assim como os círculos concêntricos neste tronco de árvore.

ABAIXO As mandalas são dispositivos de meditação nas tradições espirituais como o Budismo. Esta do Tibet é utilizada no Vajrayana Diamond ou veículo do Raio com Trovão.

OS ENSINAMENTOS DA MANDALA

Assim como um arco-íris é criado somente quando gotículas de água, luz e a visão do observador se juntam, também os sinais visuais de uma mandala são tais que nada existe, exceto o encontro entre vários campos e padrões de energia. A ordem do cosmos é descrita através da disposição balanceada de formas geométricas (predominantemente o círculo, o quadrado e o triângulo), cor e símbolos como deidades ou seres espirituais. Dentro de um círculo ou quadrado externo, elementos concêntricos do desenho irradiam de e para o espaço sagrado no centro, simbolizando a presença divina. No Hinduísmo, este espaço é o shunya ("vazio absoluto") e o bindu ("semente cósmica"), a criatividade e o preenchimento espiritual que emergem do nada, o espaço do qual nascem todas as coisas e para onde todas as coisas retornam. Embora os símbolos da mandala sejam específicos da cultura, seu propósito é levar a mente a um local de tranquilidade e nulidade, removendo as ilusões de permanência no mundo cotidiano a fim de experimentar a transcendência.

A mandala tradicional hindu é um quadrado dividido em quadrados menores. Além de uma imagem para contemplação, é um modelo para o piso térreo dos templos hindus: o quadrado central é o Lugar de Brahma e contém a câmara uterina, a área sagrada do tempo onde o altar está localizado.

Os budistas tibetanos criam mandalas em panos enrolados chamados de thang-ka. Estes panos são pinturas retangulares que mostram os ensinamentos de Buda, a roda da vida, a árvore cósmica, os santos e guias espirituais em imagens ricamente coloridas. As mandalas circulares chamadas Kyil-khor são utilizadas para meditação. Cada símbolo é considerado na sua vez, movendo-se da extremidade para dentro. Os Budas de meditação, as criaturas protetoras e destrutivas, nuvens, montanhas, flamas e raios com trovões são ícones comuns nas mandalas tibetanas, simbolizando os obstáculos a ser enfrentados antes de se chegar ao centro.

MANDALAS NA NATUREZA

Muitos padrões da mandala ocorrem na natureza, como os círculos concêntricos de um tronco de árvore, ondulações na superfície de um tanque, a teia da aranha, um floco de neve ou um girassol. Até as formações naturais na paisagem são comparadas com mandalas. O monte Kailas, um dos picos mais altos do Himalaia, possui quatro fachadas distintas que estão de frente para o norte, sul, leste e oeste e pode ser comparado a um enorme diamante. Os budistas o consideram uma mandala, um círculo sagrado do qual quatro rios divinos (o Indus, o Sutlej, o Bramaputra e o Ganges) fluem como os raios de uma roda eterna.

Nos níveis do macrocosmo e do microcosmo, as mandalas parecem ser um padrão universal de vida: a Terra gira em volta da Via-Láctea, enquanto nas células de todas as criaturas vivas os elétrons giram em torno de um núcleo central. Até mesmo o olho humano é um tipo de mandala.

MANDALAS DE AREIA

As mandalas nem sempre são pintadas. No Budismo Tibetano, a kalachakra, ou "roda do tem-

À ESQUERDA Aqui, os monges tibetanos criam uma mandala de areia. Todos os aspectos da mandala, incluindo os rituais que rodeiam sua criação e dissolução, são simbólicos.

YANTRAS

Uma variação da mandala, o yantra é utilizado tanto no Hinduismo quanto no Budismo. É uma figura geométrica complexa que visualmente expressa um mantra ou uma oração. O mantra é escrito para "fixá-lo", mas os símbolos geométricos são utilizados em uma representação mística da criação e da interação das forças cósmicas. Os poderes inerentes ao yantra são trazidos para a vida através dos rituais, tais como jogar perfume ou cantar o mantra sobre o yantra.

O shri-yantra, um dos desenhos mais poderosos de yantra, é utilizado no ritual tântrico hindu. Consiste de um quadrado, círculos concêntricos e nove triângulos cruzados. O quadrado externo funciona como parede da cidade, com portões para os quatro pontos da bússola. É o mundo físico e protege e fecha o interior. Os círculos concêntricos são a expansão espiritual e a unidade cósmica, e os triângulos são a união do linga (falo), o triângulo que aponta para cima, como yoni (útero), o triângulo que aponta para baixo, ou o jogo sexual do casal divino, Shiva e Shakti.

O shri-yantra pode ser esculpido em oito superfícies: ouro, prata, cobre, cristal, madeira de bétula, osso, pele (incluindo papel) e uma pedra especial de "Vishnu", que recebe o nome da deidade preservadora. Combinados com as cores corretas – vermelho (feminino) ou branco (masculino) – criam o equilíbrio e a harmonia das energias.

po", um representação plana de todos os ciclos do universo, é criada em areia colorida como um ritual simbólico. Começa com uma cerimônia para chamar a deusa da criação e consagrar o local. A mandala é então criada a partir do centro para fora, simbolizando o crescimento da vida a partir de um simples ovo para o universo. Um monge trabalha em cada uma das quatro direções, derramando areia de uma vara de metal chamada chak-pur. Quando a mandala estiver concluída, sua tarefa está completa e uma cerimônia final é realizada para liberar seu poder de retiradas da parte externa para o centro do círculo e colocadas em uma urna. Isso é realizado em uma procissão cerimonial em um rio próximo onde a urna é esvaziada, carregando as areias de cura pelo oceano para trazer paz e harmonia a todo o planeta.

O povo Navajo usa as pinturas em areia para rituais de cura. O curandeiro realiza a cerimônia centralizada em uma mandala de pintura de areia chamada iikaah ("o lugar onde os espíritos vêm e vão") – uma porta através da qual os espíritos auxiliadores irão passar quando forem invocados no ritual. A cerimônia começa na madrugada e acontece no hogan, residência sagrada que foi abençoada para a cerimônia. A mandala é criada utilizando-se fitas e outros marcadores, uma vez que a posição das figuras espirituais deve ser precisa para criar um local de harmonia. A base da pintura é feita de areia, milho e pólen ou pétalas moídas; depois, o carvão vegetal e o seixo são derramados para criar contornos. As figuras são formas sólidas, com a imagem de seus corpos, tanto a parte de trás quanto a da frente, colocadas de forma a trazer sua presença completa no círculo. Ao anoitecer, a pessoa que precisa de cura vem até o hogan e senta-se no centro da mandala, com as imagens dos espíritos em contato direto com seu corpo para retirar a doença e deixá-la na mandala. A areia será eliminada em um ritual.

À DIREITA Yantras usam formas geométricas abstratas em seus desenhos, tipicamente triângulos, quadrados e círculos.

VARIAÇÕES CULTURAIS

Círculos de pedras, colinas de sepultamento e labirintos estão todos ligados às mandalas, assim como a roda medicinal dos nativos americanos e o catador de sonhos, o último sendo uma mandala do mundo dos sonhos. A cruz celta pré-cristã, simbolizando as quatro estações e as quatro direções, foi posicionada sobre um círculo como símbolo da terra. A tradição cristã tem suas próprias versões de formações de mandala, tais como rosáceas (janelas circulares) que enfeitam as catedrais e as igrejas.

ORÁCULOS E ADIVINHAÇÕES

Falando em linguagem simbólica, os oráculos e as adivinhações eram uma maneira de se comunicar com as influências invisíveis. De uma perspectiva psicológica, eles eram vistos como um modo de penetrar nas camadas mais profundas da mente inconsciente.

Acima da entrada do mais famoso e duradouro oráculo do mundo antigo, o oráculo grego em Delfos, estava a inscrição: "Conheça a ti mesmo". A adivinhação não é o método de prever o futuro – isso significaria que a vida é um programa fixo – mas é mais bem entendida como algo fluente, um processo que envolve um diálogo constante com a dimensão espiritual ou mítica. Através desse relacionamento, é possível ler certos símbolos que, de outro modo, permaneceriam ocultos aumentando, portanto, a autoconsciência.

INSTRUMENTOS ORACULARES

A adivinhação usa a oportunidade e cria uma entrada para o espírito se expressar através da padronização simbólica. Isso pode ser feito com qualquer coisa, desde padrões aleatórios em folhas de chá, ossos ou bastões, formações de nuvens, padrões do clima, formação das estrelas e as comunicações das plantas e dos animais, até sofisticados sistemas de símbolo, como o Tarô ou o I Ching. Ler tais padrões e extrair o significado envolve uma dose intuitiva de fé, pois os oráculos não serão entendidos pela mente racional, que tende a rejeitar ou ignorar o significado das informações que chegam por acaso.

I CHING

Paradoxalmente, a única certeza na vida é a mudança. Em todas as mudanças existem padrões e os xamãs da antiga China se referiam a essa predicabilidade quando lhes solicitavam a dar conselhos sobre acontecimentos futuros. Originalmente, a resposta a uma pergunta era divinizada a partir dos padrões dos ossos dos animais ou dos cascos das tartarugas. Isso se desenvolveu no I Ching ou "livro das mudanças", que se tornou mais do que um instrumento oracular: para os antigos, ele simbolizava o funcionamento do universo todo.

A base do I Ching é o triagrama, um arranjo de três linhas que podem ser contínuas ou interrompidas. A linha contínua é a energia yang e a interrompida é a energia yin, considerando yin e yang dois princípios opostos que são a base de toda a criação. Oito disposições são possíveis e os triagramas simbolizam oito estágios no ciclo do crescimento e do declínio, ou fluxo e refluxo, que podem ser observados em todas as áreas da vida. Cada uma tem um nome retirado da natureza: céu, terra, trovão, água, montanha, vento/floresta, fogo e lago. Na antiguidade, os triagramas enfeitavam as vestimentas dos líderes seculares e espirituais e eram utilizados como amuletos. Combinados em pares, totalizam os 64 hexagramas do I Ching, com nomes como "o criativo", "redução", "o receptivo", "família", a partir dos quais são feitas interpretações das situações humanas. Posteriormente, essas combinações são amplificadas "mudando-se as linhas", o que aumenta o número possível de permutações para mais de 10 mil.

O TARÔ

As origens exatas e os propósitos do Tarô são desconhecidos, mas era utilizado nos jogos e adivinhações na Itália, França e Alemanha no final do século XIV, embora os religiosos medievais o denunciassem como "livro de imagens do Demônio". O Tarô é o conjunto de cartas ilustradas com imagens altamente significativas. Pode ter sido um modo de disfarçar ensinamentos espirituais que corriam contra as doutrinas prevalecentes da Igreja, mas também parece provável que fizesse parte de um sistema de memória. Durante

ACIMA As cartas do Tarô e uma bola de cristal são dois métodos de adivinhação ainda utilizados hoje.

À DIREITA Em um manuscrito medieval iluminado, os astrônomos gregos da era clássica observam as estrelas do Monte Athos. Eles acreditavam que lendo esses padrões poderiam prever acontecimentos futuros.

URIM E THUMMIN
Tradicionalmente, o alto sacerdote dos antigos hebreus usava um peitoral de joias contendo Urim ("brilhante") e Thummin ("perfeito"), duas pedras que eram usadas para tirar a sorte e pressentir a vontade de Deus.

À DIREITA Uma audiência ouve atentamente o oráculo, uma vez que a interpretação correta de uma mensagem era tão importante quanto a própria mensagem.

o período da Renascença, ars memorativa (sistemas ilustrados de memória) se uniu aos talismãs ou amuletos mágicos para invocar um poder em particular.

O Tarô se divide em duas partes: as 22 cartas da Arcana Principal e as 56 cartas da Arcana Secundária. "Arcana" significa misterioso ou secreto e o Tarô é conhecido como Livro dos Segredos. A Arcana Principal lida com temas arquétipos que refletem pontos de mudança na vida, simbolizados por cartas como O Louco, A Papisa, Os Enamorados, O Enforcado, O Mundo. A Arcana secundária é subdividida em quatro conjuntos e em quatro assuntos cotidianos: varinhas (fogo e ambição), espadas (ar e ideias), cálices (água e emoções) e pentagramas (terra e recursos materiais).

PRESSÁGIO

Atualmente, o termo "pressentimento" refere-se a todas as formas de adivinhação, mas, originalmente, significava interpretação de mensagens proféticas dos pássaros, vistos como mensageiros pelos humanos. Histórias da China, da Índia, da Pérsia e de outras regiões mostram que as pessoas observavam os pássaros com propósitos adivinhatórios, suas canções, movimentos, padrões de voo, comportamento e até seus ovos e as espécies em particular. Por exemplo, o Kakajarita, um texto tibetano do século IX, dá instruções para adivinhar o significado dos gritos do corvo.

O presságio, contudo, não requer um sistema organizado de signos. Antigamente, era provável que dependesse de uma harmonia íntima entre pássaros e seres humanos, com as pessoas entrando em uma experiência mítica de consciência de um pássaro. O estado romano sempre consultava o adivinho antes de tomar uma decisão importante, enquanto, por tradição, o local da cidade asteca de Tenochtitlan foi escolhido quando uma águia foi avistada em um cactus com uma cobra em sua boca, considerado um sinal auspicioso dos deuses. Os bununs, de Taiwan, confiam no chilro e nos padrões de voo dos pássaros como presságios de caça; um chilro do lado esquerdo é entendido como mau presságio e eles retornam para casa sem dúvidas.

A TRADIÇÃO DO CLEDON

Os oráculos funcionam de modos diferentes. No mundo clássico, palavras ouvidas aleatoriamente ou fora do contexto que comoviam o ouvinte eram consideradas mensagens proféticas. Conhecidas como cledon, esses fragmentos de discursos simbólicos que pareciam responder a uma pergunta ou dar um conselho eram proferidos verbalmente por estranhos, crianças ou transeuntes. Assim como em qualquer oráculo, o sucesso do método depende daquele que recebe a mensagem e sua habilidade em compreendê-la como profecia, considerando a adivinhação um processo interativo.

O CARVALHO DE DODONA

Um dos oráculos mais reverenciados da antiguidade era uma grande árvore de carvalho em Dodona, no noroeste da Grécia. Peregrinos viajavam para buscar sua orientação. Nas primeiras histórias de Dodona, os oráculos foram entregues pelo próprio carvalho, mas na época de Homero, por volta de 800 a.C., um grupo de intérpretes chamado de o selloi, que, de acordo com Ilíada "não lavavam os pés e dormiam no chão", se estabeleceu no local. Pedaços retirados da árvore tinham o mesmo poder profético.

> **O CORVO**
> Geralmente profetizando a morte, o corvo é visto como pássaro de mau presságio, mas também pode ser o presságio do bem. No livro de Gênesis, ele foi enviado por Noé para determinar a extensão da inundação, mas nunca voltou. O corvo também aparece em histórias de inundações dos índios Algonquin. Na Escandinávia, os corvos são considerados fantasmas de pessoas mortas, ao mesmo tempo em que, de acordo com a tradição chinesa, a alma do sol assume a forma de um corvo.

O Ciclo da Vida

O MODO COMO O SER HUMANO VÊ SEU CORPO, SUA POSIÇÃO FÍSICA NO MUNDO E SEU PRÓPRIO TEMPO DE VIDA DÁ ORIGEM A UM RICO SIMBOLISMO QUE ENVOLVE O NASCIMENTO E A MORTE, O AMOR E OS RELACIONAMENTOS, O RITUAL E A CRIATIVIDADE. SÍMBOLOS ICÔNICOS COMO O CORAÇÃO E A RODA SÃO FUNDAMENTAIS, MAS TAMBÉM O SÃO OS SÍMBOLOS TEMÁTICOS, COMO CASAMENTO E NASCER DO SOL.

O Corpo Humano

ACIMA O corpo humano é uma rica fonte de significado simbólico. A forma feminina pode representar diferentes aspectos da mulher, tais como fertilidade e sexualidade feminina.

Muitas tradições antigas viam o corpo humano como um microcosmo, contendo uma miniatura de todos os estágios da criação. Os chineses consideravam o corpo como yin e yang, um símbolo de perfeito equilíbrio e totalidade. Em algumas tradições, o corpo é considerado um "templo da alma", que fica entre o Céu e a Terra, auxiliando cada pessoa a perceber seu propósito divino e potencial único. Outras tradições o consideram um inimigo a ser superado, o repositório dos instintos básicos e paixões que ameaçam reduzir a humanidade ao nível do mundo animal. Além do simbolismo do corpo como um todo, praticamente cada parte individual tem suas próprias associações simbólicas.

A CABEÇA
Quase universalmente, a cabeça é considerada como o assento do aprendizado, o instrumento da razão e das capacidades espirituais e sociais que colocam os humanos acima dos animais. Símbolos de autoridade como coroas são usados na cabeça; curvar a cabeça denota submissão. Em muitas culturas tribais africanas, uma cabeça alongada é sinal de bom caráter, sabedoria e liderança. Elaborar estilos de cabelos e penteados tem o objetivo de acentuar essa qualidade.

ACIMA A cabeça está associada à capacidade de pensar do ser humano. Também pode ser utilizada para descrever uma pessoa encarregada.

A cabeça é sagrada na tradição maori e o culto celta à cabeça sagrada é ilustrado por numerosos mitos. Em muitas tradições, decapitar um inimigo é considerado humilhação para o indivíduo. A deusa hindu Durga é retratada segurando a própria cabeça decapitada, enquanto a iconografia cristã tem exemplos de santos carregando suas próprias cabeças, sinal do poder do espírito de superar a morte.

O CABELO
O cabelo quase sempre representa virilidade e força, como na história de Sansão, no Velho Testamento, que perdeu sua força quando Dalila cortou seu cabelo. A comunidade Khalsa dos Sikhs (8) deixa seu cabelo e barba crescerem porque acreditam que é um símbolo do amor de Deus. Na China, o couro cabeludo raspado estava no mesmo nível que a castração e poderia excluir uma pessoa de exercer um cargo público. Uma cabeça raspada também pode indicar sacrifício ou submissão: os monges e as freiras, tanto na tradição budista quanto na cristã, podem cortar seus cabelos quando ingressam na vida religiosa. Para os gauleses e outros povos celtas, o cabelo longo era um símbolo de poder real ou de liberdade e independência.

Antigamente, os cabelos longos e soltos em mulheres indicavam juventude e virgindade. Preso ou trançado simbolizavam tanto uma mulher casada quanto uma cortesã. Na arte cristã, a redimida e santificada Santa Maria Madalena é retratada com cabelos longos e soltos, como símbolo de sua castidade, amor e humildade.

Cortes e estilos de cabelo são símbolos de diferença social ou religiosa, como nos penteados dos rastafáris ou as longas madeixas dos judeus hassídicos. Nas tradições hindu e budista, o topete cobre a área por onde o espírito divino penetra no corpo no nascimento e sai na morte; está associado com pessoas santificadas. O pelo do corpo refere-se à virilidade ou às tendências animais. Na arte cristã é utilizado como símbolo do diabo.

(8) N.T.: Sikh: membro de seita religiosa hindu.

À ESQUERDA Um olho aberto dentro de um triângulo é um símbolo da maçonaria, mostrado aqui em um avental da sociedade. Simboliza a consciência espiritual.

ACIMA O coração não é somente um símbolo do amor, mas também da verdade.

OS OLHOS
Como já era de se esperar, o simbolismo do olho está conectado com a percepção e com a habilidade de ver além do físico, até os reinos da alma e do espírito. Como consequência, a cegueira é utilizada como uma metáfora para a falta de habilidade de ver a verdade espiritual e moral. Mas ela também pode estar ligada à sabedoria e às dádivas espirituais.

Em algumas tradições, incluindo a hindu, a taoísta e a shinto, os olhos são identificados com o sol e com a lua, sendo o olho direito correspondente ao ativo e ao futuro (o sol) e o esquerdo ao passivo e ao passado (a lua). Para unificar a percepção, algumas culturas acreditam na existência de um "terceiro olho" invisível no meio da testa. Os deuses hindus Shiva e Buda são retratados com o terceiro olho, o veículo da percepção que é direcionado para o lado interno na meditação.

Na Grécia antiga, o símbolo do olho tinha poderes mágicos e os olhos pintados na proa dos navios de guerra tinham o poder de guiá-los. No antigo Egito, o wadjet, ou Olho de Hórus, tinha função de cura e proteção. Um dos símbolos da Maçonaria é um olho único aberto (um símbolo do conhecimento divino) colocado dentro de um triângulo, uma imagem que aparece na parte de trás da nota de dólar americano. A frase "olhos bem abertos" significa um estado de consciência.

A BOCA
Órgão de fala e respiração, a boca personifica o poder do espírito e da inspiração da alma, um estado elevado de consciência e a habilidade da razão e da comunicação. Através de sua associação com o ato de comer, está ligada à destruição, como a boca de um monstro. Na iconografia cristã, a entrada para o inferno é a boca do demônio cheia de dentes. Artistas medievais retratavam pequenos demônios saindo voando da boca de uma pessoa para representar palavras ruins ou mentiras. A língua e os dentes têm seu próprio simbolismo. Nas esculturas africanas, os dentes indicam o poder aterrorizante de uma criatura para devorar, embora eles também possam estar associados à força e à crescente sabedoria. Na poesia romântica persa e europeia, são comparados a pérolas. A língua é comparada a flamas e, na tradição cristã, as línguas de fogo simbolizam o Espírito Santo. Símbolo da fala, está associada à ferocidade. Línguas rolando eram retratadas nas antigas tumbas chinesas para amedrontar os maus espíritos. No Tibet, mostrar a língua é cumprimento amigável, já na cultura maori é um gesto desafiante, provocativo (e, também, protetor).

O CORAÇÃO
No Ocidente, o coração está conectado com o amor romântico desde a Idade Média. No mundo antigo, era símbolo de núcleo e considerado lugar da alma. Na China, acreditava-se que o coração também estivesse onde o shen, ou espírito, estava e era fonte de inteligência. O coração também está associado à coragem moral e à verdade.

ABAIXO Maria Madalena é frequentemente retratada com cabelos longos e soltos como símbolo de sua castidade e uma alusão ao tempo em que ela lavava os pés de Jesus.

ABAIXO
O simbolismo do umbigo está conectado ao centro do mundo, da vida e da criação.

to lavou os pés dos discípulos, ele estava usando tal ato para simbolizar sua tarefa de servidor, um gesto que foi posteriormente imitado pelos reis ingleses que lavavam os pés dos pobres para mostrar sua humildade. Na República Fon de Benin, o deus da guerra geralmente é mostrado com grandes pés, simbolizando sua habilidade de aniquilar seus inimigos.

RESPIRAÇÃO E SANGUE
Tanto a respiração quanto o sangue são associados com a força vital e o poder divino. Os nativos americanos usam a respiração para passar poder entre as pessoas e esta tinha propriedades mágicas para os celtas: o druida Mog Ruith era capaz de transformar seus inimigos em pedra somente com sua respiração.

Muitas culturas acreditam que o sangue é sagrado porque personifica a alma. Na feitiçaria do oeste africano, as estátuas sagradas são manchadas com sangue de galinha para trazê-las à vida e uma prática semelhante era realizada pelos nórdicos, que manchavam suas runas com sangue de boi para ativá-las. O sangue é utilizado para selar votos e os guerreiros japoneses do século XIV deixavam suas impressões digitais com sangue para garantir um contrato. Os cristãos ritualmente bebem o sangue de Cristo, na forma de vinho, na cerimônia da Eucaristia.

Contudo, em algumas tradições, o sangue também tem o poder de contaminar. Na religião Shinto, a palavra para sangue (chi) é um tabu, enquanto nem judeus nem mulçumanos têm permissão para comer carne que contenha qualquer resíduo de sangue. Os judeus consideram o sangue menstrual impuro, embora esteja ligado à fertilidade, como no antigo Egito.

ÓRGÃOS SEXUAIS
Os órgãos sexuais e reprodutivos tanto dos homens quanto das mulheres carregam um profundo simbolismo. Além de estarem ligados à fertilidade, o útero está associado à proteção e aos poderes ocultos misteriosos. Recipientes de transformação, tais como o crisol e o caldeirão, estão ligados ao simbolismo do útero, uma vez que são características naturais na paisagem, como as cavernas. O útero geralmente está ligado à deusa mãe; Delfos na antiga Grécia, o local do oráculo e sagrado para a grande mãe da terra, mar e céu, recebeu o nome da palavra grega delphos, que significa "útero".

A vulva também está associada às deusas mães. No Hinduísmo, ela é simbolizada pelo

O UMBIGO
Lembrete visual da conexão do corpo à vida pelo cordão umbilical, o umbigo é utilizado como símbolo do centro do mundo a partir do qual emanou a criação. Os mulçumanos descrevem o local de nascimento de Mohammed como o "umbigo do mundo". Na Grécia antiga, Delfos era o local do omphalos sagrado, ou "pedra do umbigo", uma pedra cilíndrica com a parte de cima arredondada, que simbolizava a conexão entre os três mundos (Céu, Terra e submundo).

A estrela polar é mencionada como estrela umbilical, em volta da qual o céu parece girar. No oeste da África, o umbigo é o símbolo matriarcal ancestral da fertilidade. Marcas de escarificações são feitas, em um ritual, em volta do umbigo de uma garota na puberdade.

MÃOS E PÉS
Tradicionalmente, a mão é um símbolo de poder ativo divino. Desenhos das mãos quase sempre aparecem na arte das cavernas aborígines australianas, representando a impressão espiritual do artista e sua assinatura. No Hinduísmo e no Budismo, a mão é o guardião e um fragmento da alma universal e, na Índia, o contorno das mãos em paredes, portas ou outros objetos representa a proteção. Na iconografia cristã, uma mão representa a benção e a intervenção de Deus; a "imposição das mãos" é utilizada em igrejas nos rituais de cura e ordenação.

O pé é a parte do corpo que está mais intimamente relacionada com a terra. Está associado tanto à estabilidade quanto ao movimento. Pés descalços, por tradição, indicam humildade e são um símbolo de lamentação. Quando Cris-

yoni, representado por uma bacia rasa em forma de vulva e o símbolo gráfico do triângulo. Os Bambara, de Mali, se referem a ela como a "adorável grande mãe" e a consideram como portão para tesouros escondidos e conhecimento. A vulva simboliza o escuro, o aspecto devorador da deusa, o ciúme, a possessão, a mãe superprotetora que não descuida de seus filhos, ou a mulher e seu amante. O conceito da vagina dentata (vagina com dentes) pode estar associado com este aspecto e também pode representar as preocupações de castração de um homem – uma vez que um homem tenha entrada no corpo de uma mulher, ele será incapaz de escapar – e o medo de se entregar a seus instintos.

O falo é um símbolo do masculino, o princípio ativo, o poder de procriação e o canal para a força vital. Ele é cultuado em muitas culturas como fonte de vida. No Hinduísmo, está associado com o deus Shiva e é simbolizado pelo linga, uma pedra vertical que aparece tipicamente em conjunto com o yoni, simbolizando a união do espírito e da matéria, dos princípios femininos e masculinos. Os objetos eram adorados na China antiga e o deus japonês do casamento é retratado de uma forma fálica. Os deuses da fertilidade, tais como o Priapus romano, são descritos com um falo ereto. Os semideuses gregos eram apresentados com ereções gigantes como símbolo de sua natureza libidinosa. No pensamento cabalístico, o falo era responsável por manter o equilíbrio; através de seu endurecimento ou amolecimento na presença ou ausência de energia. Ele atua como agente de equilíbrio e sua tarefa é sustentar o mundo.

O CORPO ENERGÉTICO

Muitas tradições acreditam em uma força estimulante que corre em todas as coisas vivas, incluindo o corpo humano. Conhecida por vários nomes (como chi, na China, e prana, na Índia), a força vital corre ao longo de uma teia de caminhos de energia conhecidos como meridianos (China) ou nadis (Índia). Os sistemas esotéricos e de cura, como a yoga, a reflexologia e a acupuntura, são baseados neste sistema, associando as aflições físicas e emocionais com os desequilíbrios no campo energético do corpo. No pensamento hindu e também no budista, a energia tênue entra e sai do corpo através dos chakras ou centros de energia, que são passagens entre o reino físico e o imaterial. Os principais chakras estão dispostos ao longo de um meridiano central que vai da base da espinha até o topo da cabeça.

> **OS QUATRO TEMPERAMENTOS**
>
> O físico grego Hipócrates (460-380 a.C.) relacionava os fluídos corporais com quatro vapores, ou "líquidos orgânicos", cada um controlando um aspecto em particular da saúde e do caráter e associado com os elementos e a cores. O sangue era associado com um temperamento sanguíneo (definido como otimista, amoroso e generoso); a cor associada ao sangue era o vermelho e seu elemento era o ar. Fel, ou bile amarela, estava associado ao fogo e a um temperamento colérico (definido como nervoso, cabeça quente e vingativo). A bile preta era melancólica (definida como depressivo, preguiçoso e glutão); seu elemento era a terra. O muco estava associado à água e à cor verde; seu temperamento era apático (definido como fraco, vagaroso e covarde). A teoria dos quatro líquidos orgânicos era fundamental para a medicina do Ocidente medieval.

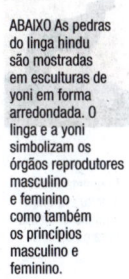

ABAIXO As pedras do linga hindu são mostradas em esculturas de yoni em forma arredondada. O linga e a yoni simbolizam os órgãos reprodutores masculino e feminino como também os princípios masculino e feminino.

Nascimento e Morte

Tanto a morte quanto o nascimento são temidos e bem-vindos em todas as culturas, cada um representando tanto o começo quanto o fim. O nascimento é o começo da vida, mas também pode ser considerado o fim de uma vida anterior ou jornada da alma e o fim da gestação. A morte é um fim, mas para alguns é também o começo de uma nova jornada significante para o submundo, para o Céu ou para a próxima encarnação. Ambos são acontecimentos de beleza misteriosa, grande temor e terror, fontes de inspiração e superstição para um imenso grupo de simbolismo que informa religião, cultura e ciência.

PROFECIA DE NASCIMENTO E DE MORTE

Muito simbolismo envolve a profecia de nascimento ou morte, talvez porque estes acontecimentos sejam tão misteriosos, imprevisíveis e provoquem mudanças na vida. A astrologia prevê tempos prováveis para nascimentos e mortes e sinais celestiais incomuns são frequentemente interpretados como indicação da chegada ou partida de pessoas importantes. Em tempos antigos, a visualização de uma nova estrela era um símbolo de um rei recém-nascido; o nascimento de Cristo foi previsto com base nessa crença, possivelmente quando Júpiter (conhecido pelos judeus como "estrela do rei") se alinhou com Saturno, criando a "estrela de Davi".

Muitos signos e símbolos na natureza são entendidos como presságios de nascimento ou morte. Por ser um símbolo de transformação, a borboleta é considerada como presságio de ambos. Nas Ilhas de Orkney, um arco-íris é presságio de nascimento, e a rima de uma antiga canção do folclore inglês associa a visualização de pegas (9) com o nascimento: três para uma menina e quatro para um menino. Na Europa, a esfinge de cabeça da morte era tida como previsão da morte por causa do esboço de uma caveira na parte de trás. Os samoanos acreditavam que se capturassem uma borboleta, eles derrotariam a morte. Para os celtas, ver uma borboleta voando à noite significava morte e, na arte cristã, uma crisálida é um símbolo da morte.

Os antigos romanos detestavam as corujas pois achavam que elas eram o presságio da morte. Acredita-se que pássaros que comem cadáveres, particularmente os corvos, são capazes de sentir o cheiro da morte antes que ela ocorra e, portanto, são um mau presságio; porém, nas culturas africanas e nativo-americanas, o corvo é um guia prestativo para os mortos em sua jornada. O uivo de um cão ou a visão de um cão preto fantasmagórico pode ser um aviso de morte. Os cães também podem aparecer na tradição xamânica como guardiões e guias para o submundo.

SIMBOLISMO DO NASCIMENTO

Muitas culturas consideram o fato de dar à luz uma iniciação poderosa e natural e dão importância às várias fases da mãe e da criança. O processo do nascimento reflete o processo de iniciação. Tradicionalmente, a mãe é removida da sociedade, deixando suas tarefas usuais de lado, e levada a um local sagrado para dar à luz e passa por ritos de purificação e limpeza. O trabalho de parto tem grandes associações com a fase de "limite" da iniciação, na qual há grande dor e mistério. Em muitas culturas, o sangue do pós-parto é considerado poderoso e impuro, pois representa uma forte ligação com o mundo dos espíritos. Durante o nascimento do bebê, os deuses e espíritos têm grande influência. Os anglo-saxões oravam para a deusa Freya nessas horas. Já as culturas celtas escondiam o nascimento das criaturas sobrenaturais que poderiam prejudicar ao invés de ajudar.

A PLACENTA

A placenta é reverenciada em muitas partes do mundo, simbolizando a vida, o espírito e a individualidade. Geralmente ela é enterrada em território ancestral para proporcionar uma ligação sagrada entre a criança e a terra. Os maori chamam a placenta de whenua, que significa "terra". Os povos Aymara e Quecha, da Bolívia, acreditam que a placenta tem um espírito. Ela é lavada e secretamente enterrada pelo marido, caso contrário, eles acreditam que a mãe ou o bebê pode ficar doente. O povo Ibo, da Nigéria, e o povo Gana fazem

TOPO Uma borboleta voando à noite era um símbolo de morte para os celtas.

ACIMA Uma crença comum é a de que o uivar de um cachorro ou lobo é um aviso da chegada da morte.

> **A PARTEIRA**
>
> Tradicionalmente, as parteiras tinham uma posição semelhante à dos xamãs ou sacerdotes. Na sociedade moderna, a parteira pode não ter mais tal status, mas protege e dá apoio à mãe e à criança. No Canadá, a palavra para parteira entre o povo Nuu-chah-nulth significa "ela pode fazer qualquer coisa" e para o povo Coast Salish significa "observar, cuidar". A deusa grega Hecate era uma parteira divina.

(9) N.T.: Pega: pássaro grande da família dos corvídeos, que ocorre na Europa.

um enterro apropriado da placenta pois creem ser o gêmeo morto do recém-nascido. O povo Hmong, do sudeste da Ásia, a vê como uma "jaqueta", a primeira vestimenta da criança, e a enterram na crença de que, depois da morte, a alma viajará de volta para encontrar sua vestimenta.

SEGUNDO NASCIMENTO

A água é muito importante para os rituais de nascimento. O batismo cristão, que envolve a imersão total da criança ou do adulto em água abençoada, é o "segundo nascimento", representa a morte e o renascimento de Cristo, a limpeza do pecado. Acredita-se que o ritual teve origem na Índia, onde os sacerdotes ainda praticam rito semelhante. Uma antiga tradição irlandesa era a imersão da criança no leite, com base na crença de que seu espírito era formado através da amamentação. A Igreja Católica baniu a prática em 1172.

SIMBOLISMO DA MORTE

A morte tem muitos emblemas, a maioria alarmante, embora o simbolismo da esperança e do medo, às vezes, apareça simultaneamente. Na arte, a descrição mais familiar da morte é o Grim Reaper (o Ceifeiro), um esqueleto vestido de preto com uma foice, um tridente, espada ou arco e flechas e, às vezes, a ampulheta, usada para medir o tempo de vida. Outros símbolos incluem a caveira, uma tumba com a lápide e as papoulas, as abróteas e o cipreste. As embarcações ou navios da morte simbolizam uma jornada para o mundo pós-morte, particularmente para os antigos egípcios.

RITUAIS DE SEPULTAMENTO E CREMAÇÃO

Os rituais funerários variam conforme as crenças culturais e a combinação de medo e de celebração com as quais as pessoas abordam a morte. A prática do sepultamento é conhecida há 80 mil anos e é comum nas sociedades em que as doutrinas de ressurreição corporal são populares. Em locais como a Caverna Shanidar, no Iraque, Teshiq-Tash, no Irã, e Grotte des Enfants, na França, encontram-se corpos enterrados com ferramentas e joias e decorados com ocre vermelho, para simbolizar o sangue da terra.

Os rituais de morte aborígine australianos são complexos e variam dependendo do clã e da região. A morte é um acontecimento transformador que envolve a divisão de dois aspectos da alma a partir do corpo. O ser espiritual se reintegra com os ancestrais no Mundo dos Sonhos, no sentido de retornar para casa. Após a morte, a comunidade canta canções que contêm símbolos como uma árvore no mangue comida pelas minhocas, representando o corpo morto ou as marcas da maré, de uma "maré cheia" se referindo ao processo de limpeza e remoção do ser físico. O esquife é um talismã pintado para pedir aos espíritos que ajudem o morto em sua jornada.

Para os povos indo-iranianos e por toda a Europa, da Era do Bronze em diante, a cremação era a purificação, a sublimação e a ascensão. O fogo é a libertação da alma, a fumaça, a sua ascensão. Os funerais romanos envolviam uma procissão para a tumba ou pira, com parentes importantes usando máscaras do ancestral morto. Nove dias depois era feita uma festa e as cinzas eram colocadas em uma tumba.

ACIMA A imagem do esqueleto preto da Morte era uma imagem medieval comum.

ACIMA, À ESQUERDA O primeiro batismo, de Cristo feito por João Batista, é usado como símbolo da graça divina e do renascimento.

ABAIXO A lápide, o Grim Reaper (O Ceifeiro) e a ampulheta simbolizam a visão negativa da morte.

Sexo e Fertilidade

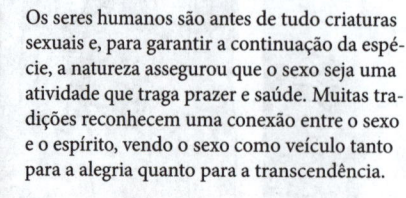

Os seres humanos são antes de tudo criaturas sexuais e, para garantir a continuação da espécie, a natureza assegurou que o sexo seja uma atividade que traga prazer e saúde. Muitas tradições reconhecem uma conexão entre o sexo e o espírito, vendo o sexo como veículo tanto para a alegria quanto para a transcendência.

OS RITUAIS DE FERTILIDADE

Em muitas tradições, há uma conexão entre a fertilidade da terra e o simbolismo sexual. Os mongóis e os primeiros chineses viam a chuva como "sementes" enviadas do céu para fertilizar a terra. Crenças semelhantes persistem em partes da África e da Austrália, onde as mulheres se deitam na chuva em busca de ajuda para engravidar. Nos mitos das sociedades caçadoras, o conhecimento e o poder, e até mesmo a própria vida humana, vem dos animais e não é incomum que tais dádivas sejam obtidas através de meios sexuais. Por exemplo, a sobrevivência dos Mandan, das planícies norte-americanas depende do bisão. Acreditava-se que a sociedade humana descendia de uma transferência sexual de poder entre um bisão e uma mulher e a dança sagrada do búfalo realizada pelo povo reflete este ato primitivo. Em uma dança ritual do povo Blackfoot, um homem se cobre de penas e imita o acasalamento de um galo de campina para assegurar uma boa colheita.

A fertilidade e a atração entre macho e fêmea são consideradas dádiva da deusa, associadas com os ciclos sazonais da Terra. Na antiga Babilônia, o rei e a papisa realizavam um ritual de coito como ritual de fertilidade, simbolizando o casamento místico de Tammuz, filho e amante da deusa Ishtar. O mito de Tammuz e Ishtar fala sobre a jornada da deusa para o submundo em busca da libertação de seu amante morto. Enquanto ela está fora, a terra fica improdutiva, mas, na sua volta, a fertilidade retorna à terra. Este mito reflete a antiga história egípcia de Isis e Osíris, ou a antiga história grega de Deméter e Perséfone.

SÍMBOLOS DA FERTILIDADE

O arco, símbolo de energia armazenada, está associado à tensão sexual dinâmica e é um atributo do deus Apolo, um símbolo do poder fertilizante do sol. As pinturas de deuses do amor com arcos frequentemente simbolizam a tensão do desejo.

Como árvore sagrada da vida, a figueira possui um simbolismo sexual. Para os gregos, o figo era um atributo de Priapus e Dionísio. No Egito e na Índia, está ligado com o poder procriativo, em particular o de Shiva e Vishnu. As ligações gráficas entre a folha do figo e os genitais masculinos pode ter começado por causa do suco leitoso que pode ser extraído de variedades maiores. Adão e Eva usaram folhas de figueira para se esconder quando comeram o fruto da árvore do conhecimento. O figo está ligado à genitália feminina, mas o fruto mais comumente ligado ao sexo e à fertilidade é a maçã, que aparece na Europa como emblema do amor, do casamento e da fertilidade. O peixe é um símbolo fálico de felicidade sexual e fecundidade, ligado à sua cria em grandes quantidades, ao simbolismo da fertilidade da água e às analogias do peixe com o pênis.

As bonecas de milho são talismãs de fertilidade pagã feitas no tempo das colheitas. Elas são decoradas com fitas vermelhas, simbolizando o sangue e a vitalidade, e colocadas acima da lareira até a primavera. A chegada da primavera é celebrada com uma dança ritual em volta de um mastro enfeitado com frutas e fitas. O mastro, decorado com fitas, além de símbolo fálico, é representação do eixo do mundo ou da árvore cósmica.

INFERTILIDADE

Do mesmo modo como as colheitas são os símbolos da abundância da terra, as crianças são os "frutos" da união sexual de um casal. A impossibilidade de ter filhos era atribuída à

ACIMA A água é o primeiro símbolo da fertilidade, especialmente quando na forma de chuva.

TOPO Sexo e fertilidade possuem muitas associações simbólicas, do cotidiano ao sagrado.

TOPO, À DIREITA Neste retrato de Amor Lutando com a Castidade, os símbolos da castidade – seu cinto e o escudo para desviar as setas – estão em evidência.

ACIMA O trigo é um símbolo de fertilidade da terra e também é usado para simbolizar a fertilidade humana.

"esterilidade" de uma mulher e a ajuda divina era invocada. Isso envolvia pedidos às deusas da fertilidade, tais como a Inanna, dos sumerianos ou Ártemis, dos gregos, ou aos deuses fálicos (continuamente eretos), tal como Legba, uma deidade do povo Fon, do oeste da África. Os emblemas fálicos são amuletos comuns de fertilidade.

ABSTINÊNCIA, RESTRIÇÃO, CASTIDADE

Enquanto algumas culturas acreditam que gastar energia sexual pode inspirar um atividade semelhante na natureza, outros acham que pode interferir com a fertilidade da terra: o povo Akan de Gana acredita que se um casal tiver relações fora de casa, eles ficarão loucos e a deusa da terra irá fazer o chão onde se deitaram ficar infértil. Uma outra crença é que a abstinência sexual leva a um armazenamento de energia que ajudará a terra a repor seus recursos.

A castidade é com frequência personificada como inimigo do amor erótico. É representada por uma mulher carregando um escudo como defesa contra as setas de amor ou desejo. Outra personificação comum da castidade é o unicórnio. Há ainda outros símbolos que incluem as cores azul e branca, abelhas, castanhas, pombas, cintos, espinheiros, íris e lírios. O arminho era associado à castidade porque sua pele branca o ligava à pureza.

TANTRA

Tido como a "técnica do êxtase", o tantra é a palavra em sânscrito que significa "teia" ou "tecer". Embora a filosofia tenha muitas disciplinas diferentes, um tema comum é que o mundo cotidiano (samsara) contém sementes que são eternas e imutáveis (nirvana ou iluminação). Do mesmo modo, o corpo-mente é um espelho do universo, assim, a iluminação é alcançada pela participação consciente na vida diária ao invés da negação, e o corpo é um veículo para transcendência.

Um tema tântrico comum é a ideia de sexualidade cósmica. Através do desejo e da interação do primeiro casal, Shiva e Shakti, surgiu uma criação que incluiu todas as coisas. Às vezes, o casal é retratado na iconografia hindu como o hermafrodita Ardhana-rishvara. Através da relação sexual ritualizada, a fusão divina do princípio masculino com o feminino é reinterpretada, com cada parceiro tendo por objetivo ativar a energia do sexo oposto e alcançar a totalidade energética e psíquica. A energia sexual é simbolizada por uma serpente em espiral (ou kundalini), que fica estagnada no primeiro chakra, na base da espinha.

> **CORNUCÓPIA**
> A cornucópia é um símbolo clássico de fecundidade inesgotável. Permanentemente cheia de flores e frutos, sua forma côncava e fálica representa a união fértil do masculino com o feminino. Acreditava-se que Zeus/Júpiter havia criado a cornucópia a partir de um chifre quebrado de Amalthea, a cabra que o tinha amamentado, portanto, representava um presente generoso e voluntário. Com o passar do tempo, começou a significar generosidade, prosperidade e boa sorte, assim como o tempo de colheita.

Através da prática sexual ela é despertada e refinada em crescentes níveis delicados até que finalmente se junte com a energia cósmica e ocorra um estado de euforia com felicidade.

Os tantrikas (seguidores do tranta) eram, muitas vezes, encontrados morando em cemitérios, um lembrete simbólico da instabilidade do mundo e o desejo de sublimação que transcende a morte. Os ensinamentos do tantra eram quase sempre considerados repugnantes e uma ameaça para a ordem social, uma vez que sua prática estava especificamente designada a quebrar as barreiras e os tabus da casta.

ABAIXO Ardhanarishvara, a figura hermafrodita hindu de Shiva e Parvati juntos, simboliza a reconciliação dos opostos e a realização da união.

Amor e Afinidade

ACIMA Uma pintura alegórica de um casamento feliz, no qual os símbolos do amor e da fertilidade da cornucópia, a coroa de louros, um ramo de oliva, Vênus, cintos e correntes, são todos usados.

Os laços que nos unem podem ser atração sexual, um senso de propósito ou significado comum, um compromisso de casamento ou a família e a comunidade. Uma vez que o amor nem sempre se adapta às formas e convenções sociais, os sistemas simbólicos e rituais de amor e afinidade são diversos e mutáveis, assim como os significados associados a eles.

Eros, que se originou como uma força criativa primitiva, tornou-se o deus grego do amor e o filho de Afrodite, deusa do amor. Sua contraparte romana era o Cupido (ou Amor), o filho de Vênus, um menino em forma de anjo que tinha asas e atirava setas de desejo com seu arco. Seu equivalente na mitologia hindu é Kama, que atira setas de desejo doces, porém dolorosas, nas pessoas e nos deuses, sugerindo a dor envolvida no amor – suas cinco setas de flores podem deixar o coração feliz, levar a uma grande atração, causar paixão passageira, enfraquecimento ou matar de maneira prazerosa. Na psicologia, o termo "eros" se refere à libido e ao desejo de vida, mas para os gregos era um tipo de amor passional e impessoal. Platão entendia eros como um desejo que procura uma qualidade profunda de beleza, um ideal do qual a pessoa diante de nós é um lembrete, daí o termo "amor platônico".

O termo grego "ágape" refere-se a um tipo de amor espiritual ou abnegado, o amor de Deus pela humanidade e da humanidade por Deus, que também inclui um amor pelos companheiros humanos. Ágape não era um amor passional e sim um amor compassivo. As festas de Ágape eram rituais nos quais os primeiros cristãos celebravam a Eucaristia e os judeus, a Páscoa. Um outro termo grego, "philia", refere-se ao afeto e à apreciação pelo outro e está mais próximo do que entendemos como amor platônico, com o significado de amizade e lealdade.

"Amor", derivado de um nome para o deus romano do amor, descrevia uma nova abordagem ao amor como experiência espiritual; o amor bajulador celebrado pelos trovadores, os músicos poetas da Europa medieval.

AMOR ROMÂNTICO

O amor bajulador era uma forma pessoal e romântica que envolvia duas pessoas apaixonadas, uma com as virtudes da outra, em vez de estar apaixonada por um ideal. Um cavaleiro deveria mostrar respeito por quem ele estava apaixonado e tinha de ter o desejo de sofrer por seu amor. Muita literatura renascentista se refere aos temas comuns de amor como um "tormento" ou "doença", com os amantes ficando doentes ou incapazes de dormir ou comer. As mulheres assumiam um simbolismo quase divino: seus olhos se tornavam fundamentais como canais de emoção, e seus pés, brancos e estreitos, com um arco bem alto, se tornavam um poderoso símbolo sexual.

SÍMBOLOS DO AMOR

As flores frequentemente simbolizam o amor. Para os hindus, é a flor branca jasmim, na China é a peônia; para os romanos as rosas vermelhas eram as flores de Vênus e permaneceram um forte símbolo do amor no Oeste. No Irã, as olivas e maçãs selvagens simbolizavam o amor. Um casal de patos mandarim representa o amor duradouro e comprometido para os chineses e as pombas geralmente representam os amantes, ou porque eles se casam para a vida toda ou porque eles arrulham enquanto olham um nos olhos do outro. Uma espécie de periquito, pequenos papagaios da África, também representa os amantes porque sentam juntos em pares.

As pedras preciosas são emblemas significativos do amor, primeiro porque são

---

O SÍMBOLO DO AMOR NA ARTE ADINKRA

O povo de Gana tece desenhos simbólicos em brocado chamados adinkra. O símbolo do amor é chamado osram ne nsoroma e apresenta uma estrela "mulher" acima de uma lua "homem". É utilizado para simbolizar um amor fervoroso, harmonioso e terno.

ACIMA Rosas vermelhas são muito utilizadas como símbolo moderno do amor, de namoro e de romance.

ACIMA A qualidade de ser indestrutível do diamante o torna um símbolo de amor eterno.

ACIMA Os itens em forma de coração são continuamente usados por todas as culturas como símbolo de romance.

ACIMA Os anéis simbolizam a eternidade e são sempre o principal símbolo do amor.

"preciosas" e segundo, por suas qualidades individuais. O diamante, porque é indestrutível, representa o amor eterno. O rubi vermelho simboliza a paixão, o desejo sexual e o poder. A renda se tornou um símbolo de romance porque uma mulher podia deixar seu lenço de renda cair para que o homem correto pudesse pegá-lo para ela. Porém, o mais duradouro dos símbolos do amor, usado em todas as culturas, é o coração humano: inteiro, sangrando ou perfurado por setas de amor, o coração sente as paixões e a dor do amor. Ele também representa a receptividade e abertura com o "outro".

Cada cultura utiliza seu próprio sistema de símbolos para designar a condição dos relacionamentos. Os menonitas tradicionais pintam suas portas de verde se suas filhas forem escolhidas para o casamento. Os zulus, da África do Sul usam contas de sete cores para descrever a condição de uma pessoa: uma conta branca (a pureza e o amor espiritual) próxima de uma azul (a sinceridade) é comumente utilizada para mostrar compromisso, enquanto contas azuis, brancas e pretas indicam casamento.

O anel de casamento surgiu nos tempos dos egípcios, quando as noivas ganhavam círculos de cânhamos ou junco. Os anglo-saxões usavam um anel como símbolo de promessa de amor e o anel de ouro de casamento se tornou um símbolo do amor eterno e da unidade. Os egípcios e os romanos acreditavam que a veia no terceiro dedo (vena amoris) estava conectada ao coração, portanto, usar um anel de casamento neste dedo simboliza a ligação dos corações do casal. Os sacerdotes cristãos costumavam contar a Trindade Divina a partir do polegar e terminar no dedo do anel, usando o poderoso simbolismo de unificação. O anel de casamento dos irlandeses é o claddagh, com duas mãos segurando um coração e uma coroa para simbolizar o amor, a lealdade e a amizade.

CASAMENTO E AFINIDADE

A afinidade é um relacionamento "familiar" essencial para o funcionamento efetivo das sociedades. Sua estrutura e regras variam de cultura para cultura, mas os sistemas de afinidade são construídos com base na instituição do casamento. Embora esta seja a união formalizada entre um homem e uma mulher, também existem outras formas bem-sucedidas, tais como casamento do mesmo sexo, poligamia e casamentos de conveniência. O casamento serve como base para a vida, trabalhando e sobrevivendo juntos para reprodução e sustento da família.

Para as culturas mais tradicionais, a forma predominante é o casamento arranjado, no qual os pais e os mais idosos determinam quem irá se casar com quem. No mundo ocidental, depois da Idade Média, tornou-se cada vez mais aceitável casar-se como consequência da paixão. O casamento em si é um ato simbólico em que os parceiros se tornam duas metades de um todo simbólico ou "nós". Isso é retratado no simbolismo dos anéis, "atando o nó", e no compartilhamento de propriedades e dotes.

CLÃS CELTAS

A palavra "clann" na língua gaélica significa família ou crianças. Clã é uma outra palavra para um grupo de descendentes. Se o ancestral do clã for um animal, é um clã totêmico. Na sociedade medieval dos galeses, o número nove simbolizava o todo e, portanto, a nona geração era considerada o limite de um relacionamento de parentesco. Na Irlanda, o parentesco era reconhecido até a 16ª ou 17ª geração.

À ESQUERDA Um dos símbolos hindus do amor é o jasmim branco, trocado entre os enamorados como sinal de seu comprometimento.

IBHEQE

Símbolo Zulu do namorado, chamado Ibheqe, usado em volta do pescoço. O triângulo azul apontando para baixo com tiras vermelha e branca, usado por meninas, significa "Você quer ser meu namorado?" O de um menino para uma menina é a mesma coisa, mas o triângulo estaria apontado para cima.

DIA DE SÃO VALENTIM

As origens do dia de São Valentim provavelmente estão em um ritual pagão em honra a Juno, a deusa romana das mulheres e do casamento. A festa de Lupercália era celebrada em 15 de fevereiro. Nesta noite, os nomes das meninas eram escritos em papel e escolhidos como uma loteria pelos homens jovens, estabelecendo os casais para o período do festival. Os símbolos comuns de São Valentim são as imagens do Cupido, setas de amor e corações sangrando – todos símbolos de alguém perdidamente apaixonado.

CERIMÔNIAS

ACIMA Uma mulher mulçumana oferece cetros para três meninos com fantasias brancas que se preparam para suas circuncisões. Os meninos mulçumanos são considerados príncipes neste dia.

Rituais formalizados simbolicamente marcam a passagem de um indivíduo ou grupo por transições importantes da vida, tais como aniversário, puberdade, casamento e morte. Outros marcam importantes transições da sociedade e a celebração da natureza. Todos são processos simbólicos poderosos.

RITUAIS DE INICIAÇÃO

Muitas culturas valorizam as cerimônias de iniciação como parte do movimento através das transições da vida. Todas envolvem o reconhecimento da tarefa ou da condição de uma pessoa que sai de um estado e passa para outro. A maioria das cerimônias de iniciação é baseada em histórias culturais e simbolismo. O antropólogo francês Arnold van Gennep (1873 - 1957) via o ritual de passagem como um processo essencial no rejuvenescimento cultural e descreveu as fases de iniciação, como separação, transição e incorporação.

A separação envolve a retirada de uma pessoa (ou objeto sagrado) de uma situação ou de um estado anterior. Envolve a remoção de identidade, como a remoção ou mudança de roupas, cabelo ou dentes, ou escarificação e tatuagem. Outro fator importante é a preparação do espaço para o ritual, desenhando um círculo, erguendo um edifício, viajando para um local diferente como caverna ou montanha. A igreja, a mesquita e a roda medicinal são espaços que permitem às pessoas se separar de sua realidade e se conectarem ao divino. O cartório de registros é um exemplo de um espaço ritual legal.

A transição, "limite" ou "fase limiar", envolve passar por certas experiências, provações ou ações rituais, uma morte metafórica e um renascimento. A identidade anterior é quebrada, abrindo caminho para nova identidade. Fazer um voto é um exemplo dessa fase, como quando uma pessoa, ao se tornar cidadã dos Estados Unidos, promete fidelidade aos símbolos nacionais da bandeira americana.

A incorporação significa voltar ao "corpo" da comunidade ou reconstituir a pessoa com novas tarefas, consciência e responsabilidades. O tocar dos sinos após a coroação de um monarca, simbolicamente, celebra sua nova tarefa. Após um grande torneio esportivo, como os Jogos Olímpicos ou a Copa do Mundo, os times vencedores retornam à terra natal e desfilam vitoriosos pelas ruas. Fazer uma festa é um simbolismo comum para a fase da incorporação. O sacramento divino cristão envolve incorporar simbolicamente ou engolir o corpo e o sangue de Cristo na forma de pão e vinho.

PUBERDADE

A época da puberdade marca a transição da infância para a idade adulta, abrangendo dramáticas mudanças físicas e emocionais, assim como mudanças nas tarefas e nas responsabilidades. O ritual de iniciação na puberdade varia de cultura para cultura, mas fundamentalmente honra e marca essa importante transição da vida. Na tradição mulçumana, os meninos de 10 a 12 anos que passam pela circuncisão desfilam como príncipes por um dia, algumas vezes em cima de um cavalo, e frequentemente são presenteados. O povo Luiseño, do sul da Califórnia, orgulhosamente celebra a chegada da menstruação em suas filhas, que são parcialmente enterradas em uma areia quente, possivelmente para simbolizar sua forte conexão com a terra.

Um menino judeu se torna bar mitzvah ("um filho do mandamento") aos 13 anos. No primeiro sábado depois de seu aniversário, ele lê o Torah na sinagoga e pode conduzir parte do serviço. Na preparação ele deve estudar a história dos judeus, dos antigos hebreus e suas raízes espirituais, discutindo seu aprendizado com o rabino e com sua família referente à sua própria vida e à idade adulta que está chegando.

BATISMO

A prática judaica e cristã de iniciar as pessoas na fé mergulhando-as na água representa a purificação e a limpeza do espírito. Os trabalhos escritos dos primeiros cristãos descrevem uma refeição de leite e mel para acompanhar o batismo, representando a entrada dos israelitas

---

O ANIVERSÁRIO

Simbolismo associado com aniversários tem origens antigas. O bolo pode ter sua origem nos bolos em forma de lua oferecidos nos templos para Ártemis. As velas são o brilho da lua. Na Alemanha, uma grande vela central representa a "luz da vida".

À DIREITA Os casamentos são cerimônias significantes na maioria das culturas. Independentemente do tipo de celebração, o tema central é a transição.

na terra prometida de Canaã. O batismo da Igreja Católica também envolve o exorcismo do demônio e a unção com o azeite de oliva, um símbolo das dádivas do Espírito Santo.

CASAMENTO

O significado e o simbolismo do casamento reflete as crenças fundamentais da cultura, porém a maioria aceita o antigo simbolismo de um casal atingir um estado semidivino de totalidade necessário para criar e proteger a nova vida. Esta ideia de união do humano com o divino se reflete na tradição cristã de chamar as freiras de "noivas de Cristo".

Um dos símbolos mais significativos do casamento, ainda muito usado, é o anel, um símbolo circular de eternidade, união e perfeição. Isso se reflete na cerimônia cristã quando as mãos do casal são unidas pelo sacerdote e na cerimônia hindu no momento em que o noivo amarra uma fita em volta do pescoço de sua noiva. Outros símbolos de casamento incluem sinos, como um meio de proclamar a boa notícia, e a flor de pêssego que os chineses acreditam estar ligada à imortalidade, à longevidade, à primavera, à juventude e ao casamento, além de ser um emblema da virgindade.

Antigamente, os símbolos da fertilidade eram fundamentais para as cerimônias de casamento e isto ainda acontece nos tempos modernos através do arroz (ou confete feito de papel de arroz) jogado em cima do casal. O bolo de casamento era um símbolo de fertilidade, o alimento sendo um símbolo sexual e seu compartilhamento formal durante a festa um símbolo da união de duas famílias. As damas de honra são símbolos da mágica da fertilidade compartilhada, enquanto as flores que elas carregam são símbolos de feminilidade e fecundidade.

RITUAIS DE MORTE

A morte de uma pessoa representa uma considerável transição para o indivíduo e para sua família e comunidade. O morto é ritualmente preparado para se mudar, como parte de uma jornada para outra realidade. O processo de luto utiliza parte do ritual para expressar e canalizar as emoções envolvidas na perda de um ente querido.

O uso da cor preta está associado à morte e ao luto. Nos primórdios, os corpos dos mortos eram manchados com ocre vermelho para simbolizar o sangue e a conexão com a terra. Um outro símbolo de luto é o fato de raspar os cabelos ou usá-los desalinhados. Os valores culturais são claramente refletidos nos rituais funerais. Até mesmo a expressão da emoção mostra as atitudes culturais. Em algumas culturas, como a dos Sikh, a lamentação é desencorajada, enquanto em outras culturas ela já é esperada.

Os mortos geralmente são tratados como se fossem passar por uma viagem: são vestidos com roupas especiais e acompanhados por objetos pessoais ou religiosos ou talismãs. Enterrar o corpo pode simbolizar o retorno de uma pessoa à Mãe Terra ou aos ancestrais do morto. A cremação representa a liberação do espírito e a libertação da Terra. Para os hindus, as flamas simbolizam Brahma.

À ESQUERDA Em um funeral hindu, a cor do luto é branca e o esquife, o morto e os enlutados também usam esta cor.

ACIMA Um sino é um dos símbolos de um casamento e é geralmente usado como motivo nos convites, pedidos ou serviços e menus. Os ornamentos prateados em forma de sino podem ser carregados pela noiva e pelas damas de honra.

TOPO Os romanos costumavam quebrar o bolo em cima da cabeça da noiva, mas, nas cerimônias modernas, cortar o bolo simboliza a primeira tarefa na vida do casal.

Infância e Jogos

ACIMA A pintura permite que a criança misture os mundos do simbolismo com o mundo cotidiano.

TOPO As crianças usam os blocos de construção para explorar a criação e a destruição.

ABAIXO As crianças adoram se vestir como adultos. A foto mostra um grupo de meninos vestidos como músicos em um festival de primavera indiano de Bahag Bihu.

Nas culturas dominadas pela lógica, pelo intelecto e pelo pensamento linear, a vida se torna um problema a ser resolvido e não um mistério a ser apreciado. Contudo, a criatividade e a brincadeira são essenciais para o desenvolvimento humano e são atividades naturais nas quais as crianças se envolvem espontaneamente. Através da criatividade e da brincadeira, viajamos em reinos arquétipos e míticos, experimentando novos papéis, relacionamentos e estruturas sociais, além de nos envolvermos em um diálogo simbólico com as tendências e movimentos da história.

SIMBOLISMO CRIATIVO

A palavra criatividade vem do latim creare, que significa "gerar, produzir e fazer crescer". É a força produtiva na raiz do simbolismo. Jung a descreveu como um processo que nos conecta com os temas típicos, expressos em uma linguagem relevante para os dias atuais. Por exemplo, um tema típico como a batalha entre o mal e o bem se torna uma expressão criativa na sociedade moderna na forma de jogos de computadores. Jung acreditava que o impulso criativo poderia compensar a parcialidade do presente, tanto que parte do papel do artista é comentar sobre ou desafiar as normas que prevalecem. Tanto o artista quanto a criança são inspirados por um impulso criativo e, então, criam uma linguagem ou metáfora para expressar o que os move.

A CRIANÇA

Em muitas culturas, a criança é um símbolo de inocência e espontaneidade. Na tradição hindu, a infância é um estado celestial de inocência antes de qualquer conhecimento sobre o bem e o mal.

Na tradição cristã, Jesus disse que a menos que os adultos se tornassem como crianças, eles não entrariam no reino dos céus, o que também reflete o relacionamento entre a criança e o paraíso. Na literatura taoísta, a criança personifica as qualidades do sábio divino – inocência e sinceridade.

Embora ele estivesse escrevendo no fim do século XIX, quando as crianças eram muito desvalorizadas e deviam "ser vistas, mas não ouvidas", J. M. Barrie criou Peter Pan como um padrão típico para a criança que existe dentro de nós. Peter ensina as outras crianças a acreditarem em sua imaginação, sua habilidade de voar e viajar para a Terra do Nunca. Peter é um exemplo da criança eterna, da imaginação infantil, que vive dentro de todos nós.

BRINCADEIRAS

Na sociedade moderna, geralmente associamos brincadeira com infância e a consideramos como algo que as pessoas param de fazer depois que "cresceram". Contudo, em outras partes do mundo, a brincadeira continua a ser muito valorizada na vida adulta, frequentemente na forma de interpretações rituais. Em Burkina Faso e Mali, os bailes de máscaras criados por crianças, independente dos adultos, são considerados bastante importantes para o bem-estar de toda a comunidade. As vilas de pescadores da costa leste na Coreia interpretam os rituais xamânicos públicos conhecidos como kut – uma mistura de oração, risada e brincadeira que faz com que os deuses desçam até o nível dos seres humanos, ajudando-os a lidar com emoções poderosas que envolvem grandes crises e a morte. O kut é um ritual de cura que abrange uma participação divertida e simbólica em representações teatrais de dor, beleza e mistério da vida.

Na sociedade Hopi, os "palhaços sagrados" ajudam a equilibrar a sociedade imitando e ridicularizando o comportamento excessivo, ajustando e equilibrando, assim, os padrões morais.

A brincadeira e a diversão englobam um desligamento de nossas identidades diárias e um interesse em entrar e experimentar outros papéis e possibilidades.

Durante seus primeiros anos, as crianças se envolvem na "brincadeira da incorporação", explorando seus sentidos, fazendo sons, ritmos, marcas e movimentos, começando a imitar e se relacionar com brinquedos e objetos à sua volta e criando histórias. Nesse ponto, elas estão desenvolvendo a habilidade de interagir simbolicamente e começar a entender e experimentar os diferentes papéis e relacionamentos. Os objetos podem ter significado e significância relacionados a eles. Não é incomum que as crianças se apeguem a um determinado brinquedo ou cobertor, um símbolo de segurança, amor ou amizade.

FANTASIA
Para as crianças, o mundo cotidiano está entrelaçado com o mundo da fantasia e da imaginação. As crianças adoram representar vestindo-se como seus personagens favoritos e criando histórias dramáticas sobre eles. Através da brincadeira, a criança aprende, cresce e se desenvolve.

Muitas figuras típicas ou míticas surgem da brincadeira das crianças. Os chineses antigos acreditavam que as canções alegres que as crianças cantavam espontaneamente estavam intimamente ligadas com o divino e até mesmo as ouviam para orientá-los em assuntos de estado. Através da fantasia e da brincadeira, as crianças exploram os grandes temas fundamentais e o espírito da época, histórias sobre o bem e o mal, amor, mágica e poder. Eles exploram o "mal" em termos de monstros, gigantes e bruxas, e brincam com as forças do bem, da magia e da transformação através das fadas, das feiticeiras boazinhas e dos sábios. Elas experimentam as classes sociais e o poder brincando de rei e rainha, líderes famosos e ricos e exploram os temas heroicos, como super-heróis, com figuras de ação e soldados de brinquedo.

BRINQUEDOS E JOGOS
Os jogos são modelos de formas típicas de relacionamento e interação, envolvendo diferentes combinações de mudança, habilidade e criatividade. No jogo de xadrez, os movimentos dos reis, rainhas e peões podem ser entendidos como metáfora para as mudanças de poder na guerra ou conflito em vários níveis no universo. Muitos jogos refletem os impulsos criativos do universo, como ao atirar um dado e outros jogos de sorte, que provavelmente se originaram nas antigas práticas divinatórias da Mesopotâmia, Índia e Ásia Oriental. O pega-varetas, "palitinhos", que envolve jogar um conjunto de palitos formando um pequeno monte e, depois, tentar pegar um por vez sem movimentar os outros, pode ter a sua origem na prática divinatória budista chamada Chien Tung, na qual a sorte de uma pessoa é prevista movimentando-se uma caixa de varetas até que uma saia para fora.

ACIMA O Dreidel com quadro lados, jogado pelas crianças judias, é visto como símbolo da vida e do universo.

A origem do pião, ou jogo de dreidel, é completamente desconhecida, mas ele tem sido utilizado como um brinquedo ou para o jogo no mundo todo. O próprio dreidel é um símbolo do festival judeu de Hanukkah, quando os rabinos permitiam que os jogos de azar fossem jogados e o pião de quatro lados chegava ao jogo. Seus quatro lados representam "não leva nada", "leva tudo", "leva metade" e "deixa tudo". Uma outra qualidade simbólica do pião não está relacionada com a maneira como ele cai por acaso e sim como ele fica enquanto gira, um símbolo bonito da vida e do universo.

O jogo universal de pega-pega envolve passar uma qualidade simbólica de uma pessoa para outra. Uma criança é escolhida para ser "a coisa" e sai correndo atrás das outras com o propósito de transferir tal coisa para uma outra. A criança para a qual a "coisa" for transferida e a que vai pegar as outras crianças e assim por diante. A qualidade simbólica pode representar a autoridade, o contágio ou qualquer outro diferencial. O apelo do jogo está no desafio da caça e na alegria e na tensão geradas pelo fato de chegar perto ou tocar a pessoa que está com "a coisa".

ABAIXO O jogo de pegador tem muitas variações e é jogado continuamente por crianças do mundo todo.

A Roda

À DIREITA
Tradicionalmente, a roda, como nesta representação da roda budista de oito eixos, possui o simbolismo do sol e do cosmos. A roda também é um símbolo eterno da realização e do avanço do ser humano.

O simbolismo da roda está relacionado com a passagem do tempo, o mundo e a unidade que existe no centro da diversidade. Está associado ao zodíaco e aos altos e baixos da vida (como a roda da fortuna); assim com a roda medicinal nativo americana, ela proporciona um projeto para a vida. Como tema típico, o significado da roda se relaciona com sua forma – um círculo contendo raios que saem de um cubo central – e sua mobilidade. Ela combina o simbolismo do círculo com movimento, representando o cosmos como uma eterna volta de criação e dissolução. Em muitas culturas, ela aparece como um símbolo do sol, com incontáveis crenças que a associam aos mitos solares, embora alguns afirmem que ela era preeminentemente um símbolo lunar, que significava o ciclo contínuo da lua.

SIMBOLISMO SOLAR E LUNAR

A roda possui associações solares e lunares. A forma mais simples tem quatro eixos, que refletem as quatro direções e as quatro estações (como na roda medicinal), assim como o ciclo lunar de quatro fases: crescente, cheia, minguante e nova. Arianrhod, deusa galesa da tecelagem e fiação, estava conectada com a lua; seu nome significa "roda prateada".

As rodas com 12 eixos aparecem na literatura e arte indiana, sugerindo o movimento do sol pelo zodíaco. Já a roda chinesa possui 30 eixos, que significam o ciclo lunar. Na antiguidade clássica, a roda estava ligada ao deus Apolo (e, portanto, ao sol), aos trovões, raios e ao acendimento das fogueiras.

A roda como símbolo solar permanece no folclore europeu. Era tradição carregar rodas em chamas pela procissão para acender a tocha até o topo de uma colina no solstício do verão e rolar a roda abaixo no solstício do inverno.

TRADIÇÃO SAGRADA

A roda, ou chakra, é um importante símbolo tanto na tradição hindu quanto na tradição budista. No hinduísmo, a roda representa a unidade de tempo e espaço e é um símbolo de conclusão. Uma roda de seis eixos é um dos símbolos da deidade preservadora, Vishnu. No Budismo, o dharmachakra de oito raios é a roda da lei ou da verdade (dharma). Ela geralmente aparece em esculturas que representam as pegadas de Buda e simboliza o poder de seus ensinamentos em passar por cima e aniquilar mentiras. Como o destino humano, uma vez que a roda seja colocada em movimento, não há força que possa impedi-la ou reverter sua direção. Os oito eixos representam o caminho de oito camadas do Budismo, o núcleo e a âncora moral dos ensinamentos de Buda, enquanto no centro sem movimento fica o chakravarti ("aquele que faz a roda se movimentar"), o próprio Buda. Seu equivalente celta é Mag Ruith, o druida mítico que era uma encarnação do supremo deus, Dagda. Mag Ruith era o magus rotarum, ou "sábio das rodas" e era com o auxílio das rodas que ele falava seus oráculos druidas.

No Velho Testamento, Ezequiel compara o trono de Deus com uma carruagem de quatro rodas, cada uma delas representando uma das Quatro Criaturas Viventes e as estações, enquanto na visão de Daniel quatro rodas aparecem em volta da cabeça de Deus. Nos túmulos dos primeiros cristãos, a roda é algumas vezes encontrada como símbolo de Deus e da eternidade.

A RODA DA VIDA

Na filosofia hindu, o simbolismo da roda é utilizado para se referir à samsara, o ciclo contínuo da vida, morte e renascimento. No simbolismo chinês, o cubo da roda se refere aos Céus e o aro à Terra, com a humanidade representada pelos raios que unem os dois. A noria chinesa (roda d'água) e o torno de oleiro de sábio taoísta

---

A RODA DE CATARINA

Como emblema de Santa Catarina de Alexandria, a roda está associada ao tormento. Diziam que a santa foi uma cristã convertida no início do século IV, misticamente casada com Cristo em uma visão. O imperador romano Maximino desejava se casar com ela e, ao ser recusado, ordenou que a torturassem em uma roda com pontas. A roda milagrosamente se quebrou quando ela a tocou. Por fim, morreu decapitada. Geralmente, é retratada com a roda, que deu o nome aos fogos de artifício em forma de parafuso.

> **RODAS DE FOGO**
>
> Rodas solares de fogo aparecem em muitas tradições. Os alquimistas precisavam de uma fogueira para queimar em temperatura constante a fim de destilar a pedra filosofal; esta fogueira era conhecida como "o fogo da roda". Na tradição celta, uma roda de fogo girava em ambas as direções alternadamente, relacionando-a ao simbolismo antigo da espiral dupla.

Chuang Tzu representam o redemoinho sem fim da criação e do ciclo de vida-morte que é interminável. O ponto de liberação está no cubo, apontando para a jornada espiritual como movimento da área periférica para o centro, da atividade para a tranquilidade, que é o propósito da meditação. Na tradição celta, o ano é visto como uma roda, com os solstícios de verão e inverno e os equinócios da primavera e do outono marcando quatro pontos de transição conforme o poder do sol aumenta ou diminui com a mudança das estações.

A RODA DA FORTUNA

Sua natureza giratória significa que a roda tem sido frequentemente associada ao acaso e à sorte, tanto volúvel quanto fortuita. Ela geralmente aparece como tema na arte da Europa medieval e era um atributo de Fortuna, a deusa romana do destino (Tyche era o deus grego correspondente). Fortuna representa o potencial para sorte ou desgosto de cada momento, com o movimento giratório de sua roda trazendo felicidade e sucesso para alguns e ruína e miséria para outros, de modo aleatório. Ela é retratada como cega ou com os olhos vendados, porque o destino é moralmente cego. Sua roda ensina que o que sobe deve descer e vice-versa – portanto, o sucesso e o fracasso seguem um no calcanhar do outro, assim como o ciclo e o círculo da vida e da morte. No Tarô, a Roda da Fortuna é a décima carta da Arcana Principal e representa um ponto importante de mudança.

A RODA MEDICINAL

Em muitas tradições, a roda é um símbolo do mundo. Isto forma a base da roda medicinal dos nativos americanos – uma cruz dentro de um círculo emanando de um cubo central. A roda é desenhada no chão e os quatro raios representam as quatro estações, os quatro elementos e as quatro direções. As estações simbolizam o tempo, os pontos da bússola e o espaço. A quinta e sexta direções (acima e abaixo da roda) representam o pai céu e a mãe terra. Cada lugar na roda está associado com uma cor em particular, um totem de animal e uma qualidade e a roda inteira representa a jornada da vida.

ACIMA Fortuna de olhos vendados, deusa do destino, gira sua roda aleatoriamente e sem piedade sobre os reis coroados.

À ESQUERDA O símbolo da roda medicinal dos nativos americanos, um círculo segmentado por uma cruz, é reproduzido aqui com pedras.

Fauna e Flora

O SIMBOLISMO DAS ÁRVORES, PLANTAS, FLORES E ANIMAIS É FUNDAMENTAL PARA A CONCEPTUALIZAÇÃO SIMBÓLICA DESDE A ÉPOCA PRÉ-HISTÓRICA. OS ANIMAIS SÃO PARTICULARMENTE IMPORTANTES, ADORADOS COMO DEUSES OU ESPÍRITOS PROTETORES E, ASSIM COMO AS FRUTAS E VEGETAIS, VITAIS PARA A VIDA DEVIDO AO ALIMENTO QUE PROPORCIONAM.

ÁRVORES

ACIMA A figueira-de-bengala é sagrada para os deuses hindus. Aguar suas raízes e colocar oferendas traz felicidade e fertilidade.

ACIMA À ESQUERDA Nos tempos antigos, bosques sagrados de árvores eram locais de santuário e adoração.

ACIMA O carvalho europeu é um símbolo de força, estabilidade, firmeza e de natureza duradoura.

A árvore é um símbolo fundamental e típico na maior parte do mundo. No Ocidente, as árvores são bastante associadas com o tempo e a continuidade histórica. Em todos os lugares, elas geralmente possuem associações mais fortes com a vida, a saúde e a potência. Os povos antigos faziam suas adorações em bosques sagrados, com seus troncos e coberturas de galhos, que, mais tarde se refletiram no desenho das igrejas. As palavras "verdade" e "confiar" são derivadas da antiga palavra inglesa "árvore". (10)

A ÁRVORE DO MUNDO

A árvore cósmica, simbolizando a principal reserva para as forças vitais e continuamente regenerando o mundo, é fundamental para os mitos da criação. Ela quase sempre representa o eixo do universo, conectando vários reinos; seus galhos seguram os céus, seu tronco fica preso no reino terreno e suas raízes descem até o submundo. Outros símbolos comumente associados são os répteis que rastejam nas raízes e os pássaros nos galhos simbolizando o voo xamânico.

A árvore do mundo é representada por uma espécie que é particularmente importante em uma região geográfica. A mitologia nórdica conta sobre um freixo Yggdrasil, que cresceu entre Asgard, o reino dos deuses, Midgard, o reino da humanidade, e Hel, o submundo. Os antigos egípcios acreditavam que um plátano sagrado havia crescido no limite entre a vida e a morte. Na Mesopotâmia, o eixo do mundo passava por uma palmeira. Os hindus consideravam a figueira-de-bengala como árvore sagrada, enquanto os maias acreditavam no Yaxche, a árvore sagrada cujos galhos suportavam os céus. Acreditava-se que a árvore sagrada chinesa crescia no centro do mundo, não emitia eco e não fazia sombra. A árvore sakaki é venerada como "árvore do céu" da mitologia japonesa, e um galho fica preso ao chão como um centro sagrado em volta do qual é construído um santuário Shinto de madeira.

As árvores são símbolos poderosos de interconexão e ecologia da vida. Os mais velhos do povo Black Elk nativo americano tiveram uma visão do "aro sagrado" de seu povo combinado com muitos outros para criar um aro maior, dentro do qual cresceu uma árvore divina e poderosa de proteção. A árvore do mundo da região da Amazônia é a ceiba ou yuchan. O mito de criação da tribo Huaorani conta sobre a gigante árvore ceiba, Bobehuè, que contém todas as formas de vida. Portanto, ela representa um ecossistema completo fundamental para a vida na Terra, o que pode não estar longe da verdade.

ÁRVORES E AS ORIGENS DA HUMANIDADE

A árvore do mundo está associada às origens da humanidade. O povo Yakut, da Sibéria, acredita em uma árvore com oito galhos,

---

MASTRO DE MAY (ENFEITADO COM FLORES E FITAS)

Na Europa, em 1º de maio, o ritual de fertilidade da primavera, dança em volta do mastro enfeitado com flores e fitas, simboliza o casamento do deus da vegetação com a rainha May. O mastro representando o espírito da árvore (e com o óbvio simbolismo fálico) era erguido, decorado e dançava-se em volta dele, com total entrega.

---

(10) N.T.: Em inglês as palavras "verdade" e "confiar" são respectivamente "truth" e "trust", derivadas da palavra "tree", que significa árvore.

À DIREITA A árvore é vista como uma ligação entre este e o outro mundo em muitos sistemas de crenças espirituais e mitológicas.

> **AMOREIRA**
> Na China, a amoreira representa os ciclos de vida. Suas amoras começam brancas, representando a juventude e, depois, ficam vermelhas para a meia-idade. Finalmente, elas se tornam maduras e pretas, sugerindo a sabedoria, a velhice e a morte.

localizada dentro do umbigo dourado da Terra, crescendo em um paraíso primitivo onde nasceu o primeiro homem amamentado pelo leite da mulher que também era parte da própria árvore. O primeiro homem na antiga mitologia indiana, Yama, bebia com os deuses ao lado de uma magnífica árvore.

Um tema mítico comum indo-europeu descreve um apocalipse durante o qual tempestades, fogo ou inundações devastaram a terra, deixando como únicos sobreviventes os ancestrais da humanidade, que eram feitos de madeira.

ÁRVORES DA VIDA E IMORTALIDADE

Em um de seus aspectos, a árvore do mundo é a árvore da vida ou da imortalidade. Ela é associada a um universo nutritivo e protetor do qual o elixir ou as recompensas (11) N.T.: Saturnal: festival em homenagem a Saturno. da vida podem ser recebidas – um estado de graça do qual os seres humanos podem cair. A deusa egípcia do céu, Nut, era retratada saindo de uma figueira para oferecer pão e água da eternidade aos mortos.

Serafim com suas espadas de fogo guarda a árvore bíblica da vida. Na tradição taoísta é o pêssego divino que concede a dádiva da imortalidade, enquanto as maçãs da deusa Idun são a fonte dos poderes dos deuses nórdicos. O Alcorão descreve o profeta Mohammed passando pela árvore de Tuba, localizada no centro do paraíso, brilhando com esmeraldas, rubis e safiras; leite, mel e vinho brotavam de suas raízes.

A ÁRVORE INVERTIDA

O símbolo da árvore invertida é encontrado na cabala judaica e no iogue hindu Bhagavad Gita. Essa árvore tem suas raízes nos céus e seus galhos abaixo, representando Deus no Céu como origem de todas as coisas. A imagem da árvore invertida pode estar relacionada com o sistema nervoso humano ou com o sistema de chakras, destacando a conexão entre o microcosmo e o macrocosmo humano.

(11) N.T.: Saturnal: festival em homenagem a Saturno.

DECORAÇÃO DE ÁRVORES

A prática de decorar árvores é encontrada no mundo todo. O Karan é um ritual hindu em que uma árvore no centro de um vilarejo é coberta com manteiga e decorada com cinabre, açafrão e grinaldas; depois, as mulheres dançam com cravos em seus cabelos. Na África, as árvores são o centro da vida e da fertilidade e são decoradas como um modo de conectar-se com os espíritos ancestrais. Sempre-vivas são usadas no Natal, nas culturas cristãs, como um símbolo de vida.

ÁRVORES DA MORTE

As árvores de sempre-vivas são símbolos antigos de morte e do potencial para a vida eterna, mas o cipreste simboliza a finalidade da morte pois, uma vez cortada, nunca mais brotará. As imagens de tocos e troncos são encontradas em emblemas heráldicos que representam a morte e o renascimento.

Na Bretanha, o teixo está mais intimamente ligado à morte. Considerada imortal pelos druidas pode ser encontrada nos cemitérios e em locais antigos sagrados. Acredita-se que suas raízes absorvem os espíritos dos mortos, liberando-os de seus galhos para o vento.

> **ÁRVORE DE NATAL**
> A variação moderna das árvores de Natal originou-se na Alemanha, onde os pinheiros eram enfeitados com maçãs e papéis coloridos. A tradição se tornou um ritual, referência à árvore do paraíso, mas suas raízes têm origem nos tempos romanos, quando os celebrantes na festa de Saturnal (11) usavam sempre-vivas para celebrar o nascimento de um novo ano.

Plantas, Ervas e Condimentos

médica. Por exemplo, as folhas em forma de coração da dedaleira roxa eram usadas como um medicamento para o coração (digitalis), enquanto as veias roxas e os pontinhos amarelos da eufrásia (planta medicinal), que pareciam um olho cuja aparência não era saudável, designavam a planta como um remédio para doenças dos olhos.

Devido à sua semelhança com a forma humana, a mandrágora recebia poderes humanos e sobre-humanos no folclore europeu. Diziam que ela florescia em volta das forcas, alimentadas pelas fezes e pela urina que caíam daqueles que eram enforcados e que gritava quanto era arrancada ou incomodada; aqueles que eram desafortunados o suficiente para ouvir tal som ficavam surdos e insanos. A mandrágora estava associada com a bruxaria e era utilizada em magia do amor. Diziam que uma boneca de raiz de mandrágora tinha o poder de tornar seu proprietário invisível. Medicinalmente, também era utilizada para tratar artrite, úlceras e inflamações, para induzir a menstruação, aliviar o parto e ajudar na concepção. Na tradição judaica, a mandrágora está associada à fertilidade e ao amor – seu nome em hebraico significa "planta do amor".

ACIMA No folclore europeu, a mandrágora está associada à morte, à insanidade, à bruxaria e à magia. Quando colhida, diziam que ela soltava um grito igual ao dos seres humanos.

ACIMA O açafrão, estame de um tipo de croco, é uma erva sagrada no Budismo. Na Europa, ele está associado à realeza.

O simbolismo das plantas está intimamente ligado às suas propriedades mágicas distinguidas e ao poder de influenciar os seres humanos em muitos níveis diferentes – físico, mental, emocional e espiritual. Em termos simbólicos, elas estão associadas com as ideias de equilíbrio e ordem cosmológica, que são refletidas em teorias sofisticadas da natureza da saúde e da doença.

A DOUTRINA DAS ASSINATURAS

De acordo com a "doutrina das assinaturas", tudo na natureza é marcado por um padrão o signo que indica sua propriedade em potencial. O nome evoluiu a partir de Signatura Rerum (A Assinatura de Todas as Coisas) por Jakob Böhme (1575-1624), um fabricante de sapatos alemão cuja filosofia foi criada pela visão mística que tinha do relacionamento entre Deus e os seres humanos. A doutrina era aplicada aos poderes das plantas para aplicação

ERVAS

Vários significados simbólicos estão ligados às ervas comuns. Na Grécia antiga, os estudantes usavam galhos de alecrim para melhorar a memória e a concentração: a planta se tornou símbolo da memória. Também estava associada ao amor e à fidelidade e se tornou um símbolo de imortalidade em rituais de funeral. A sálvia estava associada à imortalidade e os gregos antigos acreditavam que ela promovia a sabedoria. Seu nome deriva do latim salvare, que significa "salvar" e na medicina de ervas europeia era considerada a cura total. Nativos

ABAIXO À ESQUERDA No folclore da vegetação europeia, o alecrim é um símbolo de recordação, amor e fidelidade.

ABAIXO À DIREITA A sálvia é uma erva sagrada nas tradições nativo-americanas, utilizada para limpeza e purificação.

americanos consideram a sálvia uma erva de cura e limpeza, especialmente a variedade conhecida como sálvia branca. Suas folhas secas são colocadas em feixes que são queimados e a fumaça é ritualmente soprada para purificar a atmosfera. Na Roma antiga, a hortelã-pimenta era associada aos pensamentos claros e à inspiração. Era utilizada como tônico para o cérebro. No mundo árabe era vista como estimulante à virilidade e era servida como chá refrescante por séculos e oferecida aos hóspedes como símbolo de hospitalidade.

Na Índia, o tusil, ou manjericão, é sagrado para Vishnu. O costume funeral de colocar uma folha de manjericão no tórax do morto serve para abrir os portões dos Céus para quem está partindo. Na Inglaterra dos Tudor, os hóspedes que estavam partindo recebiam um pote miniatura de manjericão para ajudá-los em sua viagem. No Congo central, as folhas de manjericão protegem contra os maus espíritos e a má sorte, enquanto na antiga Grécia eram o antídoto para o veneno mortal do basilisco, uma criatura fabulosa cujo olhar era fatal. O nome da planta deriva da palavra grega basilikon, que significa "real".

CONDIMENTOS

Muitos condimentos são semelhantemente ricos em simbolismo. A pimenta preta, um dos primeiros condimentos conhecidos, era considerada um afrodisíaco na antiguidade. O açafrão é uma espécie de croco (crocus sativus) cujo estame solta uma tinta amarela penetrante. Era usado para tingir os mantos dos monges budistas e a cor ficou associada ao paraíso budista e à sabedoria. Na Europa, o açafrão estava ligado à realeza e ao ouro por seu elevado preço e sua cor. Na antiga China, acreditava-se que sementes de coentro continham o poder da imortalidade, e as vagens de cardamomo compartilham um simbolismo semelhante na Índia e no Oriente Médio. Na China e no Japão, os cravos representam doçura e saúde. Na arte japonesa eram objetos associados às Sete Deidades da Boa Sorte.

TABACO

O tabaco é de origem indígena na América do Norte e dizem que os nativos americanos foram os primeiros a usá-lo. Era considerado sagrado e seu uso em rituais e cerimônias é muito difundido. O povo Machiguenga, do Peru, usa o termo seripegari, "aquele que usa tabaco", para descrever um xamã. As folhas de tabaco assadas (seri) são usadas em rituais xamânicos. Para o povo Pueblo, o tabaco é uma dádiva do beija-flor, que trouxe a fumaça aos xamãs para que eles pudessem purificar a Terra. Na Europa, fumar tabaco estava associado a jovens devassos e soldados, tanto que quando as mulheres começaram a fumar em público, no fim do século XIX, isso foi considerado escandaloso. Atualmente, as associações simbólicas em torno do tabaco são ambíguas. Por um lado, ele se tornou sinônimo de doenças mortais, por outro, conserva um elemento de sofisticação e rebeldia.

VISCO

Os celtas associavam o visco (viscum album) à magia e à medicina. Para os druidas, ele foi um símbolo de imortalidade e a alma de sua árvore sagrada, o carvalho, na qual ele cresceu. Os celtas acreditavam que o visco foi criado quando um raio atingiu um carvalho, que proporcionou a ele propriedades mágicas e o ritual exigia que um druida vestindo um manto branco cortasse o visco depois do solstício de inverno usando uma foice dourada (tanto um símbolo solar quanto lunar). A planta tinha de ser colocada em um pano branco e acreditava-se que nunca deveria tocar o chão. O visco era usado para tratar várias condições de saúde diferentes e também era um símbolo da fertilidade. O costume de beijar embaixo de um visco no Natal tem sua raiz nas antigas associações da planta.

MACONHA

Os rastafáris, que a conhecem como ganja, consideram a maconha como uma erva divina mencionada na Bíblia, onde ela exerce função sacramental, produzindo um estado alterado de consciência através do qual é possível obter um vislumbre do divino. A folha da maconha se tornou um símbolo do rastafarianismo, assim como representa um protesto contra a classe social dominante, que considerava seu uso ilegal. No mundo ocidental atual, muitos adolescentes veem a folha de maconha com símbolo de rebelião contra a autoridade dos adultos e da sociedade.

ALHO

Um antigo papiro médico egípcio inclui mais de 200 receitas para alho. Ele era usado para tratar de dores de cabeça, debilidades físicas e infecções e o alho cru era incluído na dieta dos trabalhadores egípcios para mantê-los fortes. Na antiga Grécia e também na antiga Roma, o alho era um símbolo de força e os atletas o mastigavam para aumentar as chances de vencer as corridas. Em muitas tradições, acredita-se que o alho ofereça não somente proteção física, mas também metafísica. Resulta daí a crença popular no folclore europeu de que os dentes de alho podem manter os lobisomens e vampiros distantes. Na antiga China, acreditava-se que o alho podia desviar o mau-olhado.

ABAIXO O visco é um símbolo de imortalidade e estava associado à magia e à medicina para os celtas.

Flores

ACIMA As culturas do mundo todo usam buquês de flores em funerais como um modo de honrar o morto.

ABAIXO A deusa hindu Lakshmi senta-se sobre a flor de lótus, símbolo de iluminação e elevação do espírito. As deidades hindus são frequentemente retratadas com esta flor.

Enquanto a beleza estéticas das flores tem inspirado poetas e artistas de todos os tempos, elas também possuem uma longa tradição de uso na cura e em rituais – mais de 100 mil anos atrás, os habitantes de Neandertal faziam oferendas de flores para os mortos. Até os dias de hoje, as flores são oferecidas como símbolos de amor e gratidão, para reconhecer a realização, honrar os mortos e marcar transições de todos os tipos. Elas se tornaram símbolos de uma ampla variedade de experiências humanas e fazem parte do mito e da tradição sagrada.

Em geral, as flores representam o auge de um ciclo de crescimento e uma realização premiada. Surgindo da terra e receptivas ao sol e à chuva, elas estão relacionadas ao poder do passivo, princípio feminino, manifestando beleza literal e fisicamente assim como espiritual e metaforicamente. No ritual hindu, a flor corresponde ao elemento éter (ou espírito); no texto taoísta, O Segredo da Flor Dourada, ela representa a obtenção de um estado espiritual.

DIGA O QUE TEM PARA DIZER COM FLORES

Muitas culturas diferentes, incluindo as da China, do Egito e da Índia, evoluíram sua própria "linguagem das flores". As audiências contemporâneas das peças de William Shakespeare (1564-1616) estão familiarizadas com os significados ocultos contidos nas referências florais que ele fazia. O tomilho simbolizava a doçura, a primavera dos jardins simbolizava a graça e a violeta significava "amor no ócio". A rosa amarela ou madressilva significava "unidos no amor" e o amor-perfeito representava os pensamentos. Os vitorianos transformaram essa linguagem em arte popular, instilando o significado na cor, na disposição e na apresentação das flores e também das espécies.

IKEBANA

Os praticantes do Ikebana, a arte japonesa de fazer arranjos de flores, desenvolveram um simbolismo complexo para refletir os preceitos do Budismo Zen. O ideal zen de wabi (indicação incompleta deliberada) se reflete na forma minimalista do arranjo. Os arranjos do Ikebana seguem um plano ternário, com o ramo de flores superior representando o céu, o central a humanidade e o inferior a terra – um padrão simbólico de tudo que vive com os seres humanos como intermediários entre o céu e a terra. No estilo "harmonioso", os ramos de flores pendurados para baixo sugerem o declínio e o fluxo para o abismo, enquanto o estilo "perpendicular", ou rikka, vai para cima, simbolizando a lealdade – entre marido e esposa, com o imperador e com o divino. Os arranjos rikka são assimétricos e pretendem sugerir um aspecto da natureza, como a interação de luz e sombra.

FLOR DE LÓTUS

No oriente, a flor de lótus é mais associada à elevação do espírito. Brahma, o deus criador hindu, nasceu de uma flor de lótus dourada que brotou do umbigo de Vishnu (um símbolo do centro do mundo). Uma flor de lótus com mil pétalas é um símbolo da iluminação espiritual. Os nomes em sânscrito para a flor de lótus são padma ou kamala, que também descrevem a vagina, e a flor de lótus também representa a vagina na China.

LÍRIOS

Na tradição cristã, o lírio está associado ao arrependimento; dizem que ele cresceu das lágrimas de Eva quando ela saiu do Jardim do Éden. É a flor da Virgem Maria. O lírio branco da Madona simboliza pureza e castidade. Representa pureza na alquimia. Na Austrália, o lírio de Gymea está ligado à coragem e constância. Em uma história de sonho aborígine, o jovem Kai'mia resgatou membros de sua tribo mesmo estando ferido e os lírios cresceram onde seu sangue caiu. Na China e no Japão, o lírio diurno (hemerocallis) tinha o poder de banir a tristeza e as mulheres o usavam em seus cintos para esquecer a mágoa de um amor perdido.

ROSAS

Na antiguidade clássica, a primeira rosa foi criada por Chloris, a deusa das flores (cujo equivalente romano é Flora), a partir do corpo de uma ninfa. A rosa era sagrada para Afrodite/Vênus, a deusa do amor. Na tradição árabe, a primeira rosa surgiu dos raios do sol nascente no Grande Jardim da Pérsia, espalhando suas sementes por todas as outras terras. É símbolo de fertilidade, beleza e pureza. Um rouxinol cantou quando as primeiras rosas brancas floresceram, mas estava tão dominado por seu perfume que caiu para a Terra e seu sangue manchou suas pétalas de vermelho.

No Islã, a rosa é sagrada para Mohammed. Para a seita mística Sufi, a rosa está associada ao prazer, mas devido aos seus espinhos, também está ligada ao sofrimento.

No Cristianismo, as rosas vermelhas simbolizam o sangue dos mártires e a vida após a morte, enquanto as rosas brancas estão associadas com a Virgem Maria. A Irmandade de Rosa Cruz, seita cristã fundada na Europa no século XV, combinava o símbolo de uma rosa com a cruz para formar o emblema de sua sociedade.

TULIPAS

Na antiga Pérsia, a tulipa era o símbolo do amor perfeito, exaltada na poesia como uma das flores encontradas nos jardins do paraíso. No período Otomano, a palavra turca para tulipa era pronunciada utilizando-se as mesmas letras que formam a palavra "Alá", então, a flor começou a simbolizar a divindade e a tulipa se tornou emblema dos governantes otomanos. As tulipas eram exportadas da Turquia para a Europa em meados do século XVI e eram cruzadas para produzir flores raras e diferentes. Seu valor subiu de modo fantástico nos Países Baixos durante a década de 1630, quando se tornaram símbolos de riqueza e beleza. A tulipa é o símbolo dos Países Baixos.

À DIREITA No mundo ocidental, as rosas brancas são associadas à pureza e à espiritualidade e são as flores favoritas para os casamentos.

CRISÂNTEMOS

Na China e no Japão, o crisântemo está ligado ao outono e é o símbolo de uma vida longa, boa sorte e riqueza. Suas pétalas o tornam o símbolo do sol, fazendo com que seja usado como emblema da família imperial e como a flor nacional do Japão. Junto com a ameixeira, a orquídea e o bambu, o crisântemo faz parte do grupo dos Quatro Cavalheiros, que representam as virtudes de um confucionista em sua simplicidade, retidão e persistência. No Ocidente, está associado ao outono e é usado na arte para representar a decadência e a morte.

PAPOULAS

Por produzir o opium narcótico, a papoula era associada ao sono e à morte na Grécia antiga, onde era dedicada a Hipno e Morfeu, os deuses do sono e dos sonhos. Estava ligada ao mito de Deméter e Perséfone – a última estava apanhando papoulas quando Hades a capturou – no qual ela representava a morte anual da natureza. Desde a I Guerra Mundial, as papoulas vermelhas fazem parte da celebração em honra aos soldados mortos. As flores cresciam nos campos de batalha em Flanders. Na Bretanha, as papoulas vermelhas marcam o Domingo Memorial, o dia em que o sacrifício dos soldados em todas as guerras é lembrado.

GIRASSÓIS

O girassol chegou na Europa vindo das Américas, onde os espanhois o chamavam de girasol, ou "virado para o sol", devido ao modo como a flor virava sua parte superior para o sol. Na China, o girassol estava associado à imortalidade e diziam que comer suas sementes promovia a longevidade.

ABAIXO No Japão, a arte do Ikebana desenvolveu sua própria linguagem simbólica e ritual que reflete a simplicidade do Budismo Zen.

LINGUAGEM VITORIANA DAS FLORES

Algumas das associações simbólicas das flores eram:

giesta: grande entusiasmo

cravo: amor puro

camélia: perfeição

ibérida: indiferença

trevo: felicidade

narciso: doce consideração

genciana: você é injusto

espinheiro: esperança

flor de maracujá: fé

goivo amarelo: sempre verdadeiro.

Frutas

ACIMA Nesta representação da Terra, as frutas simbolizam riqueza e prosperidade. A cornucópia sugere quantidade e beleza; e a jovem cheia de curvas reforça o simbolismo da fertilidade.

A maior parte do simbolismo das frutas apela direta e poderosamente para os sentidos. O ato de comer frutas facilmente evoca associações com o erotismo e a sensualidade e este conjunto de imagens é muito utilizado na arte. As frutas também sugerem abundância e fertilidade. Elas são colocadas em grandes quantidades dentro da cornucópia na mitologia clássica, representando a generosidade dos deuses e uma boa colheita. A fruta da árvore da vida é alimento para os imortais e contém sementes para reprodução e crescimento.

MAÇÃS
A maçã é identificada como a "fruta do conhecimento", bom ou mal, seja no Jardim do Éden, ou da vida, sabedoria e imortalidade, como no mito grego das maçãs douradas de Hespérides. Os celtas viam a macieira como árvore do "outro mundo", a entrada para o reino das fadas. Os reis e heróis celtas, como o rei Arthur, se refugiaram na legendária Ilha de Avalon, o "pomar de maçãs".

Na China, a flor da maçã é a beleza feminina e as maçãs são símbolos de paz. Porém, como a palavra chinesa para maçã é muito parecida com a palavra para "doença", considera-se desfavorável dar uma maçã para uma pessoa doente. Um novo simbolismo surgiu sobre a maçã no início do século XIX, quando Johnny Appleseed perseguiu seu sonho de ter uma terra de árvores de frutos onde ninguém ficava com fome e plantou sementes de maçã em toda a América. A grande metrópole de Nova York é conhecida como a "Grande Maçã".

ACIMA Além de seu papel como "fruta do conhecimento", a maçã também é usada como símbolo do amor, do casamento, da juventude, da fertilidade e da longevidade.

FIGOS
A figueira e sua fruta de muitas sementes são símbolos de abundância e fertilidade associados às qualidades femininas. O figo ruminal no templo Palatino em Roma era considerado a árvore embaixo da qual Rômulo e Remo foram alimentados por uma loba. Os romanos consideravam os figos como frutas de sorte ou azar de acordo com sua cor clara ou escura.

No livro de Gênesis, Adão e Eva usaram folhas de figo para se cobrir quando ficaram envergonhados de sua nudez e a fruta proibida que comeram pode ter sido um figo e não uma maçã. Na África, o povo Kotoko, de Chad, conecta o figo com a gravidez e acredita que sua seiva leitosa aumenta a formação de leite.

BANANAS
O nome botânico da planta da banana, *musa sapientum*, significa "fruta dos homens sábios", e foi conferido por Carolus Linnaeus, um botânico sueco, que ouvir falar que Alexandre o Grande encontrou sábios na Índia que comiam somente bananas. De acordo com o Alcorão e as histórias islâmicas, a banana era o fruto proibido do paraíso. Para Buda, a árvore da banana simbolizava a natureza transiente, a fraqueza da matéria e as construções mentais.

Na tradição hindu, é símbolo de fertilidade e prosperidade por dar frutos regularmente; portanto, a banana pode ser deixada em frente das casas onde acontecerá um casamento.

CEREJAS
A cor cereja nos lábios de uma mulher chinesa é considerada uma qualidade de grande beleza e a frase "comer cerejas" é um eufemismo para relação sexual. No ocidente, a cereja está associada ao hímen e a frase "perder sua cereja" refere-se à perda da virgindade. A flor de cerejeira é a flor nacional do Japão. Os guerreiros samurais costumavam meditar sobre a vida e a morte embaixo de uma cerejeira, uma vez que, no ponto alto de sua floração, a flor caia graciosamente até o chão e morria, estabelecendo um paralelo com o desejo do Samurai em enfrentar a morte na sua juventude.

AMEIXAS
No Extremo Oriente, a ameixeira é um símbolo comum da primavera e também do fim do

À DIREITA O quadro do deus Dionísio emprega o simbolismo sexual da maçã, do figo e da vinha para acentuar seu erotismo.

inverno. Uma vez que floresce no limite das duas estações, ela representa a renovação da juventude. Acreditava-se também que os imortais se alimentavam das flores das ameixeiras, portanto, a árvore estava conectada com a imortalidade. Tanto na tradição japonesa quanto na cristã, ela é símbolo de fidelidade.

PÊSSEGOS
O pessegueiro originou-se na China, onde era considerado a árvore sagrada da vida, produzindo um elixir da imortalidade. Os taoístas associavam a flor de pêssego com a virgindade e com a genitália feminina. ("tao" é a palavra chinesa para "pêssego"). Na antiga Europa, o pêssego era chamado de "fruta de Vênus" e era sagrado para Hímen, o deus romano do casamento. No conjunto de imagens cristãs, um pêssego na mão do infante Cristo simboliza a salvação.

DAMASCOS
Na China, o damasco está associado à beleza e sexualidade da mulher. Os damascos vermelhos simbolizam uma mulher casada que possui um amante e os olhos de uma mulher bonita são geralmente comparados aos caroços do damasco. Também é usado para simbolizar os órgãos genitais femininos.

ROMÃS
Crescendo nos climas do Mediterrâneo, no fim do verão, as romãs aumentam e se tornam esferas vermelha-alaranjadas brilhando do lado interno com sementes avermelhadas em forma de joias. Seu nome significa "maçã de muitas sementes". Foi uma das dádivas de Alá no Alcorão e para os israelitas é o encanto de sua terra e a sabedoria de seu povo. A romã é associada à fertilidade – simbolizando o útero – mas também com a morte. As romãs foram deixadas como alimento nas tumbas egípcias para acompanhar os mortos em sua jornada. Na Grécia, em cerimônias de casamentos e no Ano-Novo, uma romã é quebrada no chão como um símbolo de fertilidade e abundância.

TÂMARAS
A tamareira originou-se próximo ao Golfo Pérsico e cresceu prolificamente no Iraque. Para os egípcios, a fruta era um símbolo da fertilidade. A tamareira é mencionada como "rei do oásis" e uma "árvore da vida" pelos árabes, que afirmam que a árvore fica ótima quando suas raízes estão na água e sua copa está nas fogueiras dos Céus.

LICHIAS E MANGAS
A lichia é uma fruta pequena do sudeste da China com uma casca áspera de cor marrom avermelhada com um grande caroço marrom brilhante. Colocar lichias embaixo da cama de um casal expressa a esperança de que eles sejam abençoados com filhos. As mangas, com sua suculenta polpa laranja, são nativas do leste da Índia e de Burma. Na Índia, são sagradas e representam a fertilidade e a boa sorte. A lenda diz que Buda ganhou um pomar de mangas onde ele podia repousar.

LARANJAS
O nome em latim da laranjeira, *fructus aurantia*, refere-se à cor dourada da laranja, considerando que naranja, a palavra em espanhol para a fruta, deriva da palavra persa narang, que significa "perfume interior". A laranja sugere tanto a virgindade quando a fecundidade, uma vez que as flores e o fruto aparecem simultaneamente. A flor da laranja era usada nas antigas cerimônias de casamento devido à sua associação com a fertilidade, uma tradição que continua até os dias de hoje. Nas imagens cristãs, uma laranja na mão do infante Cristo representa fertilidade e boa sorte. Para as bruxas da Europa, a fruta representava o coração. Na China, a laranja ainda é comida como símbolo de boa sorte no segundo dia do Ano Novo.

UVAS
Vinhas e uvas geralmente aparecem na arte romana sugerindo riqueza e prazer e são associadas a Bacchus, equivalente romano do grego Dionísio, deus da vinha, da sexualidade, da fertilidade, da liberação da paixão e da expressão. As uvas da Terra Prometida representavam a possibilidade de uma nova vida para os israelitas. Para os cristãos, o vinho é um símbolo do sangue de Cristo.

RODAPÉ No judaísmo moderno, uma laranja colocada em um prato de Seder (celebração judaica) tornou-se símbolo de liderança das mulheres judias.

ABAIXO As romãs e suas sementes geralmente simbolizam a fertilidade. O suco de romã era utilizado como remédio para infertilidade pelos romanos, enquanto na arte cristã, ela é símbolo de esperança.

Animais

ACIMA Os gatos eram sagrados para os antigos egípcios e apareciam em toda cultura, em esculturas e pinturas, etc.

ACIMA Às vezes, o lobo é associado com coragem e vitória e, outras vezes, com crueldade, astúcia e ganância.

TOPO Na China, o tigre (e também o leopardo) é o rei dos animais e guarda os portões do Céu.

Ao longo da história, os animais têm um papel importante na linguagem simbólica de muitas culturas diferentes. Eles são adorados como deuses e vistos como fontes de sabedoria e poder, como precursores de boa ou má sorte, como espíritos protetores e guias para outros mundos, assim como representações simbólicas de características humanas. Os animais têm sido utilizados em rituais de sacrifício e caçados para fornecer alimento, remédios, roupas e cosméticos, como também para satisfazer a vaidade humana. Simbolicamente, eles atingem todos os níveis do universo – Céu, Terra e o submundo.

CÃES E LOBOS

É muito provável que o cão seja o animal domesticado mais antigo da humanidade. Significa lealdade, proteção e companheirismo. Os cães estão conectados com a morte e com o mundo espiritual. O povo Ainu, do Japão, acreditava que seus cães tinham o poder psíquico de detectar fantasmas. Para os incas, o uivar de um cão poderia significar a morte de um parente. No mito grego, o Cérbero guardava a porta do inferno. Os maias enterravam os cães com seus donos para que eles os guiassem na vida após a morte.

Ao longo da costa noroeste da América, o lobo é um animal de espírito poderoso que pode dotar o xamã com habilidades sobrenaturais e muitas culturas xamânicas falam de feiticeiros que obtêm poderes de uma mulher disfarçada de loba. Na tradição cristã, o lobo é geralmente contrastado com o cordeiro, o último simbolizando os fiéis e o lobo simbolizando os poderes que ameaçam destruí-los. A expressão coloquial "um lobo em pele de cordeiro" refere-se à inocência dissimulada, enquanto as tribos da planície americana consideram o lobo da campina, ou coiote, como um malandro e símbolo de engano. Essa ideia também aparece no folclore europeu na história do Chapeuzinho Vermelho, em que o lobo simboliza um macho predatório.

OS GATOS GRANDES

Devido à sua juba, pele dourada e porte de realeza, o leão é um antigo símbolo solar e a personificação do poder terreno. No antigo Egito, o faraó era geralmente descrito com leão e os reis africanos usavam as imagens de leões como símbolos pessoais. Na alquimia, o leão representava a paixão sexual, enquanto um leão verde estava ligado às forças selvagens da natureza. O leão também estava associado à deusa mãe – era um dos símbolos da deusa babilônica Ishtar. No mundo clássico, era um guardião do inferno e um símbolo da proteção divina. Tanto Buda quanto Cristo foram associados ao leão, transformando-o em símbolo de zelo espiritual e iluminação.

Para os chineses, o tigre, em vez do leão, é o rei dos animais. Um espírito guardião, inicialmente de caça e depois da lavoura, é o terceiro signo do zodíaco chinês. O tigre branco está associado à lua e, como ele pode ser visto no escuro, simboliza a iluminação. No Hinduísmo, o tigre representa a paixão desenfreada e a perda de controle – as deidades Shiva e Durga estão montadas em tigres quando destroem os demônios, demonstrando sua ferocidade e coragem.

Entre as civilizações pré-colombianas da América Central e da América do Sul, o jaguar era o rei da selva e diziam que ele havia trazido o fogo e a caça como dádivas aos humanos. Os maias o consideravam uma criatura do submundo que conhecia os mistérios da terra; olhando seus olhos era possível ver o futuro. Atualmente, muitas tribos da Amazônia continuar a reverenciar o jaguar como um nagual (espírito guardião) e uma fonte de cura, associando-o à fertilidade, à água e à chuva. O povo Matses acredita que o jaguar come a alma do morto.

GATOS DOMÉSTICOS

Os antigos egípcios veneravam e mumificavam os gatos e era uma ofensa gravíssima matar ou machucar um gato. Por outro lado, no Budismo, os gatos e as cobras eram amaldiçoados porque eles não choraram quando Buda morreu, embora, de uma perspectiva diferente, isso possa ser considerado como sinal de sabedoria espiritual. Os primeiros judeus consideravam os gatos impuros e os cristãos medievais associavam o gato preto à bruxaria.

COELHOS E LEBRES
Tanto o coelho quanto a lebre possuem associações lunares e são símbolos de fertilidade em muitas culturas. Eostre, a deusa saxônica da primavera, com cabeça de lebre, trazia a madrugada e a nova vida. Na China, a lebre representa o poder reprodutivo e a longevidade. A lebre e o coelho aparecem ambos como figuras malandras, mais notavelmente nas histórias do Coelho Brer, histórias africanas tradicionais levadas para as plantações americanas pelos escravos.

ELEFANTES
A África e a Índia são simbolizadas pelo elefante. É um símbolo de força, longevidade, sabedoria e boa sorte; montado por governantes, ele também representa poder e autoridade. Na mitologia da Índia e do Tibet, o elefante sustenta o mundo e simboliza a estabilidade constante. Ganesh, o deus hindu com cabeça de elefante, é o removedor de obstáculos. No Budismo, o elefante branco é sagrado; a mãe de Buda sonhou com um na sua concepção. Na Tailândia, dizem que Laos e Camboja proporcionam a chuva e as colheitas fartas.

BÚFALOS E VACAS
Por tradição, o búfalo é um símbolo de virilidade e a vaca de maternidade e fertilidade. Devido aos seus chifres curvados, ele lembra a lua crescente e a vaca é um símbolo celestial das deusas mães (assim como as deidades egípcias, Ísis e Hathor). Na mitologia nórdica, a vaca primitiva – a Mantenedora – lambeu o gelo para criar o primeiro ser humano. Para os hindus, a vaca é um animal sagrado e não pode ser morto; os animais andam livres pelas ruas da Índia. Ao contrário da vaca, que raramente é sacrificada, o búfalo é muito usado em rituais. Na Roma antiga, um búfalo era sacrificado anualmente, uma vez que eles acreditavam que seu sangue fertilizava a terra e proporcionava virilidade. Tais crenças ainda se refletem hoje nas touradas espanholas. Devido ao seu mugido, o búfalo era o animal dos deuses do trovão como o nórdico Ior. O búfalo Apis, no antigo Egito, era um símbolo da criação e era mostrado carregando o disco do sol de Ra entre seus chifres, embora também fosse sagrado para Osíris, o deus do submundo.

O BISÃO E O BÚFALO
As evidências da arte das cavernas (como em Lascaux, na França) revelam o papel fundamental exercido pelo bisão na vida física e espiritual das primeiras sociedades caçadoras. Os búfalos, relacionados com os bisões e, algumas vezes, até sinônimo desses, também eram reverenciados. Para os zulus, o búfalo é capaz de possuir a alma de um ser humano; já para o povo Dakota Sioux o consideram a manifestação do supremo criador e ele exerce um papel fundamental nas cerimônias em busca de visões.

URSOS
Em muitas tradições xamânicas, o urso é associado à medicina, cura e sabedoria mágica. No norte da Europa, é o rei dos animais e é associado aos guerreiros. Os temidos nórdicos 'berserkers' (12) iam para as batalhas vestidos em peles de urso. No simbolismo cristão, o urso era considerado cruel, maldoso e a imagem diabólica da carnalidade.

ACIMA Um imperador de Mughal é retratado andando em um elefante branco, um símbolo de realeza, poder e sabedoria na Índia.

MACACOS
O deus babuíno Thoth, do Egito, era considerado o inventor dos números e da escrita. Os maias acreditavam que o macaco criou a arte, os números e a escrita.

O CAVALO
Um antigo símbolo animal, o cavalo está ligado ao sol e aos deuses do céu. Ele representa o poder elementar do vento, da tempestade, do fogo, das ondas e da água corrente. A morte é mostrada cavalgando um cavalo preto, enquanto um cavalo branco é o símbolo da luz, da vida e da iluminação espiritual. Dizem que o Buda deixou sua vida terrena em um cavalo branco. Os cavalos puxavam a carruagem do sol nos mitos clássicos iranianos, indianos, nórdicos e babilônicos.

PÁSSAROS

Como podem voar, os pássaros são vistos como mediadores entre o Céu e a Terra, atuando como mensageiros de poderes superiores ou de outros mundos. Eles também são considerados personificações do espírito ou da alma, porque o voo simboliza a liberdade das restrições físicas do mundo terreno e é frequentemente utilizado como metáfora para a experiência mística.

ACIMA O selo do Presidente dos Estados Unidos da América, modificado pelo Presidente Truman em 1945 em relação à sua versão original de 1880. A mudança da cabeça da águia do lado direito para o lado esquerdo (em direção ao ramo de oliva, símbolo da paz) foi considerada como símbolo de mudança de guerra para paz.

AVES DE RAPINA

Os guerreiros e os nobres são associados às aves de rapina, especialmente à águia e ao falcão. Os falcões, utilizados para a caça pela aristocracia da China, Japão e Europa, simbolizam a nobreza. Na China, as bandeiras dos senhores de classe alta levam as imagens da cabeça do falcão. No antigo Egito, ele era o rei dos pássaros e o hieróglifo para o falcão significava "deus". Também era o símbolo para o deus do céu Horus. As tribos nativas americanas o consideram um mensageiro dos ancestrais. Na Polinésia o pássaro está ligado aos poderes de cura e profecia. Na China, o falcão denota a guerra, assim como um símbolo solar. Para a primeira Igreja Cristã, significava o mal, mas um falcão domesticado representava um pagão convertido e um falcão de olhos vendados representava esperança para iluminação.

A águia está amplamente associada ao poder e à liderança e foi adotada de várias formas por civilizações ambiciosas e expansionistas (incluindo a Roma antiga e os Estados Unidos) como um símbolo de identidade nacional e soberania. Na China, simboliza força, enquanto no folclore celta é um símbolo de longevidade e rejuvenescimento. Para os cristãos, simboliza a onipotência e a onisciência de Deus, assim como de Cristo e de São João, o apóstolo. Em muitas igrejas cristãs, a Bíblia é colocada em um apoio em forma de águia, simbolizando o poder e a inspiração da palavra de Deus.

ABAIXO No mito grego, as marcas nas plumas da cauda do pavão eram consideradas como os olhos do gigante assassino Argos

ABAIXO, À DIREITA No folclore ocidental dizem que a cegonha traz os bebês para suas mães, enquanto em muitas partes do mundo ela é a portadora de boas notícias.

> **A ÁGUIA DE DUAS CABEÇAS**
> Um antigo símbolo solar, a águia de duas cabeças apareceu na Mesopotâmia mais de 4 mil anos atrás. Seu simbolismo é considerado como a união dos deuses gêmeos do poder e da onisciência, ou do governante terreno com as deidades. Séculos atrás, o símbolo foi adotado pela Santa Igreja Católica e pelos impérios da Prússia e pré-revolucionário russo.

CORVOS E GRALHAS

Muitas culturas não fazem distinção entre corvos e gralhas e os pássaros compartilham de um simbolismo semelhante. Ambos são vistos como pássaros de maus presságios, da guerra e da morte. Na tradição judaico-cristã, o corvo é a contraparte escura da pomba. Também se acreditava que era o espírito familiar das bruxas. Na tradição greco-romana, eram sagrados para Atena/Minerva, deusa da guerra, mas eles eram proibidos de pousar nos templos dela, uma vez que isso significava previsão de morte. O nome do antigo rei galês Bran significa "corvo". Dizem que sua cabeça foi enterrada embaixo da Torre de Londres e corvos são mantidos lá, de acordo com o mito popular que diz que se eles fossem retirados os ingleses seriam derrotados.

Algumas tribos nativas americanas acreditavam que os corvos trouxeram luz e fogo ao mundo. Os inuítes da Sibéria e do Alasca compartilham a mesma crença: a de que o pássaro veio da escuridão primitiva e ficou para ensinar os primeiros seres humanos a sobreviver. Consequentemente, o corvo representava o deus criador e matar um deles traria má sorte. Na China o corvo é um pássaro de profecia.

POMBAS

A pomba é muito usada como emblema para a paz mundial. No Velho Testamento, foi o pássaro que retornou para a arca de Noé trazendo uma folha de oliveira, indicando a reconciliação entre Deus e a humanidade. No Japão, uma pomba levando uma espada anunciava o fim da guerra. Símbolo de pureza e da alma. Na tradição cristã, representa o Espírito Santo. Na lenda do rei Arthur, está associada ao Graal. Para os romanos, a pomba era sagrada para Vênus. Na China, estava associada à fertilidade e à longevidade.

PAVÕES

Devido à sua majestade, o pavão representa a divindade, a realeza, o amor e a beleza. Na

ACIMA Na tradição greco-romana, o ganso é sagrado para Afrodite/ Vênus. Aparece no mito de Leda, que é seduzida por Zeus quando ele assume a forma de um ganso.

PLUMAS DE AVES
Os povos indígenas da América do Norte, Central e do Sul usam plumas como decoração em penteados espetaculares. Os astecas usavam penas verdes do rabo do quetzal para seus governantes (um símbolo de seu deus supremo, Quetzalcoatl). Para os nativos americanos, as penas continham o poder ou o "remédio" do pássaro do qual elas se originavam, considerando que as penas de águia eram as mais valiosas.

Pérsia, habitava os jardins do paraíso e a corte se reunia em volta do "trono do pavão". Na tradição hindu, é o monte cósmico de Kama, o deus do amor, e sagrada para Sarasvati, deusa da sabedoria e das artes. As marcas distintivas na cauda do pavão são identificadas como olhos e ligadas às estrelas, assim como aos símbolos solares. No budismo, ele denota vigilância compassiva.

CEGONHAS
Em muitas culturas é a mensageira que traz boas notícias. Como ave migratória, é um emblema do viajante e, na terra para a qual ela migra, representa a chegada da primavera e, portanto, de vida nova. Na Grécia antiga, era sagrada para Hera, deusa do casamento e protetora dos partos. O dito popular no Ocidente que diz que a cegonha traz os bebês vem da ideia de que as almas das crianças que ainda não nasceram vivem nos pântanos e nas lagoas, o hábitat natural da cegonha, e são encontradas por ela quando está à procura de peixes.

GANSOS E PATOS
Tanto os gansos quanto os patos são grandes aves aquáticas e palmípedes com associações sobrenaturais em muitas culturas. Na Sibéria, o ganso simboliza a imersão do xamã no submundo e, de acordo com o povo Tungu, era o espírito de orientação para o primeiro xamã. O ganso que migra também é considerado um espírito auxiliador, que carrega o xamã nas aventuras celestiais.

No hinduísmo, as duas aves são miticamente permutáveis, tanto que Hamsa – uma ave feita de duas outras aves – pode aparecer como um pato ou como um ganso e simboliza a perfeita união e o equilíbrio. Devido ao fato de os gansos se unirem para a vida toda, eles são associados à fidelidade nas tradições ocidentais.

CORUJAS
Com seus voos noturnos, grito assustador e olhos profundos, a coruja é sempre associada aos poderes sobrenaturais. Era o pássaro da morte no antigo Egito, na Índia, na China e no Japão. Na China, seu piado era considerado igual ao som produzido pela pronúncia das palavras "cavar, cavar", prevendo que alguém estava para morrer e que uma cova deveria ser preparada. Sua excelente visão noturna pode ser levada em conta para sua ligação tradicional com a profecia. Entre as tribos das planícies americanas, suas penas são usadas como talismãs mágicos, enquanto para as tribos Pawnee, de Nebrasca, ela é um protetor noturno. Na antiga Atenas, era sagrada para Atena, deusa da sabedoria. Como na alquimia, a coruja é considerada a ave mais sábia de todas e um símbolo do alquimista verdadeiro.

PEGAS
Na tradição aborígine australiana, os pegas são associados com a felicidade e o entusiasmo, enquanto na China o nome dessa ave significa "pássaro da alegria". Quando retratados carregando uma moeda chinesa, representam o desejo para a paz do mundo. No folclore europeu, são considerados como ladrões e aves de mau presságio.

ACIMA Em muitas tradições, a coruja está associada à magia, ao sobrenatural, à sabedoria e à profecia.

GARÇA AZUL
Na China e no Japão, as garças azuis são símbolos tradicionais de longevidade, sabedoria e fidelidade. Na arte ocidental, elas personificam a vigilância.

Criaturas Aquáticas

ACIMA Os antigos gregos reverenciavam os golfinhos como símbolos de sabedoria e profecia.

ABAIXO O deus com cabeça de crocodilo dos antigos egípcios, Sobek, ligado ao mal, é um símbolo da destruição.

O simbolismo das criaturas aquáticas está relacionado ao seu hábitat, à sua aparência e comportamento e ao significado que elas têm para a sociedade humana. As criaturas aquáticas são reverenciadas como deidades, temidas como monstros e caçadas por sua carne, óleos, ovos, pele e ossos. Elas têm um papel significativo no mito, no folclore e na religião.

PEIXES

Muitas tradições usam os peixes como símbolo da sabedoria espiritual. No Cristianismo, é um símbolo de Cristo. No Hinduísmo, Vishnu aparecia como o peixe Matsya para salvar a humanidade da inundação e revelar Vedas. Devido ao número de ovos que colocam, os peixes são conectados à vida e à fertilidade. Na China, são símbolos de boa sorte.

Espécies em particular são escolhidas por suas propriedades simbólicas. No Japão, a carpa simboliza o amor, a coragem, a dignidade e a boa sorte. Os celtas associavam o salmão à sabedoria, à profecia e à inspiração.

BALEIAS, TUBARÕES E GOLFINHOS

No Japão, a baleia era uma das Sete Deidades da Boa Sorte e adorada como deus da pesca e do alimento. Na tradição do povo Maori, simboliza abundância; a figura do pakake – uma baleia estilizada com grandes espirais como mandíbula – é um tema popular.

Na tradição judaico-cristã, o Velho Testamento conta a história de Jonas e a baleia associada à morte e ao renascimento. Alguns dizem que essa história está relacionada a um tubarão que se alimenta de homens e não a uma baleia. Algumas vezes o deus hindu Vishnu é retratado emergindo da boca de um tubarão. Eles são símbolos de perigos da natureza.

Na Grécia antiga, os golfinhos estavam ligados a Apolo e seus dons de sabedoria e profecia, além de estarem ligados à deusa do amor, nascida da água, Afrodite, que significava uma união do masculino, o mundo solar, e do feminino, reino das águas; o nome do golfinho em grego, ou seja delphis, está relacionado a delphys, "útero", que também é o nome do local sagrado Delfos. Em muitas tradições nativas americanas, o golfinho é um mensageiro divino e também uma forma do Grande Espírito. Os árabes navegantes acreditavam que os golfinhos acompanhavam as almas dos mortos até o submundo.

CROCODILOS E JACARÉS

Os crocodilianos habitam dois mundos – terra e água – o que os torna símbolos de contradições fundamentais. Algumas tribos africanas reverenciam os crocodilos como intermediários entre o mundo cotidiano e o mundo espiritual e como oráculos para deidades da água. Em muitas partes da África Ocidental, acredita-se que o fígado e as entranhas do crocodilo tenham poderes mágicos e eles são utilizados pelos xamãs para lançar feitiços destrutivos.

No antigo Egito, eram sagrados e mumificados. Existia um centro para os cultos em Crocodilópolis, onde crocodilos domados eram enfeitados com brincos dourados e ritualmente alimentados para honrar o deus crocodilo, Sobek, que era associado tanto aos poderes ruins e destrutivos de Set, deus do inferno, que assumiu a forma de crocodilo após o assassinato de seu irmão, Osíris, quanto a Ra, a benevolente deidade solar.

Para os aborígines do Território Norte da Austrália, os grandes crocodilos eram os espíritos de pessoas importantes e estão associados à sabedoria. Os povos de Madarrpa, do nordeste da Terra de Arnhem, acreditam que o Homem Crocodilo criou o fogo. Na China, o jacaré, ou crocodilo, foi o inventor do canto e do tambor e tem uma participação no ritmo do mundo. No início da crença cristã, ser comido por um crocodilo indicava que a pessoa havia ido para o Inferno.

RÃS E SAPOS

Tradicionalmente, tanto as rãs quanto os sapos eram animais lunares e seus estágios radicais de crescimento estavam ligados com as fases de mudança da lua. Ambas as criaturas estão ligadas à fertilidade, aos processos aquáticos de nascimento e chuva e à transformação e imortalidade – daí, o tema de sapos que se transformam em príncipes no folclore ocidental. Para os

ACIMA À ESQUERDA Nos contos de fada, o sapo se transforma em príncipe após ser beijado pela princesa. É símbolo de transformação.

ACIMA À DIREITA A tartaruga é um animal sagrado em muitas tradições. Na tradição dos Nativos Americanos é um símbolo da terra.

CONCHAS
O simbolismo da concha está ligado ao útero, ao nascimento e à criação. No mito greco-romano, Afrodite/Vênus surgiu de uma concha de vieira. No hinduísmo, é a origem da existência, sua forma é composta de múltiplas espirais que evoluem a partir de um ponto central. São utilizadas como chifres cerimoniais pelos maias e astecas. No Budismo são um dos emblemas. Em Benin, as conchas de cauril (brilhantes e coloridas) eram moeda corrente, associadas à riqueza, à realeza e ao prestígio. Às vezes, na iconografia cristã, a Virgem Maria é comparada a uma concha de ostra e Cristo à pérola.

celtas, a rã era o senhor da água e para os maias e astecas era uma deidade aquática cujo coaxar previa a chuva e fazia chover. No antigo Egito, Heket, a deusa rã estava associada à magia e ao parto e, na China e no Japão, tanto as rãs quanto os sapos eram associados à magia. No Japão, o sapo era associado com as eclipses lunares e, na China, à riqueza e à longevidade. Tanto as rãs quanto os sapos estavam ligados à magia e à bruxaria na Europa medieval. Na Bíblia, as rãs foram uma das dez pragas do Egito.

TARTARUGAS
Devido à sua inflexibilidade e à forma de seu casco, a tartaruga é um símbolo do mundo em muitas culturas. É o símbolo nativo americano mais antigo para a Terra e a mãe terra – considerando que os terremotos e trovões são causados pela tartaruga cósmica movimentando seu casco terreno. Os maias também imaginavam a Terra como uma enorme tartaruga, assim como os chineses, que consideravam as marcas no casco como um mapa das constelações e o utilizava na adivinhação. Dos quatro animais sagrados da China, a tartaruga era o único animal real (os outros eram o dragão, a fênix e o unicórnio) e símbolo da longevidade.

No mito hindu, a tartaruga Chukwa é uma das dez encarnações de Vishnu. É um símbolo de meditação e sabedoria espiritual. O mito aborígine australiano dizia que a tartaruga surgiu das águas produtivas da montanha de gelo primitiva que foi derretida pela deusa do sol. Na Polinésia, personifica o poder das deidades do oceano. Entre as tribos africanas, são sacrificadas para os deuses da água.

FOCAS E MORSAS
Em algumas histórias do povo Inuíte, essas criaturas aparecem como ancestrais capazes de assumir a forma humana e ensinar as pessoas a nadar e caçar peixes. Também são mensageiras, movendo-se entre o mundo dos espíritos (água) e da matéria (terra). O costume do povo Inuíte determina que, quando os animais são mortos em uma caçada, sua bexiga seja atirada de volta ao mar, como se acreditassem que os animais poderiam renascer como focas ou morsas. A morsa também é conhecida como elefante-marinho.

CARANGUEJOS
Como seu movimento é regido pelas marés lunares (ele caça quando a maré sobe e se refugia quando a maré desce), o caranguejo é associado à lua. Na tradição inca, era uma das facetas da grande mãe, que devorava tanto o tempo quanto a lua minguante.

POLVO
Na antiguidade clássica, o polvo era considerado um monstro que atacava os marinheiros de um naufrágio dividindo-os em pedaços. Como o caranguejo, era associado à lua e ao solstício do verão. Era muito usado na arte das civilizações Minoa e Micenas, no Mediterrâneo, onde algumas vezes ele aparece junto com a espiral e a suástica. Seus tentáculos o associam ao desdobramento da criação a partir do centro.

CORAL
De acordo com uma antiga crença chinesa, o coral veio de uma árvore que cresceu no fundo do mar. Na alquimia, ele era conhecido como árvore da vida, preenchido com uma substância da cor de sangue (devido a sua cor). O Budismo diz que as árvores de corais crescem no paraíso.

ABAIXO As focas exercem uma função proeminente no mito e costume do povo Inuíte, por quem são consideradas como figuras ancestrais primitivas.

INSETOS

> **LIBÉLULAS**
> Em algumas culturas nativas americanas, as libélulas simbolizam os sonhos, a mudança e a iluminação e estão associadas com os poderes xamânicos. Para os chineses, a libélula representa o verão e, devido ao seu movimento arremessador e imprevisível, ela também é símbolo da insegurança.

ACIMA Napoleão usa o tema da abelha, bordada no manto do imperador e no pódio onde está em pé. Símbolo de iguais sob o comando de um líder.

ABAIXO, À DIREITA A borboleta, símbolo de crescimento espiritual e transformação. Na América Latina, é usada para descrever uma prostituta, voando de um homem para o outro.

De um ponto de vista que vê o universo como uma teia interconectada de seres, todas as partes da natureza são significantes, não importa quão pequenas ou comuns elas sejam. Consequentemente, até mesmo os menores insetos são ricos em associações simbólicas, quase sempre associados aos deuses, espíritos e ao sobrenatural. Por exemplo, na mitologia da América Central, pequenos insetos voadores eram considerados como as almas dos mortos que estavam visitando a terra e uma crença similar ainda existe na Guatemala, onde tais insetos estão ligados às estrelas. Assim como acontece com outros animais, as associações simbólicas dos insetos são baseadas em seu comportamento e características físicas e estão enraizadas na cultura e no tempo.

MOSCAS
O nome de Belzebu, o demônio chefe mencionado na Bíblia, deriva da palavra em hebraico "senhor das moscas", indicando a crença comum de que as moscas são precursores de doenças e infortúnios demoníacos; elas foram a terceira das dez pragas do Egito. Mas, no antigo Reino Novo Egípcio (1550-1100 a.C.), as moscas foram notadas por sua persistência e adotadas como símbolos dos guerreiros: varinhas mágicas decoradas com amuletos de moscas foram descobertas neste período. Entre o povo Navajo, Dontso ("grande mosca") é um mensageiro espiritual associado à cura.

ABELHAS
Devido à sua diligência, organização social e trabalho colaborativo, as abelhas frequentemente são utilizadas como modelos de sociedade humana. A colmeia se tornou uma metáfora para a vida ordenada e caridosa das comunidades monásticas cristãs. As abelhas também são valorizadas por seus favos de mel, uma fonte não somente de açúcar, mas também de cera, utilizada para fazer velas. Portanto, elas são associadas tanto à doçura quanto à luz. No antigo Egito, elas eram um símbolo solar, nascidas das lágrimas do deus do sol Ra.

Como a colmeia é organizada em torno da abelha rainha, a abelha era um símbolo de realeza; ela foi adotada pelos reis medievais da França e revivida por Napoleão como um emblema de iguais sob o comando de um único líder. Na arte chinesa, uma abelha ou borboleta pairando em volta de uma flor (simbolizando a

> **O FORMIGUEIRO**
> Na cosmologia de muitos povos africanos (principalmente o Dogon e o Bambara de Mali), o formigueiro tem um papel significante. Ele está ligado à linguagem e arte da tecelagem, aos órgãos femininos e à criação; é um costume tradicional de fertilidade para uma mulher sentar-se em um formigueiro. O padrão tradicional das choupanas do povo Dogon é baseado no projeto de um formigueiro e a crença de que as formigas sabem a localização das correntes subterrâneas significa que os poços geralmente são abertos próximos ao formigueiro. No Budismo Tibetano, o formigueiro é símbolo de uma vida diligente.

mulher) sugeria um desejo excitante. Na antiga Grécia, o mel era associado à eloquência. No mundo celta, o hidromel (uma bebida fermentada feita de mel e água) era considerado uma bebida dos deuses.

BORBOLETAS
Devido ao seu ciclo de vida metamórfico, a borboleta é um símbolo típico de transformação, renascimento místico e alma transcendente. Alguns aborígines australianos consideram as borboletas como espíritos dos mortos que retornaram. Já no mito grego, a Psique (a alma) geralmente é representada como uma borboleta. A graça e a beleza da criatura a tornam um emblema da mulher no Japão, onde duas borboletas dançando juntas simbolizam a felicidade marital e, na China, ela está associada aos prazeres da vida e aos espíritos superiores. Alguém que muda de uma coisa para outra e nunca está satisfeito pode ser descrito como uma borboleta. Na América Latina, a palavra em espanhol para borboleta (mariposa) pode se referir a uma prostituta, que vai de um homem para outro. Os astecas associavam a borboleta às mulheres que tinham morrido no parto, enquanto para os mexicano. Ela era um símbolo do "sol negro" passando pelo submundo durante sua jornada noturna.

ARANHAS
Nas culturas aborígines australianas, a grande aranha é um herói solar, mas em outras tradições é uma força feminina, uma personificação da Grande Mãe tanto em seu aspecto criativo quanto devorador. Entre o povo Tukano, da Amazônia, por exemplo, a teia da aranha está ligada à placenta, enquanto Ixchel, a deusa maia do trabalho de parto, aparece como uma aranha. No Japão, eles acreditam que as mulheres aranhas seduzem os viajantes, enquanto no ocidente as mulheres predatórias, algumas vezes, são ligadas a aranhas, utilizando suas espertezas femininas para atrair os homens para sua teia. Entre o povo Ashanti, do oeste da África, as aranhas estão associadas à Anansi, o deus malandro, que ensinava os seres humanos a arte de tecer. Em alguns mitos nativos americanos, dizem que a aranha ensinou o alfabeto para os seres humanos, traçando as formas das letras em sua teia.

Devido à força da teia e à sua quase invisibilidade, os guerreiros nativos americanos se enfeitavam com desenhos de teias. Para os celtas, a teia é a estrutura invisível que mantém o padrão da vida em um grande desenho. Para os hindus e budistas, a teia representa as ilusões do mundo, enquanto no Cristianismo, ela representa o laço de Satã. Contudo, no folclore europeu, matar uma aranha traz azar porque ela está ligada ao dinheiro e à boa sorte.

> **BICHO-DA-SEDA**
> No antigo Japão e na antiga China, o bicho-da-seda representava a pureza e a virtude. Os japoneses acreditavam que eles foram criados pela união do deus fogo e da deusa terra. Os chineses faziam rituais de oferendas de bichos-da-seda e folhas de amora na primavera. A seda está tradicionalmente associada à nobreza, ao luxo e à opulência.

ESCORPIÕES
Por causa de seu ferrão venenoso, permanentemente desprotegido e pronto para atacar, o escorpião está associado à morte e à destruição. Na África, muitas pessoas usam o eufemismo para a criatura, uma vez que sussurrar seu nome poderia liberar o mal no mundo. O escorpião tem muitas ligações com o submundo; o signo de escorpião, no zodíaco, é governado por Plutão, senhor das trevas; enquanto no antigo Egito a deusa escorpião Selket (uma feiticeira-curandeira) era uma das quatro deusas que protegia o morto Osíris. Devido à sua associação com o deserto, o escorpião pode representar a seca e desolação. Alguns povos amazônicos acreditam que ele foi enviado por um deus ciumento para punir os homens por fazerem sexo com as mulheres, as quais ele mesmo desejava. Em uma versão do mito greco-romano sobre Orion o caçador, ele morreu quando foi mordido no calcanhar por um escorpião e ambos se tornaram constelações em lados opostos do céu.

MINHOCAS
O simbolismo da minhoca une vida nova à corrupção e morte. No mito chinês, a raça humana tem sua origem nas minhocas que se alimentavam dos corpos dos seres primitivos e existe uma crença semelhante na tradição da Islândia, onde as minhocas que se alimentavam do gigante congelado Ymir (de cujo corpo a terra foi criada) assumiram a forma humana. Diziam que legendário herói celta e irlandês, Cúchulainn, havia nascido de uma minhoca. Em termos psicológicos, as minhocas podem ser associadas aos processos destrutivos que corroem a personalidade.

ACIMA O escorpião está intimamente ligado à morte e à destruição. Em partes da África, muitos povos recusam dizer seu nome acreditando que isso traria o mal para o mundo.

> **GRILOS E GAFANHOTOS**
> No Japão, os grilos estão ligados à lua e, na China, eles são símbolos de morte e ressurreição. Encontrar um grilo em casa é sinal de boa sorte na China e em alguns países do Mediterrâneo.
> Devido à sua habilidade de destruir plantações, os gafanhotos geralmente são associados à voracidade e destruição.

Cobra ou Serpente

De todos os símbolos animais, a cobra é provavelmente o mais significativo e complexo. Desde os primórdios, as cobras parecem estar ligadas à eternidade, como criadoras e destruidoras do universo, e associadas tanto à cura quanto à sabedoria; elas também são endiabradas e ligadas à tentação, imoralidade e a Satã.

ACIMA A deusa das cobras é a Mãe Terra Cretense, mostrada aqui segurando as cobras da morte e do renascimento.

NAGAS E A SABEDORIA

Na mitologia indiana, as nagas (da palavra em sânscrito para "cobra") são serpentes de água divinas, benevolentes e sábias, retratadas com uma face humana e o capuz de uma naja. Na alquimia indiana, nagayuna tem o objetivo de unificar as energias do corpo em uma jornada de autocompreensão para preservar o elixir da vida.

AS COBRAS E O FEMININO

A cobra era quase sempre associada às deidades, particularmente às deusas mães e à Mãe Terra. A antiga deusa fenícia da fertilidade, Tanith, que está associada a Eva e a Lilith, também era associada às cobras. Na mitologia egípcia, Buto era a deusa cobra, em geral retratada como uma naja. Sua imagem na testa do Faraó o protegia de seus inimigos. O culto matriarcal em Delfos era simbolicamente desfeito quando o deus Apolo matava a serpente fêmea Python e a Ilíada conta sobre Calcas interpretando uma águia que carregava uma cobra ferida em suas garras como sinal de que os gregos patriarcais superariam as tradições matriarcais da Ásia.

DO DEUS PRIMITIVO À SERPENTE DO MAL

Em muitas partes do mundo, as cobras como outros répteis e peixes são utilizadas para representar a natureza em seus aspectos mais primordiais ou fundamentais. Como a cobra troca de pele e, então, começa uma nova vida, ela personifica o ciclo da morte e da ressurreição. A serpente era um deus primitivo, que existia nas raízes da vida e tinha uma forte conexão atônica com o submundo, surgindo das profundezas da Mãe Terra e, psicologicamente, do inconsciente coletivo. Era o senhor da Árvore da Vida, onde o tempo e a eternidade se encontravam. Os selos sumerianos de 3500 a.C. mostram a serpente com a árvore e a deusa dando o fruto da vida para um visitante masculino.

A deidade Canaanite era uma deusa mãe que estava fortemente associada à serpente e representava os mistérios da vida. Quando os hebreus introduziram um deus masculino em Canaã, a deidade feminina e a cobra foram relegadas e se juntaram ao mal. A cobra na história do Jardim do Éden tem características satânicas, tentando Eva a cometer o pecado da desobediência contra Deus, considerando que os gnósticos de Nassene (nass significa "cobra") honravam a serpente na forma do deus sumeriano Enki, uma influência libertadora que ajudou Adão e Eva a se tornarem totalmente humanos apresentando-os à Árvore do Conhecimento.

Para Jung, as cobras simbolizavam o que é totalmente inconsciente e instintivo e que possuía uma sabedoria quase sobrenatural e única, o que pode entrar em conflito com as atitudes

À ESQUERDA Eva retratada com a serpente do mal e o fruto proibido que esta última usa para fazer Eva pecar.

conscientes. A cobra pode simbolizar o mal e a sabedoria, facilmente superando a moralidade humana. Sonhar com uma cobra sugere um enorme abismo entre o consciente e o inconsciente e também quer dizer que o inconsciente está se fazendo conhecido de um modo compulsivo e reflexivo. Uma cobra em nossos sonhos pode sugerir que estamos nos afastando do caminho tortuoso de nossa individuação.

A COBRA COMO CRIADORA E DESTRUIDORA

As serpentes aparecem como fonte de vida em muitos mitos da criação, mas também podem ser figuras de destruição. Os sumerianos e os Akkadians da Mesopotâmia descreveram a mistura das águas do Apsu e do Tiamat, das quais emergiram Lakhmu e Lakhamu, duas serpentes monstros que deram origem ao Céu e a Terra. A serpente do Arco-Íris aparece na arte das rochas aborígines na Terra de Arnhem entre 6 mil e 8 mil anos atrás. Este ancestral da Era dos Sonhos é uma criatura associada à fertilidade, abundância, chuva e considerada a criadora dos seres humanos. Seu lado destrutivo pune os que vão contra a lei natural, engolindo-os em grandes inundações e regurgitando seus ossos.

A antiga mitologia germânica associa a serpente à morte e ao enfraquecimento das raízes da Árvore da Vida. A tradição nórdica previa um dilúvio que destruiria o mundo quando Jormangand, a serpente de Midgard, fosse acordada.

CURA E MORTE

Há muito tempo as serpentes são associadas à cura e à mediação entre a vida e a morte. Na mitologia grega, Asclépio, o filho de Apolo e da mortal Coronis, era capaz de se transformar em uma cobra e podia trazer os mortos de volta à vida, deixando Hades, o deus do submundo, muito furioso. Há um conto que diz que ele se transformou em serpente para acabar com uma praga em Roma e os romanos começaram a adorá-lo como deus da medicina e da cura. O processo de cura Asclepiano, chamado de incubação, exigia que o paciente ficasse a noite toda em um local sagrado. Ele seria visitado pelo deus em sonho, sua mensagem seria interpretada por um sacerdote e resultaria em um remédio.

O símbolo asclepiano de uma cobra enrolada em volta de um bastão representa a cura e atualmente é utilizada como um símbolo médico. Ela é frequentemente confundida com o caduceu, ou "bastão com asas", de Mercúrio, em que duas cobras foram entrelaçadas. Essas cobras estavam envolvidas em uma luta na qual houve intervenção de Mercúrio, revelando sua natureza como psicopompo ou condutor de almas entre os mundos.

A associação da serpente com a cura, vida e morte é encontrada na história eslava pagã-cristã de Bogatyr Potok que, ao saber da morte de sua jovem esposa, enterrou a si mesmo junto com ela, totalmente armado e no dorso de um cavalo, em uma tumba profunda. À meia-noite, répteis monstruosos apareceram, incluindo uma grande serpente que cuspia fogo. Potok cortou a cabeça da serpente e trouxe sua esposa de volta à vida, ungindo seu corpo com a cabeça da serpente. O princípio homeopático de que "os semelhantes curam-se pelos semelhantes" é essencial para a natureza venenosa/curativa da cobra.

A ANACONDA DO POVO TUKANO

O povo Tukano, da Amazônia, acredita que anacondas monstruosas vivem nas lagoas da floresta e nas piscinas profundas embaixo das cachoeiras. Comparam o movimento da Via-Láctea ao entrelaçamento de duas anacondas copulando, refletindo os períodos sazonais de inseminação, germinação e fertilidade. A anaconda é o caminho cheio de curvas através da floresta, assim como o rio, e quando o fluxo é para cima, ela representa uma jornada de iniciação.

ACIMA Duas cobras entrelaçadas no "bastão com asas" de Mercúrio representam o poder transformador de mudar de macho para fêmea e vice-versa. O bastão asclepiano com sua cobra única era o símbolo médico original; contudo, possivelmente por engano, este caduceu também é usado para este propósito.

ABAIXO A arte dos aborígines australianos geralmente retrata a cobra e sua associação com a fertilidade e a abundância

A Vida no Planeta

INEVITAVELMENTE, GRANDE PARTE DO SIMBOLISMO CULTURAL SE ORIGINA DA TERRA E DE COMO VIVEMOS NOSSAS VIDAS EM NOSSO PLANETA. AS ESTAÇÕES E CICLOS, O TEMPO, A DISTÂNCIA, OS ELEMENTOS E A PRÓPRIA TERRA FIZERAM SURGIR OS MAIS ANTIGOS SIGNOS E SÍMBOLOS DA HUMANIDADE, QUE PERMANECEM CONSTANTES APESAR DO MODO COMO A CIÊNCIA TEM AUMENTADO NOSSO CONHECIMENTO SOBRE O PLANETA EM QUE VIVEMOS.

Estações e Tempo

À DIREITA Escultura de pedra de 22 mil anos conhecida como a Vênus de Laussel. Acredita-se que o chifre que ela segura está marcado com um ano de treze ciclos lunares.

A humanidade sempre utilizou o simbolismo e o ritual para se referir aos ritmos e ciclos da vida. A natureza salienta a existência com os acontecimentos da vida – os momentos de concepção, nascimento e morte – e a vida segue em ciclos interdependentes. As fases da vida sempre nos preocupam e possuem sua própria linguagem simbólica universal.

CALENDÁRIOS E O TEMPO
Os primeiros calendários eram baseados nas fases da lua. As pinturas das cavernas em Lascaux, na França, mostram que elas eram contadas por volta de 17 mil anos atrás e a escultura de Vênus de Laussel, que tem aproximadamente 22 mil anos, mostra Vênus segurando um chifre com treze marcações, representando um ano de ciclos lunares. O calendário lunar está associado ao ciclo menstrual e predomina nas civilizações que adoram a Deusa. O Stonehenge britânico é um monumento simbólico alinhado com os movimentos da lua e do sol. Os calendários lunisolares e solares surgiram com a mudança de valores femininos para os masculinos.

Ainda hoje, os judeus e os mulçumanos usam os calendários lunares. O calendário chinês, outro exemplo de calendário lunisolar, é utilizado para estabelecer o tempo dos feriados e festivais. É importante para os fazendeiros chineses que ainda plantam de acordo com a lua.

Considerando que o tempo era originalmente associado ao ritmo, renascimento e renovação na natureza, simbolizado pelo círculo e pelo yoni, a influência judaico-cristã levou à criação do tempo linear. No século XIV, os europeus idealizaram o universo em termos de funcionamento do relógio, e no século XVII, Isaac Newton caracterizou o tempo como absoluto e uniforme.

Os avanços tecnológicos nos permitem ignorar ou colonizar o "tempo da natureza", cultivando plantações fora da estação e estendendo o tempo do dia para a noite. Somente nos anos recentes, a partir das teorias da relatividade de Einstein, é que o tempo, junto com o espaço, foi considerado flexível.

A RODA DO ANO CELTA
Na tradição celta, um círculo simbólico do tempo representa os pontos transacionais durante o ano: Samhain, solstício do inverno; Imbolc, equinócio da primavera; Beltane, solstício do verão e Lughnasada, equinócio do outono. A roda do ano descreve os ciclos da morte, nascimento, juventude, maturidade e renovação da vida e cada ponto está marcado pelas celebrações sazonais.

Samhain (31 de outubro para 1 de novembro) também é o festival dos mortos, quando a veia entre os vivos e os mortos é considerada em seu estado mais fino. O ano começa na parte agonizante e decadente da roda, refletindo o

O RELÓGIO TIRÂNICO
No romance de ,1846-48, de Charles Dickens, "Dombey and Son" (Dombey & Filho), o relógio se faz ouvir e sentir em todos os lugares. O sr. Dombey faz tudo de acordo com ele. O autor mostra como este símbolo mecânico transforma a vida e domina a sociedade industrial.

> **CALENDÁRIO MAIA**
>
> A civilização maia desenvolveu um calendário altamente sofisticado, que traça e combina os ciclos da lua, do sol, do planeta Vênus e da constelação Plêiades. O calendário foi adotado mais tarde pelos toltecas e astecas. Para os maias, seguir o calendário era tanto um ato sagrado quanto político e seus governantes eram associados aos símbolos de medição de tempo.

> **DEUS DO TEMPO**
>
> Os gregos idealizaram dois deuses do tempo: Cronos (mostrado à esquerda, a cobra em volta dele simbolizando a eternidade) era o deus do tempo absoluto, linear e quantificável e Kairos, que era o deus da velocidade, da oportunidade e da possibilidade.

entendimento celta da importância do envelhecimento e da morte para que a vida prospere. Essa época é simbolizada pela figura da deusa, que também é uma pessoa idosa. A juventude, a beleza, o crescimento e a produtividade são simbolizados mais tarde no ano celta pela donzela e mãe, os outros dois aspectos da deusa tríplice.

SIMBOLISMO SAZONAL

As primeiras medições de tempo eram baseadas no aparecimento e desaparecimento e nos caminhos de mudança do sol e da lua. As principais fases do dia tinham seu próprio simbolismo que ainda ressoam atualmente. A madrugada era um símbolo universal de esperança, alegria e juventude. O almoço era a hora da revelação na tradição judaica e islâmica. O crepúsculo estava ligado ao tempo sombrio e incerto do declínio e, portanto, da morte.

Inspirados pelos ciclos da lua, e pelo nascer e pôr do sol, as quatro estações eram símbolos universais de nascimento, crescimento, morte e renascimento. Na arte ocidental, a primavera é uma jovem mulher, às vezes uma criança, por vezes ligada à flor, ao carneiro ou ao cabrito e à deusa grega Afrodite. O verão é uma mulher na beleza completa da maturidade, coroada com espigas de milho e, às vezes, carregando uma foice. O outono está associado a Dionísio, à colheita e à lebre. Ás vezes, o inverno é um homem idoso ou mulher idosa. O deus ferreiro Hephaestus está associado a esta estação, como também a salamandra e o pato.

FESTIVAIS DAS COLHEITAS

Os festivais de agradecimentos na época das colheitas são comuns nas culturas agrárias.

> **PLÊIADES**
>
> A constelação das Plêiades possui muitas associações simbólicas. As estrelas representavam a deusa mãe Net no antigo Egito e, na China, elas eram as estrelas das flores. A tribo Khoikhoi, da África do Sul, as chamava de Khuseti, as estrelas que carregam a chuva. Na tradição hindu, elas são as flamas de Agni, deus do fogo.

Hora de apreciar as forças da natureza, dos ancestrais, de compartilhar experiências e fortalecer os laços sociais.

O festival da lua da colheita na Coreia, chamado Chusok, acontece no 15º dia do 8º mês lunar. O mesmo dia na China e no Vietnã é Chung Ch'ui, considerado o nascimento da lua e celebrado com uma festa e "bolos da lua" especiais, símbolos de união.

Pongal é o festival da colheita hindu do sul da Índia, que começa 14 de janeiro. Seu nome, "transbordamento", é uma referência às recompensas da natureza e também ao prato de arroz-doce. Dura três dias e as oferendas são feitas para os deuses da chuva e do sol, que aguaram e amadureceram o arroz; e também ao gado, que é essencial para uma comunidade próspera.

O festival sikh de Baisakhi é um festival de colheita do norte da Índia, celebrado em 13 de abril, o primeiro dia do ano solar de Sikh. Os dançarinos e os tocadores de tambor reconstituem cenas de semeação, colheita, seleção e armazenamento das plantações.

ABAIXO Uma procissão dos sikhs no festival de Baisakhi, que celebra o início da colheita do milho e acontece no primeiro dia do ano solar

A Terra

À DIREITA A vista do planeta Terra do espaço mudou o modo como vemos nosso mundo e simboliza a totalidade e a interconexão da vida.

O significado da Terra para os seres humanos tem mudado notavelmente com o passar do tempo. Seu simbolismo está fortemente ligado ao nosso estado de mente ou consciência coletiva e reflete as mudanças nos valores humanos e em nosso relacionamento com a natureza.

A TERRA PLANA

A maioria das sociedades primitivas imaginava a Terra plana, como uma roda ou um disco gigante. Os antigos chineses descreviam a Terra como um quadrado plano no topo incompleto de uma pirâmide de quatro lados, abaixo dos céus circulares. Na Índia, o Rig Veda descreveu a terra e o céu como duas rodas, uma em cada uma das extremidades de um eixo. Textos clássicos, hindus, budistas e do Jainismo (13) concordam que a Terra era de fato um disco plano, embora alguns mitos indianos a vissem como uma esfera.

Os antigos hebreus, egípcios e babilônicos, tinham cosmologias da Terra plana. De acordo com o livro hebreu de Enoque, o anjo Uriel guiou Enoque até as extremidades da Terra, onde ele viu animais e pássaros enormes e no horizonte ele viu o céu apoiado na extremidade da Terra. Os egípcios imaginavam uma Terra retangular, com a deusa do céu, Nut, esticando seu corpo como uma abóbada sobre a Terra. Os babilônicos imaginavam uma Terra plana rodeada pelo oceano, com uma abóbada celeste apoiada no oceano ou em pilares. No ocidente, a primeira descrição da Terra está na Ilíada, em que Homero descreveu o céu como um hemisfério do formato de uma tigela, cobrindo uma Terra plana e circular.

À DIREITA O Mapa do Saltério com Jerusalém no centro, é o primeiro mapa existente que simboliza o papel de Cristo como supervisor do mundo.

A TERRA REDONDA

Embora os povos primitivos pensassem que a Terra era plana, havia exceções. Os Ainu, povo indígena do Japão, acreditavam que a Terra era uma bola flutuando no oceano, mas sua palavra para Terra significa "terra flutuante", sugerindo uma percepção localizada de um povo que vivia em uma ilha. Em 375 a.C., Platão descreveu a Terra como um globo, no contexto de um universo centralizado nela e Aristóteles (384-322 a.C.) sugeriu uma esfera com base em suas observações nas sombras circulares que ficavam na lua durante um eclipse lunar. Em 200 a.C., o egípcio Eratóstenes calculou o diâmetro da Terra utilizando a trigonometria, medindo a extensão da sombra de um torre vertical em Alexandria, quando o sol estava diretamente acima de Aswan, 800 km de distância.

Contudo, a mudança paradigmática de uma Terra plana para uma redonda aconteceu muitas centenas de anos depois. Em 1492, Cristóvão Colombo, navegando parcialmente pelo mundo, provou por experiência o que, até então, havia sido conjeturado através de cálculo: a Terra era de fato uma esfera. Provavelmente, Galileu e Copérnico foram bastante encorajados pela experiência de Colombo e logo surgiram novas teorias dramáticas referentes ao universo centralizado no sol, em volta do qual a Terra esférica e a lua orbitavam.

A TERRA COMO UMA DEIDADE

A Terra era adorada nos tempos antigos como a deusa mãe suprema e acreditava-se que ela tinha vida e também era divina. A Mãe Terra era uma figura de grande compaixão e fonte de toda vida e fertilidade. As imagens paleolíticas da deusa mãe, datadas de 22 mil – 18 mil a.C., incluem

(13) N.T.: *Jainismo*: uma das seitas religiosas da Índia.

À DIREITA A Virgem em seu papel de mãe terra, intercedendo com Deus em favor da humanidade.

a Vênus de Laussel, uma escultura na rocha de Dordogne, na França e as estatuetas conhecidas como a Deusa de Lespugue, encontrada em Haute-Garonne, França, e a Deusa de Willendorf, encontrada na Áustria. Cada uma retrata uma forma feminina com seios e um útero cheio e redondo. No ocidente, a última deusa da Terra foi Gaia, não mais a mãe suprema, entretanto, consciente e uma deidade viva. Em grego, seu nome significa "solo" ou "terra". Ela era uma deusa tríplice, diferenciada como donzela, ou Perséfone, a mãe, ou Deméter, e a anciã, ou Hecate. Durante o período clássico, houve uma mudança na ênfase de Gaia para seu bisneto Zeus, refletindo a substituição da imagem de mãe divina por uma imagem bem mais remota de um deus masculino, que se espalhou pela Europa, Oriente Médio, África do Norte e Índia, ganhando proeminência particular no Deus judaico-cristão.

Nas eras cristãs, Maria, a mãe de Cristo, personifica ou reflete algumas das qualidades das antigas deusas mães e atua como intermediária entre o Céu e a Terra. Enquanto isso, o Deus masculino existe no Céu, fora da esfera terrena, simbolizando uma separação entre a Terra e a deidade.

A HIERARQUIA DO CÉU E DA TERRA

A visão de mundo judaico-cristã enfatiza um relacionamento entre Céu e Terra, colocando a humanidade mais próxima de Deus do que as outras criaturas vivas, com a responsabilidade de assumir o domínio sobre a Terra e a natureza. Isso pode ser interpretado por muitos para justificar uma imagem da Terra como um recurso para o uso humano. Com o divino não sendo mais sinônimo de natureza, a Terra poderia facilmente se tornar um objeto de interesse e exploração. Francis Bacon (1561 - 1626) falava da natureza em termos femininos e defendia seu domínio para benefício humano. Ele sugeriu que a natureza deveria ser "limitada ao serviço", "moldada" pela máquina e transformada em "escravo" – simultaneamente representando as atitudes que prevaleciam em relação às mulheres e à natureza.

A TERRA VIVA

Quando, em 1969, o cientista James Lovelock idealizou sua hipótese de Gaia, ele descreveu que se sentia como um astronauta olhando para a Terra enquanto estava em pé na lua e que, às vezes, ele sentia que o planeta todo estava participando de uma "cerimônia sagrada". Sua visão da Terra como um sistema de autocontrole, complexo e fechado, que opera como se fosse um ser vivo – um ponto de vista pragmático e científico – provocou grande especulação no que se refere a seu potencial como símbolo religioso moderno. A utilização do nome da deusa grega da Terra, Gaia, pode ter aumentado o poder deste modelo científico e das imagens simbólicas. Para muitos, Gaia começou a representar a ideia da "Terra viva", apesar da ênfase da teoria de que a Terra age somente "como" um sistema ativo. Para Lovelock, Gaia é algo com que os humanos podem se reconectar, mantendo um senso de admiração pela natureza.

Para o povo Kono, de Sierra Leone, a Terra é na realidade um ser vivo, a esposa de Deus, além de ser imensamente produtiva e fértil. A ênfase do estilo de vida do povo Kono, como o de muitos povos indígenas, está na manutenção da harmonia da natureza, através dos relacionamentos humanos e da comunidade e dos relacionamentos com a terra e as forças invisíveis.

NOVO SIMBOLISMO

A imagem da Terra vista do espaço oferece um simbolismo significativo para os seres humanos contemporâneos. É a Terra vista dos "céus" e esta visão modificada nos mostra que as separações que percebemos entre as diferentes culturas, e entre nós e a natureza, são imateriais quando visualizadas a distância. A Terra vista do espaço oferece o símbolo de um relacionamento renovado entre a humanidade e a natureza.

A TERRA CÔNCAVA

Desde a revolução científica, os cientistas criaram a hipótese de a Terra ser côncava. John Cleves Symmes (1779 - 1829) acreditava que a Terra era formada por quatro esferas concêntricas côncavas, com espaços entre uma e outra, que eram possivelmente habitáveis em suas superfícies internas e externas. Ele acreditava que havia dois buracos enormes nos polos Norte e Sul e propôs uma expedição para as esferas internas. "O buraco de Symmes" se tornou uma expressão de ridicularização na década de 1820.

Mapas e Direções

ACIMA Um mapa da Islândia, projetado por Abraham Ortelius no final do século XVI, exibe uma imensa quantidade de monstros marinhos, ursos polares, icebergs e vulcões em erupção no Monte Hekla.

ABAIXO Um disco de pedra contendo o desenho de uma canção aborígine australiana. Os aborígines acreditavam que as canções uniam diversos grupos em um relacionamento de sonho em comum com a terra.

O simbolismo de orientação e direção está focado no modo como as pessoas se movem na vida e no mundo, o que significa estar em um determinado local em certo horário, e o relacionamento com os lugares além de nossa experiência diária.

MAPEANDO O MUNDO

O modo como um mapa é projetado depende da visão de mundo e das crenças do cartógrafo e do que é considerado central ou periférico, o que é conhecido, misterioso ou ameaçador para a cultura. O primeiro mapa-múndi, ou mapa mundial, foi uma representação simbólica do mundo conhecido misturada com o *imago mundi* ou imagem do mundo como um cosmos ordenado. Os primeiros mapas eram tanto cosmológicos e míticos quanto ferramentas para orientação prática. O mapa de Beatus, projetado por um monge beneditino em 787 a.C., mostra o mundo em um retângulo circulado por um oceano. Essa forma, chamada de "mapa T", era comum até meados da Idade Média. Os mapas T dividiam o mundo em três, o número da Divina Trindade; Jerusalém geralmente ficava na intersecção, com o Éden no topo ou a leste, e o resto do mundo dividido em Ásia, África e Europa. Como a visão de mundo medieval desapareceu durante a Renascença, Jerusalém e o Éden não foram mais colocados em mapas como características centrais e as extremidades dos mapas começaram a exibir regiões não exploradas, com estranhas criaturas híbridas nas pontas do mundo conhecido. A Carta Marina, preparada pelo arcebispo sueco Olaus Magnus, impressa pela primeira vez em Veneza, 1539, mostrava o Mar do Norte em volta da Escandinávia cheio de criaturas marinhas tenebrosas. Era o primeiro mapa mostrando as regiões nórdicas, que haviam sido previamente consideradas como terra incógnita (terras desconhecidas).

PROJETANDO MAPAS ATRAVÉS DE CANÇÕES E HISTÓRIAS

Os aborígines australianos acreditam que a topografia de sua terra foi criada através das jornadas ou das "canções" dos ancestrais. Essas canções cruzam a Austrália e são cantadas pelos aborígines, uma vez que eles seguem os caminhos sagrados.

Na cultura de caçadores, como do povo Nunamit, do Alasca, um jovem deve aprender os detalhes do terreno da caça antes de apreciar a caça. Ele constrói um mapa simbólico da topografia do local ouvindo os mitos dos espíritos e heróis que vivem nos locais de caça.

A BÚSSOLA

Para algumas pessoas, a bússola é um símbolo neutro que unifica os povos da Terra, uma vez que todos nós compartilhamos as direções norte, sul, leste e oeste. Contudo, também é um símbolo de exploração, orientação, expansão e até mesmo conquista da natureza. A frase "bússola moral" é comumente utilizada nos dias de hoje nos Estados Unidos para se referir às ações moralmente "corretas".

Os praticantes da arte geomântica do feng shui (que significa "vento e água") usam uma bússola magnética circular conhecida como *luo pan* para localizar as casas e tumbas onde as energias estão em equilíbrio harmonioso para boa sorte. As linhas do dragão, ou correntes do dragão, que correm pela terra, são formadas de corrente negativa yin, simbolizada por um tigre branco, e por uma corrente positiva yang, simbolizada por um dragão azul. Uma zona rural yin terá características femininas levemente onduladas e uma paisagem yang terá características masculinas montanhosas ou acentuadas.

ORIENTAÇÃO

Os viajantes e exploradores da terra e do mar têm, desde os tempos antigos, se orientado de acordo com as posições das estrelas no céu noturno. A orientação é necessária tanto na realidade cotidiana, para saber onde estamos e para onde vamos, quanto para nosso senso pessoal e cultural de significado e identidade. Muitas culturas consideram um local sagrado para elas como o centro do mundo. Isso pode ser representado por uma montanha sagrada,

O QUE É IMPASSÍVEL E O QUE FICA NA PARTE SUPERIOR?

O simbolismo de "norte" e "sul" muda de acordo com o local onde você vive, acima ou abaixo da linha do Equador. Para aqueles que estão no Hemisfério Sul, o sul está associado ao frio e o norte ao calor, o oposto de seu significado se estiver no Hemisfério Norte. Devido ao fato de o globo ter sido originariamente desenhado no mapa pelos europeus, os mapas tradicionalmente colocam o Polo Norte na parte superior. Para combater o domínio inconsciente dessa visão de mundo, algumas pessoas das terras "de baixo" – Nova Zelândia e Austrália – criaram mapas do mundo com o Polo Sul na parte superior.

JORNADAS SAGRADAS

Os mitos e lendas são cheios de histórias de jornadas. Contos sobre migração, exploração, conquista, buscas heroicas e peregrinações servem para focalizar ou renovar a identidade de um povo, entrar em comunhão com deuses e espíritos e justificar ou honrar seu relacionamento com a terra.

A história do Êxodo dos hebreus descreve como Moisés conduziu os israelitas para fora da escravidão até uma terra prometida por Deus. A migração asteca do século XII foi uma viagem de renovação cultural, na qual o povo Mexica foi guiado pelo deus Huitzilopochtli em suas viagens da ilha de Aztlan para Tenochtitlan, sua futura capital. Uma peregrinação é uma jornada simbólica representando reorientação espiritual, devoção, cura e renovação através de uma paisagem sagrada ou significativa.

Uma peregrinação física é um ato quase imperceptível, significando que, em algum ponto, o peregrino cruza um limite, deixando sua vida cotidiana para trás e viajando em direção a um destino sagrado.

No Islamismo, o hajj é um peregrino para a cidade santa de Meca. Os antigos gregos viajavam para receber orientação do oráculo em Delfos, ou cura do santuário de Asclépio em Epidaurus. Na Europa do século IX, muitos peregrinos viajavam para Santiago de Compostela, no noroeste da Espanha, na extremidade externa do mundo conhecido, para visitar as relíquias dos milagres realizados por Santo James.

Os hindus fazem uma peregrinação para o Monte Kailas, a manifestação física do místico Monte Meru, o centro do mundo. A jornada para o Monte Sinai, onde Moisés recebeu as tábuas da lei, assim como muitos peregrinos, reflete a jornada espiritual e também física do próprio Moisés.

ACIMA O *luo pan*, ou bússola do feng shui, era utilizado com fonte de orientação pelos antigos imperadores e sábios chineses. Os símbolos circulares, como as 24 estrelas da montanha, 64 hexagramas, 60 hastes e ramos e 12 dragões da montanha, eram usados para localizar e orientar as construções e para adivinhação.

uma árvore do mundo ou um local sagrado. O povo irá se "centralizar" em relação a esse ponto em um ato de renovação ou equilíbrio da natureza e do espírito.

Locais de adoração, tais como mesquitas, templos e igrejas, túmulos e locais de sepultamento, frequentemente se alinham com o eixo leste-oeste, as direções do nascer e pôr do sol. Onde quer que estejam no mundo, os mulçumanos ficam de frente para o centro sagrado, Meca, na oração diária. Os nativos americanos oferecem preces para as quatro direções cósmicas, geralmente começando pelo leste, onde nasce o sol.

O HORIZONTE

Como um importante símbolo de orientação, o horizonte representa o ponto mais distante que o olho pode ver no plano terreno. É um local de visão, exploração e novas descobertas. O sol no horizonte indica a madrugada de um novo dia, mundo ou era e aponta para o potencial de novos começos, além de trazer o futuro.

À ESQUERDA Uma oração mulçumana requer que a pessoa fique em pé e, em seguida, se curve ou fique prostrada em direção a Meca.

ABAIXO Geralmente, o horizonte simboliza nossos limites terrenos, o fim e o começo de novas possibilidades e explorações.

O Solo

A TERRA ARADA

Nos tempos antigos, arar a terra era considerado um ato espiritual, uma vez que fazia a terra ficar fértil. O arado também representava o princípio ativo masculino no relacionamento com o princípio passivo feminino da Terra: arar a terra, portanto, significava o ato sexual.

Não importa se pensamos que somos os donos da terra ou se a emprestamos ou a compartilhamos com os deuses, ela aparece de modo proeminente no simbolismo mundial. De uma perspectiva de posse, a reivindicação da terra é um ato simbólico de poder, de riqueza, de nacionalismo ou de identidade individual. A "descoberta", conquista ou colonização de outras terras é frequentemente simbolizada pela colocação do pé no solo, colocando-se a bandeira nacional, ou escrevendo um documento legal conferindo a posse.

Para muitos povos indígenas, a terra não é possuída pelos indivíduos, mas é compreendida como uma entidade viva ou dádiva divina, que garante o respeito e o relacionamento. Os povos indígenas das Filipinas, por exemplo, consideram que a terra é uma dádiva de Deus e sua propriedade é designada pelos ancestrais e espíritos da natureza. O solo é mantido por eles em confiança e tutela.

TERREMOTOS

Compreensivelmente, o abalo e distúrbio dos terremotos geralmente estão associados com a raiva dos deuses em reação à degeneração das pessoas. Os japoneses achavam que a atividade sísmica vinha do deus da tempestade Susano-O e os gregos acreditavam que o deus da tempestade Poseidon, também conhecido como Enosicthon ("sacudidor da terra"), era a causa dos terremotos. De acordo com Platão, os terremotos e as inundações consumiram a civilização legendária de Atlântida em um único dia. Os terremotos podem ser considerados como presságios de grandes mudanças na religião ou na política; o Novo Testamento descreve o tremor da terra na hora da morte de Cristo. Assim como outros desastres naturais, os terremotos frequentemente simbolizam as qualidades vulneráveis da humanidade em relação às forças naturais da Terra.

O SOLO

Fundamental para a produção de alimentos, o solo é considerado como o "ouro preto" pelas sociedades agrárias. Os birmaneses o consideram tão valioso quanto o ouro, a prata, o ferro, o cobre, o chumbo ou o estanho. Muitos mitos da criação contam sobre os humanos moldados a partir do barro e todos nós somos dependentes da fertilidade do solo que sustenta a vida.

O solo de um campo ou região em particular pode possuir qualidades ou essências especiais. O povo uralo altaico, conhecido como Chuvashi, pratica um ritual no qual eles "roubam" um punhado de terra de um campo produtivo próximo para melhorar a fertilidade de sua própria terra. Os cultivadores biodinâmicos modernos fazem preparações especiais, como enterrar ervas em chifres de vaca durante um período astrológico significante e, depois, com base na homeopatia potencializam a mistura agitando-a com água e espalhando-a no solo. Isso concentra as forças cósmicas no solo, elevando a vitalidade das plantas e daqueles que as comem.

O ritual da fertilidade de ter relações sexuais em um campo é comum nas tradições pagãs. Também é encontrado no mito grego sobre Deméter, a deusa do solo. Ela e o jovem cretense Iasion tiveram relações sexuais em um campo arado três vezes, cujo resultado foi seu filho, Ploutos ("abundância").

MONTANHAS

Um significado simbólico natural das montanhas é que elas são a parte da Terra mais próxima dos céus, onde os humanos podem se comunicar com os deuses. Um pico alto é

À ESQUERDA Na antiguidade, os terremotos eram considerados como um sinal da fúria de uma deidade e no início do Cristianismo não era diferente. Nesta ilustração estão as trombetas angelicais que estremecem a Terra.

mantido sagrado pela cultura local, é considerado o eixo do mundo, ligando a Terra ao Céu.

Moisés subiu até o cume do Monte Sinai para receber os Dez Mandamentos e Jesus fez sua ascensão ao Céu do Monte das Oliveiras. Para os hindus, sectários do Jainismo e budistas tibetanos, o mítico Monte Meru é o centro do universo, com suas raízes no submundo e seu cume nos céus. Sua manifestação terrena é o Monte Kailash, no Himalaia. As montanhas são consideradas corpos de divindades. Na tradição Shinto, o Monte Fuji, no Japão, é a manifestação física dos deuses. O povo Navajo, da América do Norte, acredita que montanhas específicas personificam importantes espíritos femininos e masculinos da natureza. Um espírito masculino se estende através das cadeias de montanhas Chuska e Carrizo, com sua cabeça deitada no Cume do Chuska, enquanto o espírito feminino se estende sobre o vale com sua cabeça na Montanha Navajo.

PEDRA E ROCHA

As rochas são símbolos da eternidade e imobilidade e estão associadas à divindade. Acredita-se que muitas delas sejam habitadas por deuses e espíritos em particular. As rochas armazenam calor, frio e água e os cristais refletem e refratam a luz, todas as qualidades que lhes fornecem o simbolismo.

O povo Sami, do nordeste da Rússia, acredita que certas pedras são habitadas pelos espíritos que controlam a vida animal e os rituais são realizados nestas rochas para assegurar a boa caça. O povo Tungu acredita que o mestre da floresta, um temido espírito florestal, pode assumir a forma de rocha e, portanto, eles evitam as rochas com forma animal ou humana. No Vietnã, a pedra é dotada de qualidades vivas e eles acreditam que ela sangra ao ser golpeada.

Diferentemente do símbolo da árvore (ciclos da vida) a pedra significa o eterno e imutável. O omphalos grego, ou pedra umbilical, é o local de nascimento do cosmos. Antigas pedras perpendiculares no norte da França e das Ilhas Britânicas foram utilizadas pelas primeiras sociedades agrárias para manter e tirar proveito das energias da terra, e foram alinhadas com os movimentos cíclicos do cosmos. Stonehenge foi o principal centro de rituais no sul da Inglaterra por volta de 2100 a.C. e era utilizado para adoração ao sol. As pedras fálicas da Britânia foram associadas aos rituais orgiásticos e as mulheres se aproximavam delas para conceber uma criança, esfregando suas barrigas com a poeira e a água que saía da superfície das pedras. As rochas com orifícios teriam qualidades fertilizantes. Passar pelo orifício pode simbolizar a regeneração através do princípio feminino. Em algumas partes da África, acredita-se que as grandes pedras tenham as almas dos ancestrais.

TOPO, À ESQUERDA Stonehenge é o mais famoso dos círculos de pedras da Inglaterra. Acredita-se que tenha sido construído para fazer a ligação com o movimento dos planetas.

ACIMA Peregrinos budistas tibetanos se reúnem em volta da base do Monte Kailash, montanha sagrada tanto para os hindus quanto para os budistas e acreditam que este é o lar dos deuses.

O DESERTO

Simbolicamente, o deserto pode ser entendido de dois modos diferentes. Ele representa o estado primitivo antes do surgimento da vida, mas também pode retratar a superficialidade da vida, abaixo da qual está a realidade. O deserto é inaproveitável e estéril. Contudo, no pensamento cristão, ele também pode simbolizar a graça mais divina quando inspirado pela presença de Deus e foi o lar escolhido pelos primeiros frades cristãos, os "pais do deserto".

ÁGUA

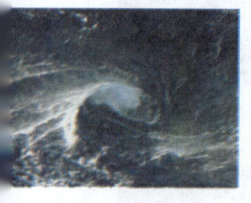

ACIMA As ondas no oceano simbolizam o movimento da vida de seus aspectos mais suaves até os mais tempestuosos.

Assim como os outros elementos fundamentais da vida, a água tem um papel importante no simbolismo mundial e no mito da criação. Frequentemente, ela representa a fonte da vida, mas também é inevitável que conduza à morte ou ao submundo. A água se move de cima para baixo, sempre adotando o curso mais fácil e, por esta razão, é um poderoso símbolo que muda de forma. A água é tanto dinâmica quanto caótica, movimentando em forma de ondas e espirais e nunca tomando um caminho correto. Os poderes sagrados da água são universais. Como símbolo psicológico está ligada ao inconsciente, à alma, aos sentimentos e ao fluxo da vida.

POSEIDON

O deus grego Poseidon era o governante das águas e terremotos. Ele era um deus feroz e violento que provocava intenso medo e possuía poderes para tirar a vida, usando seu tridente para criar o movimento de trovões, ondas gigantes e raios. Poseidon tinha relacionamentos tanto com deusas quanto com mulheres mortais, que deram à luz a monstros, heróis e até mesmo ao legendário carneiro com lã dourada. Seus animais sagrados eram o cavalo, símbolo de nascentes abundantes, e o búfalo, representando o poder fertilizador de Poseidon.

O OCEANO

A imensidão dos oceanos do mundo explica como uma quantidade de água sem limites geralmente era a précondição para a criação em muitas mitologias. Sendo o berço de todo tipo de vida, os oceanos foram dotados de qualidades maternais e revigorantes, nutrindo aqueles que vivem de seus frutos. Porém, os mares também são imprevisíveis, representando perigo repentino, monstros à espreita, tempestades e o submundo.

EL DORADO
A ideia de uma nascente ou fonte que pode proporcionar juventude eterna ocorre em vários mitos e lendas. Quando os espanhóis chegaram no que é hoje a Flórida, eles estavam procurando uma cidade chamada El Dorado (aquele que é dourado) com a fonte que continha o elixir da vida.

Para os primeiros escritores judeus, o mar era um símbolo de criação. Por outro lado, o Mar Morto, que é saturado de sal, é sem vida e descrito no simbolismo hebraico como um deserto espiritual. Acredita-se que as cidades iníquas de Sodoma e Gomorra se localizavam no litoral sul do Mar Morto.

RIOS

Um rio corrente geralmente simboliza o tempo, a história ou a duração de uma vida humana. Sua fonte pode representar a concepção e o nascimento, enquanto sua vazão para o mar simboliza a morte e a vida após a morte. As tradições islâmicas, judaicas, cristã, hindu e budista falam de quatro rios da vida que fluem do paraíso em quatro direções, simbolicamente dividindo a terra em quartos. Eles estão associados à iluminação, ao poder espiritual, à alimentação e à morte. A natureza revigorante dos rios deve estar relacionada à fertilidade de suas margens, o que levou as primeiras civilizações a crescerem em volta do Nilo, no Egito, do Indus, na Índia, e do Tigre e Eufrates, na Mesopotâmia. Os rios também são fronteiras naturais e os rios míticos quase sempre separam os mortos dos vivos assim como o sagrado Styx, que fazia fronteira com o Hades, e o Sanzunokawa japonês.

O povo Yoruba, do oeste da África, acredita que a deusa Yemoja transformou-se no rio Ogun. Na Rússia, o povo Votjak lança oferendas no rio para tranquilizar o espírito da água após as festividades da Décima Segunda Noite. O rio Ganges também é reverenciado como a deusa Ganga. Os peregrinos pegam água do shakt da deusa, ou fonte feminina, no Himalaia e a derramam sobre um linga (falo) no vilarejo chamado Ramesvaram, a 3.200 km de distância, unindo a deusa do rio com Shiva, o deus masculino da fertilidade.

NASCENTES, POÇOS E CACHOEIRAS

A água que emerge do chão tem um conexão especial com o submundo e a fonte de vida. Poços e as nascentes são associados ao útero da terra, eles teriam poderes para realizar desejos, prever o futuro e proporcionar a cura. Na Europa, os poços santos surgiram em lugares onde os santos haviam sido martirizados, dragões derrotados ou a Virgem Maria tinha aparecido. Aqueles co-

À ESQUERDA Um quadro que descreve Poseidon, ou Netuno, criando o cavalo, um de seus animais sagrados, e um símbolo das nascentes naturais.

ACIMA Este quadro de um dilúvio ilustra poderosamente o simbolismo das inundações como causadoras de destruição, mas também a possibilidade de limpeza e regeneração.

ACIMA Redemoinhos podem representar a mudança de um estado para outro, por exemplo, da vida para a morte. Muitas culturas animistas acreditam que os espíritos viviam dentro dos redemoinhos.

> **A ÁGUA E O ISLAMISMO**
> Na tradição islâmica, a água aparece basicamente como a fonte e o alimento da vida e para purificação. A chuva, os rios e as fontes são símbolos da benevolência e misericórdia de Alá que, segundo a tradição islâmica, ama aqueles que se purificam com água.

nhecidos como "poços da vovó" ajudaram na fertilidade e no parto. Um poço fechado simboliza a virgindade.

As profecias eram ditas em poços ou lagos através da observação dos movimentos na superfície da água, padrões feitos pelas folhas flutuando ou pelos peixes e enguias que nadavam em suas profundezas. Em Glastonbury, Somerset, Inglaterra, as águas do Poço Chalice foram tingidas de vermelho pelo sangue de Cristo, que foi levado para a Inglaterra no Santo Graal.

As nascentes e poços são a fonte de vida. O povo Zuni, do Novo México, acredita que os primeiros humanos surgiram através de nascentes do submundo e também contam sobre uma serpente emplumada que morava nas águas de suas nascentes sagradas. O povo Zuni evita matar as cobras para proteger seu fornecimento de água.

REDEMOINHOS

A interação de correntes opostas em grandes quantidades de água leva á formação de turbilhões, que na sua maior potência são capazes de sugar um barco para as profundezas. Na Odisseia, o redemoinho que tenta sugar o barco de Ulisses para o mar é personificado como o monstro Charybdis, descendente dos deuses Gaia e Poseidon. Ulisses sobrevive somente porque se agarra ao galho de uma árvore que está pendurada. Em seu poema The Wasteland (Terra Improdutiva), que explora o tema da perda, T. S. Eliot utiliza um redemoinho para simbolizar a morte e a aniquilação.

INUNDAÇÕES

Todas as histórias de inundações podem ser entendidas como símbolo do caos que surge quando a humanidade está fora de alinhamento com as leis espirituais da natureza. As histórias bíblicas sobre a inundação que acabou com a raça humana provavelmente se originaram no sul da Mesopotâmia (atual Iraque), onde o Tigre e o Eufrates se encontram, uma área fértil propensa a severas inundações, que também pode ter sido a origem do Jardim do Éden. A história bíblica de Noé descreve a inundação como punição de Deus para os pecados humanos. Noé, o homem virtuoso, constrói uma arca que sobrevive à inundação para repovoar o mundo. No épico babilônico de Gilgamesh, Utnapishtim conta para Gilgamesh sobre uma inundação de sete dias, a qual ele sobreviveu construindo um barco para sua família, seus serventes e animais. O barco parou no topo de uma montanha, onde os deuses conferiram a imortalidade à Utnapishtim e sua esposa. Histórias sobre inundação são contadas em muitas culturas. O povo Kimberley, do oeste da Austrália, tem um lugar chamado Wullunggnari, onde três pedras representam uma inundação da Era dos Sonhos que devastou tudo, exceto um menino e uma menina, que se agarraram ao rabo de um canguru que os levou a um local seco mais alto. Os dois se tornaram os ancestrais de todos os seres humanos.

> **UM GOLE DE SABEDORIA**
> O deus nórdico Odin sacrificou um de seus olhos em troca de um gole da água da fonte da sabedoria do espírito da natureza Mimir.

AR E CÉU

ACIMA No islamismo místico, as nuvens são símbolos do estado primitivo, desconhecido de Alá antes da criação.

ACIMA, À DIREITA Em muitas culturas, o trovão e o raio são símbolos do poder divino.

Os céus são a moradia dos deuses, que controlam as forças elementares que causam impactos na vida humana na terra, inspirando tanto o medo como a admiração. Por essa razão, as nuvens, o vento, a tempestade, o trovão e o raio são considerados manifestações divinas e possuem associações simbólicas. O ar preenche o espaço entre a terra e o céu e, em termos simbólicos, está ligado ao vento, à respiração e ao espírito. É uma força invisível e estimulante que une o indivíduo ao cosmos e, frequentemente, é o meio pelo qual os deuses se comunicam com a humanidade. O ar está quase sempre relacionado ao arquétipo masculino.

O VENTO

Tipicamente, o vento está associado às quatro direções da bússola. Cada uma delas representada por deidades e qualidades diferentes. O vento é o precursor das diferentes condições climáticas de acordo com o clima local. Ao longo da costa noroeste da América, os nativos Tsimshian acreditam que os quatro grandes ventos eram os grandes chefes dos quatro cantos do mundo; depois de decidir como seus poderes deveriam ser equilibrados, as quatro estações foram estabelecidas. Para os antigos gregos, os quatro ventos eram visualizados como deuses impetuosos e rebeldes aprisionados nas cavernas de Aeolus, deus chefe dos ventos; seus nomes eram Boreas (o vento do norte), Auster (o vento do sul), Eureus (o vento do leste e da manhã) e Zephyr (o vento do oeste e da noite).

O conhecimento das correntes de ar e de seus efeitos é fundamental para a arte chinesa do feng shui. Os chineses identificam oito em vez de quatro ventos, correspondendo aos oito triagramas que formam a base do I Ching. De acordo com uma lenda, o vento foi a criação do Tigre Branco do Oeste, enquanto em uma outra história, os ventos foram liberados de um saco. Também diziam que o deus japonês Fujin mantinha o vento dentro de um saco. Os celtas utilizaram seu conhecimento sobre os ventos para prever o clima, enquanto o "vento sobrenatural dos druidas", criado a vontade pelas exalações de um druida, significava poder sobre os elementos, e aliaram a respiração ao vento como veículo de magia.

Entre o povo Apache nativo americano, as espirais nas pontas dos dedos são consideradas indicações do caminho do vento que entrou no corpo na hora da criação, enquanto as espirais na sola dos pés mostram como o vento (ou a alma) deixará o corpo na hora da morte. Acredita-se que o vento se comunique com os seres humanos: entre o povo Navajo, o Filho do Vento sussurra as histórias para os heróis. Como alternativa, o vento pode "falar" através de um instrumento; exemplos incluem o rugido do búfalo usado pelos xamãs dos aborígines australianos e dos nativos americanos e a harpa eólica dos antigos gregos. Os muitos "humores" do vento estão descritos nos termos vocais, como "rugir", "suspirar" ou "sussurrar".

NUVENS

Devido ao caráter mascarado e à sua conexão com os céus, as nuvens estão associadas aos mistérios do divino. Na tradição judaico-cristã, as nuvens indicam a presença de Deus. No Velho Testamento ele aparecia como um pilar de nuvem para guiar seu povo pelo deserto durante o Êxodo. Na iconografia cristã, ele é representado como uma mão que surge de uma nuvem, considerando também que Cristo subiu ao Céu em uma nuvem. Os imortais taoístas surgiram no Céu em nuvens. Na mitologia nórdica, as Valquírias (espíritos femininos, servidoras de Odin) andavam em nuvens.

As nuvens estão conectadas à fertilidade e à abundância da natureza. Na China, a palavra para nuvem é um homônimo para "sorte", associando

CATA-VENTO

O vento é um símbolo de mudança – uma nova direção do vento representa mudança nas condições climáticas. Nas igrejas, o desenho tradicional do cata-vento é um galo empoleirado no topo de uma cruz indicando as quatro direções. A ave simboliza a vigilância contra o mal, que pode ser "soprado" pelo vento.

VENTO DA ALMA

Em algumas tradições, acredita-se que a energia vital do cosmos seja carregada pelo ar. Assim, quando as pessoas respiram, estão respirando a força da vida, conhecida pelos chineses como chi e pelos hindus como prana. O povo Inuíte tem um conceito semelhante, conhecido como sila, um espírito revigorante totalmente penetrante que conecta todo ser vivo com os ritmos do universo. Quando uma pessoa não está em contato com o sila, é desconectada de seu espírito.

as nuvens à boa sorte. Dizem que nuvens finas da madrugada trouxeram os cinco elementos chineses (fogo, água, ar, terra e metal) dos cinco topos das montanhas sagradas e que as nuvens foram formadas a partir da união de yin e yang. No Taoísmo, elas são símbolos do estado pelo qual os seres humanos devem passar antes de alcançar a iluminação, o nevoeiro mental que existe antes da claridade ser obtida. A expressão coloquial "cabeça nas nuvens" sugere alguém que está perdido em ideias fantasiosas e fora do alcance da realidade, enquanto "morar debaixo de uma nuvem" sugere um fardo ou desgraça. O nome na língua dos Maori para Nova Zelândia – Aotearoa – significa "Terra da Longa Nuvem Branca".

TEMPESTADES

Ventos violentos como furacões, tufões e tornados são símbolos do poder elementar e divino. As deidades da tempestade são figuras de poder apavorante que personificam as forças da desordem e do distúrbio, incluem o Susano-O japonês, o antigo grego Poseidon e o deus maia da tempestade, Huracan, do qual deriva o nome "hurricane" (furacão). As tempestades estão associadas à fertilidade, assim como Baal, o antigo deus da tempestade de Canaanite. O povo Maori diz que os ventos violentos e as tempestades são criados pelo deus do vento Tawiri-Matea para punir seu irmão desobediente Tane-Mahuta (deus da humanidade e das florestas), que separou seus pais, a terra e o céu para criar a luz. No ocidente, as tempestades são vistas como trabalho do demônio. Em algumas tradições nativas americanas, as mariposas estão associadas aos tufões por causa do padrão cheio de redemoinhos de seus casulos e do barulho de chiado de suas asas.

As tempestades são associadas aos deuses guerreiros e deidades masculinas supremas: Indra, o deus guerreiro dos hindus, era conhecido como Vajiri ("controlador dos raios e trovões") uma vez que o trovão e o raio eram suas armas principais, assim como a trovão com raio era a principal arma do supremo deus grego, Zeus.

Os celtas interpretavam o trovão como um distúrbio cósmico, uma punição dos deuses que estavam invocando a fúria dos elementos. Na África, o trovão e o raio também estão associados aos governantes terrenos. O povo Yoruba do oeste da África acredita que Xangô, o grande deus do trovão, era o maior dos monarcas guerreiros. Em Benin, os trovões com raios são símbolos de realeza, algumas vezes mostrados como pítons de metal fazendo ziguezague nas torres de construções altas.

No Hinduísmo e no Budismo, um trovão com raio em forma de diamante (vajra) simboliza os poderes destrutivos e criadores – destruindo ilusões e injustiças para que a claridade e o bem possam prevalecer. No mito nativo americano, o espírito do trovão e do raio é simbolizado pelo thunderbird (pássaro mitológico), um animal feroz, mas rotetor da humanidade. Acredita-se que as tempestades de trovão são os sons de suas batalhas contra os seres do submundo.

MARTELOS DO TROVÃO

O martelo ou machado é um símbolo do trovão e do raio. O símbolo de Xangô, o deus do trovão do povo Yoruba, é um machado de duas cabeças, representando os trovões e raios de pedra que o deus envia dos céus. Na mitologia nórdica, Mjölnir era o martelo do deus do trovão, flor. Mjölnir criou o raio quando foi atirado contra uma pedra e podia ser transformado em trovão e raio ao ser lançado. Também era um símbolo de benefício da flor e usado em cerimônias para abençoar as crianças e as noivas.

ACIMA O deus nórdico do trovão, Thor, manuseia seu poderoso martelo, Mjölnir, em uma luta contra os gigantes.

ABAIXO Este relevo do deus Baal, dos Canaanite, mostra seu estado como deus das tempestades, retratando-o com o trovão e raio na mão, porém, Baal também é associado à fertilidade devido à sua qualidade de trazer chuva.

Fogo

À DIREITA Uma fogueira pode ter muitas associações e significados: um lugar de imaginação; a fogueira primitiva; local de transformação onde as efígies podem ser queimadas ou onde os rituais de passagem podem ser realizados.

O simbolismo do fogo é muito amplo, embora ele repetidamente apareça como tema central para a força vital. Pode ser uma força íntima e pessoal de amor, paixão ou receptividade, ou agressivamente contido na forma de ódio e vingança. Mas, o fogo também é um símbolo universal de poder, fúria ou verdade divina e ainda de forças descontroladas da natureza causando destruição e trazendo a renovação. Em muitas cosmologias no mundo, o fogo está associado tanto à criação quanto ao apocalipse, brilhante no paraíso e ardendo no inferno.

O fogo é utilizado pelos seres humanos para proteção, luz, aquecimento e também como foco para histórias, transes e estado de sonhos. É um elemento essencial de transformação para preparar alimentos, para rituais de iniciação e funerários e no direcionamento de processos físicos e espirituais da alquimia e da ciência. Os chineses associam o fogo que sobe ao yang ou masculino, às qualidades. É um elemento ativo associado à criatividade e ao empenho positivo que nunca descansa até consumir todo seu combustível.

O fogo é geralmente associado às emoções fortes, ao conflito e à guerra. O conflito pode ser a fonte de grande energia emocional e, como o fogo, pode levar ao aquecimento, calor, motivação e luz, mas também pode queimar, danificar e destruir. No sentido alquímico, o fogo do conflito pode realmente levar à transformação, contanto que não receba muito ar nem seja privado do ar ou da consciência.

O ROUBO DO FOGO

O roubo do fogo é um tema simbólico que indica sua origem e seu valor para a humanidade. O ato separa os seres humanos dos animais utilizando uma força invisível para eles. Os mitos aborígines australianos falam de um segredo do fogo que foi roubado das aves e dos animais. Na mitologia grega, o astuto Prometheus roubou o fogo do supremo deus Zeus para a humanidade. Como revanche, Zeus ordenou a criação da primeira mulher, Pandora, e a deu de presente para o irmão de Prometheus. Ela trouxe consigo uma caixa contendo grandes aflições que se espalharam pela Terra.

VULCÕES

Todos os vulcões do mundo têm uma personalidade em particular, de gigantes dormentes que entram em erupção com violência após longos períodos, até montanhas volúveis com vapores que nunca se esfriam. Os vulcões exigem respeito. Psicologicamente, simbolizam o poder, a volatilidade ou a raiva contida, seguidas de explosões de agressão violenta.

Vulcão era o nome de uma pequena ilha da Sicília e também a chaminé para a fornalha de Vulcano, o deus romano ferreiro. Em sua fornalha, Vulcano preparava os trovões e raios para Júpiter e as armas para Marte, o deus da guerra. O Vesúvio, na Itália, é famoso por ter enterrado totalmente as cidades romanas de Pompeia e Stabiae em 79 a.C. O poeta romano Virgílio

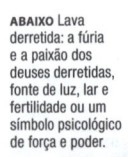

ABAIXO Lava derretida: a fúria e a paixão dos deuses derretidas, fonte de luz, lar e fertilidade ou um símbolo psicológico de força e poder.

A FÊNIX

Uma ave mítica da Arábia, a fênix era do tamanho de uma águia com penas magníficas escarlates e douradas. No fim de sua vida, se transformava em fogo em seu próprio ninho e era consumida pelas chamas; em seguida, renascia das cinzas. Os antigos egípcios a consideravam como símbolo de imortalidade. Os cristãos relacionavam o mito à ressurreição. Para os romanos, representava a natureza imortal de Roma. Os chineses a consideravam uma criatura gentil, que se alimentava de gotas de orvalho e, através da união das energias de yin e yang, personificava as qualidades da virtude, da graça, da riqueza e do poder.

(70 – 19 a.C.) descreveu suas crateras como um vazamento do sangue de gigantes e escreveu que um gigante chamado Alyconeus ficava deitado sob o vulcão. Na época de suas erupções, surgiam histórias de gigantes saltando pela fumaça e chegando ao lado da montanha.

No Havaí, as ilhas foram formadas por atividade contínua de vulcões e as lendas contam sobre Pele, a deusa mais bonita dos vulcões, que está propensa a periódicas explosões de raiva. Ela causou terremotos devido a suas pisadas enraivecidas e fez os vulcões entrarem em erupção cavando a terra com sua varinha mágica, a Pa'oa. Kilauea é o vulcão mais ativo da Terra e é considerado o lar de Pele.

Os vulcões são associados com a ira dos deuses, mas também com as fontes de luz, poder e a fertilidade tremenda da cinza vulcânica. No Canadá, o povo Tsimshian acredita que o malandro Raven trouxe luz de um vulcão para a humanidade. A deusa asteca da lareira, do lar e da fertilidade também era a deusa do vulcão. Símbolo de prazer e dor, também era a governante da riqueza e das pedras preciosas. O vulcão Taal, nas Filipinas, que encantadoramente flutua no Lago Taal, é um dos menores vulcões, além de ser considerado inativo. Ele simboliza a força sem temor do povo da província Batangas, que vive escondido atrás de sua aparente tranquilidade.

O FOGO NA RELIGIÃO

Em muitas tradições religiosas, o fogo está associado às verdades e ilusões que organizam as experiências espirituais. Os zoroastrianos consideram o fogo a fonte de toda a criação e cada casa possui uma fogueira sagrada, cuja luz está ligada a uma bênção. Os templos do fogo zoroastriano são lugares de adoração, frequentados pelos sacerdotes que alimentam as fogueiras sagrados com incenso. Essas fogueiras simbolizam a interação com Ahura Mazda, o senhor da sabedoria.

O Judaísmo considera o fogo um elemento fundamental que deve acompanhar todas as oferendas feitas a Deus e as fogueiras permanentes são mantidas acesas no altar do Templo.

CERIMÔNIAS DE FOGO DOS MAIAS

Os maias acreditavam que, criando um turbilhão de energia, poderiam abrir um portal para o mundo dos espíritos dos ancestrais, através do qual eles poderiam oferecer respeito e receber cura. Eles faziam uma fogueira sagrada desenhando um círculo de açúcar no chão e, depois, colocando resina, cedro, sálvia, alecrim, tabaco, lavanda, flores e finalmente chocolate e mel, representando a doçura da vida. O círculo era aceso acreditando que as ofertas seriam respondidas com bênçãos.

FOGOS DE ARTIFÍCIO

Acredita-se que a pólvora tenha sido inventada na China ou na Índia. Os primeiros fogos de artifício foram feitos na Dinastia Han Chinesa (206 – 220 a.C.) e foram originariamente utilizados para amedrontar os maus espíritos. Mais tarde, foram associados às orações para felicidade e prosperidade. Na América, os primeiros colonizadores celebraram os feriados acendendo a pólvora preta. Atualmente, quando muitos rituais de passagem já se perderam, os fogos de artifício são utilizados em exibições comoventes que marcam importantes eventos como o Ano-Novo e o Dia da Independência Americana.

A imagem de um anjo do Senhor aparecendo para Moisés em um arbusto que está em chamas ilustra a crença hebraica de que o fogo significa a verdadeira comunicação com Deus. Símbolo poderoso de renovação e batismo, queimando os pecados para deixar somente a verdade de Deus. No cristianismo, as velas são lembretes da presença de Deus e representam esperança e vida. O Budismo utiliza o fogo para simbolizar as forças que retiram uma pessoa do estado de iluminação, como o desejo, a ganância, o ódio e a ignorância, a extinção desses fogos simboliza o nirvana. Porém, o Budismo também utiliza uma flama interna para representar a iluminação.

O GOMA

Os monges japoneses Yamabushi, do Budismo Tendai, realizam cerimônias do fogo, Goma, há 12 séculos, para acalmar Fudo Myo-o, o senhor das calamidades. O sutra do coração é encantado com a batida de um tambor, seguida pelo sopro dos chifres em forma da concha. O sacerdote alimenta a fogueira com óleos, sementes e cedro para criar a fumaça que leva as orações até Fudo Myo-o.

ABAIXO Para os judeus, o aparecimento de Deus no fogo marcava o fato como uma comunicação divina verdadeira.

O Arco-íris

ACIMA O arco-íris sempre foi associado à cura e à boa sorte, aos sonhos e mundos imaginários, à fertilidade, ao parto e até mesmo à experiência transexual.

Elusivo, etéreo e transiente, o arco-íris aparece simbolicamente no mito e no folclore, na tradição sagrada, na arte e na ciência, assim como na cultura ocidental contemporânea, com uma variedade de significados tão diversa quanto suas cores. Em diferentes tradições, o arco-íris é venerado como deus e deusa, temido como demônio e pestilência, visto como símbolo de otimismo e esperança, de convocação divina e paz e como um presságio de guerra e retribuição. Sus forma em arco o conecta simbolicamente ao círculo, à ponte e ao arco. Em algumas tradições, ele também é associado à serpente.

A PONTE DO ARCO-ÍRIS

A ponte é um símbolo arquétipo de transição e, dessa forma, o arco-íris é a passagem entre o Céu e a Terra, ou uma ligação entre diferentes mundos. No mito japonês da criação, as deidades gêmeas Izanagi e Izanami ficam em pé na Ponte Flutuante do Céu para criar a terra e uma crença do sul de Gabon afirma que os ancestrais humanos chegaram à Terra andando pelo arco-íris. No mito nórdico, Bifrost era a ponte do arco-íris que conectava Asgard, a terra dos deuses, a Midgard, o reino terreno. Diziam que Bifrost era muito forte e construída com mais habilidade do que qualquer outra estrutura no mundo. Heimdall, o guardião de Asgard, morava ao lado para alertar os deuses sobre inimigos invasores.

À DIREITA Os deuses dos vikings descem do Céu para a Terra usando a ponte do arco-íris que as lendas nórdicas chamam de Bifrost.

SEXO E GÊNERO

Em algumas tradições folclóricas – como as sérvias, albanesas, húngaras e francesas – o arco-íris está associado à mudança de sexo. Quando dois arco-íris aparecem no céu, algumas culturas os diferenciam por gênero: o chinês chama o mais claro de arco-íris primário masculino e o mais escuro de arco-íris secundário feminino. Os berberes da África do Norte se referem ao arco-íris como "a noiva da chuva" ou "a noiva do céu", considerando que o povo Yámana, na Terra do Fogo, o chama de "esposo da lua".

UNIDADE E DIVERSIDADE

Para alguns nativos americanos, o arco-íris simboliza a união de muitas tribos como "a nação do arco-íris" e este termo é usado da mesma forma na África do Sul. O arco-íris também é um símbolo preeminente do movimento da "Nova Era" do ocidente, indicando uma diversidade de caminhos sagrados, transformação espiritual e cura através de sua associação com o sistema de chakras.

O povo Navajo acredita que o arco-íris seja uma ponte entre o mundo humano e o espiritual, enquanto as tradições xamânicas em toda América do Norte acreditam que as jornadas sobrenaturais para a terra dos mortos envolvam a travessia da ponte do arco-íris. Os xamãs de Buryat, na Sibéria, ascendem ao mundo espiritual através do arco-íris, que eles simbolizam com um par de fitas vermelhas e azuis amarradas a uma bétula durante uma cerimônia. Algumas pontes do arco-íris são estruturas feitas pelos homens. O nome foi dado às pontes chinesas de construção entrelaçada, estendendo-se sobre correntes que eram muito largas ou rápidas para as pontes convencionais do cais – uma foi construída no século XIII e ainda é utilizada para o tráfego hoje em dia. Existem também pontes de arco-íris sobre o rio Niágara e na baía de Tóquio.

PRESENÇA DIVINA

O arco-íris é frequentemente interpretado como atributo divino e um sinal da presença divina. Ishtar, a deusa babilônica do amor e da guerra, usava um colar iridescente, e os incas acreditavam que os arco-íris eram a coroa de penas do Illapa, o deus do trovão e da chuva. O arco – arma do arqueiro – pode exprimir a ira dos deuses. Indra, o deus hindu da guerra, atirou seu

ACIMA Não há um consenso quanto às cores do arco-íris. De acordo com o povo Dogon, existem quatro: preto, vermelho, amarelo e verde. Na iconografia budista, existem cinco: azul, branco, verde, vermelho e amarelo. Na ciência ocidental geralmente admite-se sete: vermelho, laranja, amarelo, verde, azul, índigo e violeta.

À ESQUERDA Quando Cristo é retratado com um arco-íris na arte cristã, geralmente é um símbolo dos aspectos misericordiosos de seus poderes celestiais.

trovão com raio de um arco-íris e no Camboja e em partes da Índia o arco-íris é conhecido como o "Arco de Indra". Tiermes, o deus trovão do povo Lapps, na Escandinávia, usava o arco-íris para atirar setas em maus espíritos.

Em contraste, na tradição judaico-cristã, o arco-íris é um sinal de paz, de compaixão, um símbolo da promessa de Deus, depois da inundação, de não destruir a humanidade. Cristo é algumas vezes mostrado em seu trono em um arco-íris no Julgamento Final, demonstrando seu poder celestial e sua misericórdia. No Tibet, onde os arco-íris ocorrem em épocas de transições do ano e indicam a mudança de tempo, eles são associados às bênçãos dos bodhisattvas do Budismo Tibetano. Há uma crença divulgada entre os pigmeus da África Central de que o arco-íris é um instrumento de comunicação divina e, em algumas culturas, ele marca a localização de uma divindade ou pessoa que nasceu em uma classe superior. No folclore havaiano, a nobre Hoamakeikekula foi perseguida por seguir um arco-íris. O arco-íris estava associado a Íris, a mensageira de asas douradas dos deuses gregos, que geralmente é retratada segurando um caduceu, o bastão do mensageiro com as serpentes entrelaçadas. O povo maia fazia oferendas de ouro e prata para a deidade patrona das mulheres, Ixchel, deusa da medicina, da fertilidade e do arco-íris, que controlava a chuva.

AS LENDAS DO ARCO-ÍRIS

Há muitas lendas e costumes em torno do arco-íris. O povo Sioux diz que o arco-íris está onde todas as flores claras estão armazenadas antes e depois de seu breve período de florescimento na terra. No folclore irlandês, o duende que presta serviços domésticos (leprechaun) é um espírito brincalhão que mantém um pote de ouro no fim do arco-íris. Na tradição celta, as moedas do arco-íris foram encontradas lá, enterradas na terra, e descobertas depois de fortes tempestades.

Contudo, os arco-íris não estão sempre associados com a beleza e a boa sorte. Os antigos peruanos afirmavam que se um arco-íris entrasse em um corpo humano, causaria doenças. A cura seria separar uma bola de linhas coloridas com a cor do arco-íris para desfazer os efeitos prejudiciais. As ideias de doenças causadas pelo arco-íris também apareceram em toda África, Ásia e Austrália. Para o povo Senoi, da Malásia, andar embaixo de um arco-íris causa febre fatal. Os aborígines australianos o associam com o mal de Hansen. Apontar para o arco-íris é considerado atrevimento em muitas partes do mundo. A crença do folclore húngaro afirma que o dedo indicador irá definhar. O povo Sumu, de Honduras e Nicarágua, esconde seus filhos em cabanas para que eles parem de apontar ou até mesmo de olhar. Ficar com icterícia, perder um olho, ser atingido por um raio ou até mesmo desaparecer são alguns dos perigos associados ao arco-íris.

O ARCO-ÍRIS

Relacionado ao sistema de chakras, o corpo do arco-íris pode ser considerado como campos de energia que circulam o corpo humano. Cada cor é associada a diferentes qualidades.

Nível	Cor	Corpo	Qualidades
1ª camada externa	Vermelha	Físico (temporal)	O fundamento sobre o qual todos os outros níveis estão construídos
2ª	Laranja	Etéreo (temporal)	Ambiente emocional primitivo e influências de formação; padrão de energia do corpo
3ª	Amarela	Astral (de transição)	Influências da cultura e da sociedade, tais como instituições religiosas e educacionais e como estas moldam o pensamento e a ação
4ª	Verde	Mental (de transição)	Alcançar o propósito da vida através do relacionamento com os outros; interface entre o temporal e o eterno
5ª	Azul	Causal (transpessoal)	Harmonizado com a alma; repositório das memórias da alma, possibilita sua jornada
6ª	Índigo	Diamante (felicidade) (transpessoal)	Pensamento substituído por conhecimento intuitivamente adquirido
7ª camada interna ou núcleo	Violeta	Celestial (eterno)	Iluminação; a alma do indivíduo se mistura ao cosmos, união com o divino

3ª PARTE
Diretório de Signos

Desde os primeiros desenhos nas cavernas até os logotipos contemporâneos, os símbolos gráficos têm sido utilizados para transmitir ideias, conceitos e significados. As páginas a seguir contêm 1.000 ideogramas, temas gráficos, símbolos e desenhos de linhas. Cada signo ou símbolo tem uma breve explicação de seu significado ou uso. Alguns dos símbolos mais primitivos têm múltiplos significados, ou significados que foram perdidos ou substituídos, outros, como a espiral, possuem um significado universal consistente. Muitos dos signos nestas páginas são mencionados mais profundamente em outras seções do livro. Signos, como a cruz, e os símbolos alquímicos, como o mercúrio, possuem um número surpreendente de variações e muitas delas estão incluídas para mostrar a diversidade fascinante dos símbolos que a sociedade humana usa para comunicar tanto o tangível quanto o abstrato.

A DIREITA As pinturas das mãos humanas em cavernas foram encontradas na África do Sul, América do Sul e Austrália. As mãos tinham a mesma acerbidade daquelas que as pintaram, elas eram assinaturas? Nunca saberemos, mas são signos universais, como estes que formam a comunicação contínua entre todas as nossas culturas.

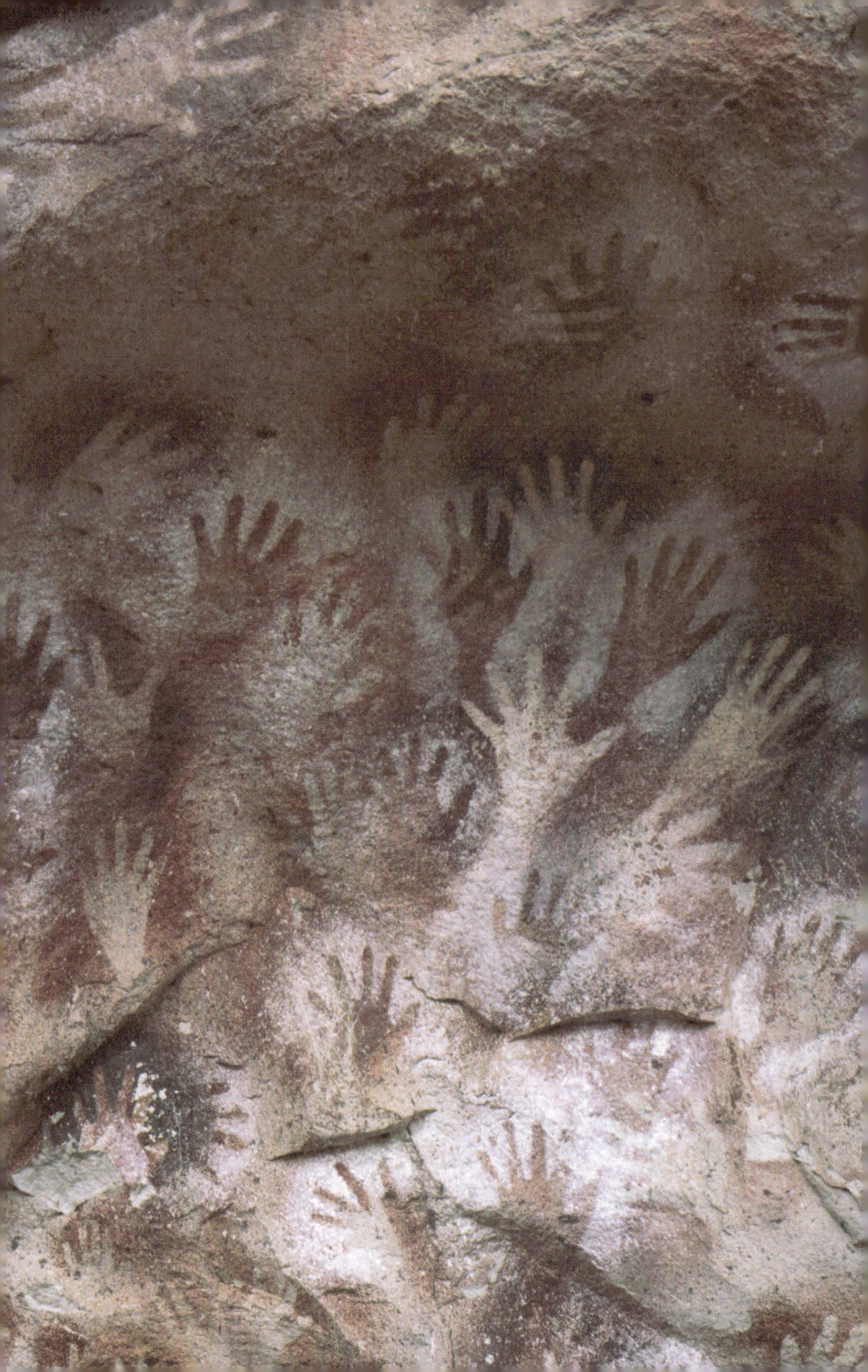

A
A primeira letra do alfabeto, utilizada para representar o melhor, o primeiro.

ABANADOR PARA MOSCAS
Símbolo da realeza em muitas culturas; na Polinésia é uma marca da posição social; para os budistas é um símbolo de compaixão.

ABELHA, COLMEIA
Sociedade, indústria e trabalho em conjunto; as abelhas também estão ligadas ao amor romântico nas tradições europeia, chinesa e hindu. Elas estão conectadas à morte e ao outro mundo no folclore europeu.

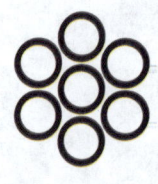

ABENÇOADO, SIGNO
Um dos signos abençoados que aparece, entre outros lugares, no antigo simbolismo das pegadas de Buda na Índia. No Ocidente, este símbolo representa o hexacorde e a harmonia em geral.

ABÓBORA
Na China, e no Feng Shui, a abóbora simboliza a prosperidade e a abundância. Uma abóbora com a face esculpida é conhecida como Jack O'Lantern, que é o símbolo do Halloween.

AÇAFRÃO
Alquimia.

AÇO
Alquimia.

ADAGA / PUNHAL
Símbolo sagrado nas religiões budistas e sikh. Para os sikhs, ela simboliza a coragem e a dignidade. No budismo tibetano, uma adaga de ritual com uma lâmina de três lados é utilizada para proteger as construções sagradas. No folclore tradicional europeu, as adagas estão ligadas à traição.

ADINKRAHENE
O mais importante dos símbolos adinkra de Gana, representando a importância de exercer um papel de liderança.

ADONI
Palavra hebraica que significa um senhor que não é Deus.

AEROPLANO
Aspiração espiritual e a transcendência das limitações humanas.

AFRODITE
Símbolo da deusa.

AFROUXADO / DESPARAFUSADO
Moderno.

ÁGUA
Alquimia; também um símbolo moderno.

ÁGUA
Em todos os tempos e culturas; entre os primeiros hieróglifos egípcios; também adotado para representar resistência.

ÁGUA
Símbolo cabalístico.

ÁGUA
Química antiga.

ÁGUA, ELEMENTO
Consultar 'triângulo', de cabeça para baixo.

ÁGUA
Comum na Grécia antiga, usado como decoração.

ÁGUIA
Um símbolo sem ambiguidade e universal para força, velocidade e percepção. Atributo dos principais deuses, adotado muito mais tarde como um símbolo do poder imperial. Também aparece em esculturas nas igrejas cristãs, geralmente em fontes, púlpitos e apoios para livros, como um dos atributos de São João.

AKOBEN
Símbolo adinkra de Gana que significa vigilância e prudência. O akoben é um chifre utilizado para soar um grito de batalha.

AKOKONAN
"Perna da Galinha", símbolo adinkra de Gana que significa misericórdia, alimentação. Inspirado pelo hábito da galinha em dominar seus pintinhos sem machucá-los, sendo uma mãe protetora, mas também corretiva.

AKOMA NTOSO
Símbolo adinkra de Gana que significa entendimento e concordância.

ALQUIMIA, A ARTE DA
O signo do Sol está no centro, rodeado pelos quatro triângulos elementares coroado com a cruz cristã e, depois, colocado em um círculo que representa a dimensão eterna ou espiritual.

ALQUIMIA, A ARTE DA
Variação. Utilizado no século XVII, este signo foi criado sob a influência do misticismo geométrico de Pitágoras.

ALQUIMIA, A ARTE DA
Variação. Este símbolo também está esculpido nas faces das rochas com data de 1.000 a.C. em Uxmal, América Central. O símbolo foi adotado por Rudolf Steiner e está associado com a antroposofia do mesmo.

ÁLCOOL
Signo alquímico.

ÁLCOOL
Primeiro signo químico.

ALAMBIQUE
Signo alquímico para frasco ou destilador. Também usado na antiga química.

ALAÚDE
Na China, é o símbolo do sábio e da harmonia no casamento e no governo. Na arte renascentista, era um emblema popular amante; se for retratada com as cordas quebradas, pode ser um símbolo de discórdia.

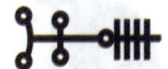

ALGOL
A estrela fixa, utilizada em alguns contextos do misticismo cabalístico e selos de amuletos mágicos.

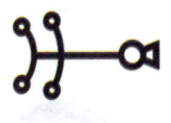

ALGORAB
A estrela fixa, utilizada em selos mágicos cabalísticos.

ALHO
Associado à força e à proteção contra os maus espíritos em muitas tradições. Na Antiguidade, o alho era associado à Lua e magia, além de ser considerado como um poderoso afrodisíaco.

207

ALÍNEA
Signo tipográfico, utilizado em textos impressos que significa o começo de uma nova sequência de pensamentos.

ALPHA
A primeira letra do alfabeto grego, associada ao início. Ligada a Deus, que é considerado o alfa e o ômega – o começo e o fim. Também foi um sinal secreto da fé cristã.

AMÁLGAMA
Signo alquímico.

AMPERSAND
Nome do signo tipográfico (&) que significa "e".

ANEL
Símbolo circular da eternidade e, portanto, um símbolo de união primordial; também é símbolo de inteireza, continuidade, força e proteção. Utilizado como emblema de autoridade, do poder oculto e protetor e como sinal de um compromisso pessoal.

AMÊNDOA
Um símbolo importante para as raízes pagãs e cristãs, associado à pureza e ao nascimento da virgem. Seu suco era associado com o sêmen no mundo antigo. A tradição bíblica diz que o estado sacerdotal de Aaron era indicado por sua vara que florescia e produzia amêndoas. A arte ocidental geralmente mostra Maria e Jesus envolvidos em uma auréola em forma de amêndoas.

ALPHECCA
A estrela fixa, utilizada como selo de amuleto mágico cabalístico.

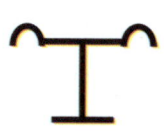

AMALGAMAÇÃO
Signo alquímico.

AMPULHETA
Símbolo do tempo e de sua inevitável passagem.

ALUME
Signo alquímico.

AMOR ENTRE MULHERES
Lesbianismo, ideograma moderno.

ANARQUISMO
Sinônimo para o movimento político.

ANJO
Símbolo do desejo divino em várias tradições, criaturas celestiais nas tradições judaica, cristã e islâmica; evolução das deidades com asas dos semíticos e dos egípcios. Considerados como mensageiros, guerreiros, guardiões ou protetores.

ALVO
Símbolo moderno.

AMOR SEXUAL
Moderno, composto pelo signo do coração e flechas de Eros, um dos ícones contemporâneos mais utilizados.

ÂNCORA
No início do cristianismo, um sinal secreto para a cruz; esperança, salvação. Também um símbolo do mar; de firmeza e segurança; símbolo do "eu".

ANIMÁLIA
O reino animal, século XVIII.

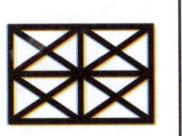

ANO
Símbolo do período, alquimia.

ANKH
Uma cruz com um laço no topo; antigo símbolo egípcio da vida imortal. Mais tarde, adotado como um símbolo cristão pela Igreja Cóptica Egípcia.

ANSUR
Runa para A.

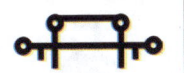

ANTARES
Estrela fixa, selo do amuleto mágico cabalístico.

ANTÍLOPE
Na África, está associado à Lua e à fecundidade; para o povo Bambara (Mali), o animal foi enviado pelo Deus criador para ensinar a agricultura para os humanos.

ANTINUCLEAR, CAMPANHA
Emblema da campanha para o desarmamento nuclear, criado a partir dos signos do sistema visual com as mãos ou bandeiras para as letras "N" e "D".

ANTI-HORÁRIO, ESPIRAL
Símbolo dinâmico da força vital, cósmica e terrena.

ANTIMÔNIO
Símbolo alquímico, também usado na medicina.

ANZOL
Símbolo da pesca e cilada sem auxílio.

APOLO
Este símbolo do deus é baseado na forma da lira que era o instrumento de Apolo.

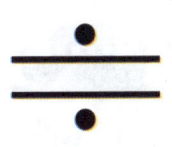

ROXIMADAMENTE, IGUAL A
Símbolo matemático.

AQUA REGIA
Símbolo alquimista para a "água do rei".

AQUA REGIA
Símbolo alquimista para a "água do rei", variação.

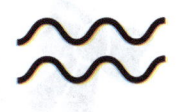

AQUÁRIO
Signo do zodíaco.

AR
O elemento. Signo cabalístico.

AR
O elemento. Antigo símbolo químico.

ARADO
Símbolo da paz, também um símbolo de fertilidade masculina; o arado masculino entrando na terra feminina. Símbolo temático da atividade agrícola do homem, domando a vida selvagem para produzir alimento. Equilíbrio com a espada, como conceito antiguerra.

209

ARANHA
Ligações folclóricas com a chuva que está para cair e também com as dádivas dos céus.

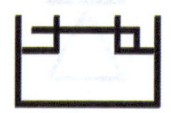

ARATHRON
Planeta. Signo místico cabalista para o primeiro espírito olímpico.

ARCA DA ALIANÇA
Um dos símbolos da fé judaica, um baú que era a garantia de Deus da divina proteção. A arca era mantida dentro de um outro símbolo do judaísmo, o tabernáculo.

ARCA OU BARCO
Um símbolo da salvação e preservação, encontrado na mitologia de povos em todo o mundo. No cristianismo, a arca representa a Igreja, para Maria ou para Cristo; no simbolismo secular, é símbolo da desorientação da Terra no espaço.

ARCO
Triunfo e vitória; grandes realizações humanas.

ARCO
Símbolo da energia armazenada, força de vontade, aspiração, amor, poder divino e tensão. Emblema da guerra e da caça. No pensamento oriental, ele representava a disciplina espiritual.

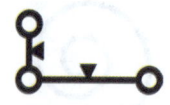

ARCTURUS
Estrela fixa, selo do amuleto mágico cabalista.

ARE
Símbolo de Deus.

ARE
Símbolo de Deus, variação.

ARE
Símbolo de Deus, variação.

ÁRIES
Signo do zodíaco.

ARMADURA
Na Europa medieval, a armadura simbolizava as nobres virtudes de coragem, proteção, honra e força; símbolo de classe guerreira na China e no Japão.

ARMINHO
Heráldica.

ARPÃO
Como uma lança é um símbolo do poder masculino, fálico e terreno. Associado à cavalaria e à Paixão de Cristo, por causa da lança que atravessou seu corpo. A lança quebrada é um atributo de São Jorge, santo patrono da Inglaterra e simboliza o soldado experiente.

ARROZ
Emblema central do crescimento, renascimento e fertilidade. Alimento principal na Índia e na China, portanto, possui significado particular nestas culturas, com ligações com a nutrição divina. Na Ásia, o arroz é utilizado como um símbolo de fecundidade em cerimônias de casamento indiano e aparece na mitologia como a dádiva dos deuses para os primeiros seres humanos. Na China, o vinho de arroz era uma bebida sagrada e os grãos de arroz eram colocados na boca dos mortos. O deus japonês Inari é o deus da prosperidade e do arroz.

ARSÊNICO
Signo alquímico.

ARSÊNICO
Signo alquímico, variação.

ARSÊNICO
Signo alquímico, variação.

ARSÊNICO
Signo alquímico, variação.

ÁRVORE DA VIDA
Símbolo universal da criação, a árvore da vida tem suas raízes nas águas do submundo, seu tronco no mundo terreno e seus galhos nos céus. Vista como um modo de acessar outros mundos.

ASNO
O deus, mais tarde chamado de Oss; runa para correntezas ou cachoeiras.

ASNO
Consultar 'Burro'.

ASTERISCO
Signo tipográfico para rodapé.

ATIVO, INTELECTO
Origem desconhecida, também um dos signos da água.

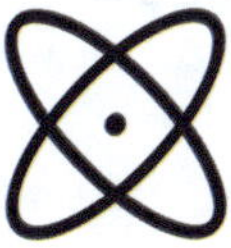

ÁTOMO
Também urânio, reator nuclear (nos mapas), pesquisa nuclear, física nuclear.

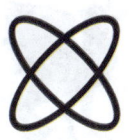

ÁTOMO
Variação menos comum que a anterior.

AUDI
Emblema da corporação de fabricantes de carros, símbolo da unidade e da união.

AURÉOLA
Símbolo de divindade ou santidade, originalmente baseada no nimbo ao redor do Sol. Particularmente utilizada na arte cristã, a auréola foi provavelmente utilizada primeiro pelos deuses do Sol, pagãos como Mithras. As auréolas também aparecem nas tradições espirituais budistas.

AUROQUE
A runa Ur, símbolo de auroque.

AVELEIRA
Símbolo da divindade, sabedoria, fertilidade e chuva. Uma varinha de aveleira era o instrumento dos mágicos e sábios do norte da Europa.

AVESTRUZ
No antigo Egito, uma pena de avestruz era um símbolo de justiça e verdade. O ato de enterrar sua cabeça na areia é um símbolo moderno de evitar a verdade.

AZEVINHO
Um símbolo de esperança e alegria.

BALEIA
Símbolo da arca ou do útero; símbolo de regeneração, ligado ao surgimento da África e da Polinésia.

BAMBU
Símbolo chinês de resiliência, longevidade, felicidade e verdade espiritual; símbolo japonês da verdade e devoção.

211

BANANA
Símbolo fálico freudiano.

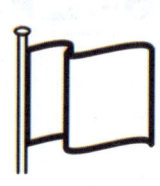

BANDEIRA
Emblema do posto de governo e de identidade em muitos níveis (internacional, nacional, local); na guerra é um símbolo de honra militar, com uma bandeira branca representando a rendição; uma bandeira tremulando pode indicar um novo começo.

BANHEIRA
Associada ao banho e, portanto, à purificação, tanto espiritual quanto física.

BARBA
Característica importante do simbolismo masculino; representa dignidade, soberania, virilidade e sabedoria. Símbolo de um rei; no antigo Egito os governantes que não tinham barba eram retratados com barbas falsas para decretar sua posição social.

BARCO
Símbolo de proteção como um útero, também ligado ao simbolismo de salvação e regeneração da arca.

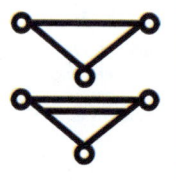

BARRO
Símbolo alquímico.

BASILISCO
Um símbolo medieval da luxúria e das doenças.

BASTÃO
Consultar 'Cetro'.

BASTÃO DE APOLO
Também conhecido como cruz Platina; nos tempos pré-cristãos, ele representava o deus Apolo e aparecia nas moedas antigas. Também usado na América pré-colombiana e na região do Eufrates-Tigre como símbolo do Sol

BASTÃO DO EMÔNIO

BASTÃO DE JÚPITER/ZEUS

BASTÃO DE ODIN

BASTÃO EGÍPCIO

BASTÃO DE POSEIDON

BASTÃO EPISCOPAL
Criado como símbolo da fertilidade masculina, ele carrega o poder real ou espiritual para administrar a justiça. Ligado ao cetro, ao bastão ou à vara. Um dos símbolos da autoridade religiosa de um bispo é seu bastão episcopal.

BASTÃO FENÍCIO

BASTÃO PARA CAVAR
Ferramenta tradicional aborígine, usada para juntar raízes e vegetais; atualmente, é utilizada para representar um ser ancestral.

BENÇÃO/ INOFENSIVO
Uma variação da cruz do papa.

BEORC
Runa para B.

BERÇO
Símbolo do útero; associado à defesa, proteção e segurança. Sua forma tradicional de barco o associa a viagens; um símbolo para uma jornada segura pela vida.

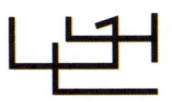

BETHOR
O planeta; símbolo místico cabalista para o segundo espírito olímpico.

BÉTULA
Benéfica, protetora e sagrada para os deuses germânicos. Árvore cósmica da Ásia Central. Nos rituais xamânicos, ela simbolizava a ascensão do ser humano ao mundo dos espíritos.

BEZERRO
Associado a festas, hospitalidade e celebração (como na expressão "bezerro gordo", que significa preparar uma festa para alguém) e também ao sacrifício (judaísmo).

BIGORNA
Na Polinésia e em partes da África, está associada ao princípio feminino e à fertilidade; no folclore escocês, está ligada aos poderes mágicos do ferreiro.

BIOPERIGO
Aviso, EUA.

BJARKAN
Runa associada à nova vida e ao crescimento.

BISÃO/BÚFALO
Animal de posição superior na Índia e no sudoeste da Ásia. Na China, o búfalo doméstico está associado à vida contemplativa. Para os índios norte-americanos, ele simboliza força, prosperidade, abundância e poder sobrenatural.

BMW
Emblema da corporação do fabricante de carros, uma variação da cruz solar, a antiga estrutura para a energia do Sol.

BOCA
Uma boca aberta é associada ao poder do espírito de falar, à inspiração da alma; como alternativa, pode ser o símbolo de forças destrutivas, coisas que estão sendo "comidas" e "devoradas".

BODE/CABRA
Símbolo ambíguo que significa virilidade, luxúria, astúcia e destruição no lado masculino, e fecundidade e nutrição no lado feminino. Símbolo para Capricórnio, um dos signos do zodíaco. No mito romano, a cornucópia deriva do chifre da cabra, Amalteia, a ama de leite do bebê Zeus.

BOI
Símbolo universalmente benevolente de força, paciência, submissão e trabalho árduo constante. Emblema cristão do sacrifício de Cristo. Animal de sacrifício no mundo antigo. Símbolo taoísta e budista do sábio.

BOLA
Símbolo de jogos infantis; na China, associado ao Sol e ao símbolo yin/yang.

BOLHA
Símbolo da ilusão (budismo, taoísmo); o transiente e o efêmero.

BONECA
Utilizada na religião, em rituais e na magia como substituta para pessoas e deidades.

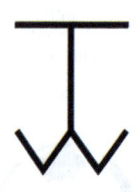

BÓRAX
Símbolo alquímico.

BÓRAX/TINKAL
Símbolo alquímico.

BORBOLETA
Símbolo da alma e da ressurreição no Congo, no México e na Polinésia. Também um símbolo de vida e de seu ciclo; na arte ocidental, algumas vezes Cristo é retratado segurando uma borboleta.

BORLAS
Na França do século XVII, a borla representava riqueza, prestígio e poder. Como símbolos maçônicos, as quatro borlas representam as virtudes cardinais. No catolicismo e em outras tradições religiosas, o uso de borlas pode simbolizar posição social.

BRACELETE
Como joia, pode denotar a classe. Também pode ser usado como etiqueta de identificação.

BRAÇO
Símbolo do poder e da força; os muitos braços dados aos deuses hindus simbolizam sua complexidade e poder. Um braço erguido pode sugerir uma ameaça ou uma bênção. O braço também tem conotações protetoras.

BRANCO DE

ARSÊNICO
Alquimia.

BRANCO DE

CHUMBO
Química antiga.

BUDA
O Buda sentado é um símbolo de iluminação.

BÚFALO
Consultar 'Bisão'.

BURRO/ ASNO
Símbolo moderno bastante defendido da tolice; porém as primeiras conotações eram bem mais positivas (humildade, pobreza e paciência) ou maléficas tanto na mitologia egípcia quanto na indiana.

CABAÇA
Símbolo preeminente para muitas sociedades africanas tradicionais, onde aparece nos mitos de criação, representando o ovo do mundo ou o útero.

CABEÇA
Em algumas tradições é a localização da alma, associada à fertilidade e ao simbolismo fálico, instrumento da razão e do pensamento.

CABELO
Um símbolo complexo com muitos significados, geralmente associados à força da vida; pode ser um símbolo de santidade e força, de poder real, liberdade, virilidade, virgindade ou permissividade.

CACHIMBO
Na cultura nativa americana, o tabaco era uma erva sagrada. Fumar cachimbos compartilhados era uma atividade social baseada na cerimônia religiosa ou nas alianças tribais.

CADEIRA
Símbolo universal de autoridade e de classe superior, ligado ao trono. Entre os Swahili (Zanzibar) a "cadeira do poder" deve ser usada para os visitantes e para as pessoas mais importantes da família.

CADUCEU
O bastão da cobra, o atributo do deus grego Hermes, e do equivalente romano Mercúrio, simboliza a mediação entre as forças opostas e é interpretado como um emblema da medicina homeopática. O caduceu também é um símbolo do comércio.

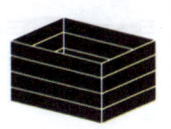

CAIXA
Símbolo do útero e do inconsciente feminino, associado aos segredos e a ocultações. No mito clássico, a caixa de Pandora é um símbolo que não deve ser aberto.

CAL
Alquimia.

CAL
Química antiga.

CALCINAÇÕES
Símbolo alquímico.

CALDEIRÃO
Ligado à magia, símbolo de transformação, germinação, abundância, e à possibilidade de renascimento ou rejuvenescimento. Também ligado à tortura, ao julgamento ou à punição.

CÁLICE/COPO
Um recipiente de abundância e imortalidade; no cristianismo, o cálice é um copo utilizado no ritual da Eucaristia; na Europa medieval, este copo era associado ao Santo Graal. No Japão, trocar os copos é um símbolo de confiança e faz parte da cerimônia de casamento.

CAMÉLIA
Um símbolo chinês de saúde e coragem. Associado à morte súbita no Japão.

CAMELO
Símbolo tradicional de abundância e posição social no Oriente Médio; na Europa Medieval era símbolo de moderação; no cristianismo, o camelo está associado à humildade e obediência.

CÂNCER
Signo do zodíaco.

CÂNCER
Signo do zodíaco, variação.

CANETA
Símbolo fálico freudiano, também associado à função executiva e ao poder da razão. Na tradição Sufi, a Suprema Caneta representa a Inteligência Universal.

CANHÃO/ARMA
Também símbolo do ferro na química antiga.

CANGURU
Um símbolo da Austrália dos dias modernos, tradicionalmente associado aos poderosos instintos maternos (ele carrega seu filhote em sua bolsa e é um lutador feroz) e aos espíritos ancestrais.

215

CÃO
Símbolo de lealdade; vigilância protetora nas tradições celta e cristã; no modo de pensar antigo, ele era associado ao submundo, onde atuava como guia e guardião. Os cães são símbolos de guardiões no Japão e na China; porém, na China, também possuem ligações demoníacas.

CAPRICÓRNIO
Signo do zodíaco, variação.

CAPRICÓRNIO
Signo do zodíaco, variação.

CARACOL
Geralmente um símbolo lunar associado aos processos cíclicos ou periódicos na natureza. Ao sair e entrar em sua concha, o caracol é indicativo de uma eterna volta para o lar. O caracol também é associado ao simbolismo sexual da vulva; os astecas consideravam que ele era um símbolo de concepção, gravidez e nascimento.

CARPETE/TAPETE
Uso sagrado e secular no Oriente Médio; utilizado para marcar e embelezar os espaços sagrados e domésticos. Na Europa, os carpetes simbolizam a posição social, com um tapete vermelho sendo utilizado em cerimônias públicas que envolvem altos dignitários, a realeza e celebridades.

CARRANCA DE GOTEIRA
Uma bica esculpida, tipicamente observada nos parapeitos das igrejas ou catedrais. Durante a Idade Média, as carrancas era quase que grotescas e demoníacas, simbolizando o poder da Igreja de lavar o mal.

CAPACETE
Símbolo de proteção, mas também ligado ao poder invisível.

CAPRICÓRNIO
Signo do zodíaco, variação.

CARDO
Símbolo de retaliação; também símbolo de cura e de poderes talismânicos. Emblema de martírio e da Escócia.

CARNEIRO
Símbolo da energia solar, como primeiro signo do zodíaco representa renovação da fertilidade e retorno da primavera. Também simboliza virilidade, ardor e obstinação.

CARRUAGEM
Um símbolo dinâmico de posto de governo na iconografia antiga; um símbolo de autoridade espiritual e de superioridade dos deuses e heróis. O misticismo hindu associa o andar na carruagem ao símbolo do "eu"; é uma imagem da jornada triunfante do espírito.

CAPRICÓRNIO
Signo do zodíaco.

CAPUZ
Associado à magia e ao poder de fazer a pessoa que o está usando ficar invisível. Símbolo fálico freudiano.

CARPA
Na China é um emblema de longevidade, virilidade e sucesso escolar. As imagens da carpa foram utilizadas nos mastros ou tetos dos navios para repelir incêndios.

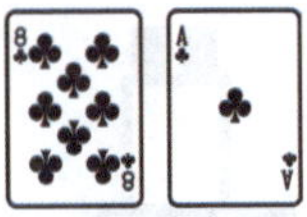

CARTAS, JOGAR
Associado aos jogos, apostas e cartomantes na Europa e na Ásia. As próprias cartas contêm imagens simbólicas (valete, dama, rei, coringa, os quatro naipes) e os números.

CASTELO/FORTALEZA
Símbolo arquétipo de proteção e um local de refúgio (espiritual e temporal); um lugar que é separado e difícil de se entrar e que contém o desejo do coração.

CAVALO
Símbolo de vitalidade, velocidade e beleza animal; também associado ao poder do vento, à tempestade, ao fogo, às ondas e à água corrente.

CAVERNA
O símbolo mais primitivo de moradia, ligada ao útero, ao nascimento, renascimento, origem e centro. Significados mais sombrios incluem a entrada para o inferno ou o inconsciente

CEGO/COM OLHOS VENDADOS
Cegueira espiritual; no ritual maçônico, remover a venda dos olhos significa iluminação. Na Antiguidade clássica, Fortuna (deusa da sorte) é cega para mostrar que não favorece ninguém.

CARVALHO
Ligado à nobreza e à tolerância; sagrado para os deuses do trovão das tribos celtas, gregas e germânicas; símbolo da potência e sabedoria masculina, mas ligado às deusas mães e às dríades, ninfas do carvalho.

CASUAR
Aparece nas histórias da criação aborígine australiana; portanto, matar um casuar está associado à má sorte.

CAVALO-MARINHO
Pode simbolizar o papel masculino no processo do nascimento, uma vez que o macho carrega seus filhotes dentro de seu próprio corpo.

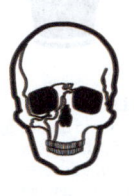

CAVERNA
Ideograma muito antigo para caverna, fazenda, vilarejo ou fortaleza, também utilizado nos mapas modernos para caverna.

CEGONHA
Símbolo da longevidade e da devoção filial. Sagrada para a deusa grega Hera. Ligada à pureza, piedade e ressurreição para os cristãos.

CASCALHO/AREIA
Símbolo alquímico.

CAURIL
Símbolo de riqueza e posição social em algumas partes da África, aparecendo nas fantasias e nos artefatos; símbolo freudiano para os órgãos sexuais femininos, também associado à fertilidade e à boa sorte.

CAVEIRA
Potente símbolo da morte, utilizado como um sinal avisando de uma substância venenosa. Como parte do esqueleto e duas tíbias cruzadas também é símbolo da pirataria.

CEDRO
Símbolo de poder e imortalidade.

CELTA, HARPA
Símbolo da tradição bárdica, mas também tem ligações com o submundo. Utilizada como símbolo da Irlanda.

CELTA, NÓ
Símbolo do universo, porq era feito em uma linha contínua e, portanto, utilizado como símbolo de proteção.

CENTAURO
Uma criatura híbrida e mítica, metade homem, metade cavalo, se tornou o símbolo da dualidade, do homem enganado por seus impulsos físicos e sexuais, especialmente a luxúria e a violência.

CERA
Alquimia.

CÉRBERO
Guardião da entrada do submundo grego, símbolo das incertezas temidas da morte.

CEREJA
Um emblema samurai no Japão, a fruta é o símbolo da virgindade na China, e sua flor é altamente auspiciosa. Na iconografia cristã, a cereja é uma alternativa para a maçã como fruta do paraíso.

CERES
Asteroide.

CERVO
Símbolo universalmente benevolente associado à madrugada, à luz, à pureza, à regeneração, à criatividade e à magia.

CESTA
Símbolo do útero; nas Américas, as histórias sobre cestas e seu feitio estão relacionadas às mulheres.

CETRO/BASTÃO
Originalmente um símbolo de fertilidade masculino, confere poder real ou divino e é utilizado como um símbolo da posição imperial ou real, especialmente na arte ocidental.

CHACAL
Símbolo da destruição ou do mal na Índia; porém, no antigo Egito era adorado como Anúbis, deus do embalsamento.

CHAI
Palavra hebraica para "vida", comumente utilizada em colares e outros ornamentos.

CHAMINÉ
Um símbolo fálico na psicologia freudiana.

CHAVE
Através de seu poder de travar e destravar portas, a chave é um símbolo de autoridade espiritual e secular, de acesso à riqueza sagrada e temporal. No cristianismo, por exemplo, Cristo deu a São Pedro as chaves do céu e da terra; no oeste da África, um molho de chaves douradas em uma argola faz parte das regalias da corte, simbolizando a riqueza do estado. No Japão, a chave é um símbolo da felicidade devido a seu poder de destravar a despensa do arroz.

CHAVEIRÃO
Um símbolo de classificação nos contextos militares e heráldicos.

CHAVEIRÃO
Uma variação heráldica.

CHER
Runa para a colheita. Também conhecida como Jara.

CHICOTE
Símbolo de posto do governo, julgamento e fertilidade; o açoite substituiu o chicote no Egito e o abanador de moscas na África, na China e na Índia.

CHIFRE
Símbolo de poder e força, associado aos animais que o tem. Um chifre de búfalo é um símbolo lunar feminino (a Lua crescente tem forma de chifre) e está associado à fertilidade; um chifre de carneiro é masculino, símbolo solar, associado à virilidade.

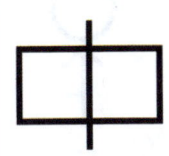

CHINA
Utilizado desde as primeiras escritas chinesas como símbolo de como eles visualizavam sua civilização, como "o império Mediano", colocado entre o Céu e a Terra, no centro de um mundo não civilizado.

CHRYSLER
Emblema da corporação do fabricante de carros; uma variação do pentágono combinado com o pentagrama.

CHOCALHO
Utilizado nos rituais xamânicos; símbolo do próprio xamã e de sua posição como mediador entre a Terra e o outro mundo.

CHUMBO
Símbolo alquímico.

CHUMBO
Símbolo alquímico, variação.

CHUMBO
Química antiga.

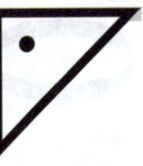

CHUMBO
Símbolo antigo dos químicos.

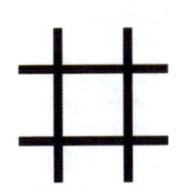

CHUMBO
Alquimia, variação também de notação musical que significa subir meio tom. Na antiga farmacologia, era usado para representar "tomado em nome de Deus". No uso moderno, é chamado de sinal reformado e é usado em telefone.

CHUVA
Símbolo vital da fecundidade, ligado às bênçãos ou punições divinas. Emblema da pureza.

CINABRE
Símbolo alquímico.

CINCO ELEMENTOS DA IDEOGRAFIA OCIDENTAL, O PONTO
Quase todas as ideografias ocidentais são baseadas em cinco formas básicas: o ponto, a linha, o semicírculo e duas espirais.

CINCO ELEMENTOS DA IDEOGRAFIA OCIDENTAL, A LINHA

CINCO ELEMENTOS DA IDEOGRAFIA OCIDENTAL, O SEMICÍRCULO
Também conhecido como a seção.

CINCO ELEMENTOS DA IDEOGRAFIA OCIDENTAL, A ESPIRAL
Também retratada de modo contrário.

CINCO ELEMENTOS DA IDEOGRAFIA OCIDENTAL, A ESPIRAL
Variação.

CINCO
Associado com o microcosmo humano e com a mão; importante símbolo da totalidade na China, Japão e tradição celta. Também associado ao amor, à saúde, sensualidade, meditação, análise, crítica e ao coração.

CINTO
Castidade feminina, fidelidade marital ou sedução. Os cintos mágicos apareciam nos mitos como emblemas de força e se tornaram um símbolo de honra na Inglaterra. Os cintos de corda dos monges é uma alusão ao açoite de Cristo. O cinto hindu é um símbolo dos ciclos do tempo.

CIPRESTE
Símbolo ocidental de morte e luto; porém, na Ásia e em outros lugares, é um símbolo de longevidade e persistência.

CÍRCULO
Intersectado com uma cruz diagonal; signo moderno para a posição zero das máquinas.

CÍRCULO
Intersectado com uma linha diagonal, letra grega phi, geralmente utilizada em programas de computador para zero. Em outros contextos, significa diâmetro ou número médio.

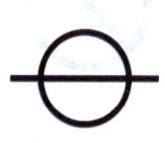

CÍRCULO
Intersectado com uma linha horizontal é um outro dos primeiros ideogramas da humanidade; encontrado nas pinturas de rocha no interior do Saara e em muitos sistemas primitivos de escrita. Utilizado nos contextos modernos para significar aberto. Nos navios, é a parte principal da marca da linha de flutuação.

CÍRCULO
Intersectado com uma cruz perpendicular, um signo raro utilizado algumas vezes na alquimia para óleo ou graxa. Na anotação musical, ele significa "para ser repetido".

CÍRCULO E FLECHA
Um dos ideogramas mais comuns na cultura ocidental. Signo para o planeta Marte. Também para o ferro e o zinco e para a manhã.

CÍRCULO
Na linha horizontal, antigo ideograma que provavelmente significava grandeza e poder.

CÍRCULO
Sobre várias linhas horizontais decrescentes, significando o desconhecido; aparece em várias cavernas pré-históricas europeias.

CÍRCULO
Sobre uma linha vertical, antigo ideograma; na antiga Grécia era um símbolo de Afrodite; na alquimia é um símbolo para a noite.

CÍRCULO
Com uma linha vertical contínua, direcionada para baixo; um dos ideogramas mais antigos; também aparecia no alfabeto rúnico onde representou, por algum tempo, o som da letra m.

CÍRCULO
Dividido por uma linha horizontal, frequentemente encontrado nas esculturas em rochas. Na antiga caligrafia chinesa, ele denotava o Sol; no alfabeto grego, é a letra teta.

CÍRCULO
Dividido por uma linha vertical, é um signo antigo nos primeiros alfabetos do Oriente próximo. Símbolo alquímico para nitrogênio.

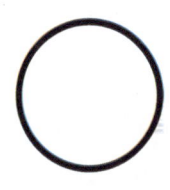

CÍRCULO
Vazio, um dos ideogramas mais antigos. Algumas vezes, representa o Sol ou a Lua, e também aberturas como os olhos ou a boca. Utilizado na escrita ideográfica por quase 5.000 anos.

CÍRCULO
Preenchido, talvez o mais comum dos antigos ideogramas encontrados em muitas culturas antigas.

CÍRCULO
Semi, na linha vertical, signo icônico para o Sol nascente, utilizado para o orvalho em meteorologia.

CÍRCULO
Um outro ideograma muito antigo, associado ao divino e ao poderoso. Na arte budista e cristã é utilizado para denotar o carisma e a auréola.

CÍRCULOS
Três, preenchidos, conhecidos como orifícios do boliche; foram encontrados nas esculturas nórdicas em rochas; também utilizados em mapas modernos para indicar ruínas ou paisagens que valem a pena ser vistas. Utilizado na metereologia para indicar chuva. Na matemática e na geometria significa 'portanto'. Utilizado de cabeça para baixo, o signo representa "porque".

CÍRCULOS
Pequenos, conectados por linhas retas, estrutura muito antiga encontrada na antiga China e em esculturas nórdicas em rochas. Nos contextos místicos cabalísticos, signos semelhantes são utilizados para estrelas e sons.

CISNE
Símbolo romântico e ambíguo de luz masculina e beleza feminina na música e no balé ocidental. Atributo de Afrodite e Apolo.

CITROËN
Emblema da corporação do fabricante de carros, inspirado pelo símbolo V de vitória e da superioridade militar.

CLAVA
Possui uma tarefa dupla representando a brutalidade primitiva ou o heroísmo na arte.

CLAVE DE FÁ
Anotação musical.

COAGULAR / PREPARAR
Símbolo alquímico.

COCO
Uso extensivo nos rituais hindus; "sacrificado" com uma réplica da cabeça humana e também associado à Shiva, porque seus três "olhos" simbolizam os olhos de Shiva. Também é associado à fertilidade.

COELHO
Forte associação à Lua e, portanto, ligado à menstruação e à fertilidade na maioria das tradições. Símbolo folclórico de engano inofensivo.

COGUMELO 
Símbolo de ressurreição, longevidade e felicidade na China; almas dos renascidos em algumas partes da Europa Central e da África. O folclore o liga ao sobrenatural.

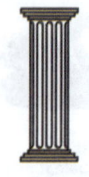

COLUNA/ PILAR
Símbolos da aspiração e do poder temporal e espiritual; Deus aparece para os israelitas no deserto como um pilar de fogo. Duas colunas aparecem do lado externo dos templos maçônicos, representando força e forma.

COMETA
Uma mudança nos céus; em muitas culturas é um presságio da guerra e do desastre. Também é um símbolo de esperança e novo começo.

COMETA
Variação.

COMETA
Variação.

COMPASSO
Associado à arquitetura durante a Renascença; na arte europeia, ele pode simbolizar a mente racional. Junto com o esquadro se torna um dos símbolos mais importantes da Maçonaria.

COMPOSIÇÃO
Símbolo alquímico.

CONCHA
Os budistas, os maias e os astecas utilizavam a concha com um chifre cerimonial. Sua forma o associa ao simbolismo da espiral. No hinduísmo, o som da concha simboliza a origem da existência. Um emblema do Vishnu

CONDOR
Um símbolo solar na América do Sul.

CONFERÊNCIA
Signo moderno, semelhante aos signos mais antigos que significa união.

CONFUSO, ESTADO MENTAL
Utilizado em modernas histórias em quadrinhos.

CONSTELAÇÕES DE ESTRELAS FIXAS
Chinês.

CORAÇÃO
Um antigo símbolo cujo significado original não é conhecido. Graficamente relacionado ao fogo. Significa amor; também aparece com significado religioso entre os astecas, hindus, budistas, muçulmanos, judeus, celtas e taoístas.

CORAÇÃO ARDENTE
Consultar 'Coração em Chamas'.

CORAÇÃO EM CHAMAS/ CORAÇÃO ARDENTE
Símbolo de um cristão ardente, mas também, na arte, um atributo de caridade e paixão profana.

CORAL
Sua cor vermelha o conecta ao sangue em muitas tradições; para os cristãos, ele simboliza a Paixão de Cristo; no mito grego, era formado das gotas de sangue de Medusa. Na antiga Roma, os colares de coral eram usados para espantar as doenças.

CORDEIRO
Um dos primeiros símbolos de Cristo, emblema da pureza, sacrifício, renovação, redenção, inocência e gentileza. Símbolo importante de sacrifício para o islamismo e para o judaísmo.

CORNUCÓPIA
Chifre romano da fartura que não pode ser esvaziado; é utilizado para denotar abundância e prosperidade na arte ocidental; é um símbolo feminino da nutrição maternal e do amor. Atributo de Dionísio, deus do vinho, Demeter e Priapo, também das figuras alegóricas da Terra, Outono, Hospitalidade, Paz, Sorte e Harmonia na arte ocidental.

CORRENTE
Um símbolo de união e conexão, o relacionamento entre duas coisas. Correntes douradas significam honra e status. Um símbolo moderno da escravidão e do cativeiro. Correntes quebradas simbolizam a luta pela liberdade e a libertação da opressão.

COIOTE
Um símbolo da adivinhação ou herói da cultura na América do Norte e na África.

CORDONIZ
Símbolo chinês de luz, de receptividade, ardor e coragem. Nas tradições grega e hindu, o cordoniz é símbolo de renovação de vida e de retorno do A Sol.

CONCHA DE VIEIRA
Associada à Afrodite e, portanto, ao amor.

COROA
Identificada com o poder, a glória e a consagração. Originadas como grinaldas, as coroas atraíram o simbolismo celestial do círculo, representando a perfeição, o anel e a continuidade.

COROA DE ESPINHOS
Originariamente zombando do simbolismo de uma coroa (pelos romanos que crucificaram Cristo), agora se tornou um símbolo de sacrifício e consagração.

CORUJA
Associada à magia, o outro mundo, sabedoria e profecia em muitas tradições.

CORVO
Um símbolo de perda, morte e guerra na Europa ocidental, porém é venerado em todo lugar como símbolo solar e do oracular; uma ave mensageira do deus Apolo no mundo grego e ligada ao culto romano de Mithras. Na África, o corvo é um guia e para os nativos americanos, ele é um herói da cultura. Os inuítes possuem um criador chamado Pai Corvo e acreditam que matar um corvo pode trazer mau tempo.

CÓSMICA, ÁRVORE
A "árvore da vida" ao contrário para que suas raízes tragam força espiritual dos céus.

CRAVO-DA-ÍNDIA
Representa saúde e doçura no Japão e na China; na arte japonesa, eles eram um dos Tesouros de Miríade carregado pelas Sete Deidades da Boa Sorte.

CRESCIMENTO
Também renascimento e gênesis, hieróglifos egípcios para a mulher e o sexo feminino

CRISÂNTEMO
Um símbolo solar e imperial no Japão, ligado à longevidade e alegria; um símbolo taoísta chinês; na arte ocidental, ele é utilizado como o símbolo do outono.

CRISOL OUCADINHO
Símbolo alquímico, também na antiga química.

CRISOL
Antiga química, variação.

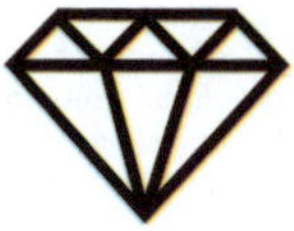

CRISTAL
Símbolo moderno da Nova Era.

CRISTO
Um monograma formado pelas iniciais de Cristo em sua forma grega, PX. Nesta variação, o X está virado 45 graus para formar uma cruz.

CRISTO
Monograma, variação.

CRISTO
Monograma, variação; o triângulo na base é o símbolo da divindade que significa que Cristo é o centro da Santa Trindade.

CRISTO
Monograma, variação.

CRISTO
Monograma, variação.

CRISTO
Monograma, variação.

CRISTO
Monograma, variação, combinado com as letras gregas alfa e ômega (caractere minúsculo), a primeira e a última letras do alfabeto grego para simbolizar Cristo como primeiro e último.

CRISTO
Um outro monograma, simbolizando Cristo; este é construído por uma cruz em cima das letras alfa e ômega, significando que Cristo é o primeiro e o último.

CROCODILO
Principal símbolo da voracidade destrutiva, traz a punição divina; é o arquétipo do devorador. Tratado com respeito temeroso, como uma criatura do poder primitivo e oculto sobre a água, terra e submundo. Os antigos egípcios tinham um deus crocodilo da fecundidade chamado Sebek. Possui conexões mais positivas em algumas partes da Ásia, onde ele aparece como inventor do tambor e da canção.

CRONOS
Deus.

CRONOS
Deus, variação.

CRONOS
Deus, variação.

CRUZ DE CRISTO

CRUZ DA ETERNIDADE
Um símbolo da eternidade.

CRUZ DO GÓLGOTA
Semelhante à cruz das Cruzadas.

CRUZ DE LÁZARO
Antigo símbolo para santidade e divindade.

CRUZ DE LORAINE
Utilizada na heráldica.

CRUZ DA PALESTINA
Utilizada como um símbolo para o reinado de Jerusalém depois que a cidade foi capturada nas Cruzadas.

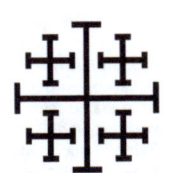

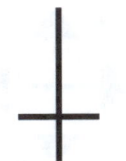

CRUZ DE PEDRO
Uma cruz latina de cabeça para baixo que celebra o martírio de São Pedro, que foi crucificado de cabeça para baixo.

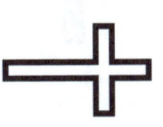

CRUZ DE FILIPE
Associada aos países nórdicos, alguns deles a usam em suas bandeiras.

CRUZ DE SANTO ANDRÉ
Recebeu o nome do apóstolo André que foi crucificado em uma cruz diagonal.

CRUZ DE SANTO ANTÔNIO
Recebeu o nome de um ermitão no Egito que, de acordo com o povo, caçava uma legião de demônios com uma cruz deste tipo. Também conhecida como cruz Tau, cruz T, cruz egípcia, Crux commissa e a cruz do ladrão.

CRUZ DE SANTA BIRGITTA
Adornada com cinco pedras preciosas que representam as cinco feridas de Cristo.

CRUZ DE SÃO JORGE

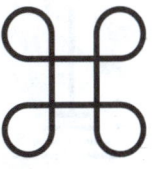

CRUZ DE SÃO HAN / CRUZ DE SÃO JOÃO
Também um ideograma mágico da era viking, possivelmente utilizada na cabala.

CRUZ DE SÃO JOÃO

CRUZ DOS ARCANJOS
Também conhecida como cruz do Gólgota.

CRUZ DOS ARCANJOS
Variação.

CRUZ DOS EVANGELISTAS

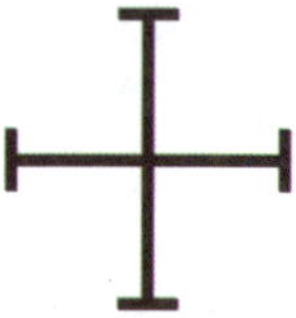

CRUZ DOS LADRÕES

CRUZ, COM SETAS
Variação.

CRUZ, DIAGONAL
Braços com a mesma extensão, um símbolo extremamente antigo encontrado nas cavernas pré-históricas. Hieróglifo egípcio que significa dividir, contar. Também significa multiplicação, confrontação, anulação, cancelamento, oposição, obstrução, erro e indecisão.

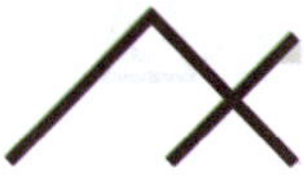

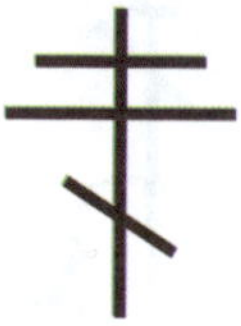

CRUZ, ORIENTAL ORTODOXA

CRUZ, EGÍPCIA / CÓPTICA

CRUZ DA SANTA IGREJA
Também usada na alquimia para o crisol.

LADRÕESCRUZ, ANCORADA
Uma das cruzes disfarçadas, utilizada pelos primeiros cristãos.

CRUZ, CELTA

CRUZ

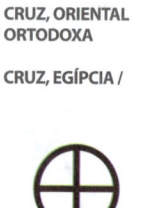

CRUZ DO PATRIARCA

CRUZ, ANGULAR

CRUZ, CELTA
Variação.

CRUZ, DISSIMULATA
Variação da forma disfarçada da cruz utilizada pelos primeiros cristãos.

CRUZ 
Braços com a mesma extensão, um antigo ideograma usado na maioria das culturas encontradas em todo o mundo; frequentemente associada aos quatro elementos. Utilizada em matemática como sinal de adição.

CRUZ DO PAPA

ANGULARCRUZ, COM SETAS
Significa expansão para todas as direções e, por esta razão, um símbolo estimado dos fascistas.

CRUZ, CÓPTICA

CRUZ, DISSIMULATA
Variação, também utilizada no selo do Príncipe do Byblos, uma cidade fenícia, no ano de 2000 a.C.

CRUZ
Com braços curtos preenchidos ou fechados, comum na antiga Grécia, América pré-colombiana e Oriente próximo até 1000 anos antes do nascimento de Cristo, associada ao poder e ao Sol.

CRUZ, DAS CRUZADAS
Surgiu nos tempos das Cruzadas quando os cavaleiros levavam cruzes com eles que poderiam ser enfiadas no chão durante o culto no campo de batalha ou acampamento.

CRUZ, GREGA

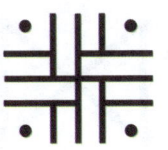

CRUZ, SAGRADA ROMANA
Possui uma suástica no centro, uma possível alusão ao retorno de Cristo.

CRUZ, FERRO / CRUZ MANTUAN
Utilizada como medalha da ordem germana.

CRUZ, LÁBARO / CHI-RHO
Um monograma formado por duas letras iniciais gregas da palavra Cristo.

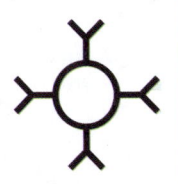

CRUZ, LÍRIO

CRUZ, MALTÊS
Também conhecida como Cruz da Promessa. Utilizada como emblema da Ordem de São João, baseada nos antigos símbolos assírios.

CRUZ, MALTÊS
Variação.

CRUZ
Aberta com os braços fechados, um antigo símbolo que parece estar ligado ao clima, aos quatro ventos ou às quatro direções.

CRUZ
Apoiada sobre um globo. Sinal de evangelização do mundo.

CRUZ PACHUCO
Um símbolo de identificação, frequentemente usado como tatuagem pelas gangues de rua hispânico-americanas.

CRUZ, PORTÁTIL

CRUZ, RESTAURAÇÃO
Utilizada no século XV na heráldica na cunhagem europeia. Também utilizada pelos incas como símbolo do Sol.

CRUZ, TAU / EGÍPCIA

CRUZ, TAU
Variação com a cobra.

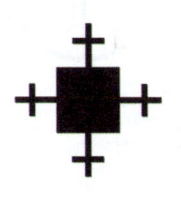

CRUZ, QUADRADO
Representa a Terra com seus quatro cantos.

227

CRUZ, RODA / CRUZ DO SOL
Apareceu pela primeira vez na madrugada da Era do Bronze e, depois, no antigo Egito, China, América pré-colombiana e Oriente Próximo. Associada com a roda.

CRUZ, RODA / DIAGONAL
Sugere um cancelamento ou neutralização.

CRUZ, COM VESTUÁRIO
Um símbolo da crucificação.

CRUZ, COM A ORBE
Um símbolo do final triunfal de Cristo sobre o mundo.

CRUX DISSIMULATA
Símbolo cristão de esperança.

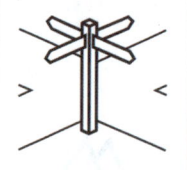

CRUZAMENTOS
Um símbolo de tomada de decisões, mudanças na vida e em viagens.

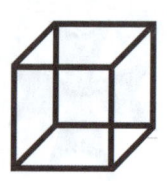

CUBO
Ligado ao simbolismo do quadrado, portanto, associado ao mundo manifesto físico. Um símbolo de sabedoria e perfeição; por exemplo, na maçonaria, ashlar (um cubo uniforme) representa a pessoa aperfeiçoada; uma das estruturas mais sagradas do islamismo, o Ka'ba, tem forma de cubo.

CUPIDO/ EROS
Com seu arco e flechas de desejo, o Cupido é um símbolo do amor e do romance.

CURVADA, LINHA
Um segmento de um círculo, aparece em muitos sistemas ideográficos, antigos e modernos.

DAEG
Runa para D.

DAMASCO
Na China o albricoque é um símbolo para uma mulher bonita; a ameixa japonesa algumas vezes é chamada de damasco.

DÉCIMA
Primeira casa – Astrologia.

DECOCÇÃO
Símbolo alquímico.

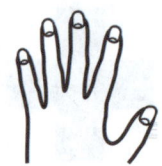

DEDOS DAS MÃOS / UNHAS
Conexão como o poder espiritual (Índia) e com os cinco princípios do islamismo. Unhas longas são tradicionalmente um símbolo de riqueza e status; unhas longas, parecidas com garras, são atributos dos reis de Dahomey na África.

DENEB ALGEDI
Selo de amuleto mágico.

DENKYEM
O crocodilo, símbolo adinkra de Gana que significa habilidade para se adaptar às circunstâncias, assim como um crocodilo se adapta da água para a terra.

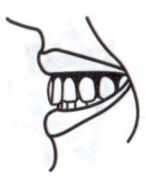

DENTES
Símbolos primitivos de poder agressivo-defensivo.

DESTILAÇÃO
Símbolo alquímico.

DESTILADO, ÓLEO
Símbolo alquímico.

DEUSA
Da manhã, da noite, grega e bizantina.

DEUSA

DEZ
Símbolo da perfeição, especialmente na tradição judaica; símbolo da totalidade da criação para Pitágoras; equilíbrio perfeito para os chineses.

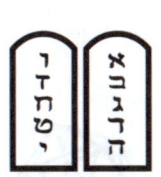

DEZ MANDAMENTOS
Símbolo judaico.

DHARMACHAKRA
A roda de oito raios do budismo.

DIA
Runa associada à luz, à ruptura e ao sucesso.

DIREITO AUTORAL, SÍMBOLO
Utilizado para denotar a propriedade legal do texto e das imagens.

DISTÂNCIA
Símbolo técnico moderno.

DIVINO, PODER
Antigo símbolo nórdico/ anglo-saxão; também é o logotipo do Grupo Mitsubishi.

DIVISÃO
Signo matemático.

DIVISÃO
Signo matemático, variação.

DIVISÃO/ FENDA
Aparece nos primeiros sistemas de escrita chineses e outros.

DIVORCIADO
Genealogia.

DIVORCIADO
Genealogia, variação.

DOIS
Símbolo da dualidade; divisão e síntese, atração e aversão, equilíbrio e conflito. Considerado número de azar na China.

DÓLAR
Moeda corrente dos Estados Unidos da América.

DOMO
Símbolo dos céus, aparece frequentemente em construções cívicas sagradas ou importantes tais como mesquitas, igrejas Bizantinas ou panteão romano.

229

DOSE DE REMÉDIO
Pílula grande, antiga farmacologia; também representa o budismo japonês e na alquimia é o símbolo para oricalco ou dissolvente.

DOSSEL
Sombra e proteção; também associado ao poder real, símbolo de proteção divina.

DRAGÃO
Símbolo benévolo no Oriente, malévolo no Ocidente; contém riqueza de simbolismo em ambos os casos.

ECLIPSE DA LUA
Astronomia.

EHWAZ
Runa para E.

ELEFANTE
Antigo símbolo do poder soberano na Índia, China e África e, devido a esta associação, está ligado à dignidade, inteligência, prudência e paz. O monte dos governadores indianos e do deus do trovão e da chuva, Indra. A antiga Roma associava o elefante à vitória. A Europa medieval acreditava que o macho abstinha-se do sexo com sua parceira durante a gravidez dela, fato que o tornou emblema de castidade, fidelidade e amor. O elefante branco de Burma, da Tailândia e do Camboja é um símbolo de fertilidade e chuva.

ELETRICIDADE
Trovão, raio.

ELHAZ
Runa para Z, significa um alce.

ELIPSE
Nada, zero, ausência.

EMPÉDOCLES, ELEMENTOS DE, AR
Antigos símbolos geométricos gregos, pré-socráticos, dos elementos.

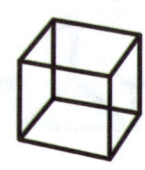

EMPÉDOCLES, ELEMENTOS DE, TERRA
Antigos símbolos geométricos gregos, pré-socráticos, dos elementos.

EMPÉDOCLES, ELEMENTOS DE, FOGO
Antigos símbolos geométricos gregos, pré-socráticos, dos elementos.

EMPÉDOCLES, ELEMENTOS DE, ÁGUA
Antigos símbolos geométricos gregos, pré-socráticos, dos elementos.

ENEAGRAMA
Estrela de nove pontas, cristã, nove dons do espírito.

ENTRADA
Consultar 'Porta'.

ENXOFRE
Alquimia.

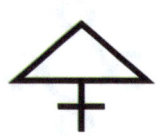

ENXOFRE
Alquimia, variação.

EOH
Runa para Y, que significa teixo.

EPA
Símbolo adinkra de Gana; significa algemas, símbolo da escravidão e do cativeiro.

ESCADARIA
Símbolo de ascensão e descida; na aquisição do conhecimento do divino ao subir ou do inconsciente ou oculto ao descer.

ESCORPIÃO
Signo do zodíaco, variação.

ESPAÇO FECHADO
Tanque ou cômodo fechado, também significado 'enterrado' em genealogia.

ESPADAS
Naipe de cartas, associado à luta, ao destino, ao pensamento lógico e à morte. Originalmente, signo icônico para espada.

ESCADA
Uma das ligações simbólicas com as montanhas, também um símbolo de ascensão, aspiração e sucesso.

ESCARAVELHO
Antigo símbolo solar egípcio.

ESCUDO
Símbolo de proteção e libertação. No período cavalheiresco medieval, o escudo era parte do emblema de honra e identificação de um cavaleiro. No mito aborígine, o escudo está associado à Lua.

ESPADA
Importante símbolo antigo de autoridade, justiça, intelecto e luz. Emblema de magia. Ligada à virtude excepcional e aos cultos de espada, particularmente no Japão e nos rituais religiosos das cruzadas. Possui um papel cerimonial, especialmente para conferir o título de cavaleiro. Símbolo de constância e de fúria personificada; no pensamento religioso é frequentemente igualada sabedoria e conhecimento.

ESPELHO
Símbolo de veracidade, auto-conhecimento, pureza, iluminação e adivinhação. Algumas vezes, na arte ocidental considerado o símbolo do orgulho, da vaidade e da luxúria. Ligado à magia, especialmente à adivinhação.

ESCORPIÃO
Signo do zodíaco.

ESFINGE
No antigo Egito, um monumento de um leão com cabeça de ser humano, símbolo do Sol. Na Grécia antiga, um híbrido com asas, feminino, cabeça de ser humano e seios, que Jung considerou como símbolo da mãe devoradora.

ESCADA DA TRANSMIGRAÇÃO
Símbolo cristão medieval para a peregrinação da alma da existência terrena para o paraíso.

ESCORPIÃO
Signo do zodíaco, variação.

ESPINHO
Geralmente associado a bloqueios e barreiras, internas ou externas. A coroa de espinhos de Cristo pode ser entendida como uma coroa de sofrimento ou como um símbolo solar com os espinhos representando os raios do Sol emanando. Espinhos voadores, na China, eram armas que expulsavam o mal. "Uma terra de espinhos e cardos" nas tradições judaica e cristã se referia a um Solo que era cultivado e, portanto, virginal.

ESPIRAL
Maori Koru, a espiral polinésia tem o simbolismo sexual e é baseada na folha de samambaia lisa. Ela mostra a ligação íntima entre os motivos de espiral e os fenômenos naturais.

ESPIRAL DA VIDA
Encontrada na Era do Bronze na Irlanda; este símbolo é desenhado com uma única linha sem começo e sem fim.

ESPIRAL
A espiral no sentido horário começa do meio e simboliza a água, o poder, o movimento independente e a migração. Um dos símbolos mais importantes e antigos; é o mais comum de todos os temas decorativos em todas as culturas. Como uma linha aberta e flutuante, ela sugere a extensão, a evolução e a continuidade.

ESPÍRITO SANTO
Um dos primeiros símbolos cristãos; um dos símbolos encontrados nas catacumbas da Palestina romana nos anos da perseguição dos cristãos.

ESSÊNCIA
Símbolo alquímico.

ESPÍRITO SANTO
De acordo com algumas fontes, este símbolo cristão deriva de uma pomba estilizada. Este símbolo também é utilizado na alquimia para representar o espírito de uma substância.

ESTRELA
Com três pontas conhecida como um emblema etíope, um símbolo raro de estrela de três pontas.

ESTRELA
Com quatro pontas, também conhecida como estrela do Sol, denota um conselho sério e solene.

ESTILINGUE
Desde a história bíblica de Davi e Golias, o estilingue é usado como símbolo do triunfo dos fracos.

ESTRELA
Com cinco pontas; um dos ideogramas mais comuns e importantes no Ocidente; utilizada em 35 bandeiras nacionais; amplamente utilizada como um símbolo militar e de reforço da lei. Denota a estrela de Belém usada para indicar qualidade superior.

ESTRELA
Com seis pontas; rara na ideografia ocidental, mas utilizada em algumas partes dos Estados Unidos como um distintivo policial.

ESTRELA
Com oito pontas; um símbolo antigo para a deusa ou para o planeta Vênus e para a Estrela da Manhã ou da Noite.

ESTRELA, DO LESTE
Símbolo para o planeta Vênus. Comum entre os povos tribais na África e nas Américas.

ESTRELA
Símbolo gnóstico.

ESTRELA DE VÊNUS
Variação fenícia.

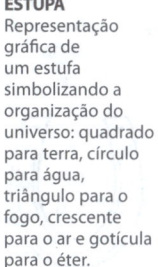

ESTUPA
Representação gráfica de um estufa simbolizando a organização do universo: quadrado para terra, círculo para água, triângulo para o fogo, crescente para o ar e gotícula para o éter.

FALCÃO
Um emblema solar de vitória, superioridade, aspiração, espírito, luz e liberdade. Muitos deuses egípcios são retratados com cabeça de um falcão. O olho de um falcão simboliza uma visão aguçada. Na tradição ocidental, o falcão é um emblema do caçador e na mitologia nórdica é um símbolo do deus do Sol, Woden.

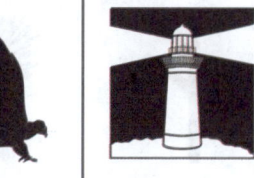

FAROL
Símbolo de segurança e proteção em face ao perigo; no início da arte cristã, também era associado a Cristo, o porto celestial para o qual as almas podem navegar depois da perigosa jornada da vida. Símbolo fálico freudiano.

ESTRELA DE DAVI
O símbolo mais famoso dos judeus; supostamente baseada na forma do escudo do Rei Davi, mas certamente mais moderna. Também conhecida como selo de Salomão e, nas tradições místicas, como o pentagrama.

ESTRELA DO MAR
Com sua simetria de cinco braços, a estrela do mar é um símbolo esotérico associado às estrelas de cinco pontas e à espiral da vida.

ETÉREO, ÓLEO
Símbolo alquímico.

EVAPORAÇÃO
Moderno.

FAMÍLIA
Um símbolo que combina o símbolo da mulher, do homem e da mulher com a criança.

FASCES
Representação pictórica de um machado envolvida por varas e enrolado com couro, que os oficiais romanos carregavam como um símbolo de sua autoridade. Mais tarde, a fasces se tornou um emblema romano de punição do poder do estado e foi, então, adotada pelo fascismo.

ESTRELA DE LAKSHMI

ESTREPE
Dispositivo heráldico, originalmente objetos pontudos utilizados nas batalhas para derrubar os cavalos da cavalaria.

EXCLAMAÇÃO, PONTO
Moderno; denota surpresa ou ênfase em um texto.

ESTRELA DE VÊNUS

233

FE
Runa; significa castelo ou animais domésticos de uma granja; também é um símbolo viking para propriedade móvel.

FEIXE DE TRIGO
Símbolo da fertilidade, também associado à abundância, fartura, ao pão diário e ao tempo da colheita.

FEOH
Runa para F.

FERVURA
Símbolo alquímico.

FIAT
Emblema da corporação do fabricante de carros, derivado da cruz do Sol.

FELICIDADE
Runa.

FERRADURA
Símbolo antigo de proteção, com calcanhar mais elevado é utilizado na magia para invocar a proteção da Lua.

FERVER (VERBO)
Germânico antigo.

FIGO
Símbolo de fecundidade; no budismo, também é símbolo de ensinamento e imortalidade.

FÉ
Primeiro símbolo cristão, um dos que foram encontrados inscritos nas catacumbas onde os cristãos se escondiam da perseguição romana. Os peixes estão associados à esperança na tradição hebraica.

FÊMEA

FERRO
Símbolo alquímico.

FERVER (VERBO)
Símbolo alquímico.

FILTRAR (VERBO)
Símbolo alquímico.

FEIJÕES
Símbolo da fecundidade, usado como talismã do amor na Índia e para se proteger dos maus espíritos no Japão.

FÊNIX
Pássaro legendário que se renova no fogo; tornou-se o símbolo mais famoso do renascimento, um emblema da ressurreição e, eventualmente, o símbolo do espírito humano indomável.

FERRO
Símbolo alquímico, variação.

FETO
Feto de Koru; polinésio.

FIO
Um símbolo de ligação que conecta muitos estados diferentes de um ser a outro para uma origem unificada. O fio de Ariadne fazia a ligação de Theseus entre o submundo e o mundo cotidiano. Os fios das marionetes as ligam ao mestre de marionetes.

FITA
O simbolismo da fita depende mais da cor e do contexto. As fitas são frequentemente utilizadas para indicar que a pessoa que a está usando se identifica com uma causa ou memória em particular.

FIVELA DE ÍSIS
Símbolo de proteção do antigo Egito.

FIXAÇÃO
Alquimia.

FLAUTA / FLAUTA DE PÃ
Associada a Pã (deus grego dos bosques e campos); portanto, está ligada à natureza e à sexualidade; as flautas de bambu estão associadas com os monges budistas zen.

FLOR-DE-LIS
Uma flor-de-lis estilizada com três flores; utilizada como emblema da França.

FLOR
Elevação máxima ou realização perfeita; beleza feminina; também é símbolo de inconstância e transitoriedade. Flores específicas também têm seu próprio simbolismo e, algumas culturas, sua linguagem. Uso difundido em rituais por todo o mundo (nascimento, casamento, morte, celebrações).

FLOR DE LÓTUS
Símbolo antigo e prolífico no Egito, na Índia, China e Japão. Símbolo do nascimento, da vida cósmica, do divino, do crescimento humano espiritual e potencial da alma para atingir a perfeição.

FLOR DE LÓTUS
Um antigo símbolo egípcio místico usado para representar a Terra.

FLUIR / DERRETER
Símbolo alquímico.

FOGO
Ideograma muito antigo, também utilizado para a auréola lunar.

FOGO
Símbolo masculino da criação, destruição, purificação, revelação, transformação, regeneração e ardor espiritual ou sexual.

FOGO
Símbolo alquímico.

FOGO
Símbolo alquímico.

FOGO
Cabalismo.

FOGUEIRA
Consultar 'Lareira'.

FOGOS DE ARTIFÍCIO
No mundo moderno, estão associados aos festivais e celebrações, quanto mais generoso o espetáculo, maior a ocasião; também são associados a outros simbolismos, por exemplo, foguete, roda, estrela, espiral.

FOICE
Implemento agrícola utilizado para cortar as plantações, associada ao deus romano Saturno. Na iconografia medieval, um atributo de Grim Reaper (Morte).

FOICINHA
Uma das ferramentas do Grim Reaper (A Morte) associada à morte e também à colheita e à agricultura. Uma das partes do signo do comunismo.

FOGUETE ESPACIAL
Símbolo do empenho humano e da ambição sublime.

FOLHA DE OURO/ LÂMINA DE OURO
Símbolo alquímico.

FONTE
Uma fonte de água e, portanto, de vida. Beber da fonte pode simbolizar refrigério espiritual ou imortalidade. Na tradição islâmica, as fontes representam a conexão entre os seres humanos e Deus.

FORA!
Símbolo de discordância popular, formado pelo símbolo para "viva!" de cabeça para baixo.

FORMIGA
Trabalho árduo, comunidade organizada. O formigueiro é um símbolo da vida diligente no budismo tibetano; em partes da África está associada à fertilidade e à criatividade.

FORNALHA
Alquimia.

FORNO DE FUNDIÇÃO/ FORNALHA
Alquimia.

FRASCO/ GARRAFA
Símbolo alquímico para um frasco que não é transparente.

FRASCO
Símbolo alquímico para um frasco feito de vidro.

FU
Autoridade, símbolo chinês.

FUMAÇA
Um símbolo de ascensão; significa comunicação em nível cósmico e mundano para os nativos americanos. Também é um símbolo do ato de encobrir.

FUMO
Alquimia.

FUNTUNFUNEFU
O símbolo adinkra de Gana para os crocodilos siameses que dividem um estômago, mas ainda assim lutam por comida. Um aviso contra a rivalidade no mesmo grupo e conflitos tribais.

FUSO
Utilizado para preparar linho ou tecido; símbolo de Atena/ Minerva, deusa greco-romana da sabedoria e inventora do tecido e da tecelagem; também associado ao passar do tempo.

GALINHA
Em algumas partes da América do Sul (o culto da Macumba), do Caribe (Vodu) e da África é um culto ao animal; um guia para as almas em rituais de iniciação, sacrifício animal. Décimo signo do zodíaco chinês.

GALO
Geralmente ligações positivas simbólicas com a madrugada, o Sol e a iluminação. Na China, o galo era um emblema funerário que protegia contra o mal. No Japão, é uma criatura sagrada. No islamismo, o galo era visto por Mohammed no Primeiro Céu. Os galos também simbolizam luxúria.

GANSO
Os bestiários medievais comparavam os gansos aos religiosos, embora os gansos brancos estivessem ligados à vestimenta extravagante e fofoca maliciosa. O ganso doméstico é um símbolo do lar, das mulheres, da fidelidade e da vida de casado. O ganso selvagem está associado à cooperação, interdependência e vigilância. Dizem que os gansos selvagens tomam conta de um ganso doente e, por esta razão, eles também são símbolos de lealdade.

GARÇA
Emblema do Sol da manhã.

GARÇA-AZUL
Os chineses a associam à imortalidade; na África, está associada à dádiva do discurso e à habilidade de se comunicar com os deuses. Algumas vezes, o simbolismo cristão a associa à ressurreição.

GATO
Símbolo de transformação, clarividência, agilidade, observação, beleza sensual, mistério e malícia feminina. Em Roma, o gato é considerado como emblema da liberdade. Seus hábitos noturnos e poderes de transformação eram suspeitos.

GATO PRETO
Ligado à esperteza maldosa no mundo celta, com djins prejudiciais no islamismo e má sorte no Japão. Irrevocavelmente associado à bruxaria e ao demônio no Ocidente.

GELO, GRÂNULOS DE
Granizo, meteorologia.

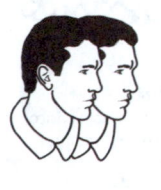

GÊMEOS
Signo de Gêmeos; geralmente, gêmeos são símbolos da natureza do dualismo.

GEMINI
Signo do zodíaco.

GEOFU
Runa para G.

GIGANTES
Um ideograma antigo provavelmente desenhado pela primeira vez há 10.000 anos, utilizado no alfabeto rúnico nórdico como símbolo de gigantes ou titãs. Também utilizado como expressão de poder.

GLOBO/ ORBE
Emblema de poder dos deuses e governadores imperiais, símbolo da totalidade.

GOHEI
Bastões sagrados cobertos com fitas de papel branco em ziguezague utilizadas nos rituais Shinto.

GOLFINHO
Símbolo difundido da salvação, transformação e amor. Emblema de Cristo como salvador. Na antiga mitologia grega, o golfinho transportava os deuses, era o salvador dos heróis e levava as almas para as Ilhas dos Abençoados. Atributo de Poseidon, Afrodite, Eros, Demeter e Dionísio. Junto com uma âncora, o golfinho pode simbolizar a prudência.

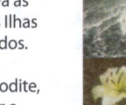

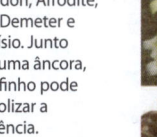

237

GOMA ELÁSTICA
Alquimia.

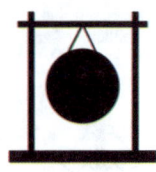

GONGO
Muito usado em rituais sagrados na China e no Japão. Nos templos chineses eles são tocados para chamar a atenção dos espíritos, enquanto os budistas zen usam os gongos como parte do canto litúrgico e da meditação. Soar um gongo indica chegada ou partida.

GÓRGONAS
Mulheres híbridas com asas e cobras ao invés de cabelo, encontradas na mitologia da Grécia antiga; personificações do mau adversário.

GRAAL
Nas tradições europeias, o graal é um objeto sagrado (tipicamente um cálice ou pedra) cujos poderes proporcionam o elixir da vida e a juventude eterna; na lenda medieval, particularmente ligada ao Rei Arthur e seus cavaleiros, acreditava-se que este tenha sido o cálice usado por Cristo na Última Ceia e também para colocar seu sangue na crucificação.

GRALHA
Emblema da guerra, da morte, da solidão, do mal e da má sorte na Europa e na Índia, mas nas Américas e na Austrália tem um simbolismo positivo como ave solar que é criativa e civilizada.

GRAMA
Vitória sobre a esterilidade, uma terra fértil; como um símbolo do sonho, pode representar um novo crescimento, novas ideias e novos empreendimentos.

GRANIZO
Runa associada a acidentes e infortúnios.

GRÃO
Um símbolo básico do crescimento, renascimento e fertilidade, junto com o arroz, o milho, a cevada e o trigo. Geralmente, é um atributo dos deuses e deusas da terra. Símbolo antigo da fertilidade, usado nos casamentos para serem jogados sobre o casal.

GRIFO
Símbolo híbrido de um leão com águia que significa o domínio sobre terra e céu; evolução de um emblema agressivo de poder para um símbolo de proteção.

GRILO
Associado à morte e à ressurreição na China; também um símbolo de boa sorte.

GRINALDA
A primeira coroa – símbolo de autoridade espiritual ou temporal – desenhado com base no simbolismo do círculo (perfeição) e do anel (continuidade).

GUARDA-SOL/ GUARDA-CHUVA
Símbolo do domo do céu na antiga China. O guarda-sol era o símbolo de Vishnu e também um emblema do próprio Buda. Ele é frequentemente um símbolo solar sugerindo a posição social, autoridade e até mesmo a auréola do rei que está sob sua sombra. No sentido cotidiano, ele representa proteção.

GYE NYAME
Símbolo adinkra de Gana que significa "exceto para Deus", que é de longe o mais popular para ser usado em decorações.

HAGALL
Runa para H.

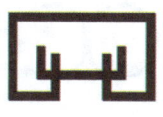

HEPTAGRAMA
Esta estrela contém todo o simbolismo do número 7.

HERMAFRODITA
Utilizado na botânica para plantas com os dois sexos.

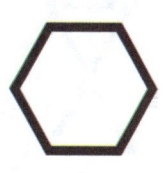

HEXÁGONO
Forma geométrica; importante no islamismo como direcionamento.

HIJAB
Uma peça do vestuário islâmico que possui várias interpretações simbólicas, incluindo a liberação e a opressão. Para muitas pessoas que a usam, é uma expressão de seu amor por Deus.

HAGITH
Cabalismo.

HERA
Símbolo da imortalidade e também da amizade; no mundo clássico, também está associado à abundância vegetal e à sensualidade; esta é a razão pela qual, Dionísio/Bacchus (deus do vinho) geralmente é retratado usando uma coroa de hera.

HERMES
Símbolo do rei.

HEXAGRAMA
Baseado no triângulo, um símbolo antigo para o reino judeu.

HARPA
Muito usada em rituais e cerimônias sagradas; no Velho Testamento, ela era associada à raça judaica. A harpa mágica de Dagda (celta) podia colocar música apropriada para cada ocasião e tinha o poder de fazer com que os inimigos dormissem. A harpa com três cordas, utilizada no antigo Egito, simbolizava as três estações da cheia, crescimento e seca.

HERMES
Símbolo do rei, variação.

HERÁLDICA, ADAGA
Utilizado em textos impressos como símbolo de 'nota'.

HIERÓGLIFO
Simboliza a unificação do Egito.

HINDU/HINDUÍSMO

HIPOPÓTAMO
No antigo Egito, uma hipopótamo fêmea era um símbolo de fertilidade adorado como uma deusa hipopótamo. No Velho Testamento, o hipopótamo é um símbolo de força bruta.

HERMES
Símbolo do rei, variação.

HNEFATAFL
Um desenho para os jogos de tabuleiro utilizado pelos vikings.

HOMEM/ O MACHO
Não há símbolo que represente o princípio masculino, mas este é um tema simbólico utilizado na maioria das culturas do mundo: o princípio do patriarca. Menos potente atualmente, ainda é importante e possui associações ao Sol, à lei, à autoridade e ao espírito de guerra.

HOMOSSEXUAL
Consultar 'Masculino'.

HORA
Símbolo do tempo, alquimia.

HORA
Símbolo do tempo, alquimia, representação da ampulheta.

HÓRUS
Antigo deus solar do Egito, símbolo da totalidade cósmica.

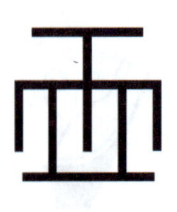

HWEMUDUA
Bastão de medida, signo adrinkra de Gana, significa a necessidade de atingir a melhor qualidade, seja na produção de mercadorias ou nos esforços humanos.

HYDRA
O dragão serpente de muitas cabeças do mito grego simboliza a dificuldade de superar nossos vícios.

HYE WON HYE
Signo adinkra de Gana que significa "aquilo que não pode ser queimado". Este símbolo obteve seu significado dos sacerdotes tradicionais que eram capazes de andar sobre o fogo sem queimar os pés; uma inspiração para outras pessoas suportarem e superarem as dificuldades.

ÍBIS
Um símbolo sagrado de sabedoria para os antigos egípcios.

IGLU
Símbolo inuíte da cultura deles e modo de vida.

IGREJA
No cristianismo, uma imagem do mundo.

ILHA
Um símbolo do céu que não é celestial, um lugar mágico separado do mundo real.

ILUSTRE
Dignidade espiritual.

IMPERADOR
Jesus, primeiro, único, "eu".

INFINITO
Símbolo moderno matemático para uma soma ou número infinitivamente grande ou número indefinido.

INFINITO
Refere-se ao tempo, à distância ou aos números.

ING
Runa para Ng.

INGZ
Runa, associada à fertilidade.

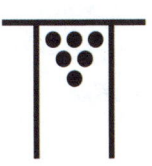

INVERNO
Antigo símbolo germânico da estação.

IS
Runa para I.

ISHTAR
Deusa, rainha dos céus para os babilônicos e assírios, também é o deus do parto.

ISLAMISMO
Constituído da estrela da manhã e da Lua da manhã.

ISOMÓRFICA, SUBSTÂNCIA/ CONGRUENTE
Utilizado em sistemas matemáticos e geométricos.

JAGUAR
Ligado à adivinhação, realeza, magia, mundo dos espíritos, Terra, Lua e fertilidade. Um ícone importante nas tradições xamânicas.

JARÁ
Runa para J.

JAVALI
Símbolo primitivo de força, agressão e coragem resoluta nos mundos do norte e celta. Sagrado como símbolo do Sol no Irã e um símbolo da Lua no Japão. Tornou-se um símbolo cristão para tirania e luxúria.

JESUS CRISTO

JEUNE BRETAGNE
O movimento separatista celta em Brittany, França. O símbolo era originalmente celta associado à migração.

JOIAS
Símbolos da pureza, do refinamento e da superioridade. Nas tradições orientais, elas personificam o conhecimento espiritual.

JUGO
Símbolo de opressão dos tempos romanos.

JUNCOS
Símbolo japonês e celta da purificação. Símbolo da fertilidade na Mesoamérica. Na tradição clássica, é um emblema de Pan (ele fazia seus cachimbos de junco); no simbolismo cristão, está ligado à Paixão de Cristo por causa da esponja embevecida com vinagre que lhe foi oferecido na extremidade de um junco. Na tradição folclórica ocidental, acreditava-se que os juncos protegiam contra bruxaria.

JUNO
Asteroide.

JUNO
Asteroide, variação arcaica.

JUNO
Asteroide, variação.

JÚPITER
O planeta.

KAUN
Runa que significa 'furúnculo' ou 'pústula'.

KEN
Runa para K.

KINTINKANTAN
Signo adinkra de Gana para extravagância.

KU KLUX KLAN
O símbolo da organização racista dos Estados Unidos da América.

LABIRINTO
Possivelmente associado aos sistemas das cavernas nas quais a humanidade vivia nos primórdios; simbolismo ambivalente inclui proteção, iniciação, morte e renascimento, escolhas da vida e direção.

LAÇO
Símbolo maçônico da corda que liga alguém à vida; utilizado em rituais de iniciação, quando se nasce para uma nova vida. Como laço de enforcamento de um homem, simboliza a morte e o fim da vida.

LAGARTA
Na Índia, é um símbolo da transmigração de almas; para os antigos romanos era um emblema de ganância e feiura.

LAGARTO
Símbolo do mal (tradições greco-romana, cristã e maori). Entre as tribos nativas americanas, ele está associado aos poderes xamânicos e às buscas de visões assim como à força (as Planícies Dakota). Para os aborígines australianos, o lagarto com pescoço enrugado (kendi) tem poder para trazer a chuva. Um símbolo de um lar pacífico para o povo Babanki (Cameroon).

LÁGRIMAS
Símbolos de mágoa ou tristeza.

LAGU
Runa para L, que significa água ou mar.

LÂMPADA / LANTERNA
Símbolo do espírito, da verdade e da vida. Nos santuários ou nos altares, é símbolo de devoção e da presença da divindade. Na arte simboliza a personificação da vigilância. Uma lanterna chinesa é um símbolo da fertilidade, utilizado nos festivais chineses e japoneses para atrair as almas dos ancestrais mortos.

LANÇA
Associada à paixão de Cristo e também à cavalaria; símbolo masculino, fálico, poder terreno. Uma lança quebrada simboliza o soldado experiente.

LANTERNA
Consultar 'Lâmpada'.

LÁPIS-LAZÚLI
Símbolo alquímico.

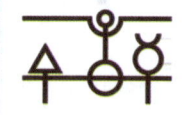

LÁPIS PHILOSOPHORUM
Pedra da sabedoria, alquimia.

LARANJA
Geralmente, um símbolo da fertilidade.

LAREIRA/ FOGUEIRA
Símbolo do lar, de conforto, segurança e comunidade humana. Para os romanos, era o local dos espíritos guardiões do lar, para os astecas era o local sagrado no centro do universo e no coração do povo.

LEÃO
Animal solar repleto de qualidades divinas; símbolo do poder real e do domínio, vitória militar, bravura, vigilância e fortaleza. Emblema real da Inglaterra, da Escócia e do poder imperial britânico no século XIX. Na China e no Japão, o leão é protetor.

LEBRE
Um animal lunar ligado à divindade, menstruação e fertilidade. Devido a sua ligação com a divindade, algumas vezes, é proibido comer a lebre.

LEQUE
Símbolo da deusa (chinesa); um atributo de uma das Sete Deidades Japonesas da Boa Sorte e de Vishnu (deus hindu). Emblema da realeza na África, Ásia e Extremo Oriente.

LEO
Signo do zodíaco.

LEO
Signo do zodíaco, variação.

LEOPARDO
Frequentemente associado à vida selvagem, à agressão e batalha; na Antiguidade, era um símbolo de força e fertilidade e um atributo de Dionísio; um símbolo da suprema autoridade judicial dos Reis de Benin (oeste da África).

LESBIANISMO
Consultar 'Amor entre mulheres'.

LIBRA
Signo do zodíaco.

LIBRA ESTERLINA
Moeda corrente britânica.

LIMÃO
Símbolo do amargor, falha ou desapontamento; na arte cristã pode representar fidelidade.

LINGA
Um falo ereto esculpido comum em toda a Índia. Uma imagem de culto e símbolo sagrado do masculino, princípio criativo (hindu), associado a Shiva, o poder divino da criação, e o "eixo do mundo". A contraparte feminina do linga é o yoni.

LINHA
Reta, diagonal; na iconografia moderna significa proibido ou cancelado quando estiver sobre outro símbolo.

LINHA
Reta, horizontal, representa a base, a terra ou o solo. Também pode significar unir, aumentar ou diminuir quando colocada acima ou abaixo de um outro símbolo.

LINHA
Reta, vertical, um dos elementos básicos na ideografia ocidental. Representa a unidade, a singularidade, o "eu", autoridade, poder. Também é símbolo para yang, o ativo, poderoso, receptivo, extrovertido e para as dimensões masculinas do universo.

LINHAS
Três linhas idênticas paralelas e verticais; significa três unidades, também intelecto ativo.

LINHAS
Duas linhas idênticas paralelas e verticais, símbolo do yin, o passivo, receptivo, dimensão material do universo.

LÍRIO
Identificado com a piedade cristã, pureza e inocência. Em tradições mais antigas, está associado à fertilidade e ao amor erótico assim como à fertilidade da Deusa Terra. Símbolo da fecundidade na antiga Grécia e no Egito.

LOBO
Símbolo ambivalente de crueldade, astúcia e ganância, mas de coragem, vitória ou cuidado de nutrição (romana) em outras culturas. Sagrado para Apolo e Odin.

LOSANGO
A forma do rombo ou do diamante – um dos oito tesouros chineses que representa a boa sorte.

LINHAS
Três linhas idênticas paralelas e horizontais; similaridade em uma dimensão, usadas na meteorologia para representar 'neblina'.

LINHA DE FLUTUAÇÃO
Recebeu este nome por causa de seu inventor; impressa nas laterais dos navios de carga para fornecer uma verificação visível para a segurança do peso da carga, dependendo das águas nas quais o navio está navegando.

LOGR
Runa para cebola ou água, correnteza ou mar.

LIVRO
Símbolo do conhecimento e da sabedoria em muitas tradições sagradas (judaísmo, cristianismo, islamismo); no antigo Egito, O Livro dos Mortos era uma coleção de talismãs sagrados enterrados com os mortos para ajudá-los na vida após a morte.

LONTRA
Frequentemente associada ao simbolismo lunar de sua natureza periódica de mergulhar e sair da água. Uma canção folclórica romana conta sobre lontras que guiavam as almas dos mortos. A lontra também simboliza o riso, a brincadeira e a travessura.

LOUREIRO
As folhas de louro ou a árvore de louro eram, para o mundo greco-romano, símbolos de vitória, paz, purificação, adivinhação e imortalidade. O loureiro também funcionava como um talismã na África do Norte e na China. É a árvore embaixo da qual a lebre lunar produz o elixir da imortalidade.

LINHAS
Duas linhas idênticas paralelas e horizontais, igual, o dobro da qualidade de unificação e união de uma única linha horizontal.

LIRA
Símbolo da harmonia divina, inspiração musical e adivinhação. Ligada a Orfeu. No mito, ela foi inventada por Hermes, que a deu a Apolo, e assim ela se tornou um atributo deste último.

LIXÍVIA
Símbolo alquímico

LOURO, COROA DE FOLHAS DE
Ligada a Apolo, a coroa da vitória greco-romana é usada tanto para guerreiros quanto para poetas.

LUA
Hieróglifo egípcio.

LUA/ MÊS
Sistema de hieróglifos dos hititas.

LUA, NOVA
Na astrologia, ela simboliza a receptividade humana, o instinto, o subconsciente, a vida emocional e a habilidade de reagir. Também utilizada como símbolo para a mãe, ou mulheres em geral. Símbolo alquímico para a prata.

LUA (MINGUANTE)
Utilizada, junto com uma estrela, como símbolo da província romana de Illyricum e, depois, para Constantinopla. Posteriormente, transformou-se em símbolo da fé islâmica.

LUVA
Símbolo poderoso de posição social utilizado como confirmação de superioridade ou fidelidade, também como um compromisso de amor.

MACACO
Sua habilidade de imitação o torna um símbolo de vaidade humana e de outras tolices.

MAÇÃ
Símbolo de felicidade, especialmente sexual; emblema de amor, casamento, primavera, juventude, fertilidade e imortalidade. Ligada ao fruto proibido do Jardim do Éden e, portanto, um símbolo de tentação e pecado original.

MACHADO
Quase que um símbolo universal de poder de decisão e autoridade. Associado à força criativa do trovão com raio. Ligado ao Sol da Antiguidade aos deuses das tempestades. Utilizado para invocar o trovão e a chuva na África ocidental; símbolo da união das famílias no casamento chinês.

MACHADO DE GUERRA DOS ÍNDIOS NORTE-AMERICANOS
Eram utilizados para selar tratados entre diferentes grupos nativos americanos. O machado dos Algonquian era cerimonial e um símbolo de liderança.

MACONHA, FOLHA DA
Símbolo do rastafarismo, cujos seguidores acreditam que seja uma "erva divina" cujo uso está fundamentado nas escrituras; um símbolo de protesto contra a sociedade vigente; também um símbolo de cultura jovem na sociedade ocidental.

MADEIRA
Alquimia.

MADEIRA
Alquimia, variação.

MADR
Runa para M; significa 'homem' ou 'humano'. Também conhecida como 'mann'.

MÃE E FILHO
Aparece nas esculturas pré-colombianas e nas pinturas de rochas no Arizona e em um vaso Etrusco de 550 a.C.. Também pode ser encontrado em igrejas medievais em toda a Europa e nas estruturas antigas de pedra na Suécia.

MAGNÉSIO
Química antiga.

MANDRÁGORA
Na Idade Média acreditava-se que ela tinha poderes mágicos; um símbolo de feitiçaria e bruxaria.

MANTO
Seu simbolismo de metamorfose e esconderijo é devido à mudança instantânea na aparência do usuário. Nas lendas Teutônicas e Celtas, os mantos mágicos estão associados à invisibilidade e ao esquecimento. O manto também simboliza intriga, e o mundo da espionagem.

MÃO
Símbolo do poder temporal e espiritual, ação, força e proteção.

MÃO DE HEMESH
Uma variação judaica da mão de Fátima com simbolismo de proteção semelhante.

MÃO DE FÁTIMA
Um símbolo da mão de Deus e dos cinco fundamentos do islamismo: fé, oração, peregrinação, jejum e caridade. Utilizado extensivamente nos países islâmicos como um talismã protetor e de boa sorte.

MAPA DO MUNDO
Ideograma da Idade Média, a linha vertical significava o mar Mediterrâneo e a linha horizontal à esquerda era o Nilo; a da esquerda era o Rio Don; a seção superior à direita era a Europa e à esquerda, a África; a parte de baixo era a Ásia. O ponto cheio na Ásia era Jerusalém.

MARCASSITA / OURO DO TOLO
Também sulfato de ferro, alquimia.

MARGARIDA
Símbolo cristão de inocência associado a Virgem Maria e aos raios do Sol; também sagrado para Freya, a deusa germânica do Sol.

MARTE
O planeta que recebeu o nome do deus romano da guerra; na Grécia conhecido como Ares. Tornou-se o símbolo do ferro (o metal utilizado para as armas de guerra) devido a ligação de Marte com as guerras.

MARTE
O planeta, variação, também símbolo do ferro.

MARTELO
Como uma arma, o martelo é símbolo da força masculina, ligado ao poder do Sol e dos deuses da guerra. Como ferramenta, o martelo pode aparecer como um símbolo de proteção ou de habilidade divina.

MARTELO E A FOICE
Símbolo da unificação das classes trabalhadores comunistas, combinando a foice como símbolo dos trabalhadores agrícolas, e martelo, símbolo dos trabalhadores industriais.

MÁSCARA
Meio dramático de projetar o simbolismo na religião, em ritual e no teatro. Símbolo de segredo ou ilusão; na arte ocidental é um atributo da fraude personificada, do vício e da noite.

MASCULINO, AMOR HOMOSSEXUAL
Moderno.

MASTRO ENFEITADO COM FLORES E FITAS
Símbolo fálico do folclore europeu; emblema da primavera, da fertilidade e da renovação solar, ligado aos rituais clássicos da primavera.

MEL
Ligado aos deuses, à pureza, inspiração, eloquência e abundância.

MEL
Símbolo alquímico.

MEL
Símbolo alquímico, variação.

MEL
Símbolo alquímico, variação.

MENORAH
O candelabro de nove partes do judaísmo, símbolo da nação de Israel.

MERCÚRIO
Alquimia.

MERCÚRIO
Alquimia, variação.

MERCÚRIO
Símbolo do planeta.

MERCÚRIO
Símbolo do planeta, variação; também usado para o mercúrio, metal; também significa veneno na química antiga.

MERCÚRIO
Símbolo do planeta, variação da Grécia antiga.

MERCÚRIO
Símbolo do planeta, variação.

MERCÚRIO
Símbolo do planeta, variação.

MERCÚRIO
Símbolo do planeta, variação.

METAL
Alquimia.

METAL
Alquimia.

MIGRAÇÃO
Um símbolo do povo indígena Hopi centralizado na ideia de vários retornos ou da volta ao lar.

MIGRAÇÃO
Variação, celta, adotado mais recentemente por Jeune Bretagne, um movimento separatista francês.

MIHRAB
Símbolo islâmico, vão na parede indicando a direção de Meca, decorado com motivos geométricos e o texto do Alcorão.

247

MINARETE
Uma torre fina ligada a uma mesquita islâmica. Derivada da palavra árabe "proporcionar luz", o minarete atua como ponto de iluminação para a comunidade vizinha – é deste ponto que o muezin chama os fiéis para a oração.

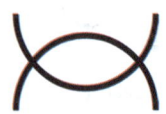

MIRAGEM

MITSUBISHI
Emblema da corporação japonesa.

MISTURAR
Alquimia.

MISTURAR
Alquimia, variação.

MONTANHA
Símbolo de transcendência, eternidade, pureza e ascensão espiritual. Associado aos imortais, aos heróis, profetas santificados e deuses.

MORADIA
Hieróglifo egípcio.

MORCEGO
Associado à morte, símbolo do medo e da superstição, ligado à bruxaria e ao oculto no folclore ocidental. Na África e na Grécia antiga, era um símbolo de perspicuidade. Pode significar loucura. Divindade do submundo na América Central e na mitologia brasileira.

MORTE
O momento da passagem, utilizado em modernas histórias em quadrinhos.

MORTO EM COMBATE
Expressão militar, também usada nos mapas para denotar um local de batalha.

MOSCA
Associada à doença, morte e ao demônio em muitas tradições.

MOVIMENTO RÁPIDO
Moderno.

MULHER
Um símbolo comum tanto nos sistemas antigos quanto nos modernos.

MULHER/SEXO FEMININO
Hieróglifos egípcios; também muito encontrado na arte das cavernas; associado ao crescimento e ao gênesis representando que a mulher é a criadora da vida.

MUNDO
Símbolo tibetano.

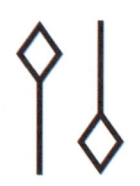

MUSICAL, NOTA
Na Idade Média, também (invertido) era usado como ideograma pelos sumerianos por volta de 3.000 a.C.

NADADEIRA
Variação sueca da suástica.

NAJA
Na Índia, as divindades da naja, (nagas) eram os símbolos dos guardiões, geralmente benevolentes. A naja hindu possui uma joia em seu capuz e simboliza o tesouro espiritual. A naja ereta e com o capuz é o emblema da serpente protetora do poder real, utilizada pelos faraós como um emblema para derrotar os inimigos. Existe uma ligação entre as cobras e a sabedoria ou profecia.

NAJA
Em penteados dos antigos egípcios, a naja era um signo de proteção e um símbolo de poder real.

NANNAN
Símbolo muito antigo para o deus da Lua posteriormente conhecido como Sin na região do Eufrates – Tigre. Para os babilônicos, o símbolo estava ligado à Vênus e ao Sol.

NARIZ
Associado ao discernimento intuitivo, daí as expressões "cheiro da verdade". Na cultura Maori, esfregar os narizes não é somente uma maneira de beijar, mas simboliza os deuses soprando a vida para os seres humanos e é um símbolo de paz. No Japão, as pessoas apontam para seus narizes ao invés de apontar para seu coração para indicar eles mesmos.

NASCER DO SOL
Novo dia, um dos primeiros sistemas de escrita chinesa.

NASCIMENTO, QUADRO DO
Inglaterra Elisabetana, século XVII.

NAUDH
Runa para N; significa necessidade, miséria.

NAZI SS
Logotipo da polícia especial nazista, conhecida como Schutzstaffel, ou SS.

NETUNO
Símbolo para o planeta, variação rara.

NEVE
Cristal de seis pontas; símbolo moderno para congelamento.

NÍQUEL
Calcinação do cobre, alquimia.

NIED
Runa para N.

NIKE
Logotipo da corporação.

NINFA /SEREIA
Considerada como personificação do lado sexual da fêmea; símbolo de tentação, beleza e diversidades.

NÓ
Na arte, literatura e na tradição sagrada, os nós simbolizam o poder de prender e libertar; no antigo Egito, o nó de Ísis (um tipo de Ankh com braços amarrados) era um emblema da vida e da imortalidade. Os nós podem ser utilizados para simbolizar o amor e o casamento. Um tema recorrente na arte celta, seu simbolismo está ligado aos ouroboros, o movimento e união contínuos dos seres humanos e das atividades cósmicas. Um nó entrelaçado e frouxo simboliza a eternidade ou longevidade. Nós apertados simbolizam união, mas também bloqueio ou proteção.

NOITE
Símbolo do tempo, alquimia.

NOVE
Como tríade tripla, nove é um número extremamente poderoso, o número chinês mais auspicioso, o número yang mais potente. No misticismo, ele representa a síntese tríplice da mente, do corpo e do espírito. Símbolo hebreu da verdade, símbolo cristão da ordem dentro da ordem.

NOZ
Símbolo importante na tradição judaica, a noz é o símbolo do sábio e representa a virtude no início e no fim, semente e fruta são a mesma. Os romanos a consideravam um símbolo de fertilidade tanto para os seres humanos quanto para os animais.

NOZ
Símbolo judaico-cristão de fertilidade e longevidade.

NKONSON-KONSON
Enlaces das correntes, símbolo adinkra de Gana que significa força dentro da unidade, utilizado como lembrete da contribuição para a comunidade.

NSORAN
Mágoa ou lamento, símbolo adinkra de Gana.

NSOROMMA
Criança dos céus, símbolo adinkra de Gana utilizado como lembrete de que Deus é pai e cuida de todos.

NÚMERO
Nos modernos sistemas ocidentais. Em notação musical, é chamado de sustenido e é uma instrução para elevar meio tom. Também utilizado na química antiga para denotar 'ar'.

NÚMERO 10
Dos almanaques medievais para calcular as fases da Lua.

NÚMERO DOURADO 17
Dos almanaques medievais para calcular as fases da Lua.

NÚMERO DOURADO 18
Dos almanaques medievais para calcular as fases da Lua.

NUVEM
Símbolo da fecundidade e da revelação; na China, as nuvens cor-de-rosa são símbolos de felicidade. A nuvem nove é uma alegria mística. Associações modernas são feitas com a melancolia, obscuridade ou depressão.

NYAME BIRIBI WO SORO
Deus está nos céus. Símbolo adinkra de Gana.

NYAME NMWU NA MAWU
Deus nunca morre, portanto, não posso morrer. Símbolo adinkra de Gana que lembra as pessoas da imortalidade.

OBELISCO
Pilar retangular cônico; símbolo egípcio do deus Sol, Ra, com um pirâmide no topo que captura a luz.

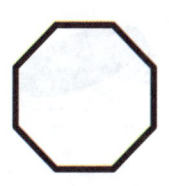

OCTÁGONO
Desenhos no simbolismo do número oito, emblema de renovação e combinação do simbolismo e do quadrado e círculo.

OCTAGRAMA DA CRIAÇÃO
Invocação gnóstica e também nórdica de magia e proteção.

OITAVA CASA
Astrologia.

OITO
Símbolo do equilíbrio cósmico e da renovação. Um número de sorte na China.

ÓLEO
Alquimia.

OLÍMPICOS, JOGOS
Cinco anéis interligados simbolizando os cinco continentes do mundo que participam no evento esportivo. (opympic games)

OLHO DE FOGO
Símbolo germânico antigo; quatro elementos na alquimia.

OLHO DE HÓRUS
Símbolo da totalidade cósmica e do poder de visão total do antigo deus egípcio, Hórus. Também conhecido como wedjat.

OLHO DO DRAGÃO
Antigo símbolo germânico para ameaça ou perigo.

OLHO/SOBRANCELHA
Habilidade de ver, visão (literal e metafórica), associada ao poder mágico ou espiritual em muitas tradições. No budismo chinês, sobrancelhas longas são um sinal de sabedoria e velhice.

OLHO, O TERCEIRO
Também chamado de "olho do coração", um símbolo da percepção espiritual no hinduísmo e da clarividência no islamismo. Adotado pelos maçons como um dos signos de sua sociedade.

OM, SÍMBOLO DO (AUM)
A saudação da paz na Índia. O símbolo representa os quatro estados de consciência: acordado, sonhando, dormindo, sem sonhos e o estado transcendental.

ÔMEGA
A última letra do alfabeto grego.

OPEL
Logotipo da corporação do fabricante de carros; utilizado como antigo símbolo da vitória.

ORAÇÃO, CONTAS DE
Usadas nos contextos religiosos, como catolicismo e budismo, como um auxílio para lembrar orações específicas ou sequências de orações. O número de contas na corrente geralmente tem um significado simbólico.

ORAÇÃO, BASTÃO DE
Um auxílio para orações na tradição xamânica e uma ligação com Deus.

ORAÇÃO, RODA DA
Tibetana, um auxílio para as orações dos budistas e hindus; ela é rodada enquanto as orações são realizadas. Seu movimento giratório, portanto, é um símbolo dos ciclos do nascimento, morte e renascimento.

251

ORBE
Consultar 'Globo'.

ORELHA
Receptividade, na África, as orelhas simbolizam a natureza animal dos seres humanos. No Oriente, lóbulos grandes são símbolos de sabedoria e longevidade. Perfurar as orelhas era tradicionalmente um antigo símbolo de compromisso.

OSSOS
Símbolo da possível reencarnação ou ressurreição corporal para as antigas sociedades. Crenças antigas diziam que a essência de uma pessoa está contida nos ossos, uma conexão que se reflete na expressão "sentir nos ossos".

OTHEL
Runa para O.

OURIÇO
Um símbolo de riqueza na China e no Japão; na Europa medieval é associado à ganância e à glutonaria.

OURO
Alquimia, variação.

OURO
Alquimia, variação.

OURO
Alquimia, variação.

OUROBOROS
Uma serpente em formação circular com o rabo em sua boca, símbolo do tempo cíclico, eternidade e da indivisibilidade, caráter autossustentador da natureza.

OUTONO
Antigo símbolo germânico para a estação.

OUTONO
Antigo símbolo germânico para a estação, variação.

OVELHA
Brandura e necessidade de liderança e proteção.

OVO
Um símbolo universal para criação, de onde veio a vida, seja vegetal, divino ou elementar. Um símbolo benévolo no mundo todo que simboliza a sorte, a abundância, saúde, nascimento e ressurreição. Também associado à primavera. Na tradição judaica, o ovo é um símbolo da promessa.

PAGODA
Construção sagrada na tradição budista, as fileiras decrescentes simbolizam a ascensão espiritual.

PALLAS
Símbolo do asteroide.

PANDEIRO
Um importante objeto de ritual para os israelitas e um símbolo judaico de vitória e jubileu.

PANTERA
A pantera geralmente representa o desejo e o poder. Contudo, no antigo simbolismo cristão, a pantera era um dos três animais que representavam a castidade. A pantera preta é um símbolo feminino da noite, morte e renascimento.

PÃO
Um elemento da vida, associado à esperança na tradição hebraica, o pão sem fermento simboliza a purificação e o sacrifício. A metáfora cristã para o alimento do espírito e do corpo de Cristo.

PAPAGAIO
Um símbolo do Sol e a chegada da estação chuvosa no folclore nativo americano. No hinduísmo, Kama –deus do amor – anda em um papagaio atravessando três mundos espalhando amor e desejo.

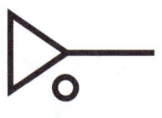

PARTO
Nascimento de uma criança, genealogia.

PARZ
Uma runa muito antiga; posteriormente adquiriu o significado de secreto, mistério, iniciação na literatura anglo-saxônica.

PÁSSAROS
Símbolo da alma humana, representando a bondade e a alegria como também a sabedoria, a inteligência e o poder rápido do pensamento. As histórias aborígines dizem que eles levam informações. Na arte do Ocidente, os pássaros podem simbolizar o ar e o toque.

PASTOR DE OVELHAS
Símbolo de proteção e cuidado. Jesus Cristo é retratado na Bíblia como o Bom Pastor e esta imagem é muito utilizada na arte ocidental.

PATO
Símbolo de felicidade no Japão e na China, com um par de patos mandarim simbolizando o casamento e a harmonia doméstica.

PAUS
Naipe no jogo de baralho.

PAZ
Símbolo cristão.

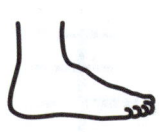

PÉ
Pés descalços geralmente são um sinal de humildade. No Oriente, lavar os pés é um ato de hospitalidade e um sinal de amor; Cristo lavou os pés de seus discípulos como um gesto simbólico de seu amor e serviço.

PEDRA/ SEIXO
Alquimia.

PEDRA FILOSOFAL
Alquimia.

PEIXE
Símbolo fálico de felicidade sexual e fecundidade. Na China, o peixe é um emblema de abundância e boa sorte. As letras da palavra grega para 'peixe' – icthus – formam um acrônimo para Jesus Cristo; assim, o peixe se tornou o primeiro símbolo secreto do cristianismo. Na tradição hebraica, o peixe representa a verdade e a fé. O peixe aparece como salvador no mito hindu.

PEIXE
Um ícone simplificado que foi utilizado pelos primeiros cristãos como primeiro emblema de Cristo.

PELICANO
Símbolo cristão do amor em forma de autossacrifício, baseado no conceito errôneo medieval de que os pássaros cortavam seus próprios tórax para alimentar seus bebês. Esta ligação com o derramamento de seu próprio sangue levou ao seu uso para representar Cristo.

PENA
Símbolo de Maat, antiga deusa egípcia da justiça. Nas tradições nativas americanas, as penas continham o espírito do pássaro e eram muito valorizadas.

PENEIRA
Geralmente simboliza a separação do bem e do mal. A peneira também é utilizada como uma ferramenta de separação da justiça divina ou do julgamento satânico.

PENHORES, CASA DE
Originalmente parte da ramificação da família Médici, que era rica e concedia empréstimos.

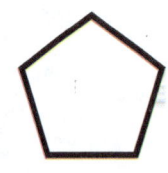

PENTÁGONO
Associado ao planeta Vênus, usado em alguns poucos sistemas ideográficos ocidentais estabelecidos.

PENTAGRAMA
Utilizado desde 4000 a.C. com um significado desconhecido, especialmente pelos sumerianos, até que o misticismo de Pitágoras o definiu como um símbolo do ser humano. Conhecido como o Selo de Salomão no misticismo judaico medieval.

PENTE
Sagrado e protegido na tradição Maori.

PEORTH
Runa para P.

PERIGO
Energia, o símbolo do calor combinado com uma seta.

PERIGO
Energia, calor, variação.

PERIGO
Veneno, utilizado em botânica. Também representa xeque-mate no xadrez.

PERA
A pera é a mãe, ou amor, símbolo com associações eróticas provavelmente devido à sua forma. Associada à Afrodite e Hera na mitologia clássica. Um símbolo de longevidade na China.

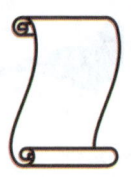

PERGAMINHO
Símbolo do aprendizado e da lei.

PÊSSEGO
Um símbolo muito importante na cultura chinesa com muitos significados; associado à imortalidade, um emblema do casamento, símbolo de fertilidade.

PHALEC
Utilizado no misticismo cabalístico para o espírito de Marte.

PIPA
Utilizado como um modelo oracular na China e no Japão; os japoneses empinam pipas para terem boa saúde e assegurarem uma ótima colheita. As pipas chinesas decoradas com borboletas simbolizavam as orações para as almas dos mortos e dos vivos.

PEIXES
Signo do zodíaco.

PEIXES
Signo do zodíaco, antiga variação grega.

PIRÂMIDE
Leva o mesmo simbolismo que o triângulo, um dos símbolos geométricos mais poderosos e versáteis.

PLATINA
Um metal descoberto nos meados de 1800; seu símbolo é uma combinação dos símbolos do ouro e da prata.

PLÊIADES
Selo de amuleto mágico.

PLISSADO, SÍMBOLO
Padrão de desenho nórdico.

PLUTÃO
Símbolo do planeta, a variação mais comum.

PLUTÃO
Símbolo do planeta, variação.

PLUTÃO
Símbolo do planeta, variação.

POÇO
O simbolismo do poço geralmente está associado às qualidades do sagrado ou do inconsciente; poços são lugares de conhecimento; a fonte da vida; lugares de cura, desejos e boa sorte.

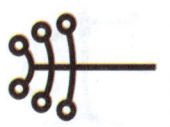

POLARIS
Estrela fixa, selo do amuleto mágico, cabalismo.

POMBA
Símbolo universal da paz, particularmente quando carrega um ramo de oliveira – esta é uma alusão à história de Noé, quando as águas começaram a baixar depois do dilúvio e a terra ficou visível. A pomba também é a personificação do Espírito Santo e um símbolo do batismo.

PONTE
Estende-se entre dois mundos diferentes (Céu e Terra, matéria e espírito, visível e invisível); símbolo de transição, travessia de um estado para outro.

PONTO, SIMPLES
Um dos ideogramas antigos mais comuns no Ocidente existente desde a época das pinturas nas cavernas e esculturas em rochas.

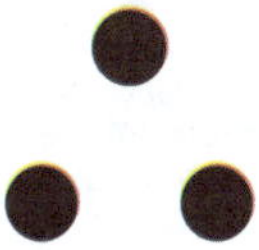

PONTO, TRÊS EM FORMA DE TRIÂNGULO
Símbolo para "portanto" (moderno).

PONTOS ALINHADOS
Símbolo para algo omitido (moderno). Vários pontos alinhados simbolizavam a chuva para os anglo-saxões.

PONTO DE INTERROGAÇÃO
Moderno, denota uma pergunta em um texto escrito.

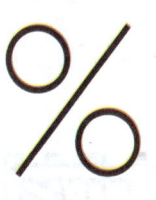

POR CENTO
Moderno.

PORCO
Simbolismo ambíguo da glutonaria, do egoísmo, da luxúria, da obstinação e da ignorância, mas também da maternidade, da fertilidade, prosperidade e felicidade.

PORTA / ENTRADA
Um local de transição visto em muitas culturas como uma oportunidade para as forças boas ou ruins entrarem ou saírem; por esta razão, as portas são sempre guardadas.

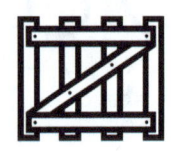

PORTÃO
Um símbolo de transição que marca o movimento de um lugar, tempo, estado espiritual ou psicológico para outro. Os portões também simbolizam o poder espiritual e/ou secular.

POSEIDON
Símbolo do deus.

POTASSA
Alquimia.

POTÁSSIO, CARBONATO DE
Recente símbolo alquímico e antigo símbolo químico.

PRATA
Alquimia.

PRATA
Alquimia, variação.

PRATOS DA BALANÇA
Representação comum da justiça, verdade, equilíbrio e prudência; o peso das decisões e ações. Na mitologia do antigo Egito, os pratos da balança eram utilizados para pesar as almas dos mortos e, na iconografia cristã, os anjos são geralmente retratados com pratos como símbolos do julgamento divino.

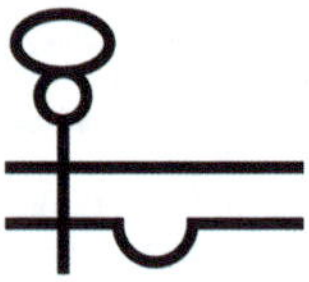

PRECIPITAÇÃO
Alquimia.

PRIMAVERA
Símbolo da época, alquimia.

PRIMAVERA
Símbolo da época, germânico.

PRIMEIRA CAS
Astrologia.

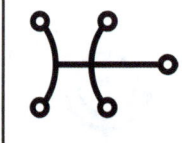

PROCYON
Símbolo astrológico para a estrela procyon.

PROTEÇÃO
Um exemplo de várias estruturas similares que foram desenhadas em celeiros e casas para proteção ou boa sorte.

PURIFICAÇÃO
Alquimia.

QUADRADO
Uma expressão de duas dimensões que formam uma superfície; símbolo da terra, do campo, do solo ou do elemento terra. Considerado como símbolo da realização ou materialização nos hieróglifos egípcios.

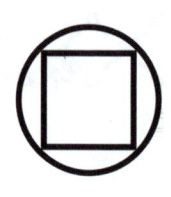

QUADRADO DENTRO DE UM CÍRCULO
No simbolismo chinês, isto representa a Terra. Em Beijing, o templo da Terra é construído com base neste princípio, considerando que o tempo do Céu é o círculo dentro do quadrado.

QUADRADO COM A CRUZ
Na China e no Japão, este é o símbolo do campo ou do solo; não é comum na ideografia ocidental.

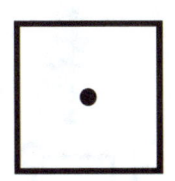

QUADRADO COM UM PONTO
Vilarejo na escrita chinesa; urina na alquimia; solo úmido na meteorologia.

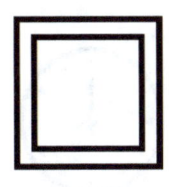

QUADRADO DENTRO DE QUADRADO
Manter, reter, manter do lado de dentro ou fechado. Signo moderno para bueiro.

QUATRO ELEMENTOS
Medieval.

QUATRO EVANGELISTA

QUATRO EVANGELISTAS
Variação.

QUATRO
Solidez, organização, poder, intelecto, justiça e onipotência.

QUARTA CASA
Astrologia.

QUERUBIM
Um tipo de ser angelical nas tradições islâmicas, judaicas e cristãs; na arte cristã, o querubim mostrado como crianças com asas representando a inocência; suas asas são azuis simbolizando o céu.

QUIMERA
Uma criatura híbrida mitológica, com formas de cobra, leão e bode; símbolo da vitória do espírito sobre a matéria.

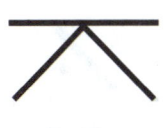

QUINCUNX
Astrologia, o aspecto de desunião; um ângulo de 150º graus entre os planetas vistos da Terra.

QUINTA CASA
Astrologia.

QUINTO ELEMENTO
A quinta essência do éter.

QUINTA-ESSÊNCIA
Alquimia.

QUINTIL
Astrologia.

RÃ
Símbolo fetal, especialmente no Egito, associado à magia, germinação, evolução, fases da Lua, água e chuva. Emblema da boa sorte no Japão.

RAD
Runa para R.

RADIAÇÃO
Utilizado desde a Antiguidade para radiação da luz, no uso moderno significa liberação de energia ou radiação; em histórias em quadrinhos significa soco e explosões.

RAIO
Símbolo ocidental moderno para raio feito de dois símbolos de perigo; o signo do calor junto com o da seta para movimento direcionado.

RATAZANA
Símbolo da fecundidade, também da destruição e avareza. Geralmente, possui associações negativas, mas nas tradições folclóricas, é um símbolo de esperteza; nas tradições asiáticas, está associada aos deuses da sabedoria, ao sucesso ou à prosperidade.

RECICLAR
Um símbolo moderno para a reciclagem do lixo doméstico ou industrial.

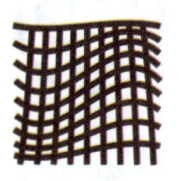

RÉDEA
Na Antiguidade clássica, diziam que ela foi inventada por Atena, deusa da paz e da guerra; associada à moderação e à restrição, como no "controle" ou refreamento das paixões.

RAFAEL
Símbolo do arcanjo.

RAIO
Variação, ligado ao fascismo, também runa para 's'.

REDE
Símbolo de captura e ajuntamento; no Oriente, as deidades eram algumas vezes retratadas com uma rede que elas usavam para levar as pessoas a ficarem mais próximas delas; no cristianismo, está associada aos apóstolos como "pescadores de homens". Na psicologia junguiana, pescar com uma rede pode significar conectar-se com o inconsciente.

REGULUS
Estrela, selo do amuleto mágico medieval.

RAIDO
Runa associada à pirataria, jornada.

RAPOSA
Nas tradições europeias, ela está associada à esperteza e malícia, aparecendo na arte medieval como um símbolo do demônio. Na China e no Japão, a raposa traz a riqueza.

RATO
Associado com a sexualidade feminina, luxúria e voracidade (greco-romana), embora um rato branco seja símbolo de boa sorte (romano). Também é associado às forças destrutivas e do mal, ao furto e à astúcia (celta) no folclore europeu durante a Idade Média; os ratos eram associados às bruxas e às almas dos mortos; infestações de ratos eram consideradas uma punição divina.

RELÓGIO
Símbolo do tempo e da transitoriedade da vida; um relógio parado pode simbolizar a morte.

RENA

Nas culturas do extremo norte, a rena tem significado lunar como símbolo funerário e são consideradas condutoras das almas dos mortos. O voo da rena associado ao Natal provavelmente se originou no voo do xamã Lapp.

REPETIÇÃO

Notação musical.

REVERSO, QUATRO

Estrutura antiga e conhecida encontrada nas cavernas pré-históricas na Europa ocidental; seu significado é desconhecido.

RINOCERONTE

Um símbolo astrológico do antigo calendário Indus (3100 a.C.); o rinoceronte é um dos quatro animais que ficava ao redor de Brahma, o deus hindu da criação.

ROCHA

A rocha geralmente significa o que é imutável, permanente e imóvel. No pensamento taoista chinês, as rochas, como vistas nas pinturas das paisagens, estão associadas às qualidades do princípio ativo, yang. Semelhantemente, as rochas na tradição hindu são dotadas com este mesmo princípio ativo. A rocha de Sisyphus é um símbolo dos desejos terrenos dos seres humanos.

RODA

Imagem solar do momento cósmico, mudança constante e repetição cíclica; posteriormente, símbolo do poder e domínio. Ligada ao progresso da humanidade. Emblema hindu e budista da reencarnação. Imagem ocidental de sorte e destino.

ROMÃ

Fortemente identificada com a tentação sexual, também com a unidade; ligada à fertilidade, ao amor e ao casamento.

ROMBO

Instrumento musical e objeto de culto comum para os povos indígenas (Américas, Austrália); quando rodopiado no ar, faz o som sobrenatural do rugido semelhante ao som do trovão. Utilizado nos rituais xamânicos e nas cerimônias de iniciação para se comunicar com o mundo espiritual e com os ancestrais.

ROSA

Símbolo místico do coração; centro da rosa cósmica; símbolo do sagrado, do amor romântico e sensual e da perfeição.

ROSETA

Uma roseta de oito folhas é um símbolo antigo e global que representa nascimento, morte e renascimento, especificamente em relação ao Sol ou ao planeta Vênus. Nos tempos modernos, as rosetas feitas de fitas são utilizadas para marcar a vitória.

SAGITÁRIO

Signo do zodíaco.

SAGRADO, SIGNO

Original da Índia por volta de 4.000 anos atrás. Também encontrado nas estátuas de Buda japonesas do século XVIII.

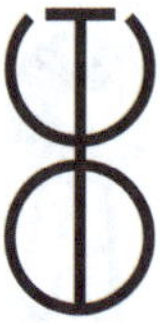

SAL
Símbolo alquímico.

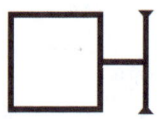

SAL-GEMA
Alquimia

SALGADA, ÁGUA
Símbolo alquímico.

SALMÃO
Símbolo de virilidade, fecundidade, coragem, sabedoria e presciência. Para os celtas, o salmão estava ligado à transformação e à virilidade. Para o povo do norte da Europa, a migração do salmão rio acima o tornava totem da generosidade e sabedoria da natureza.

SANDÁLIA
Remoção das sandálias representa a conexão entre o humano e a Terra; isto é observado no ritual maçônico de remoção das sandálias e quando Moisés teve contato com o solo sagrado no Monte Sinai. Para os antigos taoístas, as sandálias com asas possibilitavam que os imortais se movessem pelo ar, simbolismo que também pode ser observado nas sandálias com asas de Hermes e Perseus.

SANFOKA
Símbolo adinkra de Gana que significa "volte e pegue", representando a importância do aprendizado que vem do passado

SANTA TRINDADE
Esta forma, denotando a unidade de três, é muito utilizada na arquitetura das igrejas e catedrais. O próprio signo, contudo, é antigo e foi encontrado aproximadamente 3000 a.C inscrito na estátua de um rei sacerdote indiano.

SANTA TRINDADE
Variação de três arcos entrelaçados.

SANTA TRINDADE
Uma outra variação de três arcos entrelaçados.

SANTA TRINDADE
Variação.

SANTA TRINDADE
Variação espanhola.

SAPATO
O sapato é geralmente um símbolo de posse. É uma tradição islâmica tirar os sapatos ao entrar em uma outra casa, mostrando que não há ninguém reclamando a posse da propriedade. Os sapatos também podem significar que um indivíduo é seu próprio mestre.

SAPO
Símbolo da morte; ligado à bruxaria nas tradições europeias; um símbolo lunar de boa sorte na China; associado à chuva e aos opulentos.

SATURNO
Símbolo do deus.

SATURNO
Símbolo do deus, variação.

SATURNO
Símbolo do planeta.

SEIS
Símbolo da união e equilíbrio.

SEIVA
Consultar 'Suco'.

SELO DE LOA-TZU
Sábio taoísta.

SELO DE SALOMÃO
Também conhecido como pentagrama e estrela de Davi.

SEMANA
Símbolo do tempo na alquimia.

SEMENTE DO UNIVERSO
Este é o símbolo tibetano para as origens do universo, também encontrado no brasão do deus asteca Quetzalcoatl.

SEPULTURA
Relacionada literalmente e simbolicamente ao local de residência para os mortos e onde eles serão lembrados. Como túmulo, pode ser uma alusão simbólica às montanhas santas.

SEREIA
Consultar 'Ninfa'.

SERPENTE / COBRA
Animal mais significativo e complexo; símbolo da força vital primitiva e da auto-suficiência divina. Geralmente faz parte dos mitos de criação; Vishnu, o deus hindu criador, descansa nas espirais de uma grande cobra; nos mitos africanos, a cobra do arco-íris conecta a terra com os céus; a divindade asteca pássaro-cobra Quetzalcoatl faz o mesmo; no Egito, a barcaça que carrega os mortos para o submundo entra dentro de uma serpente. A cobra também tem o simbolismo sexual e da fertilidade na agricultura.

SERPENTE ENROLADA EM UM OVO
Algumas vezes, mencionado como ovo cósmico; símbolo grego do mundo sendo protegido por uma serpente cósmica.

SESA WORUBAN
Símbolo adinkra de Gana que significa a habilidade de mudar ou transformar a vida.

SETA
Como símbolo de direção.

SETA/PONTA DA SETA
Penetração – pela luz, morte, amor ou percepção. Ligada aos símbolos do Sol e aos dardos penetrantes do amor.

SETA, CURVADA
Signo antigo encontrado na arte das cavernas pré-históricas na Europa Ocidental.

SETA, ONDULADA
Correntes marítimas.

SETA, ARMA
No islamismo representa a ira de Alá; no cristianismo representa o martírio e a morte. Amarrada ou quebrada representa a paz no simbolismo nativo americano.

SETE
Número sagrado, místico e mágico; símbolo da ordem cósmica e espiritual; sagrado para Apolo, Osíris, Mithras e Buda. Símbolo da perfeição para o islamismo.

SHOFAR
Um símbolo da fé judaica; um chifre de carneiro que é tocado como uma trombeta no ano novo judaico.

SIKHISMO
Símbolo da fé sikh.

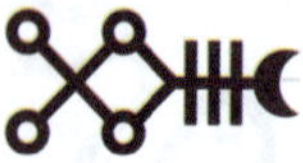

SIRIUS
Estrela, selo de amuleto mágico, símbolo cabalístico.

SOL
Variação, também dourado na Grécia pré-cristã.

SOL, CRUZ DO
Variação encontrada nas escavações da cidade cretense de Troia de 4.000 anos.

SHOU
O caractere chinês para longa vida, utilizado na decoração de cerâmicas e tecidos.

SÍMIO
Respeitado no antigo Egito, África, Índia e China, mas suspeito na tradição cristã, onde é símbolo de vício e luxúria.

SMA
Símbolo egípcio, união.

SOL
Ideograma mais antigo para o Sol, parece ter sido utilizado em todas as esferas culturais da Terra.

SOL, DEUS DO
Símbolo antigo arquétipo egípcio, conhecido como Olho de Hórus e como wedjat. Símbolo da totalidade cósmica e do poder total do deus Hórus.

SIGEL
Runa para S.

SINO
A voz que proclama a verdade, especialmente nas tradições budista, hindu, islâmica e cristã. Na China, ele simboliza a obediência e a harmonia cósmica. Pequenos sinos tinindo podem representar felicidade e prazer sexual. Usado nas vestimentas hebraicas como sinal de virgindade. Ligado ao princípio feminino, também é protetor. Ele marca a passagem do tempo e anuncia as boas novas, avisa sobre perigos e anuncia a morte.

SOL
Símbolo dominante da energia criativa na maioria das tradições; símbolo de vitalidade, paixão, coragem e juventude eternamente renovada, conhecimento, intelecto e verdade. Emblema da realeza e do esplendor imperial.

SOL
Símbolo nórdico da Era do Bronze; também um símbolo egípcio pré-histórico.

SOL/ LUZ DO SOL/ ESTRELAS
Símbolo japonês.

SIGRUNE
Runa ligada à vitória.

SOL, CRUZ DO
Símbolo dinamarquês da Era do Bronze.

SOL, RODA DO
Também conhecida como cruz em anel; comum nos países nórdicos, América pré-colombiana e em toda a região do Mediterrâneo aproximadamente 3.500 anos atrás.

SOL, RODA DO
Utilizado na Gália; também é símbolo de Taranis, deus celta do trovão.

SOLAR, ECLIPSE
Símbolo do perigo cósmico; nas antigas culturas era um símbolo do medo.

SPICA
Símbolo da estrela.

SUÁSTICA
Ideograma antigo encontrado primeiramente na Suméria aproximadamente 3000 a.C. Seu nome deriva do sânscrito su, "bem" e asti, "estar". Utilizado na Índia, Japão e sul da Europa com vários significados, todos eles positivos, considerado como um dos símbolos de Buda. A suástica geralmente é associada ao Sol e ao poder, à força vital e à regeneração cíclica – seu significado pode ser estendido para Ser Supremo. Nos tempos modernos, a suástica foi monopolizada por Hitler como símbolo do partido nazista na década de 1930.

SUÁSTICA
Antiga variação grega.

SUÁSTICA
Variação celta.

SUÁSTICA
Variação cristã.

SUÁSTICA
Variação nazista, na qual um símbolo antigo que, por milhares de anos, havia sido um símbolo positivo da regeneração cósmica, foi degradado em emblema político de repressão e violência.

SUÁSTICA
Variação da América pré-colombiana.

SUÁSTICA
Variação viking.

SUAVASTIKA
Suástica reversa; variação grega de aproximadamente 500 a.C.

SUAVASTIKA
Suástica reversa, associada ao infortúnio e à má sorte.

SUBLIMAÇÃO
Alquimia.

SUBMUNDO
Hieróglifo egípcio.

SUCESSO
Proteção contra o mal; símbolo sumeriano e também viking.

SUCO/ SEIVA
Símbolo alquímico.

SULFATO DE CHUMBO
Símbolo alquímico.

TAMBOR
Meio de comunicação primitivo, símbolo do poder criativo na Índia; a voz do Céu na China, utilizado para promover o transe e o êxtase nas sociedades xamânnicas. No simbolismo ocidental moderno, o tambor está ligado à guerra e aos alertas.

TAMFOA BEBRE
Símbolo adinkra de Gana que significa a importância do aprendizado do passado.

TARTAR
Alquimia. Símbolo também encontrado nas esculturas de rocha da América do Sul.

TARTARATO
Alquimia.

TARTARUGA
Símbolo do universo como um todo; seu casco representa os céus e sua base achatada, a Terra. A tradição chinesa e ameríndia conecta a ereção do pênis com o modo como ela tira a cabeça de seu casco.

TEFILLIN
Bolsa de couro dos judeus que contém citações do Tora, amarrada aos braços e à cabeça.

TEOSÓFICA, SOCIEDADE
Uma sociedade fundada no século XIX que ainda existe nos dias de hoje, cujo objetivo primário é a Irmandade Universal baseada na ideia de que a vida e todas as suas formas são Um indivisível.

TERRA
Elemento.

TERRA
Elemento cabalístico.

TERRA
O planeta, símbolo usado aproximadamente 500 a.C.. Atualmente utilizado em mapas para indicar uma capela. Símbolo alquímico para antinomia.

TERRA
O planeta, moderno.

TERRA
O planeta, variação moderna.

TERRA
O planeta, variação.

TERRA DO EGITO
Símbolo associado ao retorno ou à volta ao lar.

TESOURA
Ferramenta usada em cerimônias cuja ação de cortar marca a culminação e a abertura de um novo projeto, como na inauguração de um edifício. A tesoura era associada a Átropos, o Destino que corta o fio da vida.

TESOURO
Riquezas abundantes, achadas e não ganhadas com o trabalho, sempre foram um símbolo de realização e se apresentam, nas mitologias, como recompensa para os justos, ou meio de punição para os malfeitores.

TESTE
Alquimia.

TEXUGO
Ligado à diversão na China; na tradição celta à astúcia e à falsidade.

TOCHA
Símbolo de iluminação. Sua luz se acende para iluminar o caminho durante uma jornada. O conceito da flama que nunca se apaga é muito poderoso.

TOTEM, ESTACA DO
Uma estaca simbólica, esculpida, que representa o animal totem e os espíritos guardiões de um indivíduo ou clã.

TOURO, CHIFRES DO
Ligados à Lua crescente.

TET DE OSÍRIS
Também conhecido como Pilar de Djed, é uma árvore estilizada, simbólica da tamargueira que segurava o corpo de Osíris. Ela simbolizava a inflexibilidade, estabilidade e habilidade do espírito em sair de seus limites terrenos e se elevar em direção aos céus. É igualada à coluna vertebral e possivelmente também ao pênis.

THORN
Runa para Th.

TODESRUNE
Runa para a morte.

TIGELA/ RECIPIENTE
Alquimia.

TODESRUNE
Runa para a morte, variação.

TOURO
Símbolo do zodíaco.

TOURO
Animal extremamente simbólico que representa a Lua, o Sol, a Terra, o céu, a chuva, o calor, a procriação feminina, o ardor masculino, matriarca e patriarca, morte e regeneração. Na arte das cavernas, o touro é um símbolo de energia vital. A energia existente no rugido do touro está ligada aos trovões e terremotos, especialmente em Creta.

TRÊS
O número mais positivo no simbolismo, pensamento religioso, lenda, mitologia e folclore. O três de sorte é um conceito muito antigo. No pensamento cristão, ele tem importância fundamental como a doutrina da Trindade, Deus Pai, Deus Filho e Deus Espírito Santo; uma teologia que tem seguidores nas tradições clássica, celta e hindu.

TETRAGRAMMATON
As quatro letras hebraicas utilizadas para representar o nome de Deus, Yahweh, um nome que não deve ser pronunciado em voz alta segundo a fé judaica.

TIGRE
Na Ásia e na Índia, o tigre substitui o leão como símbolo de tudo o que é grande e terrível na natureza.

TOMATE
O povo Bambara associa o suco de tomate ao sangue e, portanto, acreditam que o tomate tenha o sangue da vida e seja portador do feto.

TREVO
Emblema da Irlanda, supostamente do tempo quando São Patrick, santo patrono da Irlanda, usava o trevo para explicar os três elementos da Santa Trindade para sua congregação.

TRIÂNGULO
Equilátero, associado ao número divino três, símbolo do poder, sucesso, prosperidade e segurança. O povo Hittites o utilizava para representar o bem, o bom ou saudável.

TRIÂNGULO
Simétrico de eixo único, variação do triângulo equilátero.

TRIÂNGULO
Triângulo de Pitágoras.

TRIÂNGULO
Com a linha horizontal, elemento de fogo na Idade Média.

TRIÂNGULO
De cabeça para baixo, é o elemento da água. Também espectro negativo de significado.

TRIÂNGULO
De cabeça para baixo, com uma linha horizontal, era o elemento da terra na Idade Média.

TRIÂNGULO
Com uma linha vertical, nos hieróglifos do povo Hittites, este signo representava o rei, a linha vertical significava o único ser dentro do triângulo, que representava o poder e a divindade.

TRIDENTE
Símbolo do poder do mar. Emblema de Netuno; da antiga civilização Minoan e, posteriormente, da Britânia.

TRIGO
Nas culturas europeias, está associado ao verão, à colheita e à fertilidade.

TRIQUETRA
Um símbolo de três partes composto de três vescia piscis entrelaçados; mais comumente utilizado para a Santa Trindade, mas era usado antes do cristianismo provavelmente como símbolo celta da deusa tríplice ou de Odin.

TRISKELION
Palavra grega para três pernas; isto encontrado em um escudo ateniense usado como prêmio de competição em 500 a.C.

TRITURAR/ ESMAGAR
Símbolo alquímico.

TROMBETA
Instrumento de presságio, notícia ou ação momentânea, utilizada em ocasiões militares, em rituais e situações de pompa.

TRONO
Símbolo tradicional do poder real e da autoridade divina.

TROVÃO E RAIO
Ligado ao nazismo e também à runa para yew, símbolo viking.

TUBARÃO
Associações modernas com o terror e a violência.

266

TUDO ESTÁ BEM
Base para um código de emergência aérea.

TUDOR, ROSA DOS
Emblema da dinastia real dos Tudor criado através da combinação da rosa branca de York com a rosa vermelha de Lancaster.

TYR
Runa para T.

UM
Símbolo de Deus, emblema da unidade primitiva, também pode representar o Sol ou a luz e a origem da vida. Entidade perfeita confucionista. Símbolo do início, do 'eu' e da solidão.

UM
Numeral romano, singular, individual, imperador, Jesus. Utilizado na língua inglesa para representar a primeira pessoa.

UMBIGO
O centro da energia criativa, da psique, a fonte da vida, ligado à fertilidade.

UNICÓRNIO
Símbolo principal da castidade, símbolo elegante do desejo sublimado, símbolo cristão da encarnação.

UR/URUZ
Runa que significa força, animal para sacrifício.

URANO
O planeta.

URANO
O planeta, variação; também significa 'manhã'.

URNA/VASO
Símbolo feminino, frequentemente aparece como emblemas da vida eterna na arte ou nos rituais funerários. (urn/vase)

URSO
Símbolo da coragem masculina e da força primitiva, ao passo que as ursas simbolizam cuidado e receptividade, embora Jung os tenha conectado com aspectos perigosos do inconsciente. Nas tradições islâmica e cristã, o urso é cruel e concupiscente.

UVAS
Símbolo antigo complexo da fecundidade natural e da vida espiritual tanto na tradição pagã quanto na cristã.

VACA
Símbolo antigo de nutrição maternal, frequentemente personificado como mãe Terra e a Lua. Para os hindus e os budistas, os ritmos de vida quietos e pacientes da vaca apresentam um paralelo com a santidade.

VACA
Hindu, o simbolismo da vaca é muito importante para os hindus, que a consideram sagrada. Sua imagem, em todos os lugares, é de felicidade.

VARINHA/ VARA DE CONDÃO
Símbolo antigo do poder sobrenatural associado com a árvore, o falo e a cobra.

VASO/TIGELA
Símbolo alquímico; também é um símbolo antigo germânico para a estação de verão.

VASSOURA
Associada aos poderes mágicos dos tempos antigos. Um símbolo de remoção. O folclore ocidental conecta as vassouras às bruxas devido à crença de que os maus espíritos poderiam enfeitiçar o implemento utilizado para expulsá-los.

VELAS
Um símbolo da iluminação espiritual, do testemunho e da alegria. Sua chama de curta duração é uma metáfora para a alma humana solitária e ambiciosa.

VEADO
Emblema solar da fertilidade, os cornos simbolizam a árvore da vida, os raios do Sol, a longevidade e o renascimento. Os cornos são usados como enfeites para cabeça das deida-des; no deus celta com cornos, Cerun-nus, eles represen-tavam a primavera e a fecundidade.

VÊNUS
O planeta.

VÊNUS
O planeta, variação.

VERÃO
Símbolo da estação, alquimia.

VESCIA PISCIS
Também conhecido como bexiga de peixe ou amêndoa mística, adotado pelos cristãos das fontes pagãs para simbolizar pureza e virgindade.

VIDRO/ARSÊNICO
Símbolo alquímico; também significa descasado na genealogia.

VINAGRE
Alquimia.

VISCO
Sagrado para os druidas celtas como um símbolo de fertilidade e regeneração; símbolo atribuído ao fogo, luz e renascimento. Acreditava-se que as sementes possuíam propriedades de cura.

VIRGEM MARIA
Um símbolo utilizado pela Igreja Cristã para representar a mãe de Jesus.

VIRGO
Signo do zodíaco.

VISHNUO
Deus hindu que tem este signo em uma de suas quatro mãos como símbolo do universo como um todo.

VITÓRIA
Símbolo cristão.

VITRÍOLO
Alquimia (ácido sulfúrico).

VITRÍOLO
Química antiga.

VIVA!
Consultar 'Fora!'

VOLTA AO LAR
Um signo dos índios Hopi do Arizona; também simboliza vários retornos ou migração tribal.

WOW FORO ADOBE
Símbolo adinkra de Gana para persistência e prudência.

WYNN
Runa para W.

YANTRA
Estrutura do símbolo indiano, também usado em computação.

YIN YANG
Símbolo chinês para a dualidade do universo.

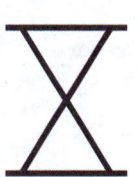

YIN YANG
Antigo ideograma para yin yang. Ideograma no Ocidente para o número 10 derivado do latim; também significa 'ampulheta'.

YONI
Símbolo budista da vulva.

ZEUS
Símbolo do deus.

ZEUS
Deus, variação.

ZEUS
Deus, variação.

ZIGUEZAGUE

ZINCO
Alquimia.

ZODÍACO
Também conhecido como eclíptica, a via Solis ou o caminho do Sol.

269

Impressão e Acabamento
Gráfica Oceano